父輩的罪惡

德國如何面對歷史，走向未來？

Learning from the GERMANS

RACE AND THE MEMORY OF EVIL

SUSAN NEIMAN
蘇珊・奈門——著
張葳——譯

「已過之事難重來——此話即便為真，卻可能損及人的道德與智識。道德反抗力量包括抗爭、包括對於現實的反叛；而這些都必須符合道德，才稱得上有理性。」

——尚．艾莫里（Jean Améry）／《心靈邊界》（*At the Mind's Limits*）

「人無法改變眼前面對的每件事；但唯有確實面對，改變才能發生。」

——詹姆斯．鮑德溫（James Baldwin）／〈恰到好處的實話〉（As Much Truth As One Can Bear）

「在我們完全承認歷史之前，歷史都將徘徊不去。」

——史丹利．卡維爾（Stanley Cavell）／《言必所指？》（*Must We Mean What We Say?*）

目次

中文版導讀

我們必得和過去維持一種破敗的關係

陳嘉銘

蘇珊・奈門（Susan Neiman）原來是一位研究啟蒙思想的出色哲學家。她的哲學寫作有兩個方向。一個是為「成年」辯護，她批判當代社會崇拜青春，迷戀永遠作個青少年，「長大」成為走下坡、放棄夢想和負擔責任的代名詞，不再有吸引力。她十分大膽地指出啟蒙哲學家能讓我們重新嚮往成年，顛覆我們不願長大的時代精神。另一個方向是關於「惡」的寫作，她早期探索了近代從萊布尼茲以來探討惡的哲學思想，本書則是她走出啟蒙研究的力作，也是她最受歡迎、最被肯定的作品。

奈門以極為原創的比較歷史視野和豐富的訪談材料，與許多哲學家對話，試著做一件或多或少將觸怒美國人的工作：鼓勵美國人向德國學習如何處理過去社群犯下的大惡。美國人一向自豪自己和其他國家截然不同的例外論，而且自詡是世界民主國家的道德領袖。他們肯定會懷疑德國人犯過納粹的大錯，該好好自我反省，豈有資格作美國人或者世界任何國家的學習對象。

奈門試著探究、比較和檢討德國和美國兩個國家如何面對和處理過去犯下的惡：德國必須面對的是納粹之惡，美國必須面對的是過去的奴隸制度，以及延續到當代的種族恐怖之惡。她爬梳兩個國家如何長期逃避面對歷史之惡的心態和作為，進一步探究兩個國家晚近三十年如何開始處理過去之惡。

紐倫堡大審後，德意志聯邦共和國逃避面對納粹惡行長達四十多年，許多納粹隱身在政府和大學中。一九八〇年代民間才開始浮現要求政府面對納粹之惡的聲音。但是一直要到一九九〇年德國統一之後，德意志聯邦共和國才不得不去面對納粹犯下的惡行。德國將近三十年的努力有了相當成果，今日德國已經有兩千座教育和紀錄納粹罪行的紀念碑，單是柏林就有四百二十三個。二〇〇五年落成的猶太人浩劫紀念碑，面積有兩個足球場大，占據了柏林最中心和昂貴的地段。這個紀念碑竟只是起源於一小群西柏林人的倡議和遊說。

值得一提的是德國人用了一個特殊的字融貫了他們處理納粹之惡的國家、公共與各多層次的工作和過程：Vergangenheitsaufarbeitung。這個德文字沒有中文對應，容我譯為「**學習與過去共存**」。這個字體現了西班牙裔美國哲學家喬治・桑塔亞那（George Santayana）的格言：「那些無能記住過去的人將被譴責重複過去」。

相較起來，美國在南北戰爭數十年後，南方州開始創造一種論述，南北戰爭是一場南方對抗北方侵略的戰爭，並且豎立起紀念碑紀念南方邦聯的戰爭英雄。這個論述掩蓋了奴隸制度的關鍵戰爭因素。戰後南方州廣設的《吉姆・克勞法》嚴厲限制了非裔美人的工作、求學、居住和人身自由。從一八八二年到一九六八年，白人民眾私刑吊死（lynching）非裔美人的人數高達四千多人。然而到了今日，除了一座紀念被私刑吊死的非裔美人的「國家私刑紀念館」（National Lynching Memorial），全美沒有任何紀念碑紀念種族恐怖的受害者，沒有任何紀念館教育這些犯罪怎麼發生。南方許多城市和小鎮仍然聳立著南方邦聯英雄的紀念碑。一直到二〇一五年南卡羅萊納州查爾斯頓槍擊案，一名白人持槍射殺了非裔衛理公會教堂中的九名非裔美人，紐奧良市長米奇・蘭德魯（Mitch Landrieu）才宣布移除市內四個主要的南方邦聯英雄紀念碑。但是幾個南方州立刻立法反制任何移除紀念碑的努力。

本書最有趣和最值得閱讀的地方是奈門廣泛訪問了許多在德國和美國從事處理過去之惡的實務工作者。他們包括了作家、博物館和紀念館的機構負責人、計畫主持人、社群建設者、工作坊帶領者和公共紀念建設的規劃者。她也訪問了反抗美國南方種族隔離政策和東德體制的英雄。這些實務工作者和人權實踐者，在奈門筆下侃侃而談，他們侃侃而談，他們獲得了一些成功，但是他們也嚴格自我批判，不輕易建議他人學習他們的做法。

一九九五年震撼德國的《德意志國防軍（Wehermacht）展覽》的策展者揚・菲利普・雷姆茨瑪（Jan Philip Reemtsma）接受了奈門的訪問。二戰時國防軍的主要戰場在東線，德國人民長期認為國防軍不屬於納粹，他們是為了對抗布爾什維克黨的入侵而戰，為了保衛國土而戰，因此躲過了納粹的審判。但是展覽中的一千四百三十三張照片揭露了德意志國防軍有系統、有計畫地殲滅猶太人以及東部戰線的所有戰俘和平民。

哲學家透過經驗資料思索惡的問題並不少見。狄奧多・阿多諾（Theodor Adorno）和他的法蘭克福學派的同僚們，在一九四九年的德國啟動過一個稱為「小組實驗」的計畫。參與者包括農夫和醫生、家庭主婦和高中學生、公務員和祕書等等各行各業約一千八百人。他們被分成小團體，討論「德國的罪惡感」（German guilt）。團體分組是要製造出一種好像在火車上遇到陌生人的氛圍，讓對話更自然和開放。阿多諾等人發現幾乎每個參與者都拒絕承認德國人的罪惡感，而且多數人都宣稱自己完全沒有反猶太主義——雖然他們的言行流露了對猶太人的歧視。

漢娜．鄂蘭的《平凡的邪惡：艾希曼耶路撒冷大審紀實》是另一部經驗與哲學相遇的經典作品，她考察了負責運送猶太人的納粹親衛隊軍官艾希曼的許多資料，做了一個知名的哲學結論：艾希曼這些人犯下滔天大惡是因為他們不去思考（thoughtless）。這樣的結論很受哲學家歡迎，從蘇格拉底以來，不斷自我質問一向是哲學的金科玉律。

但是鄂蘭的論證後來被（她沒有辦法取得的）歷史資料徹底推翻——儘管這無損於她的哲學洞見。哲學家貝蒂娜．施坦奈特（Bettina Stangneth）在二〇一一年出版的《耶路撒冷大審前的艾希曼》和鄂蘭做了精采的對話。施坦奈特首先研究了艾希曼大量的筆記和回憶錄，震驚地發現艾希曼寫了很長的段落駁斥康德的道德哲學，與鄂蘭所謂的「沒有思考能力」的形象截然相反。施坦奈特繼而聚焦在那些圍繞和幫助艾希曼的人們，她研究了艾希曼在一九五七年每週在荷蘭納粹親衛隊軍官薩森（William Sassen）家裡和納粹軍官們聚會的錄音帶譯文。艾希曼自豪地承認他協助殺死了六千萬猶太人，他唯一遺憾的是沒有按照原訂計畫殺死一億一千萬猶太人，他寄望穆斯林接手完成這個願望。在聚會中他們詳細討論了如何巧妙偽裝成笨拙魯鈍的官僚以逃過審判。在紐倫堡大審後，沒有一個納粹被判超過數年的監禁，輕判者經常獲得減刑。

施坦奈特在奈門的訪談中說，鄂蘭很單純地無法想像擅於思考的人會有意識地選擇惡。人們支持希特勒，或者普丁和川普，不是因為他們缺乏思考能力，而是因為他們太瞭解啟蒙的平等意義，他們憎惡平等，不想放棄屬於他們的特權。

奈門並不掠美，她忠實地記錄下了她訪談的實務工作者的經驗和智慧之語，也表達了自己不同於他們的意見。這帶來一個有趣的結果，你讀完這本書很可能更認同她訪問的某個對象，而不是奈門本人。本書提供了豐富的訪問成果，讓你自己扮演道德和歷史的偵探，能夠自己去思索和摸索有關惡的這個問題：

我們該怎麼面對我們的國家、我們的社群、或者我們的先人過去犯下的重大罪惡？

這是晚近三十多年來，不論是新興民主國家或者歐洲國家以及美國，最困難、也是最無法迴避的公共和倫理議題。敏銳的讀者恐怕已經注意到一件事。為什麼一直到晚近三十年，「面對自己社群之惡」才成為德國、美國，乃至我們現代社會必須面對的公共和倫理議題。我們作為道德人，難道不總是要作惡的人負起責任？如果我們也該負擔責任，難道我們不早就該感受到羞恥感或罪惡感？為什麼「面對自己社群之惡」過去從不曾是重要的公共和倫理議題？

這個問題的答案，可以讓我們深刻地瞭解我們在現代世界的政治情境。十九世紀以來，彼此強烈競爭的民族國家，在撰寫從兒童到青年的教科書的時候；在豎立紀念碑、成立博物館，以及建立所有民族國家的象徵的時候，念茲在茲的是要教育公民：我們民族面對壓迫者的挫折和奮起、愛國者的英雄事蹟、民族詩人的偉大作品，以及我們純樸善良的風土——這些教育都是為了讓你為屬於這個國家感到驕傲。

驕傲感是現代民族國家最重要的公民教育基石。當你為國家感到驕傲，你就會熱愛這個國家，當你愛這個國家，你就會自願為了公利而犧牲私利，這是一切公民德行的來源。此外，如果要記住羞恥心，民族國家要公民記住的羞恥是別的國家如何欺負我們的羞恥，這是為了在公民心靈中灌輸復仇——或者好聽一點——復興民族的火焰。

然而這種民族國家記憶驕傲和羞恥歷史的方式，在一九八〇年之後開始轉變。這要從一九七四年到二〇〇八年的全球民主化浪潮說起。在這段時間，全球出現了九十個從獨裁政體轉型為民主政體的新興民主國家。這些新興民主國家很難完全迴避面對過去社群以國家之名犯下的罪惡。在建立民主體制之前，盧安達死了一百萬人、柬埔寨兩百萬人、波斯尼亞人死了十萬人、南非記錄了三萬八千個人權侵犯的個案、瓜地馬拉記錄了五萬五千人、東德監控人民的檔案可以鋪滿一百二十一英里的路。（臺灣促轉會在二〇二二年的總結報告統計臺灣的政治案件受難人為兩萬零四百一十五人。）

新興民主國家無法只教育人們爭取到民主的正面事蹟。過去的惡仍然歷歷在目，加害者和被害者（至少他們的孩子和孫子）仍然生活在同一個社會裡。這些新興民主國家需要寫教科書、需要有歷史深度的公共論述、需要豎立紀念碑、需要成立博物館、需要正義（給每個人應得的對待）、需要培育好的政治文化。最重要地，他們的民主需要面對因為過去之惡，而互相仇視和分裂的人民。他們無法迴避社群過去之惡的問題。這些問題逼迫著他們：我們為什麼要記住那些恐怖駭人的惡？我們要怎麼去記住那些帶來重大苦難的惡？

或許有人會建議為了社會和諧和經濟發展，該選擇遺忘，畢竟人民想要的只是和平和財富。但是這是一個膚淺的建議。這個建議忽略了記憶無與倫比的特性：**記憶無所不在**。記憶穿透了產婦的接生房和幼兒園，拓印在我們的錢幣、路名、小學和公園；記憶抉擇了我們對空間規劃的想像，影響到我們對飲食、衣服顏色、遊戲和運動的喜好；記憶決定了我們什麼話敢大聲說，而什麼話我們只會迂迴地隱射；記憶也裁奪了我們視什麼為羞辱、什麼是恭維。沒有所謂中立的遺忘處理方式。如果民主體制不積極面對惡的記憶，你就放任了支持惡的記憶沉浸我們的日常生活。如果你有支持惡的父母或者祖父母，而你沒有積極處理這些惡，這些未經處理的認知和感受就會傳遞到你身上。沒人能完全擺脫母親傳給女兒、父親傳給兒子的態度。

請容許我再質問，如果國家教育公民的不只是驕傲感，而且還要教育公民記住我們的社群過去犯下的重大惡行，公民就得要負擔起社群犯錯的羞恥感、承擔罪惡感，背負懺悔心。這樣公民還會想歸屬於這個國家嗎？這樣的國家會有團結嗎？我們想要這樣的民族、這樣的集體生活嗎？為什麼我們要記憶我們國家的罪惡？我們為什麼不採取方便一點的作法，只要把這些罪全部推給獨裁者、某個政黨、某個統治集團、好吧——寬鬆一點——推給我們的父母世代，全部推給過去，乾乾淨淨不就好了？

為了思索這些問題，讓我摘錄書中的幾個訪問。當年在東德組織「鑄劍為犁」運動的神父菲德利希・修雷美爾（Friederich Scholermmer）在奈門的訪談中說，他認為東西德都推卸了納粹的責任。西德人民把責任推給高層的納粹官員，東德則視自己為受害者，忽略了共謀的角色。永遠有人在強人崛起時會選擇關閉良心、倒向強人。為了戒慎我們再度墮入深淵，人們需要學習這樣的自我知識：「**在我們成**

為被害者前，我們曾經是加害者；而正因為我們一開始是加害者，我們現在才是被害者。」（很少人在臺灣戒嚴時期，至少在孩童時期，能夠幸運地不支持獨裁者和威權政府。）

位於密西西比州的溫特學院（Winter Institute）的「歡迎筵席」（the Welcome Table）工作坊，一次只收不同種族的學員十五到二十人，成員首先一起度過一個週末假期，然後每個月聚會一次，長達一年半。工作坊有許多建立信任感的活動，然後才開始提出困難的問題。你什麼時候開始注意到種族是個問題？黑人和白人成員開始回憶不同的兒時經驗。成員一起閱讀有關家和認同的詩，也被要求寫下和分享他們的詩句。小組再拆成兩兩一組，每個人和其他人分享他的同伴的故事。學習去傾聽、學習用耳去聽。溫特學院的風格是讓工作坊愈快樂愈好，堅持加害者和受害者一樣具有人性。建立信任感的過程需要直接去討論種族主義，成員學習自己過去怎麼吸收和繼承了許多歧視機制，發現如何去介入和挑戰這些機制。成員最後將一起完成一個政治倡議的計畫。

溫特學院的職員說，我們都知道種族歧視的事實，可是事實本身沒有治療的力量。我們相信的是「敘事的力量」（power of narrative），每個人的故事都需要被敘說。人們說談話很廉價，可是「真誠和有目的」的談話卻真的有效。溫特學院的指導原則是「**心在當下，歡迎每個人，我們不是要在這裡去矯正任何人。**」

許多奈門訪問的實務工作者都說，只參觀一次集中營、博物館或者紀念館不會改變人，只有類似溫特學院的工作坊才會有效。人們需要同伴一起去尋找真理，因為你的環境有太多力量反對你去尋找真理，你需要有相同經驗的人的陪伴和支持。（臺灣面臨嚴重的歷史意識的分裂和衝突，導致我們無法處理獨裁者的各種紀念象徵。或許我們需要很大劑量的溫特學院。）

奈門紀錄的「絆腳石」紀念碑是書中最值得注意的計畫之一。絆腳石計畫為每位納粹的受害者在最後自願居住地的人行道上，置入一個10 cm × 10 cm的混凝土方塊，上面的銅牌刻下受難者的名字和命運。現在無數的人經過這些牌子會停下來、閱讀和屏住呼吸。它們帶來的震撼非比尋常，因為它們就在你平常去超市、去看牙醫、去買彩卷的路上。直到現在當年提案的藝術家剛特・德姆尼戈（Gunter Demnig）還親自安裝每塊「絆腳石」，他的基金會至今還收到許多安裝「絆腳石」的申請。德姆尼戈拒絕以大屠殺的形式紀念這些受難者，他們必須一個一個被記住。

容我再問，我們該以什麼形式記住惡？對惡的記憶絕非要在我們和惡之間豎立一道無法通過的牆，好像我們可以只認同英雄和受難者，然後把加害者驅逐到人類社群之外。正好相反。「布痕瓦爾德集中營紀念館」（Buchenwald Memorial）的執行長沃爾哈德・克尼格（Volkhard Knigge）說，只展覽受害者的遭遇對社會沒有幫助。我們想要人們去問：誰想要這些惡？他們怎麼證成它的正當性？他們怎麼實現它？**為什麼這麼少的反抗者**？我們想要人們去問：加害者的動機和他們的社會情境，他們是在什麼社會結構下去做這些事。我們想要人們去問：**如果是你生活在那個年代**，**你會做不一樣的事嗎**？很多時候反抗不是生或死的選擇，但是你有勇氣反抗嗎？克尼格說，如果我們關心的是未來，真正重要的是思索惡發生的原因。克尼亞因此批判德國在「學習與過去共存」的路上還遠為不足。

最後我不得不指出，儘管奈門舉的許多德國例子非常有啟發性和激勵人心，但是臺灣面對歷史之惡的情境更接近美國，而不是德國。雖然德國人對該如何處理過去有很多爭議，但是多數人對納粹的邪惡和歷史沒有很大爭議。但是臺灣和美國相似，人們因為對歷史之惡的不同理解和同情，而嚴重分裂。我們需要滿如天空星斗的「歡迎筵席」，讓不同族群的人都能有信任感、學習傾聽、安心地說自己的故事，相互陪伴去尋找真理，尋找惡發生的種種原因。當我們真誠地面對過去之惡，我們將不是勝利或失敗的一方，我們每個人都將擁抱一種殘破感，因為國家代表了我們去做邪惡的事。我們需要和過去保持一種破敗的關係，或許這是我們在民族國家中尋求團結唯一的一種正當方式。

（本文作者為臺灣民間真相與和解促進會理事長、中央研究院人社中心副研究員）

前言

位於生之起點的我，是個住在美國南方、活在種族隔離制度之中的白人女孩。位於生之終點的我，是個也許住在柏林的猶太婦女。為免你認為我繪出的這道生命軌跡是條由加害者劃向受害者的弧線，請容我把這個故事說得複雜些。猶太人究竟算不算是白人？這個問題在我出生時的南方並無定論。艾默特．提爾（Emmett Till）[1]的表哥惠勒．帕克（Wheeler Parker）牧師曾告訴我：「俗話是這樣說的——如果你是住在南方的天主教徒，你得時時感到憂心；如果你是住在南方的猶太人，你最好開始收拾行李；如果你是住在南方的黑人，你最好是直接消失。」

八歲時，我最好的朋友嚴肅地宣布，她不能再跟我一起玩了。我們有許多共通點：喜歡蓋樹屋、不喜歡玩芭比、喜歡看書、經常一起在樹林裡尋找通往納尼亞的那扇門。不過，在聽說殺死耶穌的是猶太人之後，她還是對我關上了友誼之窗。我們家作禮拜的會堂被丟了炸彈，猶太社群裡的大多數人都相當低調，但我很高興我的母親沒有。一九五五年，我出生前不久，我父母從芝加哥搬到亞特蘭大。我的母親參與了抗議亞特蘭大公立學校種族隔離制度的運動，這使她獲得一張刊在《展望》雜誌（*Look magazine*）上的照片，還有幾通來自三K黨的深夜電話。

尋釁之人可能難以認出我們，而我們也不認為自己是受害者。猶太人曾於埃及為奴，因此對於其他受壓迫者，我們有義務展現出自由派的團結。這是我母親樸素的神學中最主要的原則。很久以後，我決定攻讀哲學，並在哲學的世界中找到了康德這位替普世正義（universal justice）寫下形上學理論的乏味普魯士哲學家——此事上，我母親的原則肯定影響了我。正是這位康德堅稱：所有具備理性的對象都該遵循相同的道德法則，即便是上帝也不例外。

我的家族中沒人進過集中營，據我所知也沒人死於大屠殺。二十世紀初，我的祖父母平安抵達芝加哥，把東歐的大地留在身後，不再提起。不僅如此，我所認識的祖父簡直是個徹頭徹尾的美國人。雖然他是家中第一個在敖德薩（Odessa）以外的地方出生的成員，說話也帶點意第緒（Yiddish）口音，但他相當敬仰老羅斯福，也造訪過所有國家公園，更曾於兩次大戰中服役。他熱愛林肯，來亞特蘭大探望孫輩的時候甚至教我們唱了整首〈向喬治亞進軍〉[2]。我們在敞篷車上快活地唱著這歌，完全沒意識到周遭那些很難對這場把亞特蘭大夷為平地的軍事行動抱持歡慶之心的居民。在今天，要微笑以對不是難事；難怪我在這個地方從來沒有家的感覺。但在當時，這只令我更加感到我們在為正義與權力奮鬥。如同所有的美國小孩，我也學到了有關大屠殺的一些事，但那距離太過遙遠，無法在我心中留下傷痕，甚至是陰影。

在我心中鮮明的是喬治亞州的濕黏夏日，我母親會邀請住在小鎮另一頭的非裔美國人朋友帶孩子過來，在我家院子裡玩。布朗訴教育局案[3]的五年後，亞特蘭大當地的白人沒有取消種族隔離，反而威脅要廢除學校系統，有幾個郡確實也真這麼做了。我的母親使用她早年在廣告業中所學，與來自新成立的挽救公立教育協會（Help Our Public Education，HOPE）的朋友一同努力，阻止最高法院的裁決在其他地區可能引發的暴力。於此同時，她還想舉辦玩伴聚會[4]（當時還不流行這種說法），讓小孩預先適應沒有種族隔離的生活。當時，我們唯一認識的黑人是別家的傭人，而她希望我們與不是幫傭的黑人建立平等而正常的關係，這就是為什麼她社運圈的朋友會來我們家玩。

我家後院很大，周圍是片樹林，可以在裡面玩捉迷藏、找原住民遺留的箭頭、玩奪棋遊戲。但那天實在太熱了，再多的檸檬水也無法令我們提起玩興。

「我們去游泳池游泳吧。」我說。

「不行。」我母親簡短答道。

「為什麼？」我開始咕噥抱怨。「在這種大熱天裡我們都會去游泳的。」

「就是不行。」我母親說。當時我還太小，沒注意到她和她朋友互看了一眼。

「那我們可以去湖邊嗎？」紅頂山公園通常有些泥濘，不如游泳池好玩，但那天的天氣是越來越黏膩難受了。

「今天也不能去湖邊。」我媽媽說。

「為什麼？」我質問道，一邊鼓勵我弟加入戰局。

最後，我們只爭取到在澆花的灑水器下面玩；對於這個替代方案，我可是不太滿意。當時的我怎會知道，無論是在南方白人夏天最愛去的、水泥砌成的大泳池裡，或是在上帝所賜予我們的、遍布全郡的湖泊裡，黑人和白人小孩一起游泳都是違法行為。在當時的我眼中，母親的反應完全不合理。或許，去想像自己能夠在種族隔離的南方那樣粗暴而不合理的系統中建立正常的人際關係，也是件不怎麼合理的事吧。

南方的植物向來深深吸引著我，彷彿我在南方也生了根。山茱萸、忍冬、杜鵑，甚至是兒時後院的一株木蘭，都令我心嚮往。新生的綠：葉綠素一詞聽起來像是藥，但綠色是生之色彩，如承諾般牢牢擄獲我們的心。隨著每片新葉抽芽、每個新生命舒張，世界在嫩綠之中從頭來過，指間的黏膩與沙坑旁的扭打都無損其分毫。我的母親總想來趟追逐春日的公路之旅，從深南地區（Deep South）出發，一路驅車向北，捕捉大地換上新色的瞬間。這趟旅程從未成行。如今，每顆冒著新芽的樹都令我想起她的心願。

除了植物之外，在記憶中揮之不去的還有那些我自認屬於自己的角落。我每週都會造訪的公立圖書館，炎熱的雨水打在館前大理石臺階上所散發的氣味；樹林裡爬滿葛藤的廢墟，肯定是薛曼將軍領軍燒毀的某棟豪宅。我們家住在亞特蘭大西北邊一個較為體面的半郊區，但一切跡象都表明著我們從未融入當地。我的南方口音不夠道地、使人起疑。有天，我交了老師指定的回家作業：回家詢問父母他們平日的嗜好，以及所屬的組織。我忘不了老師在看到我母親所屬的組織是美國公民自由聯盟（American Civil Liberties Union，ACLU）時，臉上浮現的表情：「那不是顛覆組織嗎？」（「媽，什麼是顛覆？」我回家後不得不問她。）

我母親與為數不多的自由派人士為友，多半是政治立場相同的白人聖公會教徒或一神論普救派教徒。在我的第一段友誼經歷悲慘挫敗之後，我沒有很努力繼續交朋友。在當地也沒有其他女孩會花上長長的時間討論喜歡的書直到自己暈頭轉向，或是喜歡待在樹林裡勝過玩芭比娃娃。說句實話，我當時又矮又胖還近視、運動能力也很差；這些特質中的任何一項都足以令我落單，即便我生在布魯克林亦然。但我從未去過布魯克林；童年時代的我總幻想能夠離開南方、前往歐洲（我對於歐洲唯一的知識來自白蒙的「瑪德琳系列」繪本[5]），或是去格林威治村（在我的想像中，那是個綠樹成蔭、人人健談的小鎮）。

十二歲那年，我有幸加入城裡第一個種族融合的青少年社團：演員和作家工作坊（The Actors and Writers Workshop）。這是課外社團，有個場地讓少數躍躍欲試、不願墨守成規的自由派年輕人能自在地待著。我們學到劇場和寫作工作不僅需要意願，還需要投入努力。對於亞特蘭大政治前線的問題，我們信念一致；雖然有這樣一個地方能分享在當時的亞特蘭大仍屬小眾的價值觀，感覺確實很好，但我們每週聚會三次可不只是為了讓自己感覺良好而已。我們矢志創作，而人稱「羅伯」的導演對於他的工作十分認真，彷彿他人在百老匯，而不是在指導一群孤單而迷失的孩子。在市政府提供補助的那幾年裡，我們會把拖板貨車停在某個貧民區的停車場裡，在車後的平臺上演出。我們的父母很快瞭解到，如果想要我們做任何事（譬如寫功課），最好的方法就是威脅我們事情沒做完就不能去工作坊。即使是難得不用排練或上課的週六，我們也會興高采烈地跑去柏樹街（Juniper Street）的場地鬼混，掃掃地或幫小孩換尿布。我們沒人知道，那個包尿布的小孩後來會變成茱莉亞·羅伯茲，反正這事在當時也不怎麼重要。[6]

工作坊是個前哨站，它在亞特蘭大的存在多少仍有些突出。馬丁路德・金恩遭槍殺的隔天，我們前往金恩家致上沒什麼用的哀悼之意——金恩家中最年長的三個孩子和我們同班。金恩博士去世時，為此哀悼的南方白人並不多。「阿拉巴馬人並沒有像甘迺迪遇刺時那樣歡呼，」阿拉巴馬州的歷史學家黛安・麥克沃特（Diane McWhorter）如此表示，她對於南方情勢的掌握比我可靠得多。「但當時我們確實認為麻煩總算結束了，金恩不再挑起爭端，南方將會恢復正常。」

◈ ◈ ◈

如果南方從沒讓我有家的感覺，那麼幾十年後待在特拉維夫（Tel Aviv）的那五年，也沒能讓我成為以色列人。也許這就是為何待在柏林的我會感到如此輕鬆自在吧——柏林一直都是許多心中無家可歸的人棲身的避風港。初次抵達動物園火車站（Bahnhof Zoo station）時，我可沒這麼自在；當時有群小混混在樓梯上行乞，幾隻德國牧羊犬坐在他們腳邊。牧羊犬在我的腦海中召喚出鬼魂般的人影，大喊著：「停（Halt）！」或「猶太人滾出去（Juden raus）！」。我在弗萊堡的歌德學院學了幾個月的德文，單字量增加許多，但恐懼則沒怎麼減少。

一九八二年的柏林仍是有待探索之地，要說服幾個組織資助我在此待個一年研究德國哲學並非難事，雖然這個名義與實情可能有點出入。關於柏林有種特殊氛圍，連遠在麻州的劍橋，這個我讀書讀了八年的地方，都接收得到一丁點那樣的氣氛。人們常問我：「你這樣一個優秀的美國猶太人怎會跑去德國，還待上整整一年？」我則反問他們：「在戰後四十年的今天，我們對於整個德國的譴責不就跟德國當年對於猶太人的譴責一樣，都算是種族歧視嗎？」我的回答令人感到我已充分深思過納粹那段歷史，所以能將其拋諸腦後，專心研究康德與歌德。當時，甚至連我自己都相信事情確實如此。而現在的我知道，我前往柏林不是因為我不再在乎納粹，而是因為我想更瞭解他們。當時我在研究的是理性（reason）的本質，而他們標誌著一個對於全世界都很重要的問題。

很快地，我陷入一種令人欲醉的遺棄感之中，那種在城市邊緣遭人遺忘的感受令我興奮不已。柏林既不是西方也不是東方，而是介於兩者之間的國營遊樂場，到處都是人們無意清除、也沒錢清除的戰爭遺痕。我們住在華麗的老公寓裡，天花板上的天使石膏像常有裂痕、外牆也處處是灰泥洞孔。我們由地窖提來一桶桶煤炭，用高大的壁爐生火取暖。當然，還有那道圍牆，柏林人（至少西柏林人）常拿它開些陰鬱玩笑。不然，你還能拿這個建於二十年前、感覺上快和自然界融為一體的東西怎麼辦？你面前隨時有可能出現各式各樣的廢墟，有間名為「殘垣」（In the Ruins）的知名酒吧乾脆以其搖搖欲墜的牆壁為賣點。在此，不願想起歷史的人得付出很大的努力，或是乾脆喝個爛醉。

而這正是最令人激動的一點。「釐清過往」[7]是我加進德文生詞庫裡的第一個詞，此時我對德文的印象已逐漸遠離那個沉默寡言、身著制服、大喊「遵命！」的身影。釐清德國不道德的過往並不是一項學術任務，這是更為私密之事。這意味著當面質問你的雙親與老師、指出其權威的腐敗之處。一九六〇年代的德國比巴黎或布拉格都更動盪不安，柏克萊更是難以望其項背——因為德國人關注的不是遠在越南的他人所犯的罪，而是在他們人生早年曾諄諄教導他們之人所犯下的、近在身旁的罪行。

一九八二年秋天，那些在六〇年代裡成年的孩子如今已是三十多歲的大人了。他們全力投入釐清過往的工作，眼前即將到來的是希特勒當選五十週年紀念日。相關主題的書、演講和展覽似乎沒完沒了：《被摧毀的猶太會堂建築展》（*The Architecture of Destroyed Synagogues*）、《同志與法西斯展》（*Gays and Fascism*）、《第三帝國女性展》（*Women in the Third Reich*）、《新克爾恩反抗軍展》（*Resistance in Neuköilln*）。藝術學院舉辦了製作納粹德國電影的工作坊；有幾場音樂會的主題是納粹禁止的音樂或納粹推廣的音樂，每場表演都附帶講座。鄰舍間，人人爭相探索自家黑暗的過去。此番盛況也可見於柏林，還不只這樣；一九七七年，有部名為《不是我，是希特勒幹的》（*It Wasn't Me, Hitler Did It*）的劇作在柏林上演，此後一連演了三十五年。我的新朋友曾告誡我，柏林獨一無二，總散發出左傾氛圍，但德國的其他地區則較不願直面自家不可告人的往事。不過，我當時待的地方還不是西德，而是前第三帝國的首都；在此，東西兩區爭相找出釐清過去的最佳方案。我將一切全看在眼裡，心中曾有的那若隱若現的恐懼開始消散，取而代之的是同情與欽佩。

一九八二年，城裡多數的美國人都是美軍成員。對於許多德國人來說，我是他們生平遇到的第一個猶太人。在成長過程中，深植他們心中的猶太人形象是憔悴枯槁的集中營俘虜，或披著禱告披肩的猶太正教徒，他們沒想到猶太人一詞也適用於我。我們的對話總是不斷在提及此事與避談此事之間找尋平衡。我不是在哪個特定的猶太社群中長大的，也沒有去過以色列；如果說有哪本探討猶太身分的書能引起我的共鳴，那會是多伊徹（Isaac Deutscher）的《不像猶太人的猶太人》（*The Non-Jewish Jew*）。我並不想否認我的身分，人們只需開口詢問，但他們從來不問。相反地，在某個左派活動家和外交官的聚會上，我和一位可親的男士間曾出現過的以下這種對話倒是很常見。「你知道嗎，」在喝下第二杯讓我們能稍微放鬆聊天的酒之後，這位男士說：「我敢打賭妳來自美國南方。」「你怎麼知道？」我說。「我也說不清楚，」他答道。「是妳的舉止——妳的聲音、妳的手——我想有點像是北歐人和南歐人的差別吧。」我笑了。「我碰巧出生在亞特蘭大，」我告訴他，「但我不是典型的南方人，你注意到的，其實是猶太人的特徵。」這位男士顯然感到極度羞愧。「喔，不是！」他大聲地說，「我不會注意到這種事的，這對我來說根本沒意義！」

對美國文化有點瞭解的人只要跟我相處個一分鐘，多半都會猜我是在紐約上西區長大的。這不僅是因為我有一頭深色捲髮，也不僅是因為我講話很快而且老愛搭配手勢。箇中原因我無法解釋，但這個組合似乎令人想到紐約猶太人。真正的紐約猶太人都覺得這事滿好笑的，而德國人則完全不懂哪裡好笑。他們從小就學到猶太特質是某種令人不快（也許還散發出異味）的特質，所以注意到此事是種不禮貌的表現。就像堅稱「顏色」[8]對自己來說並不重要的美國白人，他們沒意識到這種說法的背後亦有其悠長脈絡。（顏色並不重要？那麼今天天空是藍是灰、樹葉是紅是綠都沒關係嗎？）

◈ ◈ ◈

一九八二年的我還不知道，在柏林度過的時光會在我身上留下永遠的印記，我對這個城市的淡淡嚮往會轉變為一種深刻而複雜的愛。住在柏林，道德思考成為某種具有實底、持續可見之物；每片水泥板、每個彈孔都在問著你道德問題。我們是具有歷史的存在，若想描繪自身的樣貌，就得繪出我們在空間與時間中的模樣。人類與其他動物的不同之處在於，我們仰賴父母投入大量心力才能順利成長；若有人想成為真正獨立的個體，就必須與父母達成共識。

在不小心令宴會上那位男士尷尬不已的二十年後，我加入了德國國家委員會，替二〇〇五愛因斯坦年規劃慶祝活動。在愛因斯坦做出其最著名貢獻的一百年後，左傾的德國政府決定編列兩千萬歐元的預算來支持科學，特別是支持左派的國際性知識分子（嗯哼！）。身為委員會中唯一的猶太人，我主要的功能是擔任猶太正統派所謂的監督檢查員（mashgiach）——確保活動中的一切都符合猶太教規。屆時會有展覽、有標語、有講座，還有許多其他東西，如果有哪處弄錯了該怎麼辦？

早期的手冊中確實有個地方不太對勁，上面寫著愛因斯坦是「猶太背景的公民同胞」。委員會知道愛因斯坦本人曾公開取笑過這種奇怪的說法嗎？我問。「他稱自己為猶太人，僅此而已。猶太人並不認為這個詞有侮辱之意。」我說道。「原來如此，奈門小姐。」科學部長在慌亂中回答道。「這真的很有幫助，正是我們所需要的知識。」在德文中，「猶太」一詞有兩個音節而非一個。我想，在某些人的夢中深處也許埋藏著凶惡暴民的身影，叫喊著「猶、大！猶、大！」[9]。可能即便在無神論者的心中，加略人猶大（Judas Iscariot）的名字仍有其意義。德國人為避開兩個音節的字眼，只好訴諸「猶太背景的公民同胞」或「猶太傳統的公民同胞」這種九個音節的詞組。習慣是如此根深蒂固，雖然我已提出反對意見，但第二版的手冊中仍出現了一模一樣的詞組。「我知道諸位公務繁忙，」我在接下來的會議中說道。「大家可能忘了，但我有提過愛因斯坦不喜歡這個說法，他曾經不只一次拿它來開玩笑。」「當然，我們會改掉的。」副部長說。但他們最後沒有改掉，夢中那些揮之不去的陰影絆住了他們。

從那場左派聚會到國家委員會之間的歲月裡，生活出現了幾個轉折。八〇年代，人們開始釐清過往，而我離開了柏林。比起偶爾出現的右翼言論或納粹用語在日常語言中留下的痕跡，類似宴會事件那樣的事情其實更令我感到困擾。我和一位柏林的詩人結了婚，在我們的兒子出生後，我開始希望能住在一個對猶太小孩與其他小孩一視同仁的地方。除此之外，我承認「柏林不會再有新鮮事」這個在當地十分普遍的看法也影響了我。我的第一本著作《慢火》（*Slow Fire: Jewish Notes from Berlin*）記載著八〇年代在柏林的生活，當時人們的共識是，柏林式的生活已接近尾聲，行動重心已轉移到其他地方。一九八九年，柏林圍牆倒下的前一年，我接下了耶魯的哲學教職。

我可能沒預料到自己離開後的柏林會發生什麼事，但在抵達康乃狄克州的第二個晚上，我還是邊哭邊喝掉了一整瓶的酒。緊湊強烈的柏林生活與紐哈芬（New Haven）這種郊區結合貧民區的陰鬱風景，其間的差異不可能再大了。但合約已經簽了、柏林的公寓也搬空了，我只好安頓下來，享受其中可享受的：優秀的學生、有趣的新朋友。雙胞胎女兒出生後，我沒時間感到懊悔，也沒時間做任何其他的事。我確實應徵了波茨坦（Potsdam）的教授職缺，但在獲聘的同時，我的婚姻也結束了。趁著學術假的期間，我帶著孩子去了趟以色列，希望能找到我們的家。後來，我們在以色列待了五年，期間我任教於特拉維夫大學。孩子們都還小，很輕易就融入當地了；而我卻還在反覆思索本古里安（David Ben-Gurion）說過的話：移居以色列的第一代移民總是迷失。不過，重要的是孩子。我的疑慮無關政治，因為當時和平進程尚未擱淺，第二次巴勒斯坦起義也還沒開始。而當愛因斯坦論壇（Einstein Forum）告訴我他們在找新主席時，我並未完全排除新生活的可能性——即便我一開始拒絕了他們。

「妳真的知道愛因斯坦論壇是什麼嗎？」

我愈深入了解，就愈心動。愛因斯坦論壇是在兩德統一後隨即成立的組織，其願景有兩個，第一是在前東德成立知識與文化機構，因為東德有許多機構在清除共產政權相關人員的過程中已不復存在。當時，人們已開始抱怨，人事清除行動根本就只是在清空職位以供在西邊找不到工作的西德知識分子進駐。而僱用美國人，則是避免東西衝突的方法之一。論壇的第二個願景則與當地較無關聯。兩德統一後，出現了令人不安的右翼民族主義跡象，引來國際媒體密切關注。於此同時，德國人則於布蘭登堡（Brandenburg）發現了深具象徵意義的無價之寶：一棟年久失修的破舊木屋，一九二九年時由愛因斯坦本人所建。布蘭登堡是德國新行政區中最大的一個邦，就像維吉尼亞和馬里蘭環繞著華盛頓那樣，布蘭登堡也環繞著柏林。如果想要朝進步與國際性的方向前進，還有什麼做法會比拿出一小筆錢整修這棟木屋，並期待能發生有趣的事來得更棒呢？

在論壇邀請我擔任主席時，我對這些仍一無所知。「有哪些知識界的焦點議題是我得留意的嗎？」我在某次面試時問道。「因為如果你們打算雇用我這個從以色列來德國的猶太人，我得說，我不打算耗盡餘生來討論如何釐清過往。」（有點好笑的是，我當時還以為自己不會再碰這個主題了。）

「妳想做什麼都可以。」他們告訴我。

「我可以談啟蒙運動嗎？」

「這裡是波茨坦，我們會喜歡這個話題。」

我大部分的哲學研究都致力在為備受指責的啟蒙運動辯護——這場十八世紀的運動奠定了普世人權之基礎。腓特烈大帝用來招待伏爾泰和其他啟蒙運動思想家的夏宮，便位於波茨坦。雖然腓特烈後來還是逮補了這位哲學家，但有兩年的時間，他們好好地討論了古今世界上最好和最壞的景況。我年少時的偶像是波娃和沙特，所以我在那些常春藤名校裡從未感到真正自在。這是個特別的機會，能向不特定的廣大群眾提出哲學問題；而波茨坦離柏林很近，我仍能住在這個像是未完的愛情故事一樣觸動我心的城市——**我和柏林之間還沒結束！**

帶著三個認為自己是以色列人的孩子，住在在前納粹德國的首都，此事意味著什麼？這仍是個問題。在今天的特拉維夫，人們會認為這時髦極了。但在二〇〇〇年時，人們說我是叛徒，只因我考慮離開以色列前往德國。再早十年，我會決定不要去；外國人，尤其是猶太人，似乎不可能真的在柏林自在生活。不過，我為了討論此職缺而數次往返德國，有次我看見一個梳著辮子頭的非裔男性出言反駁粗心的司機，這令我相信新柏林一說並不只是宣傳炒作。一個外國人，來自任何地方的外國人，在街上出言反駁德國人，這在八〇年代是難以想像之事。我們都太害怕了。政治上，長年來的保守傳統轉變為社民黨與綠黨的聯合政府；而柏林則成了首都，來了更多的外國人——是因為這樣嗎？無論原因為何，只要站在街頭就能感受到那巨大的轉變，巨大到足以使人認為三個以色列—美國—德國小孩能在此安然成長，無需感到畏縮。

二十年後的我於早晨醒來時，仍時常感激命運對我的眷顧。愛因斯坦論壇正蓬勃發展，而我很幸運能找到一間座落於沒那麼安穩的區域但價格可負擔的公寓。陽光耀眼的夏日裡，你很容易認為自己置身多元文化的天堂。僅是我住的這個街區，就有一間庫德族開的咖啡廳、一間芬蘭咖啡廳、一間巴西咖啡廳（在溫暖的夜裡，現場表演的樂音會從該咖啡廳裡流瀉至人行道上）、一家丹麥麵包店、一家摩洛哥餐廳，還有一間希臘熟食店。只要往任何方向走上十分鐘，你就能找到本區九家小書店的其中一家。這些書店有的專攻波蘭文學，夜間偶有音樂及詩詞朗讀會；有的則專攻英文小說。每週二和週五，你都能在運河旁的露天市場買到麵包、魚、水果、起司和大多數你需要的東西。這條運河以前叫做東方運河（Oriental），而此處有大約一半的小販和三分之一的顧客是土耳其人；新柏林的公務員顯然在擔心東方主義的問題，因此幫運河改了個人畜無害的新名字。（我無法跟你發誓這位公務員讀過薩伊德〔Edward Said〕，但我知道我這區的警察局長看過漢娜・鄂蘭的電影。）許多女性都戴著頭巾，年長的看來陰沉嚴肅，年輕的則時髦而別具風格。在這一區，市場裡的穆斯林和非穆斯林也會彼此推擠、討價還價、互相調侃，但氣氛永遠友善明朗。

當然，我也看報紙。即便我不看，我也有很多朋友會看。二〇一八年，媒體大幅報導兩名戴猶太小帽的以色列人遭攻擊的事件；有位憂心忡忡的老朋友隨即從洛杉磯寫信給我：我和孩子都安全嗎？與其他地區的反猶事件相比，德國的反猶事件得到了更多國際媒體的關注。而德國的處理方式所得到的關注則遠遠不及。即便在這起被人錄下的攻擊事件發生之前，梅克爾總理就已設立了一個高層部門來打擊反猶主義。攻擊事件之後，包括外交部長在內的兩千五百名柏林人戴上猶太小帽，參加猶太社區中心前的集會——好幾天的頭條新聞都是這場集會。「整個柏林都戴上了猶太帽」，這是當地日報的新聞標題。幾天後國會一致通過，正式宣布以色列國的存在是德國國家理性（Staatsräson）的一部分。負責打擊反猶主義的新官員說，持反猶態度的人口向來維持在相當穩定的二〇%，如今出現兩個令事態更加複雜的因素，導致反猶主義加劇。我將在本書末章討論這兩個因素：極右派政黨德國另類選擇黨（Alternative for Germany party，AfD）的崛起，以及在反猶政治宣傳中長大的穆斯林難民湧入德國。德國反猶的比例其實與美國大城市以外的地區及英國相去不遠。不同之處在於各國對於此事的反應——德國迅速、銳利而嚴肅地譴責了反猶主義。美國夏洛茨維爾（Charlottesville）事件[10]中的納粹分子得以順利脫身。英國工黨遭人指控內部存在反猶問題，而工黨的反應遲緩到簡直是自毀前景。

在德國，沒人會否認要走的路還很長。二〇一五年，梅克爾決定收容一千萬名難民，保守黨隨後於二〇一七年失去選民的青睞，選票流向極右派政黨。良善的德國人持續密切注意種族主義是否有捲土重來的跡象，他們對於事態的發展並不樂觀，認為更糟的還在後頭。在這個難民人數不斷增加的世界上，誰也不知道事態會如何發展。很明顯地，德國的過往無法再使他們對於如今席捲全球的民族主義浪潮完全免疫。但這些發展都無損此一事實：德國是世上唯一在難民危機中表現出一丁點領導能力的國家。德國歷史學家揚·普蘭佩爾（Jan Plamper）指出，雖然另類選擇黨崛起，但積極支持接納難民的的德國人口從二〇一五年的一〇%成長至二〇一八年的一九%——一九%這個數字是由頗具聲望的德國民調機構阿倫巴民主協進會（Allensbach Institute）所提出的，這代表支持接納難民的德國人遠多於支持右翼政黨的德國人。所謂的「歡迎文化」[11]其實是德國自戰後以來最大、最廣泛的社會運動。[12]如果美國人想表現得比德國人更加慷慨，他們大可以撥出一塊小地方，在一年內將五百萬名難民安置妥當。相反地，反移民運動成功促使英國脫歐，並導致美國選出了一個頭腦不正常的騙子。

至於猶太問題，三十年前的我很希望德國人知道我是猶太人，或至少在發現此事時不要太驚訝。雖然他們通常對集中營所知甚多，但對活生生的猶太人則幾乎一無所知。今年，幾個德國朋友寄了電子郵件來，以希伯來文祝我新年快樂。有位來自瑞士的猶太裔歷史學家成了德國歷史博物館的館長。如今，柏林有年度猶太電影節、猶太文化週、以色列暨德國藝術節、好幾本猶太雜誌，還有不計其數的鷹嘴豆泥店。如果你想成為一位猶太拉比（Rabbi），有改革派、保守派和正統派的神學院供你選擇。由於來自俄國的哈巴德（Chabbad）猶太移民及勞德基金會（Lauder Foundation）的影響，正統派猶太社群持續成長；為逃離正統派政府而離鄉背井的猶太人也建立了不斷茁壯的社群。猶太身分成了時髦的象徵，有些德國拉比甚至是非猶太裔的改教者。八〇年代裡，購買無酵餅雖無須守口如瓶，但總帶點隱密氛圍。當時，有賣無酵餅的店家只有一間，店內兼賣潔食葡萄酒（kosher wine）、猶太魚丸凍（gefilte fish）和炸豆泥餅（falafel）。這間店曾在一九七七年時遭到炸彈攻擊，後來店家拿掉了招牌上的「平安」[13]字眼，改成「東方美食」。想購物的人得先知道地方才找得到這間店。現在若要採購逾越節用品，唯一的問題是人們會爭相搶購。去年我趕在最後一刻採買無酵餅碎（matzo meal），才發現每間店都賣完了。「我們低估了銷量。」有位老闆告訴我：「也不用去別的地方找，全柏林的無酵餅碎都賣完了。」我開始思考一塊一塊研磨無酵餅得花多少時間，結果突然想起以色列朋友的父母會來柏林過逾越節，他們有可能多帶一盒無酵餅碎。你沒看錯，竟有以色列人不在家過逾越節，而是來柏林找兒孫輩一起吃逾越節家宴（Seder）。明年，也許回耶路撒冷過節？

沒什麼比五月八號的慶祝活動更能反映出這種精神上的轉變。一九八五年，魏茨澤克（Richard von

Weizsäcker）成了第一位將二戰結束日稱為「解放日」的西德政治家，此事成了新聞焦點。在此之前，民眾對於德國戰敗一事抱持著矛盾的心情，至於心情並不矛盾的人則選擇保持沉默。我當時並未充分領會這篇演說的意義，因為我沒能理解到，戰敗的滋味即便在四十年之後仍是無比苦澀，而魏茨澤克使用解放一詞確實具有革命性意義。（想像一下維吉尼亞人在阿波馬托克斯〔Appomattox〕慶祝南方邦聯投降，差不多就像那樣。）如今，高爾基劇院（Maxim Gorki Theater）有位總監是以色列人，而劇院推出了為期三天的戲劇節以紀念戰爭的結束；其中包括前衛的戲劇與影像作品、以猶太和穆斯林男同志為題的露骨對白、有關割禮的喜劇，還有一間舞廳播放著嘻哈混搭俄羅斯民謠。「我們有值得慶祝的事！」有位策展者大喊，當時我們正在大廳裡隨著手風琴的樂音起舞。劇院外是整個柏林最寬敞的大道，一面旗幟飛揚其上。「我們贏了」，旗面上以德文、英文與俄文寫著。魏茨澤克發表那篇演說後，反法西斯的德國人、外國人和城裡為數不多的猶太人都鬆了一口氣——終於有位西德的政治家承認，五月八日不是該哀悼的日子。但竟有人敢掛起上頭寫著「我們贏了」的旗幟來慶祝這個日子？我怎麼都想像不到。

◈　◈　◈

多年前我曾暗自許下承諾，對於每位陌生人花心力寫給我的信件，我一定得回覆至少一次。這可能是因為我七歲的時候曾收到C．S．路易斯（C. S. Lewis）的回信——當時我寫信告訴他，我也想當作家，還附上一首有關納尼亞的詩。他人很好，沒跟我計較這首詩的水準，還回信鼓勵我。我簡直心花怒放。

有位名為史都華的讀者曾來信稱讚我的一篇短文，該文後來成了本書的核心重點。這篇文章在網路上可以讀到，而他的來信則相當認真。我在這裡摘錄部分內容：

> 我一輩子都住在密西西比（現在住牛津市），我是個保守派白人。好笑的是（在這個時間點上尤其好笑），這意味著我鐵定是個種族主義者。但事實上，我——還有許多像我一樣的人——都真心想知道，關於美國南部各州的歷史和整個美國的歷史，我們該怎麼做才是對的？而您的文章為我指出了重要的方向。

但史都華想問的不只這些，他在信中還問了我其他問題：

> 您怎麼看？我們該拆掉所有南方邦聯人物的雕像嗎？我們該幫所有建築和街道改名嗎？我們是否該清除有關南北戰爭的一切過往，也把華盛頓從鈔票上拿掉？僅供您參考，我問過密西西比許多所謂的民權運動領袖，甚至和詹姆斯·梅瑞迪斯（James Meredith）[14]一起吃過飯，聽了他對這個問題的看法。各方意見相左，不過，我的天哪，那些認為我們需要消滅一切奴隸制度之遺痕的人實在是義憤填膺。但他們是對的嗎？

我回信提供了幾個具體建議，最後我說，如果所有自認為保守派白人的美國人都像他一樣思慮周到，那麼這個國家的情況其實比我以為的還要好。

無需提起川普勝選這件既可怕又可笑的事情，我也能證明美國的情況並沒有比我以為的還要好。這一切是從弗格森（Ferguson）槍擊案[15]開始的嗎？還是從槍殺崔凡．馬丁（Trayvon Martin）[16]的兇手被判無罪開始的？在查爾斯頓（Charleston）的聖經研讀小組上，有個帶著冷笑、眼神空洞的孩子迪倫．盧夫（Dylann Storm Roof）殺了九個非裔美國人；此後，無論是先前能忽略此事的白人或是從沒有忘記此事的黑人，都清楚看到美國確實陷入危機。令美國人感到如此痛苦的不僅是這場發生在教堂裡的屠殺，而是許多受害者家屬宣稱「仇恨終將落敗」的發言。

盧夫的電腦裡全是白人至上主義的政治宣傳，還有許多他手持南方邦聯旗的照片。曾經出現過一個人們似乎達成共識的時刻——包含南方在內。有段影片記錄了受害者家屬如何以巨大的善回應純粹的惡，這使得人們降下了南方邦聯旗，也讓歐巴馬總統親臨查爾斯頓，發表了他最具影響力的演說之一。他開口說話時，臉色有些發白，大概是想到這些子彈也算是向著他發射的。美國終於選出一位黑人總統，結果反而引發了種族主義恐怖活動；層層安檢與隨扈把他包圍得密不透風，白人至上主義者唯有尋找更容易的目標。一開始，歐巴馬看來似乎在顫抖，但他逐漸抓住黑人教會那種強而有力的講道節奏，講詞結合政治與宗教，將兩者描繪為一具約束力但極為迷人的整體。他說，移除那面旗幟並不是在侮辱南方邦聯軍，只是承認他們的奮鬥目標是錯誤的。他繼續說下去：「透過摘下這面旗幟，我們彰顯了上帝的恩典。」接著是一長串以恩典為主題的即興段落，其嫻熟靈巧有如爵士樂演奏。然後，歐巴馬開始唱〈奇異恩典〉，歌聲之好令人不禁要想，這位總統當初怎麼不選個比較輕鬆的職業。全體聽眾興高采烈，一同起立唱詩歌。

這確實有用，不是嗎？歐巴馬在這篇悼詞中呼籲全國，把歷史當作幫助我們不再重蹈覆徹的說明手冊，當作一張通往更美好的世界之地圖。隨著南方各州自願清除各種邦聯象徵物，顯然有些新的事情正在美國發生。與深南地區其他州一樣，南卡羅萊納州的州長也是共和黨人，但她仍主持了議會大廈的降旗典禮，並準備將這面南方邦聯旗送入博物館。阿拉巴馬的州長也跟著這麼做。有些店家宣布，他們不會再進貨並販售南方邦聯紀念品了。在那個苦澀而充滿希望的時刻，我決定以史都華信中提到的那篇短文為基礎寫一本書。我們似乎走到了一個美國人及許多人能以他國暴力的歷史為鏡，學習如何面對自身歷史的地方。總統發表演說的幾個星期後，我又收到了史都華的信。在查爾斯頓事件引發各種討論之後，他希望我能到他的母校密西西比大學演講。而我也想深入探討深南地區的種族與歷史研究人員都在做些什麼，這就是為何我後來會到密西西比州牛津市的威廉・溫特族群和解學院（William Winter Institute for Racial Reconciliation）作客的原因。

本書將透過追溯德國與美國兩地在釐清過往（Vergangenheitsaufarbeitung）一事上的差異，鼓勵美國人和其他國家的人向德國人學習。重要的是，這個概念在德文中雖有許多變化——處理過往（Vergangenheitsverarbeitung）、克服過往（Vergangenheitsbewältigung）、紀念文化（Erinnerungskultur）——但英文中並不存在類似的概念，我所知的其他語言也都沒有。在我寫作本書的這三年裡，我認識的大多數德國人都拒絕將納粹罪行拿來與美國種族主義者的罪行相互比較——即使我們在二〇一七年夏洛茨維爾的集會中看到，他們已經開始使用相同的符號，也同樣做好了殺人的準備。我認為這樣的拒絕本身就代表，德國在為歷史之惡扛起責任這方面，已有著長足的進展。許多美國人出於完全不同的原因，也拒絕做出這種比較。因此，我在本書首章中試圖回應他們的論點，並承認這個明顯的事實：沒有兩段歷史完全相像。

大致說來，本書的前兩部分出自經驗或觀察。第一部分概述統一前與統一後的德國試圖面對納粹時期的歷程。許多人都認為東德未能正視納粹時期的歷史，而我並不這樣覺得，但我也不認為東德面對此事的方式毫無瑕疵。我以同等慎重的態度檢視一九八九之前的東德與西德，並比較兩者在面對納粹歷史與避免重蹈覆轍的做法上有哪些不同的缺陷。在德國，沒有什麼比指控另一邊的做法「與納粹時期一脈相承」更能激發冷戰時期的敵對氣氛。若當代的東西德能意識到，兩方各自（在不同程度上）打破了由納粹時期延伸至今的歷史延續性，也各自（以不同方式）維持著其延續，兩德之統一就有可能變得更加真實深厚。

本書的第二部分旨在探討美國深南地區遺留下來的種族主義。將研究焦點放在此地區並不意味著美國其他區域沒有種族主義問題，只是密西西比地區的歷史意識及其他方面能清楚揭示出問題之所在。亞當·諾賽特（Adam Nossiter）認為，密西西比與其餘南方地區在文化上的差異就和南方與其餘美國地區的差異一樣顯著。他認為此地就像一個實驗室——「一場迫使人們學習如何與過往共存的實驗」[17]。伍德沃德（Comer Vann Woodward）則表示：「正如貧窮失敗之經歷與富足成功的夢想格格不入、難以協調，南方所經歷過的惡與悲劇是往日遺物，與標榜純真及幸福社會的美國夢亦難以協調。」[18]我在密西西比待了半年，向南方的學者學習如何由破碎的核心地帶著手改變美國文化。整個美國的進程與所有人的生活都受到種族主義的系統性影響，不過，是南方的歷史意識令整件事變得難以忽視。此外，南方對於美國整體政治文化的影響與其面積根本不成比例。關注深南地區並非忽視其他地區，而是透過放大鏡來細看美國。

本書檢視了兩個國家如何以極為不同的方式面對過往遺跡、避免重蹈覆轍；這樣的調查應能幫助讀者大致瞭解今日情勢。在第三部分中，我試著釐清事情應該要有的樣貌。對於國家民族的歷史，我們的責任為何？該怎麼教育下一代、該建立或拆除哪座紀念碑、該如何修復不正義、如何建構政治文化？本書並不打算假裝自己能夠回答書中提出的每個問題，只要能刺激人們思考得更遠，這本書的目的就算達到了。

我所受的哲學訓練來自正義論大師約翰・羅爾斯（John Rawls），他出於謙遜，常堅稱自己處理的只是抽象概念。而我在寫這本書時，則希望能盡可能貼近特定情況。二〇一六年至二〇一七年大部分的時間裡我都待在德國或美國南方，花上數百小時進行錄音採訪。我所採訪的對象是對於國家公共記憶之質疑與重構產生了重大影響的人，還有這些影響所觸及的人們。

有許多優秀的英文著作，以及能塞滿整棟圖書館的德文著作，都在探討德國如何面對往日歷史；也有愈來愈多的研究詳細爬梳美國如何回應重建時期（Reconstruction）的歷史，還有那段人們為營造無害氣氛以「吉姆・克勞」[19]（Jim Crow）一詞輕鬆帶過的種族主義恐怖時期。我也許常引用歷史資料，但我無意為這個資料庫再添新作。引句保加利亞裔法國學者茨維坦・托多洛夫（Tzvetan Todorov）的話：

「歷史事實眾所皆知、容易查閱，但事實本身並未附帶意義，而意義才是我的興趣所在。」[20] 雖然哲學和歷史一樣追求理解，但哲學本質上是門規範性的學科。我們在這個遭邪惡（evil）蹂躪至四分五裂的世界裡該如何生活？這個問題自哲學出現以來便不斷推動著這門學科向前。（叔本華認為，如果這世界已符合其該有的樣子，我們便不再有理由提出任何哲學問題。）[21] 我相信，以特定經驗為鏡來折射出抽象概念的樣貌，是最具說服力的做法，因此我交錯安插哲學分析的段落與歷史軼事的段落，相信具體的歷史案例不會令一般性的道德問題變得模糊，而是令其更為清晰。我們的目標是要處理以下問題：釐清過往的工作如何能替更加自由的未來打下基礎？其又是如何成為我們迎向自由未來的阻礙？我會專注探討我們在思考道德與政治之未來時，該如何以歷史為鏡，又為何不該以歷史為鏡。這種道德訓練能幫助我們指認出複雜的惡與簡單的惡，並準備開始阻擋之。不應該只有歷史學家接受這種訓練，這應該成為公眾共同的記憶——一段任何具思考能力的人都無法光明正大地加以忽略的歷史。

本書中的一些歷史主張具有爭議。我已努力證明其正當性，並以我選擇的訪談對象之言作為佐證；但我也明白，其他對象會以不同的方式來講述這些故事。我並非中立的觀察者，這個故事中也有我的身影。不過，我決定使用第一人稱寫作不是因為我相信歷史的主觀性無可改變，而是因為這是種指認出個人主張背後之責任並且承擔起責任的做法。若我在思考迫切的道德問題時曾尋求哲學典範，該典範會是尚・艾莫里與漢娜・鄂蘭。他們為批判性思考訂出標準，而這樣的思考能力在這個重視科學、科技勝過其他智性能力的時代裡何其重要。

讀者在本書中將會看見，德國在承擔起自身可恥的過往時經歷了多大的痛苦——但人們確實能承擔。另類選擇黨的崛起令許多人不禁懷疑起德國在過去數十年裡的進展，甚至開始惋嘆我們活在尼采的永劫回歸之中。然而，在遭受攻擊的當下便直接放棄釐清過往，這是何等荒謬的事。釐清過往的工程並不是萬無一失的預防工程，能抵擋種族主義與反動力量——這世上從來不缺腦袋糊塗的人。進步的民主價值回應其破壞者的方式彰顯出自身的優秀之處。當另類選擇黨將人們為了釐清納粹歷史所付出的數十年努力斥為可恥時，我們其他人必須堅持立場：羞恥感也是承擔責任的第一步，指引我們邁向真實的國民自豪感。透過檢視他人的失敗、檢視德國的贖罪之路，我們能夠學會珍惜已完成的工作，並保護其不受破壞。

第一部
德國經驗

第一章
歷史比較之運用與濫用

「惡者皆為他者，我們的人都是善良好人。」伊底帕斯的故事提醒我們，在古代，惡行可能會汙染整個社群，即便行為人並無此意。就算在抽象層面上認同原罪論的人，在面對具體事物時往往也會略過該論點。總有股自然而然的衝動要我們相信，自己和自己的部落也許會犯錯，但做不出什麼談得上「邪惡」的事。無論面對的是過往的邪惡或如今的邪惡，這份衝動同樣強烈。我們希望自己的先人值得尊敬，也受人尊敬。「我的祖父為他所鍾愛的祖國而死，這能算是什麼罪行？我的叔公不是種族主義者，他不過是在保衛家園。」二〇一五年在查爾斯頓有九名教徒被屠殺，此後人們對於是否該移除南方邦聯旗和紀念碑進行了大規模的辯論，你若留意辯論內容，便能在其中認出上述言論。說這話的人之中，也有白人至上主義者；這些因著黑人入主白宮而勃然大怒的人很清楚自己為何希望南方邦聯旗繼續飄揚。還有些不那麼惡意（或許也沒那麼誠實）的人，則含糊其辭地緊抓著家族傳統不放。隨著辯論持續開展，你會開始聽到同一個主題的各種變奏，從里奇蒙一路演奏到紐奧良。

不曾長居德國的人會訝異地發現，南方邦聯軍的後代所提出的主張其實和納粹德國國防軍的後代相同。不只是在一九四五年德軍於柏林城外無條件投降後隨之而至的驚魂未定而黑暗的日子裡而已，這種言論直到二十世紀末仍持續出現在公眾場合，在《國防軍展覽》（*Wehrmacth Exhibit*）打破了西德最後的一個禁忌之後。這個由漢堡社會研究院（Hamburg Institute for Social Research）打造的展覽藉由士兵的信件和照片指出，納粹的軍事罪行並不僅限於精英的黨衛軍部隊，不僅限於少數老鼠屎。該研究院為紀念戰爭結束五十週年而舉辦了這次展覽，但展覽所引發的反應卻出乎他們意料之外。畢竟對於外國觀察家甚至多數德國歷史學家來說，「德國國防軍組織性地犯下了戰爭罪」一說就和地圓說一樣毫無爭議。但事實證明，歷史學術研究與普遍公眾記憶之間的鴻溝何其巨大。德國國防軍有一千八百萬名軍人，其成員遍布德國社會的程度超越其餘納粹組織。一名德國人即便自己並未從軍，一定也有父親、兒子或兄弟曾於國防軍服役；而展覽所得到的反應顯示出，有許多人仍然相信國防軍清清白白，甚至英勇無比。「這些勇士保家衛國、抵抗布爾什維克之威脅，與他們之前或之後的數百萬軍人沒什麼不同。」

在原本的規劃中，這場展覽的規模不大，但最後有三十三個城市、近百萬的觀眾都看了這場展。這成了媒體熱議的焦點、談話節目的頭號話題，最後更在國會裡引發了一場辯論。抗議的人們不願看見他們的父祖被拖進一場泥巴仗裡。有五千個新納粹分子舉著標語走上慕尼黑街頭——「德國軍人，英勇無畏」。這句話在德文裡有押韻。好消息是，即便在納粹的大本營慕尼黑，也有一萬名反示威者站出來對這些人表示抗議。

這場騷亂顯示出學術研究要深入影響個人記憶有多難。幾十年來，德國的歷史學家致力於仔細處理納粹時期，但大眾意識之中有許多層次是他們的工作還未能觸及的。《國防軍展覽》影響甚廣，正如其主辦人揚・菲利普・雷姆茨瑪（Jan Philipp Reemtsma）所告訴我的：將國防軍視為犯罪組織的主張在當時深具爭議，如今則不言自明。這個展覽成為戰後德國歷史的一部分，當時曾接受媒體資訊的德國人與後來研究戰後德國的人，沒人能忽略這場運動的存在。每當有人指出德國試著與過往共存，《國防軍展覽》就是頭號明證。

「但他們一定……」我說明了戰後第一代德國人的言論聽起來就像是相信失落的一戰（Lost Cause）[1]版本的南方邦聯歷史並為其辯護的人，然後有位來自密西西比、個性溫和的六十歲男性說道：「但他們一定知道，至少在打開集中營大門之後一定知道，自家人做了非常恐怖而邪惡的事吧？」

他們並不知道。

這本書講述了德國人如何以緩慢而不穩定的步伐，努力承認他們的國家所犯下的惡行。敦促我們從大屠殺中吸取教訓的書有許多，其中有些並不那麼可靠。我感興趣的是在災難結束之後，德國能教我們什麼。這個故事應當帶來希望，特別是能照亮那些目前正努力接受自身分歧歷史的美國人。有件事有助我們理解當代德國：幾乎所有我認識的德國人，從公共知識分子到流行歌手，在聽到我正在寫一本名為借鏡德國的書之後，都笑出聲來。唯一的例外是一位前文化部長，他認為這一點也不好笑，並在柏林的一家餐廳裡大聲告訴我：在任何情況下都不應該寫出一本暗示人們能從德國人身上學到什麼的書。正直的德國人堅定認為大屠殺是人類史上最嚴重的罪行，不應拿任何事物比較而將其相對化，此事對他們來說不證自明；但這份洞察力來得太晚，此事對他們來說同樣不證自明。《國防軍展覽》所引起的防備反應顯示出，德國對於過往的釐清太少太遲，而且並不完整。「難道我不知道德國人花了多長時間才從自覺是最慘的受害者轉變成自覺是最糟的犯罪者嗎？難道我不知道他們之中的許多人根本就沒有改變嗎？難道我不知道德國仍存在著種族主義嗎？目前最具代表性的就是德國另類選擇黨——戰後第一個獲得足夠的選票而進入國會的極右派政黨。」

過去四十年裡，我大都待在柏林，這些事我很清楚。我是哲學家，不是歷史學家或社會學家；但由於某些深刻而急迫的原因，我從一九八二年以來一直試著衡量著這個曾經滾燙的國家如今溫度如何——我得決定這個地方是否適合猶太裔的孩子生活，此事關係重大。一九八八年，我認為不適合。但到了二〇〇〇年，我改變了主意，因為八〇年代在猶豫中起步的一些變化已經紮穩了根。

事實上，正是德國在釐清過往一事上的失敗，讓其他面臨類似問題的國家更有希望。然而這是個明顯的悖論。舉例而言，美國南方的社會正義倡議者正努力使他們的鄰居看見，其種族主義的過往是如何影響他們今日的種族主義；他們清楚意識到此事有多困難。承認的方式太防備、種族主義太頑強、堅信自己是受害者的傾向太強烈。那些犯下可說是人類史上最嚴重罪行的人，經過幾十年的努力才承認這些罪行並開始贖罪，這讓為了類似的事努力的美國人得到極大安慰。如果連那些在最濃密的黑暗中長大的人，都需要時間、幾經掙扎才能看見光明，那麼我們怎可能不經歷這些等待與掙扎，就能讓長年向自己講述自身是如何善良的美國人接受家門內的罪行？戰後德國經驗中的機制與錯誤構成了一個緩慢而有缺陷的過程，映照著美國朝著正義與和解所邁出的猶豫步伐。

只要知道這條道路通往的不是最終解答，而是能透過人們生活中的真實改變來加以衡量的進展，那麼失敗便能帶來希望。對一些人來說，這種改變很糟；在美茵河畔的法蘭克福、密西西比州的費城，都有人因著在當年的時空中不被視為犯罪的謀殺而被送進監獄。對更多人來說，生活變得更好。德國人熱烈地歡迎一百萬名難民的到來，他們渴望徹底改變父輩的種族主義，即便是後續的強烈反彈也沒能改變此事。連續兩屆，我的總統都是一位黑人。歐巴馬總統任內的成就破壞了試圖正當化白人至上主義的最後一絲聲音，在他的每個決策都遭到大規模反對的情況下，此事尤為難得——也正是此事激起了大規模的反彈，導致有史以來最沒資格接近白宮的人當選總統。歐巴馬任內的政績沒能贏過他與其家人以如此優雅的方式承受的仇恨巨浪，但贏的可能性曾經存在，而此事已彌足珍貴。因為，若由此而生的希望過去曾有可能被實現，那麼其如今仍有可能被實現。我的論證將指出，二〇一六年的大選之所以會有這種結果，很大一部分是因為美國未能面對自身的歷史。

◈　◈　◈

在美國和英國，納粹象徵意義之重大與人們對其常識之多寡成反比。「納粹」代表的是歷史的中央黑洞、極致的惡，無可贖還、罄竹難書之罪行。當然，英美的歷史學家對納粹時期進行了大量的學術研究，除了德國的資料外，我也常借鑒這些資料。不過，我的興趣在於公共記憶：社會中讀過一點書的成員打從骨子裡知道的事，以難以記起的方式滲入自身的事。像是自己國家的地理知識：很少有美國人需要停下來思考科羅拉多是不是位於康乃狄克西邊，就像很少有英國人需要思考里茲是不是位於倫敦西邊。就算你已忘了學校教過的其他事，這些事你大概仍會記得。

英國和美國的民眾知道有六百萬猶太人遭到納粹殺害，就像他們知道亨利八世有六個妻子、華盛頓砍倒了櫻桃樹。但缺乏細節使得大屠殺成了一個謎團。關於謀殺方式的細節已相當足夠；人們樂於探究死亡集中營內部的樣貌以及前往集中營的路途，他們對於此事的胃口就像無底洞。但他們對於導致德國出現法西斯主義的原因知之甚少，對其後發生的事也幾乎一無所知。毫不意外地，納粹成了廣遭濫用的兩個字，班・卡森（Ben Carson）曾以此詞形容歐巴馬健保（Obamacare），小布希也曾以此詞形容海珊。比爾・歐萊利（Bill O'Reilly）更曾以此詞形容黑命貴（Black Lives Matter）運動。難怪將納粹對於猶太人的暴力和高加索人對於非裔美國人的暴力相提並論會招致不滿，甚至是憤慨。「矯枉過正」是白人所發出的抗議之聲中最溫和的一句。「奴隸制是錯誤的，」但那背後有經濟因素。「怎能拿蓄意謀殺數百萬人的行為來與之相比呢？」

誰有權利拿這兩者來相比？這並不是個無關緊要的問題。第一個拿納粹的種族政策與美國的種族政策相互比較的，就是納粹自己。這樣的對比在戰後頻繁地被拿來作為脫罪之用，光是知道這件可悲的事就已令人感到厭惡。「是他先的！」即便是遊樂場上的爭執，這也是相當差勁的藉口。當人們拿美國原住民的種族滅絕來替謀殺上千萬斯拉夫人民的行為辯護時，情況更是糟糕透頂。唉，歷史學家已經指出，納粹對於美國如何處理種族問題的興趣早在這之前便已出現，而非之後。在一九二〇年代，納粹還指望美國的優生學研究能為他們自己混亂無成的種族科學研究提供佐證。希特勒將美國的西進與對原住民族的摧殘作為自己東進的模板，他說得這樣做，德國人才有生活空間（Lebensraum）。納粹法學家在擬定惡名昭彰的《紐倫堡法案》之前，曾大量研究美國的種族法律，特別是有關公民權利、移民和跨族通婚的法律。令人心頭一寒的是，這些法學家認為美國的種族政策過於嚴苛，不適用於德國，並以更寬鬆的標準取代了美國用來判定種族的「一滴血原則」[2]，勉強將只有一位祖父母是猶太人的德國人視為公民。另一方面，他們很欣賞美國的法律唯實主義（legal realism），「這令他們了解到就算在技術上無法找出『種族』之科學定義，仍完全有可能制定出種族主義式的法律。」[3]這些法學家中的佼佼者挖出了林肯和傑佛遜最糟的言論，來支持種族主義政策。這一切並不代表美國的種族主義促成了德國的種族主義。種族主義是普遍現象，其形式則有許多。美國擁有全世界最發達的種族主義法律，而納粹在制定自己的法律時曾熱衷研究美國的先例，此事在沒有因果關係的情況下便足以令人感到不安。

戰爭將德國的城市夷為平地之後，德國人愛比較的程度仍絲毫未減。「盟軍大規模轟炸平民不也是和黨衛軍的罪行一樣嚴重的戰爭罪嗎？」人們最常提起的是已深深烙印在戰後記憶裡的漢堡大轟炸和德勒斯登轟炸，但在德國和奧地利，仍能聽到有人提起「對日本進行的原子彈大屠殺」，但這僅限於政治傾向極右的族群。對於那些試圖替德國脫罪的德國人而言，這樣的比較行為至關要緊，他們認為國防軍所犯下的戰爭罪並不比盟軍更糟，納粹所施行的種族滅絕並不比歐洲人對於美國原住民的滅絕更糟。

我極力遵循茨維坦・托多洛夫（Tzvetan Todorov）的明智指示：德國人應談論大屠殺的特殊性，猶太人應談論大屠殺的普遍性。你能由康德學說中得出這個原則，但這也是我們在幼稚園就能學到的概念之變體：如果大家都能收拾自己的爛攤子，就不會有人得幫別人收拾。只有那些認為語句之真值已窮盡語句本身的人，才會認為托多洛夫的主張有問題。事實上，正如平常語言哲學所告訴我們的，語句往往是一種行動。[4]談論大屠殺之特殊性的德國人是在負起責任，談論其普遍性的德國人是在拒絕承擔責任，堅稱其具普遍性的德國人則是在試圖免除責任；如果每個人都曾以某種方式犯下大規模屠殺，那麼他們又怎能不做出相同的事呢？

將自家的種族主義罪行拿來與別人相比的，不只有德國人。一九六〇年代初，在大屠殺之惡變得不容質疑之前，許多非裔美國人也會這樣比較。杜波依斯（W.E.B. Du Bois）於一九四九年造訪華沙的猶太人隔離區時，眼前的相似場景令他十分震撼；後來，他以種族界線（the color line）稱之，並說那是該世紀最嚴重的問題。一九六三年伯明翰教堂爆炸案之後，詹姆斯．鮑德溫說，正如德國人在納粹迫害猶太人時集體保持沉默，美國白人對於黑人所受的迫害也有集體責任。[5]他還說，我們的歷史不比別人更血腥，但其血腥毋庸置疑。[6]艾希曼審判後不久，麥爾坎（Malcolm X）在與鮑德溫談話時表示：「二十年前在猶太人身上發生的事令我們坐立難安、恨不得處死艾希曼。沒有人曾叫他們忘記過往。」[7]曾在諾曼第與法西斯分子冒死拼搏的民權運動英雄麥格．艾佛斯（Medgar Evers）做過這種比較，連觀點完全稱不上激進的有色人種協進會（NAACP）主席羅伊．威爾金（Roy Wilkins）也做過這種比較。有意思的是，我在為這本書做研究時所遇到的非裔美國人中，沒有人認為這種比較有問題。不過，在白人民族主義示威者於夏洛茨維爾喊出「血與土」的口號之後，這個比較也許需要進一步的論證。血與土（Blut und Boden）是納粹的口號。新納粹實在是了無新意：火把遊行、納粹敬禮手勢和納粹符號——除了其出現在美國國土上的次數變多之外，哪有什麼新鮮之處？

堅信托多洛夫所說的大屠殺之普遍性的猶太人，不需要去論證大屠殺和他國罪行之間為何完全等價，這是在為後者承擔責任。雖然我待在其他地方的時間幾乎與我待在美國的時間一樣多，在內心深處我仍是美國猶太人。（既非美國人也非猶太人的讀者得知道，美國人有許多不同的樣貌，猶太人亦然。）所以我的國家拖延著不面對自身罪行一事亦令我相當震驚。中學教育加上源源不絕的大眾電影、電視與廣播節目，確保了人們無需成為歷史學家就能知道有關奧許維茲（Auschwitz）集中營的基本事實。事實上，若想避開有關奧許維茲的資訊，你在過去三十年裡肯定得離群索居。不過，除非你是專門研究當代德國的歷史學家，否則對於德國人在過去七十年裡為解決奧許維茲留下的黑暗所做的努力，你大概所知不多。

德國與自身歷史間的關係複雜到必須創造出幾個冗長的複合詞。這些詞被稱為最獨特的德國輸出品，卻沒有真正貼切的翻譯，不過「釐清過往」四字的意思已足夠接近原文。在德文中，「債務」與「罪惡感」是同一個詞；兩者似乎都能藉由釐清來加以改善。最近，這些詞被另一個更模糊的詞所取代：「記憶文化」（Erinnerungskultur），以表明債務永遠無法償還。本書中，我使用較早出現的「釐清過往」，因為所有對於記憶所做出的努力最終仍是為了釐清過去。釐清過往一詞出現於一九六〇年代，這是一個多音節的抽象概念，意思是「關於納粹的事我們得做點什麼」。出了德國，許多人仍認為納粹得勢是靠著一群沒讀過書的暴徒。《我願意為妳朗讀》（*The Reader*）這本可怕的書與隨後出現的電影更是強化了這個觀點。事實上，納粹黨員中占比最高的是知識分子階級。後來，他們的孩子要求對於他們留下的制度進行從上到下的徹底改革。

幾十年來，這場改革不僅涵蓋法律考試與學校課程，也主導了公共辯論，創造出無數的藝術、電影、文學、影視作品，改變了德國許多城市的地貌。著名的浩劫紀念碑矗立在統一後的柏林最顯眼的一塊空地上，此外還有六萬一千多塊小得多但更令人不安的絆腳石，那是德國藝術家德姆尼戈（Gunter Demnig）的作品，鑲嵌在猶太人戰前居所前方的人行道上。每塊銅牌上都寫著一個名字，以及出生還有被遣送的日期。

做個比較：想像一下在華盛頓國家廣場的正中央，有一座關於中間航路[8]或美洲原住民種族滅絕的紀念碑。想像走在紐約街道上的你踩到一塊牌子，提醒你這棟建築出自奴隸之手，或是此地在遭到種族清洗之前是美國原住民族的家園。在過去的幾年裡，有些大學已開始標示出校園裡與奴隸勞動相關的區域。那這個國家的其他地方呢？

華盛頓國家廣場和倫敦的海德公園都保留了一個區域來紀念納粹大屠殺之惡

圖片一　德姆尼戈的絆腳石計畫，照片中是其中一塊位於柏林的絆腳石。

行。發生在歐陸的事件竟在美國與英國具象徵性的地點占據了顯眼位置，此事實在令人費解——尤其美國在大屠殺前沒怎麼幫助猶太難民，在大屠殺後又做了不少努力只為了確保舊納粹分子能移居美國。儘管大多數英國公民贊成更改簽證限制以接納猶太難民，但英國外交部的備忘錄則顯示，決策者擔心這樣做之後德國人可能會「放棄滅絕行動而讓大量外來移民成為其他國家的困擾」。[9] 投入資源去紀念一個兩國都沒怎麼努力阻止的惡行，真的只是內疚使然嗎？

很少有人公開提出這個問題。因為唯一一個可理解的答案是「猶太人的政治遊說」，而這個答案很反猶。不過正如歷史經常告訴我們的，猶太人在很多議題上都很好用。納粹大屠殺在美國文化中的重要地位（以及在英國相對次要但仍顯眼的地位）具有一個關鍵作用：我們藉此知道什麼是惡，也知道誰該負責。雖然種族滅絕式的屠殺並非始於納粹，也不會終於納粹，但「把人一網打盡送進毒氣室很邪惡」這個看法，幾乎是今日唯一普遍獲得道德共識的看法。在一個對所有道德主張都愈來愈持懷疑態度的世界裡，任何共識都是好事。問題是，絕對邪惡的象徵設下了黃金標準，若以此標準衡量，其他的惡行不過只是小意思。對奧許維茲的關注扭曲了我們的道德視野：就像高度近視的人只能識別大而突出的物體，而其他的一切都模糊不清。或用精神分析的術語來說，對奧許維茲的關注是以其他東西來置換（displace）自己的國家裡我們不想面對的罪行。

關於美國歷史黑暗面的資訊向來很容易被忽略，此事直到相當近期才有所改變。這些資訊就在那兒，但得花力氣去找。《吉姆．克勞法》的恐怖統治和奴隸制的歷史，曾被封印在大學圖書館和非裔美國人或後殖民研究系所，但現在已成了歷史通識課程和流行文化的一部分。（雖然批評者忽略了這些參考資料，不過至少還有個轉戾點：昆汀．塔倫提諾的電影《決殺令》受到了德國記憶文化的影響，這位導演在柏林拍前一部電影時接觸到此文化。）在英國，公共討論的態度則更加遲疑。正如大英博物館前館長尼爾．麥葛瑞格（Neil MacGregor）所說的：「整個德國歷史有個相當了不起的地方是，德國人以歷史來思考未來。而英國則傾向以歷史來安慰自己。」[10] 英國的中小學生知道英國比美國更早廢除奴隸制，但卻幾乎不知道英國對於奴隸貿易的責任。英國多數的大學生都隱約知道有個名為愛爾蘭的問題，但對該國哪個部分隸屬英國治下卻缺乏最基本的知識。英國帝國主義的歷史在公共意識中占比極小——「我們替他們修路，而且跟比利時人比起來我們是好人！」——甚至連英國的知識分子在得知人們普遍認為英國是歐洲殖民主義歷史的一部分時也會感到驚訝。

美國人試圖由德國歷史閃現的亮光或投下的黑暗來審視自己國家的罪行，這是否是種自我憎恨的做法？在你得出這個結論之前，應該要考慮到自我憎恨是個不斷出現在德國右派言論中的主題，他們常把《國防軍展覽》這類的努力稱為「弄髒自己的巢穴」。其實，這比較像是費盡千辛萬苦洗清自己的巢穴，與此相比，清洗馬廄可能還簡單許多。讓歐洲在大屠殺後幾十年內便重新接納德國為文明國家，並讓德國得以成為主導歐洲之力量的，是他們對於自身罪行的承認。決心面對自身的可恥歷史，也能是力量之展現。

◈ ◈ ◈

邪惡不是能拿來競比之物，雖然人們常這麼做。

「以高科技蓄意謀殺數百萬人比在經濟上剝削奴隸勞力更糟！」

「可是，在運送非洲俘虜的中間航路上死去的人比在奧許維茲集中營裡喪命的人還多！」

你若想討論形式，你可以說即使大戰亟需火車與軍隊，納粹在謀殺猶太人一事上仍不遺餘力；納粹是如此致力於種族滅絕，甚至超越了理性上的工具利益。（不過你得記得，死於毒氣室的猶太人不到歐洲猶太人死亡人數的一半，而斯拉夫民族更是無人死於毒氣室。其他人都死於低技術的手段：半計畫好的槍擊、焚燒致死、毆打致死，這些是東線首選的殺戮方式。）你若想討論數字，你可以說被俘的非洲人擠在奴隸船艙裡的時間比猶太人待在家畜運輸車上的時間還長。諸如此類的例子指出這場關於受苦的奧林匹克競賽有多蠢。競相比較苦難的程度對靈魂有害，而且我們無法衡量惡之規模。試著決定哪種惡比另一種惡更糟，這是政治行動而非道德行動；為了政治目的而衡量各種惡行孰重孰輕，這在道德上不可接受。今天，我們至少擁有這個共識：大屠殺和奴隸制及兩者的後果都是邪惡的。然後呢？

這本書是關於比較性的救贖（comparative redemption），而非比較性的邪惡。假設你接受這樣的觀點：創造出毒氣室的種族主義和創造出奴隸制與恐怖活動的種族主義能夠拿來比較，你可能也會想：「我們能不能把那些試圖治癒極為不同的歷史傷口之過程拿來比較？」戰後的德國歷經四支勝軍的蹂躪與占領，當代的美國則沒有。即便是那些承認這兩國都染上了兇殘的種族主義的人，也要對解方感到疑惑。在今日這兩種截然不同的情況中，一國為克服過往所做出的嘗試，如何供另一國借鏡？[11]

讓我們從列出差異開始。

（一）德國被占領了四十五年；直到一九九〇年，和平條約才宣布戰爭結束。德國作為徹底慘敗的國家，別無選擇只能承認自己的罪行。相較之下，美國在二戰中不僅取得了勝利，還是個連和平主義者都承認其站在真理與正義一方的勝利者。誰能迫使他們承認自己曾犯下需要修復的罪行？

事件發生的年份不會改變。同樣不會改變的是，盟軍在西德推動的去納粹化政策是場徹頭徹尾的失敗。（下文中會提到東德的情況更加複雜。）就像重建時期戰敗的南方人一樣，戰後的西德人起初也相當惱怒，說那是「勝利者的正義」，他們嘲弄試著改變人們觀念的盟軍。紐倫堡大審、強迫參觀貝爾根貝爾森（Bergen-Belsen）集中營、海報上以大字寫著「你犯下了這些罪！」，人們有志一同對於官方堅持正視此事的舉動輕蔑以待。《問卷調查》（*Questionnaire*）是五〇年代最暢銷的西德小說，這本書的右派作者以去納粹化政策的問卷調查來勾勒出自己的人生故事，書中的每一頁都在嘲笑盟軍的可笑愚行。西方盟國承認再教育計畫失敗並且終止了計畫；為了冷戰的緣故，他們急於放下過往的敵意。釐清過往的工作無法由外部推行，唯一有機會成功的，是那些根本反對直視過往的人之子女在六〇年代末由內部開始面對問題。

美國種族主義的歷史比德國來得長。他們在一六一九年時把第一名奴隸帶到詹姆士鎮（Jamestown）；一九五一年，有個神職人員代表團帶著身體日漸衰弱的愛因斯坦所寫的推薦信造訪白宮，但未能說服杜魯門（Harry Truman）將私刑處決（lynching）列為聯邦罪行。這能讓私刑者受到聯邦起訴而非地方起訴，當時的地方司法官員往往也參與私刑暴行，當然不願意起訴私刑者。杜魯門表示當時的時機並不恰當——他在政治上仍須仰賴南方民主黨白人的支持。在兇殘的種族主義如此深入社會且長期存在的狀況下，美國人怎能期待釐清過往？而德國人已逐漸掌握了此事的訣竅。

事件發生的年份不會改變，但得把會令事態更複雜的因素納入視野。德國的種族主義也擁有悠久的歷史。與其他歐洲國家一樣，猶太人在中世紀晚期被迫生活在隔離區，幾乎從未擺脫被集體屠殺的恐懼。直到拿破崙帶著法國大革命的原則以武力向東推進，他們才獲得公民身分，而猶太人自吹自擂的德猶共生（German-Jewish symbiosis）則來得太晚也太遲疑。儘管哲學家摩西．孟德爾頌（Moses Mendelssohn）當年被譽為德國的蘇格拉底，普魯士科學院仍拒絕選他為院士。一百五十年後，這個德高望重的機構在得到一封推薦信保證愛因斯坦「沒有任何令人不快的猶太特質」後，才讓他成為院士。當時是一九一四年，愛因斯坦已經提出了相對論。問題不在於哪個種族主義更長久、更強大、更具破壞力，而在於種族主義在美國所採取的形式是否妨礙了這個國家像德國那樣彌補往日過錯？

（二）南北戰爭結束於一八六五年；二戰的結束則在八十年之後。若德國已在贖罪的道路上走了這麼遠，又是什麼讓美國等了這麼久？

讓我們再來看看事件發生的年份。下筆記錄伯明翰民權運動[12]而獲得普立茲獎的黛安．麥克沃特（Diane McWorter）說，我們應該從《民權法案》（Civil Risht Act）通過的一九六四年算起，因為即便種族主義化身為各種不同的形式繼續存在，該年是美國立法禁止種族主義政策的第一年。雖然種族主義的政策就實質而言至今仍存在，但就法律而言已遭到廢除，這便劃下了一條分界線。如果你接受這種計算方式，那麼我們距離零點只有五十年，這大約是《國防軍展覽》引起德國人強烈反彈的時間點——就像是紐奧良的南方邦聯紀念碑被拆除時所引發的那種反彈。

美國在在面對歷史時行動如此遲緩的原因有好幾個，其中一個很簡單：美國歷史中有段一百年的空白，而美國白人很少意識到這點。對我們之中的大多數人來說，在一八六三年的《解放奴隸宣言》和一九五五年的聯合抵制蒙哥馬利公車運動[13]之間，有一段模糊不清的歲月。在我開始寫這本書之前，我對此完全無知。即便是像希拉蕊・柯林頓這樣知識淵博的政治家，也在二〇一六年一系列的競選活動中搞混了吉姆・克勞時期和重建時期。即便競選活動再令人精疲力盡，你也不該需要經過思考才分得出兩者的差別，就像你不該需要經過思考才分得出曼菲斯和蒙大拿。米歇爾・亞歷山大（Michelle Alexander）、愛德華・巴提斯特（Edward Baptist）、道格拉斯・布萊克蒙（Douglas Blackmon）、艾瑞克・方納（Eric Foner）和布萊恩・史蒂文森（Bryan Stevenson）等人的傑出著作令我們意識到古典奴隸制[14]如何轉變成以其他手段施加的奴隸制，本書第八章會再概述此點。在這些知識成為課堂必修內容並且可見於公共場域之前，這種老調重彈會持續出現——**我們早在十九世紀就終結奴隸制了，為什麼到了二十一世紀的今天還要談這件事？**

關於美國記憶中的這段空白，有幾個陰暗的解釋，例如，這是支持以失落的一戰來詮釋南方邦聯歷史的人們共同努力的成果。也有一種全然無辜的解釋——美國人喜歡進步的敘事，就稱之為快樂結局吧。我們的故事與其說切合現實，不如說志向遠大。我們也許會承認過去所犯的錯，但我們想要相信這些錯事已經以一種接近直線的方式獲得了修正。川普當選之後，歐巴馬總統曾說美國歷史向來是條曲折的彎路，試圖以此激勵大家。他的比喻在這個全國陷入憂慮的時刻可能具有安慰作用，但也太過抽象，無法描述美國經歷過的轉折。曾為奴隸的廢奴主義者費卓克．道格拉斯（Frederick Douglass）早就說過：黑人向前邁進的時候，就是種族主義暴力最頻繁的時候。[15]三K黨創立於重建時期前夕、內戰後的一段短暫時期，當時的非裔美國人正開始享受聯邦獲勝而確立下來的權利。幾十年後，懷抱著自豪之情替美國打仗的黑人士兵於戰爭結束回到美國，等著他們的卻是私刑暴徒。有些學者認為，布朗訴教育局案所引發的憤怒成了艾默特．提爾謀殺案的催化劑。一九六〇年代，民權運動獲得了早期的成功，這導致南卡羅萊納州升起南方邦聯旗、喬治亞州出現了石頭山南方邦聯紀念岩。毫無疑問地，有個黑人家庭出現在白宮一事激怒了許多美國人，多到足以選出一個詐欺而暴力的人作為繼任的總統，此人的政策（如果他有政策的話）牴觸了幾乎所有人的利益，只有少數億萬富翁除外。但我們尚不用為進步之可能性哀悼。歐巴馬的當選實現了我們在最有希望的那幾十年裡仍不敢奢望的夢想——那

圖片二　喬治亞州石頭山南方邦聯紀念岩上的浮雕

是一九六〇年代的美國，其風貌曾令世人心頭激動、希望油然而生。然而，除非我們意識到此路之曲折並非偶然，而是有個清晰而特殊的結構，否則我們無法再次取得系統性的進展。

（三）德國的猶太社群可能是歐洲增長最快的猶太社群，但人口比仍遠遠低於納粹接管德國時的比例——當時的猶太人口還不到德國總人口的一％。無論你怎麼算，德國猶太人都永遠不會接近非裔美國人在美國人口中的占比：一四％。

很難確定德國猶太人的人數有多少，因為只有官方猶太社群裡頭的人口會被列入計算，而加入此社群意味著你必須上繳一％的收入；此外，即便是那些無懼稅額的人，也常感到與這個紛爭不斷的保守派社群格格不入。目前住在柏林的數千名以色列人中，沒人選擇加入社群，因此未被納入人口總數。我也是其中的一員。無法否認的是，非裔美國人在美國生活中的存在感遠遠大於猶太人在德國的存在感，但這件事一體兩面。這麼多的非裔美國人堅持自己也是美國文化中的重要存在，這是個優勢。在趕走猶太人之後，德國文化中便出現了令人悲傷的空缺，我們這些戰後才來或戰後回來的人無法加以彌補。最遲由費卓克．道格拉斯開始，絕大多數非裔美國人都拒絕了返回非洲的提議。相反地，他們堅持留下來為他們作為美國公民的每項權利奮鬥。美國的經濟建立在奴隸的肩頭上，他們開墾土地、照料作物、創造出令美國得以繁榮的巨大收益。同樣重要的是好幾代黑人藝術家的貢獻，如果沒有他們，便不會出現如今被全世界視為是美國專屬的文化表現形式。無論是過去或現在，非裔美國人都是美國生活不可分割的一部分，此事帶來了希望。四千萬人的聲音和四百年的歷史不能一筆勾銷。

（四）或許可以一筆勾銷吧，但這種說法也是一體兩面。因為白人種族主義仍會持續存在於美國各地，且依舊致命——這不只是未能審視過往的問題，而是現下情況已變得沉重而殘酷。相比之下，德國國內種族主義能針對的對象已經不多了。

在德國，土耳其人和其他有色人種就某種程度上而言曾在猶太人之後成為另一個被惡意針對的目標。二〇〇〇年至二〇〇七年間，有九名土耳其與中東人遭年輕的新納粹分子隨機殺害。在自製炸彈引爆後，有一名共犯仍然活著，他的案件令震驚了整個德國。國家社會主義地下組織（National Socialist Underground）謀殺案並不是德國近年來唯一一樁針對中東人的暴力襲擊案件。正是二〇一五年的難民庇護所襲擊事件所引發的反感，讓成千上萬的德國人湧入火車站歡迎一車又一車來自敘利亞、伊拉克和阿富汗的難民，而這份歡迎之情所造成的恐懼又使德國戰後第一個極右派政黨獲得了國會席次。毫無疑問，我們必須在可預見的未來範圍之內保持警醒。釐清的工作永遠不會結束，不會走到終點。

儘管人們做了很多事來處理反猶主義，其仍未從德國完全消失。我的朋友說，我還沒聽過最糟的；很少有德國人會告訴一個已知是猶太人的公共知識分子，他們在她背後說了什麼。我想我朋友肯定是對的，因為我確實聽到了一些比較溫和的冒犯言論：人們說我在德國之所以能擁有成功的事業，不過是積極補償的後果。這份懷疑將縈繞在我所有的工作上頭，正如它困擾著許多非裔美國人一樣。但最重要的是時間所帶來的轉變。一九八八年我離開柏林，主要是因為我想讓兒子在正常的環境下成長，而此事在這塊鬼魂縈繞的土地上似乎不太可能。托兒所有個工作人員告訴我：「如果我知道他是猶太裔的孩子，我不會讓他入托，不是因為我對猶太小孩有意見，他們也不能決定自己的出身，但我無法對他和其他孩子一視同仁。」至少，她很誠實。十二年後，又多了兩個孩子的我回到了政黨輪替後的柏林，相信過往的歷史與偏見已被釐清，而猶太孩子能在此好好長大，不必感到自己得繼續躲著。我的孩子如今已經成年，他們之中有兩個仍生活在這個每天都有更多外國人抵達的城市裡。這是重大的轉變。我不會把他們帶到一個我們都得生活在恐懼中的地方。稍微換個說法，我不會把他們帶到一個得經過國防軍士兵雕像或納粹軍旗的地方。

總之，種族主義的情況在美國和德國、在過去與現在都不一樣。怎麼可能一樣？就像創造歷史也被歷史塑造的個別人類一樣，歷史亦具有特殊性；在某地有效的做法不能照樣搬到其他地方。從某個角度看，德國與與美國的種族主義之歷史具有明顯的差異。從另一個角度看，我們也明顯可以從兩者的相似之處中更瞭解罪疚與贖罪、記憶與遺忘，如何正視過往以迎向未來。有許多相似之處是跨文化的，對於英國與荷蘭殖民歷史之思考亦具共通性；不過，每一次釐清過往、償還債務的嘗試，都得關注該國家的特定歷史。「忘記背後努力向前」的說法甚至無法幫助面對心理問題的個人，作為政治建議更是毫無價值。往日若化膿潰爛，便成了裸露的傷口。

兩者的共同之處始於語言：在德國和美國南方，大家都知道「那場戰爭」所指為何，都知道那是場決定性的戰爭，其影響力至今仍在。與其他地區相比，在曾遭北軍占領、幾乎和戰後德國一樣滿目瘡痍的深南地區，這種認知更顯清晰。許多作家認為南北戰爭仍繼續影響著美國的生活，有些甚至主張，美國主流政治文化反映出南方仍試圖透過其他手段贏得戰爭。[16]

南北戰爭在其後整個美國歷史中的中心地位，不如二戰在歐洲歷史中的中心地位那麼明確。偉大的歷史學家東尼・賈德（Tony Judt）將他對於二十世紀末歐洲歷史的研究稱為戰後歷史，這是正確的稱呼。如果有人對一八六五年以後的美國進行同樣的大規模研究，這個稱呼也可用於美國，因南北戰爭的陰影甚至更為深長。與其關注細微差異，我們在試圖走出陰霾時不如盡量利用能在其中學到的事。

◈ ◈ ◈

德國曾自豪地說自己是詩人及思想家的國度。在德國人開始試著面對納粹時期的時候，曾有不只一個人表示，何不乾脆說德國是法官及劊子手的國度算了。[17]一開始，德國的思想家逃避著本應承擔的道德責任：反思納粹如何摧毀理性、侵犯人權，海德格只是他們之中最顯眼的一個。正如大多數教授一樣，大多數哲學家當年也都支持納粹政權；納粹垮臺後，他們選擇避而不談。不過，哲學家雅斯培（Karl Jaspers）和學生漢娜・鄂蘭、阿多諾（Theodor Adorno）和學生哈伯瑪斯（Jürgen Habermas），還有像艾莫里這種無師自通的卓越思想家，都寫過許多文章探討這個問題：「在過往的罪行之下生活」意味著什麼？德國的思想傳統為這類思辨鋪好了路，而英美的傳統並沒有，除了少數幾個例外。（有位傑出的英國哲學家告訴我，他沒興趣探討為何有部分德國人選擇成為納粹，就像他沒興趣探討為何有人會宣稱自己是個茶壺。「這兩種人都瘋了，」他說。）我從德國哲學中學到很多，而我的目標是鼓勵人們像德國人那樣認真討論罪惡感與責任——不是為了得到方向，而是為了得到一種傾向，這種傾向不會因為細微的差異而減損其熱切程度。

規則在關鍵時刻很少有用。人在關鍵時刻需要做出判斷，而判斷只能建立在對於具體問題的認真反思上頭。瞭解德國人如何面對過去，也無法依樣畫葫蘆地面對另一段過去——就算德國的方式完美無瑕也一樣。即便在單一文化中，也很少有清楚的方向指引。某日午餐時間，柏林科學院的院長問我是否願意過去看看學院前廳的馬賽克地磚。他說想聽聽猶太人的意見，但沒說是哪方面的意見。我盯著前廳的地板看，發現這是那種一面是鴨子、一面是兔子的視覺設計。從一個角度看，你看到的是無害的圖案；一眨眼，成串的納粹符號便出現在你眼前。從來沒有人注意到這件事，直到以色列總統禮貌性的來訪——他的隨扈在前廳踱步時看到了地上的卐字符。展示納粹符號在德國是違法的，學院院長因此收到了地方檢察官的傳票。如果地板是納粹黨人鋪設的，那還沒什麼問題。麻煩的是，地板完工於一九〇三年，比納粹黨成立的時間早了近二十年。這個符號畢竟是古印度人發明的。他們該把才剛花了一千萬歐元翻修的地板整個打掉嗎？還是在上面鋪一塊地毯？立一塊牌子來解釋歷史？在柏林，通常是以末者來解決此類問題；那位院長也選擇了這個辦法。他的繼任者則認為最好把牌子拿掉，鋪上地毯一勞永逸。

諸如此類的例子顯示，每一次面對過往的時刻必然都無比複雜。哪幾條街該重新命名、哪幾個雕像該拆除、哪些犯罪的人該被記得、他們犯下的錯該如何償還——這些問題都沒有一勞永逸的抽象答案。無論各國的罪行有多類似，它們永遠都具體而特定，也必須找出具體而特定的修復方式。唯有直接分析特定事件與背景，才能幫助我們找到正確的平衡。

美國最近的辯論中明顯浮現出有關歷史和記憶的批判性思考，這給了我們保持希望的理由，因為美國人開始看到未經檢視的往日力量如何強力影響著現下此刻。現在下定論為時過早，但始於查爾斯頓與夏洛茨維爾的運動，也許會發展成類似六〇年代始於法蘭克福和柏林的運動——後者改變了整個德國。無論有多少分歧，所有人都受到這樣的信念所激勵：如果我們不面對過往，過往將繼續縈繞心頭。成年人與自身文化的關係就像成年人與父母的關係；公開清算往事是邁向成熟的關鍵一步，這令我們得以想像一個完整而厚實的未來。成長包括翻弄那些你不得不繼承之物，弄清楚有哪些部分你想繼續擁有，並決定如何處理剩下來的部分。

第二章
父輩之罪

我在柏林的所見所聞中，最讓我吃驚的莫過於發現大多數德國人曾把自己的痛苦擺在最重要的位置。戰爭結束後的幾十年裡，德國人一直沈溺於自己所承受的痛苦中，而非看見自己所造成的痛苦。他們難道沒有在戰場上失去兒子與丈夫、父親與兄弟嗎？大多數的倖存者難道不是淪為戰俘，還有人被送去西伯利亞嗎？他們的婦女與兒童難道不是夜復一夜地在地窖裡凍得發抖、對於把他們的城市轟成碎片的炸彈驚懼萬分嗎？難道他們沒有失去四分之一的國土嗎？這塊土地幾個世紀以來都屬於德國。戰後的冬天難道不是嚴酷到他們得砍掉城市街道兩旁的大樹，以免市民被凍死嗎？他們不是得吃蒲公英葉和馬鈴薯皮維生嗎？他們在戰爭期間承受的一切還不夠，現在還要被日後稱為「道德棍棒」的東西毆打。難道他們真的得聽人對他們說，他們為之戰鬥、受苦的目標不僅毫無意義，且是明確的犯罪行為？

德國的年輕人無法全然忽略他們的父母與世上其他人對此事的看法之間的差異。這也是為什麼戰後出生的世代在出國旅行時會假裝自己是丹麥人或荷蘭人。他們知道說實話會引來什麼反應。人們可能會冷眼以對、把杯子往桌上一摔、偶爾甚至會朝他們吐口水。造訪巴黎的西德年輕人與旅行至波蘭的東德年輕人所遭遇到的事都一樣，他們以不同的形式尋求修復。不過，若他們的父母曾經告訴過他們什麼，那就是這世界的反應不過是勝利者的正義——但多數的父母什麼也沒說。

美國《獨立宣言》所說的「對人類輿論的尊重」可能在許多國家都不存在，但戰後的德國格外覺得自己有權利拋開此事。難道世上其他國家以前沒犯過錯嗎？一戰與二戰間僅相隔了二十年，而《凡爾賽條約》的記憶仍清晰如昨。德國人在那場戰爭開始時不過是參與了當時多數歐洲人都不認為有問題的帝國權力鬥爭，僅此而已。一戰結束時的屠殺是如此令人震驚，以至於勝利者必須找到可以指責、懲罰的對象——德國不僅失去大塊領土，還背上了戰爭賠償的債務，他們的經濟運作因此失靈。

戰後那一代的西德人常告訴我，他們的父母反對他們為了贖還納粹時期的罪行而做的新嘗試；他們從未提起的是，這份反對背後有一種由集體抱怨所形成的情感力道：「我們付出的代價還不夠多嗎？」我花了好幾十年才理解到這份情感之深切。

二戰世代的德國人付出了相當大的代價，首先是七百萬條人命。這比國防軍在蘇聯殺的兩千七百萬人要少得多，但七百萬已超過德國人口的十分之一，而且幾乎沒有一個家庭能夠倖免。雖然沒有人確切知道盟軍在那些為了回報倫敦與考文垂（Coventry）轟炸而進行的空襲中殺死了多少人，但至少有一百萬名死者是平民。如果你住在盟軍鎖定的城市，你很可能也會失去你的家和其中的一切。而當一切結束後，你會像幾千幾萬的德國人一樣在廢墟中翻找，一張舊照、孩子的洋娃娃、墜飾盒，任何儲存了過去回憶的物品你都心存感激。食物很少，一九四六年的冬天是人們記憶中最冷的一年。

還有另一個數字：德國永遠喪失了四分之一的領土。這意味著四分之一的人口在往西逃亡時失去了無法隨身攜帶之物——他們擔心紅軍會像德國國防軍對待俄國平民那樣對待他們。紅軍並未這麼做，但人們也無法事前得知，所以數以百萬計的難民向湧入西德，讓他們的同胞疲於應付。最困難的當然是難民，但他們的新鄰居也不容易，畢竟難民的存在每天都提醒著他們德國有多失敗。為了比較，想像一下中國征服了美國西岸，懷俄明州以西的所有人都湧向東部尋求庇護。

我有時會想，不知道誰的怨念更深——是男人或女人？男人飽經磨難，特別是在東線作戰的人。他們曾胸懷抱負、高談闊論，如今卻成了滿身蝨子的落水狗。年輕時的他們深信那些有關優越人種與男子氣概的論述，而現在的他們被幹爆了（they'd been fucked in the ass）——這是曾於西線作戰的人的說法。在西線被美國痛扁已相當丟臉，但要承認自己被東邊那些據說是人渣的斯拉夫人打敗，簡直難以想像。身為男人，他們深受打擊，不難理解他們為何垂頭喪氣。

不過，令家裡得以維持運作的是女人。在戰時，前線休假的時間只夠人創造出另一個能幫元首打仗的孩子，所以是女人負責處理糧食配給，防空警報響起的那些夜裡，是她們把床墊拖到地下室。戰後，如果她們夠幸運的話，會發現家裡的男人只是失蹤而非戰死，但也要過好幾年才會知道。於此同時，她們還得與人爭奪柴火與食物，同時繼續把曾經是家的殘垣碎礫一車車運走。她們的孩子記得，整個家中瀰漫著一種陰暗無言的氛圍。就連本該是愉快的回憶也蒙上了一層陰影。作家丹妮拉．達恩（Daniela Dahn）回憶道：「整個城市就是我們的沙坑。」有些孩子甚至會在廢墟中找到舊的頭盔，可以用來挖土。作家亞莉珊卓．森夫特（Alexandra Senfft）說：「失敗者和罪犯的身分是雙重的重擔。」戰後的德國沒幾個心理治療師；精神分析被納粹貼上猶太科學的標籤，幸運的分析師都移民去美國或英國了。而父輩之罪持續產生創傷：許多戰後第一代的德國人因著自己的童年經驗而拒絕生孩子。男人們表示，父親的權威這個概念本身受到了汙染。而女人們在抑鬱中度過家庭生活。對一九四〇年後出生的第一代人而言，生育後代的行為可說是相當英勇。

困在自身創傷中的男男女女看不見其他人的創傷。人們以嫉妒的眼光看待倫敦流亡歸來的維也納作家希爾德・斯皮爾（Hilde Spiel）：「妳很幸運，能在國外度過戰爭！」她的父親雖放棄了猶太教改信天主教，且萬分珍惜自己的鐵十字架，但如果斯皮爾沒有離開自己的家鄉，她也會和她祖母一樣死在泰雷津集中營（Theresienstadt）。不過對他們以前的鄰居而言，重點是這些戰後回歸的移民在戰時得以遠離維也納和法蘭克福這樣的地方——納粹統治和盟軍攻擊在這些地方創造出雙重的恐怖。轟炸結束後，隨之而來的是饑餓與嚴寒。這些移民當然應該感激涕零，或至少知道自己很幸運吧？

斯皮爾的經歷並不獨特。非猶太裔的歸國難民，那些本來可以留在納粹德國卻因為政治原因選擇離開的人，都被貼上了叛徒的標籤。瑪琳・黛德麗（Marlene Dietrich）唱了許多歌頌家鄉柏林的歌曲，但她選擇為盟軍士兵表演，而非接受戈培爾於一九三六年提出的優渥條件，離開好萊塢。她在一九六〇年回到柏林，迎接她的是譴責她背叛祖國的抗議標語；在杜塞道夫的演唱會上，有人扔了雞蛋。黛德麗退休後去了巴黎，再也沒回德國。最著名的非猶太裔歸國難民是威利・布蘭特（Willy Brandt），沒有什麼比他在德國所受的待遇更能說明戰後初期的德國人對於戰爭的看法與其他國家有多大的不同。布蘭特於華沙猶太隔離區紀念碑前下跪之舉感動了全世界，我們很高興看到這個曾隸屬反抗勢力的人代表國家謝罪；此舉打開了一扇門，門後是一個父輩之罪不再延及子輩的世界。但當布蘭特在一九七〇年下跪時，世界雖樂見其成，但大半西德人則為此感到痛苦。這樣的姿態不僅意味著謙遜，更意味著羞辱。下跪被解讀為屈服，更糟糕的是下跪的對象竟是波蘭人——多年來遭到無情的政治宣傳貶為次等人類（Untermenschen）的一群人。布蘭特為何認為有必要進行這趟謝罪之旅？不到十年前，西德第一任總理艾德諾（Konrad Adenauer）在選戰中曾以這樣的口號來攻擊這位對手：「人在德國的我們知道自己在做什麼。而布蘭特在外面的十二年裡又做了什麼？」布蘭特於一九三三年逃往挪威，這令他成為世界眼中的好德國人，但外國人大概難以理解的是，在他的同胞眼中這是件政治上應咎責之事。時代已經改變。今日的德國人對此感到羞愧，並將這句口號放在菩提樹下大道（Unter den Linden）那間小小的威利．布蘭特博物館的玻璃上。不過，要找出這句口號的思想根源，還得再往下挖才行。基督教民主黨還沒有釐清艾德諾這段過往，他們仍尊他為德意志聯邦共和國的首任總理。

戰後德國的受害者心態埋藏在極深之處，以至於今日幾乎無跡可循。柏林高興地請來尼爾．麥奎格（Neil Macgregor）擔任位於柏林宮舊址上的博物館的首任館長，特別著眼於他曾出書探討德國歷史。不過，麥奎格在他二〇一五年關於德國的ＢＢＣ廣播節目中探討了那些清理盟軍轟炸後留下的殘垣碎礫的婦女，他的結論是：「她們與倫敦人不同，幾乎不認為自己是受害者。」但實際上，她們認為自己正是受害者。這些「瓦礫女工」（Trümmerfrauen）認為自己所受的苦比英國婦女糟糕得多。柏林和漢堡需要清理的瓦礫不僅多於倫敦和布里斯托，而且無論英國的情況多艱辛，心裡知道自己打了一場正義的勝仗，能讓清理瓦礫的任務輕鬆許多。德國婦女卻沒能享受這樣的安慰，她們排成長隊，把一簍簍曾屬於自己家屋的碎石遞給下一個人。我透過許多年的閱讀、傾聽和睜大眼睛觀察，才明白過來：多數德國人把自己所受的苦置於一切之上（über alles）。

如果對外國人來說，失敗的痛苦與毫無悔悟藏得如此之深，以致難以覺察；那麼對德國人來說，外國人無法理解這件事也令他們難以明白。在德國人的成長過程中，家裡擺著的是身穿長筒靴的陣亡英雄照，他們認為此事不言而喻。尖銳刺痛的失敗感徹底貫穿了他們的童年，已與其密不可分；如今他們長大成人，羞恥感令他們不願多談。他們意識到自己的父母不僅犯下了戰爭罪，還自認為是戰爭罪的受害者，這令他們更感羞愧。即便是文化歷史學家沃夫剛・希維布舍（Wolfgang Schivelbusch）的傑出研究《失敗的文化》（*The Culture of Defeat*）也只討論了一戰後的情況，他將其與一八六五年南方邦聯軍的敗仗相提並論。[1]對一個生於一九四一年的德國作家來說，拿一九四五年的失敗經歷與其他任何的失敗經歷相比，都是跨越道德紅線的行為。托多洛夫催促德國人關注大屠殺之特殊性，這條規則令正直的德國人無法拿犯下大屠殺的人與其他人相比。

然而證據確實存在，雖然在希維布舍或麥奎格的歷史著作中找不到，卻能在一個出乎意料之外的領域找到：戰後早期的德國哲學。最著名的案例是海德格。這個被許多人視為二十世紀最重要哲學家的人不僅加入了納粹黨，還接受了弗萊堡大學的校長一職。關於此事的重要性，哲學家和歷史學家仍在爭論中。海德格在就職演說中，以振奮人心的方式為納粹革命所創造出來的新精神辯護，卻也正是這種精神

導致他自己的助理淪落到失業、流亡的境地。（對此，海德格僅表示禁止猶太人進入大學的法規會加重他的工作負擔。）確實，他的校長任期太短、著作也太過抽象，無法為納粹的意識形態提供具體的思想支持。海德格的學生，以及學生的學生都認為，海德格關心的不是政界的瑣碎細節，而是更深刻的關於存在本質的問題。這令他回到了前蘇格拉底時期。不過，海德格寫給他弟弟的信件最近出版了，信中顯示海德格密切關注著政治事件的每日變化，而他弟弟並不贊同這位哲學家對於新政權的熱情。海德格的私人筆記殺傷力更大，尤其是他因為極度重視自己的思想遺產，在遺囑中詳細指示了這些筆記的出版順序。想像一下，戰爭結束十幾年後，此人在他位於黑森林的小屋中安排於二〇一四年出版他筆下關於「世界猶太人」的段落。那比戈培爾慷慨激昂的長篇大論更乏味，但其本質則幾乎沒有不同。

與反猶的段落同樣令人不寒而慄的是反現代的段落。在這些惡名昭彰的段落中，海德格表示死亡集中營的殺人機器和機械化農業的發展沒有根本上的差別。他在筆記中甚至說，現代性（他有時認為其始於蘇格拉底）是人類一切不幸之根源。反猶主義與反現代主義常同時出現，伴隨而至的還有猶太人流浪無根、四海為家的形象。兩者的不同在於，直截了當的反猶主義在美國和德國（多半）都受到譴責，而反現代主義則比以往更加強大。當進步的知識分子讀到海德格在《黑色筆記本》（*Black Notebook*）中說，盟軍拒絕讓他回國任教一事「比希特勒的任何行為都更殘忍」[2]的時候，他們還要繼續討論如何「以海德格來讀海德格」[3]嗎？此事所揭露的畸形自戀，甚至連長年擔任海德格學會主席的君特・費加爾（Günter Figal）都無法忍受，他在二〇一四年第九十八本筆記出版時，辭去了主席職位。

具影響力的法律哲學家卡爾・施密特（Carl Schmitt）則與海德格不同，他甚至沒有向盟軍申請批准擔任教職。也許是懷疑自己的申請無論如何都不會通過，他和他的朋友都拒絕接受去納粹化的程序，並將其稱之為「恐怖活動」。在漫長的餘生中，他一直在他的小圈子裡反對「像雅斯培那樣勸人悔改的傳教士」。施密特將普遍價值貶為自由派的炒作，並以此為基礎大力抱怨「紐倫堡的定罪者」和「反人類罪及種族滅絕罪的構築者」。「德國人對他人所犯下的是反人類罪，他人對德國所犯下的是以全人類福祉為名的罪。差別就只有這樣而已。」施密特有句名言：「使用全人類（humanity）一詞的人不過是想瞞天過海。」他認為，這種欺瞞行為是以遮蔽真相的詞彙來掩飾自身的偏好：道德概念在政治中並不重要，在政治裡唯一重要的範疇是朋友與敵人。自由民主黨人想找出中立的框架，以正義而非權力來解決有所出入的觀點；這些人都是偽君子或傻瓜，因為所有自稱中立的框架不過都是以強凌弱的成果而已。雖然每代人中總會有幾個人認為得重提這個觀點，但該論點其實相當古老，可追溯至前蘇格拉底時代的詭辯家（sophist）。那些認為可以只接受施密特批評自由主義民主制度虛偽的言論而不用接受他其餘言論的人，可得大吃一驚了。

哈伯瑪斯指出了施密特的病態：他沒有能力意識到自己的忿忿不平與他所信奉的政黨，對數百萬人所造成的痛苦來說，這兩者有多不同，而且很難說這是理解上的問題。[4]同樣地，海德格堅信希特勒所做的一切都沒有盟軍拒絕讓他對著德國大學生散播陰沉的反現代主義來得殘忍，此事令人難以置信。當他寫下這句話時，死亡人數早已統計完畢。什麼樣的人會把拒絕某人在大學任教拿來和謀殺數百萬人的行為相比？不過為了繼續論證，讓我們假設上述兩位眾人至今仍會閱讀的戰時德國哲學家是異常現象，他們的判斷失誤之深有如其名氣之大。那麼，他們的其他同胞呢？

正如其他保守派德國人一樣，雅斯培當初也認為東有四處傳播布爾什維克思想的俄國，西有死氣沉沉的英美，納粹是能抵禦兩方的堡壘，因此他並未採取反對態度。身為大學教授的雅斯培在一九三七年被迫退休，一九三八年被禁止發表論文，並在納粹施壓要他與猶太裔的妻子離婚時堅決抵抗，吃了不少苦頭。後來，他與海德格等以前的同事決裂，並堅持德國有罪。雅斯培認為，除了那些在政治上反對納粹而遭到囚禁的人之外，包括他在內的其他德國人不夠努力阻止納粹崛起，因此都具有道德責任。他那篇著名的論文《德國戰罪問題》（*The Question of German Guilt*）在今日讀來有些奇怪。其論點似乎相當明顯，你不禁要想何必費心詳加論述，直到你開始思考他的讀者是誰。這篇論文起初是一九四六年一系列講座的部分內容，講座聽眾則是那些思想已遭納粹意識形態徹底扭曲，因此連今日看來不足掛齒之事實都無法分辨的年輕人。作為哲學，雅斯培的論證似乎是稻草人論證。但作為歷史，他提醒了我們這些稻草人是多麼有血有肉、無比真實。他為了證明如今看來平凡無奇的事費盡心思，我們因而得以看出戰後德國人需要學習的東西有多少。他向學生解釋，並非所有的痛苦盡皆平等：

> 大多數人都吃盡苦頭，但一個人如何受苦——是在前線打了敗仗、在家裡、在集中營裡、受蓋世太保所害，或雖充滿恐懼但仍與納粹政權合作——會令事情大不相同。幾乎每個人都失去了親近的朋友與家人，但奪走其性命的是戰鬥、炸彈或大規模謀殺，各會帶來極為不同的後果。[5]

當代讀者會認為，這些事實何其明顯，怎會有人看不清楚？一整個國家怎麼可能如此顛倒是非因果？

雅斯培的論文以其對於讀者反應的預測，試圖回答這個問題。在當時，失敗是眾人共享的經驗，怨恨是最為常見的情緒，罪疚、羞愧甚至後悔都無處容身——唯一的後悔之情是替德國在戰爭中失去的人民與土地感到悔恨。凡爾賽宮陷落後的景象沉甸甸地懸在紐倫堡上空。這是勝利者的正義嗎？贏家試圖以道德語言來掩飾他們對於輸家的卑劣報復？雅斯培透過指出兩次大戰的不同，用以抨擊上述這種普遍的觀點——雖然德國人因為一戰而受到不公的指責，但**我們**必須接受自己背負著二戰的罪責。從頭到尾，雅斯培使用的都是第一人稱複數。他認為，德國首次笨拙地試圖迫使人們承認自身罪行的嘗試並沒有用。戰爭結束後不久，英美占領區到處可見某張海報，照片裡是貝爾根貝爾森集中營的屍體，下方則寫著：「這是你的錯」。在德文中，「錯」與「罪」是同一個字，而我們很難由外部將罪惡感強加於人。雅斯培也描述了大多數德國人看到這張海報的反應：「有種反叛的氛圍：誰在指責我？沒有署名、沒有明確的權威，海報由虛空之中浮現。無論指控是否公正，被指控者都會設法為自己辯護，這是人之常情。」[6]

蘇聯占領區的策略則比較高明，雖然雅斯培並未深入討論。一九四五年，蘇聯當局推出了第一齣戲劇，當時的柏林仍殘破不堪。《智者納坦》（*Nathan the Wise*）是萊辛（Gotthold Lessing）的啟蒙主義經典劇碼，倡導猶太人、基督徒和穆斯林應享有平等權利，提醒著觀眾他們自身信仰傳統中良善的一面。正如戰後歸國的哲學家阿多諾後來所說的，釐清過往最重要的一部分是該行動對於潛意識的影響。法蘭克福學派強調精神分析的重要性，強調對於個人與國家而言，如果爬梳過往真能治癒些什麼，都必須由內部出發。來自他人的指責只會引發抵抗。阿多諾堅信：「政治宣傳無論內容為何，本身都是矛盾之物。人都是這樣：只要由外部攻擊我們，我們便會立刻捍衛陣地。」

如何捍衛？人們是怎麼推卸責任的？雅斯培檢視了所有的藉口，並將其一一拆解。「國家恐怖令人無法起身反抗，除非你已決心赴死。」雅斯培反駁道，在德國境內有許多起身反抗的政治犯，就關在集中營裡。在一九四四年裡，每個月都有四千多人被捕。德國境內的集中營直到戰爭結束前都還在運作，這代表德國內部存在著反抗納粹的內部力量；他們的反抗也許沒有太大成效，但反抗者也不總是因此喪命。「德國的地理條件比其他國家差。一個一〇六六年之後就從未有人入侵的島嶼，很容易便能形成開放與自由的政治文化。」但地理條件不等同於命運，看看羅馬人就知道了。「世上每個國家都承認希特勒政府，他們湧進柏林參加一九三六年的奧運，許多人相當欣賞這個新政權。」他們確實如此。邱吉爾（Winston Churchill）在一九三七年寫道：「人們可能不喜歡希特勒的制度，但卻欽佩他對德國的貢獻。如果我們的國家戰敗，我希望我們也能找到如此不屈不撓的鬥士來幫助我們找回勇氣，帶領我們找回自己在列國間的位置。」[7]其他人也好不到哪裡去，雅斯培指出了這個具普遍性的事實。不過，具特殊性的歷史事實則是，在那之後的十二年裡，其他人並沒有墮落至德國的境地。

接著，雅斯培提出了一個不那麼顯而易見但更為有趣的觀點：如果其他人根本就比德國人善良，這反倒令人鬆了口氣。如果戰勝國能以無私之姿統治世界，那就不會有任何道德混亂，德國的再教育肯定也沒問題。此外，如果德國人就是與眾不同、身負原罪，那又怎能責怪他們犯下罪行？正如雅斯培的學生鄂蘭所說的：在人人皆有罪的地方，罪人便不存在。幾十年後，丹尼爾・戈德哈根（Daniel Goldhagen）的著作《希特勒的志願行刑者》（*Hitler's Willing Executioners*）特別指出反猶主義在德國歷史上由來已久，其暢銷之程度則令人懷疑閱讀此書成了一種開脫罪責的體驗。如果這國家裡的每個人都反猶反到了骨子裡，那又怎能怪罪人們沒能採取行動反抗納粹呢？不過，儘管雅斯培和他妻子本人都深怕她會被遣送至集中營，因而隨身攜帶氰化物藥丸直到戰爭結束，他仍寫道：「德國的反猶主義從來不是群眾反應（Volksaktion）。德國民眾並未加入德國的大屠殺，並未主動做出殘酷的行為。群眾只是沉默不語，只是保持距離。」[8]

然而，即便是那些有可能願意承認自己的沉默具有責任的人也擔心，太多的贖罪會削弱一個國家的力量。如果失去了對於國家傳統的忠誠之心，還有什麼能使人民團結？還有什麼能讓他們抬頭挺胸，懷抱著一定的自豪感養育下一代？雅斯培回答得有些困難、語帶猶豫；他開啟了一場延續至今的對話。對於某些人來說，那難以理解的十二年對德國傳統所造成的傷害即便並不致命，也十分有毒。他們努力理解之，或至少是揭露之。年復一年，這段歷史的後代子女發表了有關戰時外交部門共謀的複雜研究，或是當時文學理論界的重要人物如何試圖隱藏他們與黨衛軍有關的過往，並深受此事影響。其他人則大聲疾呼：「夠了、夠了。」

雅斯培的同胞們對這本他所謂「小書」的反應讓他不甚滿意；他寫道，很少人讀過這本書，對其保持開放態度的則更少。人們說，布爾什維克的恐怖活動比納粹更可怕，還批評雅斯培發起了一場反對德國的「作戰行動」。有位參加雅斯培這場講座的人說，當他談到與民主與德國精神復興之關聯時，底下的學生都在笑，還用腳蹭地板。[9]甚至連他堅持戰爭的受害者應有別於其他的受害者，都很少有人聽得進去。一九五二年，原先設立來紀念法西斯主義受害者的紀念日變成了人民追悼日（Volkstrauertag），並不特別區分出戰爭的受難者。即便在德國，哲學家的影響力仍是有限。

五年後，另一位哲學家設計了一個傑出的實驗，得出確實的數據告訴我們德國的廣大民眾在想什麼，又有什麼是他們不去想的。一九三三年，法蘭克福社會研究院（Frankfurt Institute for Social Research）創立後的第十年，其成員被迫逃亡；這不僅是因為他們之中的大多數人來自（世俗化的）猶太家庭，還因為他們的工作深受馬克思與佛洛伊德影響——與這兩人中的任一人扯上關係便足以使他們成為納粹的眼中釘。該研究院的成員班雅明（Walter Benjamin）後來經由庇里牛斯山逃亡，在路途中深感絕望而後自殺身亡。其他人則逃到美國活了下來；之後，法蘭克福大學做出了與大多數西德的大學不同的選擇，他們把霍克海默（Max Horkheimer）和阿多諾請了回來。霍克海默在一九四八年曾回訪德國，看看自己是否想回去住在這個殺人流血的國度。他寫道，德國大眾似乎比第三帝國時期更壞了。[10]他還說，這件事並沒有阻止他接下那份後來會因納粹開除所有猶太裔大學教授而丟掉的教職；相反地，他覺得必須支持那些真正在反抗納粹的德國人，即便只有寥寥數人，而教職是貢獻己力再教育下一代，因此他很難拒絕這樣的機會。此外，霍克海默和阿多諾也想知道，他們以前的同胞到底在想什麼？於是就有了「小組實驗」（Group Experiment），在這個實驗中，有一千八百名德國人——農夫和醫生、家庭主婦和高中生、官員與祕書——被鼓勵談論德國人的罪責。將人們分成小組進行對話，是為了創造一種類似火車上的陌生人的氣氛，如此一來人們可能會比面對單一採訪者時更自然、更坦率地談話。

雖然參與者的職業與教育程度各有不同，但他們的語言和歷史知識顯示他們具有相當高的反思能力，他們只是沒有使用這項能力。沒有人表示想回到第三帝國的美好年代。也許是在主持討論的實驗者面前有所顧忌，但無論他們如何回憶和平、繁榮、驕傲的三〇年代，隨後發生的事都讓他們深受打擊。前線的史達林格勒和國內被炸毀的城市造成了震撼與受辱之感，這在一九五〇年時已相當清楚。不過，這種恥辱感與道德無關，幾乎所有參加實驗的人都不認為自己有罪。

有位退役軍人甚至否認發動戰爭的是德國。他說，是美國把德軍派去俄國，要德國擔起由源頭打擊共產主義的重責大任。[11] 其他人即便沒有這麼誇張，也都堅信世界應該感謝德國打擊布爾什維克主義。如果不是德國國防軍耗盡紅軍軍力，布爾什維克主義不僅會橫掃歐洲，還會占領美國。[12] 德國和布爾什維克之間的對抗構成了發動戰爭的原因，如果西方只與德國結盟，今日就不會有韓國問題，明日也不會有第三次世界大戰的隱憂。[13] 也有人認為，戰爭的原因在更早之前便已出現：身為一個有文化的國家，我們在十九世紀時也想得到更多土地，但其他殖民國家不希望再有對手出現。[14]

指出其他國家（特別是美國）的罪是種有利的辯護策略，使人不必承認自己的罪：為何美國不收容更多猶太難民呢？[15] 有幾個人提到了私刑處決，他們認為美國對待黑人的方式比德國人對待猶太人的方式更糟糕。畢竟，黑人一直都被視為次等公民，而猶太人直到《紐倫堡法案》之後才被視為次等公民。此外，由仇恨所驅動的私刑比有秩序地進行大規模謀殺更糟。再者，私刑處決是發生在公開場合的群眾暴力，而納粹的大屠殺則在波蘭的隱密營區裡悄悄執行。[16] 最後，如果納粹真的這麼壞，為什麼所有的他國外交官都表現得那麼正常？他們對於幕後情形的瞭解肯定比普通人更多。戰前，法國大使還跟希姆萊（Heinrich Himmler）一起去打獵。如果他們知道自己面前的是殺人兇手，為什麼仍若無其事地與他們往來？[17] 最常出現的話題是對於德國平民的轟炸，這是大多數受試者的親身經歷：任何犯下這種罪行的人都無權指責別國犯了戰爭罪。[18]

阿多諾和他的研究人員常提到研究對象的答案中的矛盾之處。人心為了抵擋道德真相，能打出多少個複雜的結？很多受試者都說自己並不反猶，即便他們說完這話後接著就發表了反猶的言論。除了回憶起善良的猶太裔醫生或最欣賞的猶太裔同學之外，他們還表達了其他立場。猶太屠夫折磨動物[19]、猶太人喜歡欺騙他人而非勤懇勞動──看看有多少猶太人在黑市討生活就知道。[20]德國猶太人沒什麼問題，因為他們已經不是真正的猶太人了；惹麻煩的是那些外表怪異、連德語都說不好的東歐猶太人（Ostjuden）。[21]也有人說，希特勒確實不該**殺**猶太人，但他不讓他們擔任重要職位是件好事，因為這可是國家大事，而這些人甚至不是真正的德國人。

受試者對於戰後德國人和猶太人的關係之描述，是道德近視（moral myopia）最為顯著的例子。有位參與者說，一九四五年後，我們希望和猶太人保持良好關係並向他們伸出了手，但他們沒有接受，所以現在我們不欠他們什麼了。[22]其他人則說，盟軍占領的問題是，此事深受背後那些心懷怨恨、想要復仇的猶太移民所影響。[23]有位氣憤的受試者描述了他在美國戰俘營裡的經歷，他說管理戰俘營的是猶太人，他們「可怕至極」。哪裡可怕呢？「他們把我們的糧食配額降到最低，給我們看布痕瓦爾德集中營（Buchenwald）死者的照片，聽說照片裡的屍體是他們挖出來的。沒有人願意看，但如果他們看到你閉上眼睛，就會從背後推你，確保你醒著。這絕對不是民主。」[24]

在「小組實驗」中，只有一位受試者表現出人們期待的那種道德反思。這是一位信奉天主教的年長女性，是少數訴諸宗教語言的受試者之一。「我把被轟炸視為一種贖罪，償還我們對無辜者犯下的滔天罪行。美國人說得對，我們在一年內殺害的猶太人比他們殺害的黑人還多。這是真的。我經歷了三次轟炸。我個人這輩子所做的錯事不足以讓我經歷這些，但我不會問上帝為何如此待我。要贖的罪太多了，即便我們的孩子能夠做出彌補，這個國家仍有部分人民必須在今生償還這份罪。」[25]

阿多諾和研究小組對多數採訪做出了評論。他們試圖理解這個國家的人民如何設法抵抗罪惡感，並頻繁使用精神分析的概念：這位受試者表現出偏執的臨床症狀；那位則做出幼兒式的假設，認為占領的美國人有義務養活德國人並努力贏得德國人的認同。[26] 他們並未試圖分析，為什麼有位女性以正確的方式回應了這場道德災難——對於罪的認識與罪惡感告訴她此事需要補償，無論自己和自己的孩子得付出什麼代價。沒有詭詐、沒有抗辯、沒有扭曲的邏輯。

我們是否擅於分析惡，而不擅分析善？或者，善終究是無法分析的單純之物？

◈　◈　◈

哲學家貝蒂娜・施坦奈特（Bettina Stangneth）對於德國在釐清過往一事上的努力感到不以為然。生於一九六六年的施坦奈特在任何地方都會是傑出人物。她在西德北部的一個村莊裡長大，家裡沒有幾本書。當地的人無法想像為什麼她會想要念博士。她家不太談政治，但她記得家裡常說：在學校別提這個。

「人們不敢提起自己的父親在納粹時期做了什麼。在去納粹化聽證會上，幾乎每個人都在撒謊。但當時有很多人都喝酒，喝醉之後便有話要說，然後再告訴孩子**不可以講出去**。人們並不認為自己做錯了事，只覺得自己是輸家，而現在是贏家說了算。」

施坦奈特無法清楚說明，孩提時代對於理解的渴望是如何引發她始於十六歲的閱讀狂熱；當時的她「瘋狂愛上了歌德」，接著又讀了康德一篇探討激進的惡（radical evil）的論文。由於某種原因，這帶領她成為當今最博學、最具說服力與原創性的哲學家之一。我想，她沒有在大學任教的原因不僅是因為學術圈是個職缺稀少的就業市場，更是因為她身上那種強烈而深具自信的獨立感。她的傑作《耶路撒冷大審前的艾希曼》（*Eichmann Before Jerusalem*）獲得了國際性的成功，教職因此變得並非必要。她現在住在漢堡，未在大學裡任教。偶爾她會受邀出席講課，穿著飄逸的泰國絲綢衣裳；但她把大部分的時間都拿來思考那些不放過她的問題。

《耶路撒冷大審前的艾希曼》於二〇一一年出版，這本著作與鄂蘭的《平凡的邪惡：艾希曼耶路撒冷大審紀實》（*Eichmann in Jerusalem*）進行了精彩而激昂的對話。沒有任何二十世紀的哲學作品直至今日仍引起如此激烈的憤怒。[27] 不過，施坦奈特與其他批評者不同，其他人說鄂蘭懷抱著猶太人的自我憎恨、責怪受害者，她則對此毫無興趣。她對鄂蘭無法取得的資料進行了傑出的分析，並簡明地指出艾希曼為了安然脫身，在大審中把自己裝成愚鈍的官僚。雖然這並不是全新的說法，而施坦奈特也協助證明了此說，但她並未著重討論艾希曼，而是把焦點放在他身旁的助手身上。因為艾希曼在耶路撒冷大審中的偽裝本應奏效，他有許多同袍也曾憑此計脫身。自紐倫堡大審以來，納粹所得到的刑責都是關上幾年而已，那些刑責較輕的甚至可以減刑。因此，施坦奈特寫道，艾希曼的算計完全合理。他對自己最終被處決的真實心情，記載在一系列一九五〇年代寫於阿根廷的文件裡，施坦奈特對於這些文件進行了抽絲剝繭的研究。

文件中有一大部分內容是在威廉．薩森（Willem Sassen）家錄製的錄音帶逐字稿。薩森是荷蘭黨衛軍的軍官，一九五七年裡幾乎每個週末，他都在自己策劃的聚會上與艾希曼碰面。艾希曼親手編輯了每一份逐字稿並寫下注釋。參與這些聚會的都是納粹分子，為了逃避審判而躲到裴隆（Juan Perón）執政的阿根廷；他們仍全心相信納粹意識形態的幾乎所有層面。他們在布宜諾艾利斯密切關注德國政治，而他們所看到的一切都給了他們希望——他們有可能結束流亡、重掌權力。他們知道許多自己的前同事都在總理辦公室、外交部門、軍隊和德意志聯邦共和國的法庭裡身居高位。他們也知道，西德的廣大民眾是如何蔑視盟軍早期對於去納粹化的努力，而西方盟國又是如何在冷戰逐漸展開之際悄悄放棄了努力。納粹主義有望捲土重來，即便會有一兩個修正之處。他們認為前方有個阻礙，就是他們所謂的「大屠殺的謊言」。這些堅定不移的納粹分子視猶太人為永恆的敵人，而且他們之中的多數人都曾於前線作戰，所以他們知道猶太人遭到屠殺。不過，那畢竟是戰爭。從漢堡到德勒斯登，不都有無數平民死於盟軍的轟炸嗎？聲稱有六百萬猶太人在縝密策劃的大屠殺中喪命，這完全是另一個等級的事，而這些人深信這只是敵人的政治宣傳，旨在向德國人敲詐錢財。還有誰更能對抗這種政治宣傳呢？當然是住在郊區不起眼平房裡的兔子養殖場經理里卡多．克萊門（Ricardo Klement）——這是艾希曼的化名，曾是猶太事務顧問的他能詳細告訴他們共有多少猶太人遭到謀殺，這有助於他們的大業。

艾希曼在布宜諾艾利斯所證實的事令他的聽眾相當失望；除了證實早期估計的六百萬人這個數字之

外，他還表示他唯一的遺憾是未能按照最初的計畫殺掉歐洲所有的一千一百萬名猶太人。他自述最熱切的心願是，「從他見到耶路撒冷的大穆夫提[28]以來便認為與自己有強烈內在連結的數百萬名穆斯林」能完成這個任務。[29]這樣的表白就連他的許多納粹同黨都無法接受。他們的信念背後的邏輯本應導向與艾希曼相同的終點：強烈的反猶主義、試圖幽默但失敗至極的言論、濫情的民族主義，以及偏執地堅信無所不能、遍布全球的猶太人將會消滅他們——這些都有可能令「徹底消滅猶太民族」成為合理的行動方案。但即便是像薩森這樣狂熱的黨衛軍軍官也認為艾希曼所描述機械式謀殺幼童的場景令人難以接受。沒有證據顯示艾希曼所證實的事曾令這群人的思想或內心發生深刻的變化。不過，在艾希曼揭露大屠殺並非謊言而是事實之後，他們不得不放棄經由反駁大屠殺一說而重掌權力的希望。

《耶路撒冷大審前的艾希曼》最顯著的特色，並不是揭示了艾希曼以危險到令人不安的經典指涉來闡明並捍衛的哲學世界觀——一種指向種族屠殺的世界觀。這種世界觀是艾希曼與其大多數戰友所共享的。正如納粹的種族與政治辦事處（Racial and Political Office）主任在一九三九年所說的：「我們不可能與國際知識體系達成共識，因為這些體系既不真確也不誠實，僅建立在一個巨大的謊言之上，也就是人皆平等的謊言。」[30]他們認為，追求統治世界是種自然定律。猶太人沒有國家和軍隊，他們以思想作為武器試圖統治他人，最顯著的是國際主義式的學說，始於希伯來聖經裡的預言，接著是共濟會與法國大革命，最後集大成於危險的馬克思主義。那些仍會閱讀艾希曼傳記，或關心他在納粹機器中確切地位的人，會對艾希曼散播這類觀點的舉動感興趣。他確實按下了這部機器的開關，令毒氣室開始運作，雖然此事並不會削弱鄂蘭具普遍性的主張——輕率妄為是造成大多數種族滅絕事件的主因。

施坦奈特的研究指出的是，在當時的氛圍下，像艾希曼這樣的觀點似乎完全合理。進入六〇年代後，西德對於民主制度的信念岌岌可危，清潔版本的納粹主義有可能捲土重來。法院和大學裡都有前納粹分子任職其中，而且並不像人們所說的那樣，是因為沒有人有足夠的技能取代他們。「他們只需要邀請移民回國就好，而不是有計畫地讓他們難以回國。」施坦奈特表示，「艾德諾[31]願意雇用舊納粹分子，這向新的聯邦共和國中猶豫等待的數百萬人發出了訊息：這裡也有你們的容身之處，你們只要守規矩，我們不會詳細檢查你們的過往。」艾德諾政府早在一九五二年就知道艾希曼的行蹤，但把他送上法庭對德國政府不利，他的辯詞會揭露他有許多戰友在新時代裡身居高位。而且也不只有德國政府想避免揭露不愉快的事。梵蒂岡說得最清楚：「二戰中的納粹領袖不應再被起訴，現在他們屬於保衛西方文明、反抗共產勢力的積極力量，而今日比起以往任何時候都更有必要集結所有的反共力量。」[32]這份聲明寫於一九六〇年，當時梵蒂岡的外交官要求讓艾希曼返回阿根廷。正如施坦奈特告訴我的：「反共是納粹遺留下來的思想中，唯一一件你可以繼續實踐而不會招來任何反對的事。」

施坦奈特花了十年研究那些相信納粹大業仍有望成功的人，這讓她對於納粹思想在當代德國留下的痕跡格外警醒。「這也許是因為我的聽力非常敏銳。」她說，「實際意義上的聽力敏銳。即便在孩提時代，我就總是在無意間聽見我不該聽見的事。」她不相信德國人已經充分面對了關於納粹最糟糕的一件事：納粹政權背後的驅動力不是顢頇的大眾，而是受過高等教育的菁英。出席萬湖會議（Wannsee Conference）的十五名官員中，有八人擁有博士學位。「戰後，納粹被描繪為嗜血的怪物，嘴裡也許還銜著刀子。那些教授沒人願意承認他們已經適應了這個體系，而且勝任愉快。」因此，施坦奈特認為我們尚未承認納粹思想和當代思想之間的關聯。[33] 她研究了納粹時期大學裡的教學書目和當代大學的書目之間的連貫性。「人們把票投給希特勒，就像他們把票投給普丁和川普一樣，是因為他們不想放棄自身的特權。這不是大眾無知的問題，人們完全明白啟蒙的代價，即貨真價實的人皆平等，而不只是在確保自身安穩舒適之後，再來追求人皆平等。我自己也必須遵守道德規範。」有些思想進步的德國哲學家與當年的納粹思想家站在同一陣線抨擊啟蒙運動，施坦奈特和我一樣對此深感震驚：「像阿多諾和霍克海默這樣的政治受難者勉強逃出德國，只為了繼續散播與納粹相同的反啟蒙思想，這真是太可怕了，簡直難以形容。」她也表示，抵抗種族主義與沙文主義的武器只有一個，那就是理性批判，理性批判能使我們看見自身的理解能力並承認理性之侷限。「人們放棄了這項最強大的武器，因為他們任由別人說服自己理性批判就是問題所在。納粹完全知道，解除人們武裝最好的方法就是說服他們放下自己的武器，讓他們相信這些武器沒有用。」

我同意施坦奈特的哲學理念，對於她所提出的納粹時期與當代的做法之連貫性則未能完全同意；不過，我很欽佩她保持警醒、不願懈怠的決心。在我的德國朋友圈中，警醒是種合宜的表現。即便面前只是犯下單一罪行的罪犯，我們有辦法信任一個因著心中悔恨之深、獄中表現之良好、改過自新之程度堪稱模範而感到自豪的人嗎？合宜而良善的德國人不願意做出任何有可能使人認為是在誇耀自身之悔改的行為。

「我不明白為什麼國際社會能接受德國。」她繼續說道，「唯一的理由是人們認為紐倫堡的判決可供未來世代借鏡——我們會懲罰罪犯，但不會懲罰整個民族。我們不會發起種族戰爭，那是專屬德國人的瘋狂行為。他們在紐倫堡大審中本能判處所有人絞刑，但同盟國想要大家知道他們對於罪之輕重有所區分。那是送給德國人民的和解禮物。不算是伸出了友誼之手，但是一扇敞開的門。德國人是否真有資格拿這份禮物，現在還不清楚。戈林（Hermann Goering）在紐倫堡大審中說，這場審判結束後的五、六十年內，人們會立起紀念碑紀念他。我們把為了搶劫而將旅人打得頭破血流的羅賓漢塑造成英雄，誰知道一百年後我們會如何看待希特勒？德國人相當擅於詮釋，我們知道如何把沙子放進人們的眼睛裡。」

她堅信相對主義不是後結構主義的產物。如果你相信勝利者的真相就是唯一的真相，你可以建構出框架，以能夠吸引勝利者的方式來詮釋事物。「他們就是這樣做的，無論東邊或西邊都是。我們一直都知道該如何讓外國人覺得他們可以用某種方式把我們的事解釋給我們聽，而這種解釋得出的結論會是：天哪，你們做得很好。」

「我寫這本書，最怕的就是這件事。」我說。

「妳確實該怕。妳不會希望人們沒完沒了地伸手擁抱妳。而且會抱妳的德國人是妳根本不想抱的那種，是會在背地裡希望德國不要再繼續贖罪的人。他們對此甚至根本沒那麼低調——」

「貝蒂娜，」我插嘴道，「我可以提醒妳其他國家的情況嗎？」

「妳問的是我的國家。如果湯太鹹了，那就是太鹹了。其他國家的湯有沒有比較好喝並不重要。」

我提醒她查爾斯頓大屠殺之後的那段日子，當時南方許多州都取下了兇手所揮舞的邦聯旗。「川普的首席策略顧問班農（Steve Bannon）寫了一些文章，要人們繼續揮舞這面旗，而且要心存驕傲。卍字旗在德國根本不可能發生這種事。」

「當然不可能，」她回答道。「如果什麼都沒改變，那就太可怕了。我們把自己拋出了國際社會之外，多年來服著我們確實該服的緩刑。」

「我覺得你們的緩刑期已經結束了。」

「我不這麼覺得。」

研究戰後德國歷史的非猶太裔德國人也許常會得出與施坦奈特相同的結論，但猶太裔德國人的看法則有所不同。例如柏林猶太博物館最近剛退休的前企劃總監希莉・庫格曼（Cilly Kugelmann），她住的地方曾是德國猶太裔知識分子的聚居之處，愛因斯坦就住在街角而已。如今，舍納貝格（Schöneberg）區有個裝置藝術紀念著消失的猶太人：兩位藝術家將壓迫猶太人的法律逐條列出，懸掛在街道兩旁高高的燈柱上。

一九四七年，庫格曼的父母在法蘭克福迎接庫格曼的出生，他們不久前才從集中營出來，第一個孩子在集中營裡被殺害。雖然她的父親曾於奧許維茲大審中作證，他卻從未對她提過奧許維茲。「父母有權**不**告訴孩子他們曾如何受辱，」她說，「父母會想保護孩子，而不是讓孩子看見自己的破碎，看見自己沒能保護他們。」她在她稱之為「法蘭克福倖存者隔離區」的世界中長大，那裡的人們太破碎、太疲憊，無法去考慮是否要搬到其他的地方。庫格曼就像他們之中的大多數人一樣，在完成高中學業之後搬到了以色列；也像他們之中的大多數人一樣，在幾年後又回到了法蘭克福。她在法蘭克福與人共同創辦了《巴比倫》雜誌（*Babylon*），這是德國戰後第一本猶太知識分子的雜誌，激勵了人們去想像猶太文化能在這個曾致力於根除它的地方復興起來。我告訴她這本雜誌在八〇年代中期的柏林是如何令人大受激勵，她則苦著臉說：「加上你我，總共四個。」至於現在，她則指出住在柏林的以色列人相當多，柏林甚至可能成為一個過著非猶太教生活的年輕一輩以色列人，所創造出的新型希伯來社會之地。（「也許他們還會開始過猶太式的生活。」庫格曼的畢生好友米赫．布魯姆利克（Micha Brumlik）說。）庫格曼成了新的猶太博物館的企劃總監，該博物館由聯邦資助、建築設計由丹尼爾．里伯斯金（Daniel Libeskind）操刀，並佐以大張旗鼓的宣傳，預示著德國猶太歷史的新時代。「很少參觀者對於德國的猶太人歷史有興趣，」她告訴我：「他們想看的是釐清過往。」

庫格曼的背景本可能使她成為那種哀傷的角色，在專為紀念某文化而成立的機構裡工作，只看見自己的悲傷而看不見其他人。但相反地，她以優雅、膽識與機智勝任她的角色。她為博物館十週年策劃了慶祝活動，重點項目是為期三天的研討會，名為「歸屬之願景：猶太人、土耳其人和其他的德國人」（Visions of Belonging: Jews, Turks, and other Germans）。在這個研討會上，穆斯林知識分子的人數多於猶太知識分子，兩個族群討論著德國在重新理解自身人口有兩成具移民背景時，該如何面對隨之而來的巨大轉變。

十年前，人們對該博物館的開幕充滿期待。當時，首都才剛從波恩遷往柏林，而猶太博物館盛大開幕晚宴的邀請函炙手可熱，人們說，這樣的現象便是德國已度過難關的明證。在開幕的前幾週，有幾位德國女性問我該如何著裝，她們覺得身為猶太人的我一定知道。「邀請函上寫著『盛裝出席』，但能盛裝到什麼程度？領口能開多低？亮片是否適合？」習慣將猶太人與**悲劇**連結起來的女士們不太確定。最後，我們都穿得有模有樣、閃閃發光。施羅德總理為晚宴揭開序幕，但沒人記得晚宴上的食物，因為這個人人想參加的非公開晚宴是在二〇〇一年九月十日晚上舉行的。原訂於第二天舉行的公開開幕式立刻就被取消了。庫格曼說：「我們當時就知道，世界已經改變。」

但她所關注的仍是德國的改變，她認為這樣的變化深刻而重要。二〇〇〇年的法律讓獲得德國公民身分的權利與德國血統脫鉤，這是根本性的改變。猶太文化在德國的復興也是根本性的。庫格曼表示：「德國是全世界對猶太人來說最安全的國家之一，而這要歸功於幾十年來在公共領域中進行的釐清過往工程，政治家如果在公開場合發表了反猶言論，他就會丟工作。但這並不意味著反猶主義或種族主義並不存在，我們仍需保持警惕。」但她認為那是國際問題。重要的是德國一路走來的軌跡。

下一代人之中，比較典型的是一九八〇年出生於聖彼得堡的社會學家波琳娜・艾倫森（Polina Aronson）。現在住在德國的猶太人多數來自於前蘇聯，至於這個族群的確切人數有多少，以及他們本質上算不算是猶太人，仍有待爭論。根據猶太律法，猶太裔母親生的孩子才算是猶太人，所以只有大概一半的人列入計算。猶太習俗要求猶太人對於傳統要有一定的瞭解，因此符合條件的人就更少了。不過，他們身上的猶太特質已經足以讓他們在蘇聯護照裡民族身分的那行蓋上一個章，這能確保他們在蘇聯解體前拿到出境許可，或是拿到德國簽證。

「人們經常把猶太人的標籤貼在我身上，有正面的也有負面的，由聰明到狡猾。我們都知道那是怎麼回事，根本不必多說。」她表示。

「確實，不過妳看起來滿像猶太人的。」我說，「如果我看到妳的照片，我會確信妳是俄亥俄州郊區猶太會堂裡某位年輕的專業人士。」

「當然，但在德國妳絕對不會聽到這種說法。」

「當然。」

波琳娜說自己是開放政策（glasnost）時代的孩子。她的祖父很早就離開了猶太隔離區，成為一名共產主義者；他的職業是印刷工人。波琳娜一直到讀了祖父的日記，才明白自己為何如此深愛柏林。「此處荒涼的建築、酸澀的幽默感、人們說的方言，就像普魯士的風景一樣平坦而遼闊。」對她的祖父和父母來說，德國人和納粹之間的區別相當明顯。她的祖父母在列寧格勒圍城中倖存，當時約有七十五萬人喪生。他們也在戰場上活了下來——她的祖父是紅軍的士兵，祖母則是軍醫。不過，他們是在共產國際的傳統中長大的，而德國人在其中扮演的角色使得他們從沒想過要拿李卜克內西（Karl Liebknecht）[34]和希姆萊相提並論。

波琳娜告訴我，她在來柏林之前對猶太文化「一無所知」。她在當地健身房的嬰兒區幫女兒換尿布時，另一位母親聽到她對女兒說俄文。原來她們兩人的孩子出生日期僅差了幾週，而且還被命名為亞當和夏娃。兩位母親很快成了朋友，瑪莉安娜是電視主播，在布魯克林的俄羅斯社區長大，她向波琳娜介紹了猶太傳統的一些基本要點。

某個週五晚間，她們邀請我與她們的家人一起共度安息日。門一打開，辮子麵包（challah）的新鮮香氣便飄散出來。波琳娜正在和大一點的孩子們一起烤麵包，而兩位非猶太裔的父親則和玩樂高的小男孩們待在一起，試圖維持秩序。一開始，這兩個家庭都考慮把孩子送到當地的一家猶太幼稚園。

「我們以為那會是間布魯克林風的幼稚園，會帶著孩子烤貝果。」波琳娜說，「相反地，那裡的俄國女性戴著假髮，小男孩則戴著猶太小帽和繸子（tzitzit）。我那時根本不知道繸子是什麼。」她大笑著說。瑪莉安娜不得不為她介紹這種猶太正教男性會別在裡衣上的流蘇飾物。

波琳娜很享受他們「美好而混亂的生活」，但決定把女兒送到非猶太教的幼稚園。由於地點良好的幼稚園在柏林是稀缺商品，瑪莉安娜和她的丈夫馬克試過讓孩子念猶太正教的幼稚園，但他們因為恐龍的事而放棄了。

「恐龍？」

「在一次家長會上，一位母親抱怨有人給孩子們看了一本有恐龍圖片的書。《摩西五經》並沒有提到恐龍，猶太曆法認為世界是在西元前三七六一年被創造出來的，而恐龍據說是……」瑪莉安娜和馬克意識到他們是唯一不反對孩子認識恐龍的家長，於是他們讓兒子轉學了。

「其他家長是什麼樣的人呢？」我問道。

「大部分是來自前蘇聯的年輕家長，但也有一些來自英國。消息已經傳開了，柏林很適合猶太正教徒居住。」

波琳娜喜歡週五晚上的安息日晚餐儀式，儘管她週六總是行程滿檔；她得帶孩子到城市的另一邊上俄文課。「這對他們的身分認同甚至更重要。」她還沒學會所有的禱詞，所以有時候她只是烤辮子麵包吃，點上蠟燭，然後說「安息日平安」。「對我而言，這是對希特勒及其同黨大大地比了個中指。他們試著殺掉我們，他們失敗了，我們開動吧。我能說的就是這些。」

「你在這裡曾遇上反猶事件嗎？」

「從來沒有。」波琳娜說。她自二〇〇四年起便住在柏林。「我遇到的是別的問題。有很長一段時間，我連一個猶太式的笑話都沒辦法講。精采的猶太笑話有那麼多。」她說了一個我沒聽過的猶太笑話，而我不得不同意：有一種自我否定式的猶太幽默會讓善良的德國人感到害怕，他們會認為那很冒犯。如果講這種笑話的是德國人，也確實**可能**成為一種冒犯。但對波琳娜而言，這也屬於自由流動的猶太認同的一部分，可回溯至她記憶中聖彼得堡的祖父母家裡。

住在德國的她懷念猶太式的黑色幽默，而人們向難民釋出善意、提供幫助之舉則令她心中溫暖，她認為這是非常德國式的善意。「很真誠可靠——人們樂意區分出善行與惡事，並按此採取行動。」她認為這是德國對於歷史的反思所帶來的結果。

難民來的時候，波琳娜也自願提供協助。一開始，她在一個為新來的難民募款的節慶活動中負責煮飯，這就是她如何認識了來自阿勒坡（Aleppo）的二十五歲電腦工程師穆斯塔法，她讓他住在家裡的空房間。穆斯塔法已經找到了一份清洗業務用冰箱的工作，但他仍睡在公園裡，他的睡袋和其他財物都丟在地中海了。波琳娜承認，先生出差時她曾感到恐懼：畢竟，她迎進家門的是一個徹底的陌生人。「如果他在藥局買仙人掌肥料做炸彈怎麼辦？」但她想起了她與家人在戰前、戰後是如何受到陌生人的幫助，想起這些人輪番幫助他們。她想到猶太裔俄國作家瓦西里・格羅斯曼（Vasily Grossman）曾寫道，幫助其他人類的本能渴望——往往與所有理性設想相反——能克服最瘋狂的仇恨。[35] 所以，穆斯塔法在找到自己的住處之前，一直都住在她家的空房間裡。

「他對妳是猶太人有什麼反應？」

「某個安息日，他很高興地戴上了猶太小帽，但我們沒怎麼談論此事。他有其他事要擔心；他的家人仍在阿勒坡。我們對於如何料理鷹嘴豆泥確實發生了爭執，他想要加優格。」

我問波琳娜，其他國家可以從德國人身上學到什麼。

「無情的自我質疑，」她立刻說道。「即便我們可能對於質疑後的答案並不滿意。」她說，自我反思代表著對於歷史本身和走過這段歷史的人的尊重。

貝蒂娜・施坦奈特仍持懷疑態度。「我很氣自從我們意識到穆斯林存在之後，就突然發覺猶太與基督教傳統是德國文化的基礎。我們利用一個如果由我們決定的話根本不會存在的族群，來削弱一個無法自我防禦的新敵人。這就是我們這種重新詮釋的偉大才華的一部分。」她對於她有時會在電視上聽見的那種語氣提出警告——**那種認為罪惡感的狀況總有一天要結束的語氣**——她擔心沉默的多數人只是在等待適合的時機脫下懺悔的外衣。「許多德國人不但不感謝盟國給我們的第二次機會，甚至依然覺得他們是巨大不正義的受害者。這就是為什麼他們會喜歡像提摩希・史奈德（Timothy Snyder）這樣的歷史學家，他們是替德國開脫罪責的外國人。」

施坦奈特關於艾希曼的研究也支持了她的觀點。她認為，鄂蘭犯錯不是因為她沒有全程參與審判；因為也沒有任何觀審員全程參與。她受到首席調查官艾弗納・萊斯（Avner Less）口中的這位「無名小卒」的舉止所蒙蔽，此事無足為奇。施坦奈特很瞭解萊斯，寫過一本關於他的書。每個看到艾希曼的人都被鄂蘭後來稱之為平庸（banality）的東西蒙蔽了。施坦奈特認為，鄂蘭根本沒能理解「有思考能力的人能夠刻意作惡，能夠在面對自身罪行之深重時不知悔改」這樣的概念。哲學家確實就是會這樣想——沒有人會在知情且樂意的狀況下為惡，這樣的想法可以一直追溯至蘇格拉底。「我們已經明白，在心理扭曲的環境中長大的人會造成傷害，」施坦奈特說，「但我們所擁有的理解並不能解釋所發生的事：那些心理上並未受到損傷的人抱持著反啟蒙的看法，他們能夠思考，卻決定做最壞的事。」有思考能力的人也可能困在自己的痛苦中打轉——即便這種痛苦在外人看來只是對於惡劣罪行的公正懲罰。

施坦奈特提醒我，海德格有許多筆記仍未出版。「能在一九四七年說出盟軍比納粹更殘酷這種話的人，到了一九六一年也說不出更好的話來。如此固執之人必定會隨著時間推移而變得更糟。已出版的筆記是他再見到鄂蘭之前所寫的。我們會想知道他在戰後的黑色筆記本裡寫了什麼關於鄂蘭的內容嗎？我們當然想知道，但我們能忍受這些內容嗎？」

◈ ◈ ◈

把自己的痛苦置於一切之上的傾向不只德國人有，而且也不是什麼新鮮事。伏爾泰的《贛第德》（*Candide*）裡有一名奇異的老婦，她缺了一隻眼睛和半邊臀部，隨著克妮岡蒂（Cunégonde）上路旅行。啟程前往新世界時，她提議來點小小的娛樂活動。「為了好玩起見，我們何不讓每個乘客告訴你他的人生故事呢？如果他們之中有哪個人沒有常常詛咒自己出生的那天，沒有常常對自己說自己是最不幸的人，你就可以把我頭下腳上的扔進海裡。」[36] 對於受害程度的競爭之心可能是我們所知之物中最接近人性普遍規律者；當然，這是種古老而普遍的活動。戰後的德國想參與這種活動的傾向並不亞於戰敗的美國南方。雖然南方戰敗的事蹟較為久遠，但你能聽到相同的說法：他們失去了最勇敢的兒子、家園被毀，隨之而來的是貧窮與饑餓——再加上對於占領方的怨恨。一般而言，占領軍在他們眼中都很粗魯，卻膽敢堅稱他們所受之苦是應得的。如果連德國都能把注意力由自己的苦難轉移到自己所造成的苦難上頭，還有什麼能阻止其他國家也這麼做？

在這種痛苦中，有些人會編造出單一的神祇。這一切的痛苦不可能沒有意義。編造者不一定是對於痛苦具有直接記憶的人。通常是先人的苦難，更多是想像的苦難而非實際經歷的苦難，導致人們去尋找一個理解的框架。失落的一戰是南方人將幾乎沒人記得的童年理想化而得的產物。第三帝國從頭到尾只存在了十二年。史達林格勒戰役之後，好日子就結束了，只有不到十年的時間能把那些新道路、福斯汽車、波羅的海免費假期和黃昏的火炬遊行建構成美好的往日畫面。德國人和南方人都自認為是古老品德準則的守護者，任務是抵抗敵人的商業物質主義；不過，真正渴望回到舊時代的德國人其實非常少。有一群人自稱是帝國公民（Reichsbürger），他們拒絕承認德意志聯邦共和國的合法性，認為這是同盟國創造出來的產物。（有近五十年的時間確實如此，而這也是件好事。）這群人非常小眾——大約一萬三千人，相當於德國聯邦調查局的機構已將他們列入觀察名單。反移民的情緒使得新的右翼政黨得以壯大，但即便是出身保守派的德國總統最近也表示「伊斯蘭教徒是德國的一部分」。

我心中不抱幻想：許多德國人都對難民感到不太高興。所謂的歡迎文化接納了一百萬名難民，也引來了知識分子與非知識分子、特權階級與弱勢階級的嘲諷與恐懼。二〇一七年投給另類選擇黨的一二%

人口，並不全是來自東歐的窮人，儘管媒體特別關注他們——如果我不曾在街上或美容院遇見過他們，報紙也會確保我認識這群人。德國的重要媒體《明鏡》週刊（*Der Spiegel*）要刊登一篇關於難民問題的文章，就像德國常見的情況，他們想先知道哲學家的看法。他們詢問我的意見，而我答道，在這個地中海每天都有人溺死的時刻，我更關心實際的問題，而非進行哲學討論，探討「幫助」的定義為何。從波蘭到葡萄牙都有空無一人的村莊，為什麼不給難民一個機會來重建它們呢？讀者回應之惡毒令人心寒。「難道我不知道大多數移民是非洲人嗎？他們沒有努力工作以克服困難的經驗。我怎能指望他們去促進廢棄地區的發展？而且說到廢棄，年輕人確實已將這些地區拋在腦後，但老人還在啊，我怎能提議讓深具優勢的大群非洲人占領他們的世界？」

這封來信的作者還接著說，這個論壇以愛因斯坦為名，主席的思考能力卻如此差勁，實在令人震驚。他顯然不曉得愛因斯坦本人也是難民，曾投入大量的心力與金錢幫助條件較差的難民逃離第三帝國。

所以說，我知道這個故事的面相眾多。種族主義在德國幾乎沒有消失，上述這種言論令其逐漸浮現。我唯一確定的是，德國對待難民的方式遠優於大多數的鄰國（問問任何一個波蘭、法國或英國人），而且德國對於難民問題的回應，是出於其對於自身歷史的回應。更重要的是，這份回應始於基層人民。梅克爾接納一百萬難民的決定，既有功勞也有過失。我不會輕看這個一度可說是相當英勇的政治立場，但這位總理仍花了十二天才做出這個決定。二〇一五年八月的最後幾天，非同尋常之事發生了。成千上萬的德國人對於右翼分子攻擊難民收容所的行為感到厭惡，他們站出來歡迎一車車的難民。許多人是真的站在月臺上揮舞標語致意，但更多人則是為收容所募集食物、衣服和棉被。另外還有數以千計的人自願替難民上德文課，或與他們一起踢足球、演奏音樂。支援難民成為了一股風潮，時髦的年輕藝術家和古板的小店店主都投身其中；我在柏林遇到的幾乎每個人都想做點什麼。若要問原因，有些人說他們只是一想到地中海成為人們的葬身之處便無法忍受。對大多數人而言，歷史事件是最重要的。當東普魯士在戰後成為波蘭時，他們的祖父母便成了難民。當他們的祖父母支持納粹，讓一些幸運得以逃離的人被迫離開家園時，他們使別人成為了難民。即便是那些並未提及祖父母的人，也感到往日的遺痕約束著他們。海德瑙（Heidenau）難民收容所襲擊事件[37]是對於他者的屠殺，而屠殺的後果則是每個德國人都被教育要牢記在心的。儘管反作用力讓另類選擇黨上位，但在官方敞開雙臂迎接難民的三年之後，人們仍默默持續幫助難民融入社會。我的鄰居裡，有生活優渥的新聞工作者和靠著清潔工作半工半讀的年輕女性，他們每週都會撥出時間教敘利亞人德文。我認識的人之中，有一個年輕的家庭和一位年長的科學家都讓難民住在他們家的空房間裡。在揚・普蘭佩爾的二〇一九德國難民史研究中，他下了結論：「雖然德國仍有太多種族主義事件，但到頭來，這依舊是個關於成功與進步的故事。」[38]

◈　◈　◈

父輩之罪是否會蔓延到子輩身上？若真是如此，會持續多久？

自一九六〇年代末以來，這個問題一直靜靜存在於德國各種論述的背後，從社會學巨著至通俗小報皆然。懼怕盤旋在許多德國人的生活中，幾乎找不到完全不受這份懼怕影響的人。這是心理學，不是某種虔誠的信仰。要對你的曾祖父的所作所為產生什麼情緒並不容易，你可能根本沒見過他。但如果他所犯下的罪延及下一代或更多代，那就是另一回事了；而這正是人們所面對的問題。若非極其嚴謹待己，沒人能徹底擺脫母親傳給女兒、父親教給兒子的事物中所殘留下來的態度。而且即便如此，這些態度仍有可能在盡力拒絕的人身上留下痕跡。

一九六一年，亞莉珊卓・森夫特（Alexandra Senfft）出生於漢堡的一個自由派家庭。她的父親是左傾的律師，母親則患有重度憂鬱症，常常無法照顧孩子。她的母親很早就過世了，亞莉珊卓在許久之後開始試著瞭解母親的痛苦，並寫下一本名為《傷人的沉默》（*Silence Hurts*）的沉痛之作。她的論點是，她母親的精神疾病源於其父在她十四歲時被處決，而家族從未承認他曾參與大屠殺。漢斯・盧丁（Hanns Ludin）是第三帝國駐斯洛伐克的公使，正是他簽署了對斯洛伐克猶太人的驅逐令。「他一定有罪惡感，」一位盧丁的朋友在多年後說：「這種罪惡感折磨著每一個誠實的納粹黨人，因為他意識到在自己背後發生的事、以自己的名義發生的事……然後他意識到自己因為不想看得太仔細而經常閉上眼睛。」[39]亞莉珊卓的母親艾莉卡是漢斯・盧丁的第一個孩子，也是他最鍾愛的。艾莉卡對於早年在被占領的布拉提斯拉瓦（Bratislava）的生活有著溫暖而愉快的回憶——彈奏手風琴、別墅花園裡的戲劇演出，納粹從原本猶太業主手中奪走的這棟別墅，提供公使、其家人及傭人居住。那裡有新鮮美味的食物，有馬可以騎，還可以到山裡度假滑雪。在戰爭結束之際，他們全家被召回德國，但一家之主卻把自己交到了美國人手中。盧丁在布拉提斯拉瓦受審，因戰爭罪被判處死刑。一九四七年的某一天，艾莉卡得知她的父親已經被處決。那是聖誕節前不久，她寄往監獄的包裹來不及交到他手上。亞莉珊卓的祖母獨力撫養六個孩子長大，她的家裡音樂流淌、氣氛溫暖。她對於納粹沒有半句好話，但她也從未說過已故的丈夫半句壞話。亞莉珊卓在祖母去世之後才開始試著理解一切，她的著作令她成了家族裡的不孝女。在這個曾經關係緊密的家族中，姑姑們沒有半個人接受她的立場，她們認為亞莉珊卓玷汙了自己母親的美好形象。

「但這本書是如此溫柔而寬厚。」我告訴她：「妳在努力理解妳的祖父母。」

「我對於堅守納粹主義的人沒有任何同情。而任何不否認的人、不遮掩罪行的人、試著理解自己的家人是如何陷入這整件事的人——我和他們便具有對話的基礎。」

她的書說明了這一點。《傷人的沉默》所獲得的成功也許引起了家族的排斥，但也引來了其他的回應。有類似經歷的讀者來信表示，不僅是納粹的子女在努力對抗其父母的罪行，孫輩們也深受影響。後來她寫了另一本書，名為《加害者的長影》（*The Long Shadow of the Perpetrators*），這本書回溯了她自身的經歷並納入其他人的故事。

亞莉珊卓認為，她父母那一代有許多納粹的子女，他們在思想與政治方面都妥善面對了納粹歷史。但那純粹是理性層面，他們無法面對的是情感層面。沒有人喜歡承認犯錯，要怎樣才能承認你的父母在世界歷史上犯了大錯？

納粹的子女困在這樣的迴圈裡，各自勾畫出不同的路徑。有些人像亞莉珊卓的母親一樣走上了自我毀滅的路。有些人完全與家人斷絕關係，也拒絕建立自己的家庭。也有人像是魏茨澤克那樣——他後來當上了總統，發表了意義重大的演說承認德國有罪，卻始終堅持自己的父親是無辜的。他堅稱他的父親擔任外交部長里賓特洛甫（Joachim von Ribbentrop）的首席助理是為了阻止別人做出更糟的事。魏茨澤克在紐倫堡大審中協助替其父辯護，當時他還是個年輕的法律系學生。那次辯護並不成功，他的父親被判處五年刑期；雖然就像大多數納粹黨人一樣，他在不到一年後就被釋放了。魏茨澤克總統一直認為當時的判決「既不公平也不人道」。

「魏茨澤克的演說確實是典範轉移。」亞莉珊卓說。

「但他並未正視他父親的罪責，他把加害者變成了受害者——其他德國人因此也能輕易效法之。」

「妳怎麼看待他為父親辯護的行為？」

「這不過是人在面對所愛之人身上的那個加害者時，會有的典型矛盾心理。談論其他的前納粹分子很容易，談論與你有關的人就不那麼容易了。可以確定的是，大多數納粹都拒絕和家裡的人討論那場戰爭，但他們的子女有別的選擇：你可以閱讀信件、查閱相關文件、參加團體或接受治療。」

在德國有一些這樣的團體，讓納粹的子女（現在也加入了孫子女）和那些納粹試圖趕盡殺絕的人們的子女或孫子女進行對話。這與密西西比的溫特族群和解學院所發起的團體，或那些奴隸主的後代與奴隸的後代試圖進行溝通的團體相當類似。亞莉珊卓曾參加過幾個這樣的團體，首先是已故的以色列精神科醫生丹．巴恩（Dan Bar-On）所領導的團體，他出版了幾本著作記錄此事。「丹所使用的方式背後的想法是：當一個人訴說他的故事的時候，你總能在其中找到一些也屬於你的東西，然後這個人就不再是陌生人了。我曾見過這件事發生在那些起初根本不肯看對方一眼的人身上。」

我在密西西比也見過這樣的事，但從未參加過德國的團體。我請亞莉珊卓設法讓我加入。在科隆，彼得·波格尼溫特（Peter Pogany-Wendt）熱情地歡迎我。他於一九五四年出生在布達佩斯，父母都是集中營的生還者。集中營的經驗讓他們覺得自己最好是躲起來。無論流浪到何方，他們都不願承認自己是猶太人，而彼得在他的前半生中也是如此。現在，他是一位精神科醫生，為許多人提供治療，特別是那些背負著不同型態的流亡創傷的人。他還協助成立了「大屠殺的跨世代後果工作小組」。在這個小組的聚會中，猶太人和德國人聚在一起討論他們仍在釐清的過往。「以現象學觀之，加害者的孩子與受害者的孩子非常相似，」彼得說。來自德國的比雍·克朗多夫（Björn Krondorfer）是北亞利桑納大學的宗教學教授，也是馬丁史普林格協會（Martin-Springer Institute）的負責人，這個協會的目標是「透過對於大屠殺的覺察來實踐國際參與」。彼得和比雍替這週末的聚會準備了一系列的活動。他們並不介意在這個二十人的小組裡有一個外來者，條件是我得參與其中，而不只是從旁觀察。

在其中一個活動裡，比雍在地板上攤開了一條長長的紙張，上面標誌著德國和猶太歷史上的許多日期。我們必須沿著這條線走，找找看兩邊歷史中有哪些時間點最符合自己的認同。一九三九年感覺起來比較像是第二次世界大戰開打的那年，還是波蘭開始出現猶太隔離區的那年？如果一九五三年是德國與以色列第一次簽訂條約的年份，我們比較站在艾德諾那一邊還是本古里安（David Ben Gurion）那一邊？我們又該如何切入討論此事？

我已同意要參與小組，而不僅是從旁觀察，所以我本來就得得配合這個活動；不過，我也感到自己得誠實以對。我無法真的認同任何一方。我是美國人，不是德國人，而且我的家族中沒人是大屠殺的受害者。「連一個都沒有？」有幾位成員相當驚訝。「大多數猶太裔美國人都有幾個家族成員受到大屠殺的影響。」我確實沒有。因此，我認為自己若去認同他們的經歷，會令受害者所經歷的一切變得不再重大。我以前甚至對於大屠殺並不特別感興趣，直到二十八歲那年來到德國才有所改變。小組裡的成員都對其中一方有明確的認同，但他們接受了我的猶豫不決。

對亞莉珊卓來說，這樣的團體很重要。「你需要找到身邊也在尋求真相的人，因為家庭與周遭環境會因著你不再忠誠而大力反對你。你需要有同樣經歷的人支持你。」與過往的搏鬥有情感層面與認知層面，她認為自己的課題是在兩者間築起橋樑。「如果你的父母或祖父母是納粹，這就是你的課題，不面對此題的人——進入否認狀態的人——會把未經處理的情感傳給自己的孩子，令他們無所適從。如果外國人令你感到不舒服，你的孩子也會有這種感覺。我和我的孩子好好討論過這些問題，因為我知道這個社會仍充滿了排外的情緒。」

「你不覺得已經有改變了嗎？」

「有，也沒有。很多人汲取了教訓並做出根本上的改變，但我認為大多數人並沒有。價值觀是可以改變的，有時是種緩慢前進的過程。民主制度的歷史仍短，人們仍須繼續努力。」

就像許多人一樣，亞莉珊卓對於過去兩年中不斷發展的反歐盟、反移民政黨相當憂心。公開發表反猶言論仍是種禁忌，但反穆斯林的情緒持續增長，這是非常種族主義式的情緒。「討厭他們那種閃族人沒關係啦，」[40]我說。我們都笑了，笑聲暗而弱。亞莉珊卓預測，反穆斯林的態度將會導致反猶主義和種族主義更加高漲。她和她的丈夫偶爾會說，只要另類選擇黨贏得一場選舉，他們就離開德國。

「但我們目前決定留下，為民主而努力，並提醒人們記得我們的歷史。」

◈　◈　◈

得獎作家卡洛琳．恩可（Carolin Emcke）說：「對我這代人而言，生而為德國人的意思是，別信任你自己。」她出生於一九六七年。

在德國，你出生的確切年份很重要。如果你出生於一九一〇年之前，你所受的教育並未受到納粹政治宣傳的滲透，而且你可能認識夠多的猶太人，政治宣傳沒能對你產生最壞的影響。如果你出生於一九二八年之後，納粹掌控了你的教育；但你太年輕了，國防軍無法徵召你入伍，儘管你在戰爭末期的絕望日子裡可能當過防空輔助員（Flakhelfer）。如果你出生在上述兩個年份之間，那你的運氣大概是最差的。即便在戰後，出生年份也一樣重要。如果你出生於一九六〇年之後，你的父親不太可能曾參戰過，儘管他的學生時期仍受其影響，而且他也會記得在戈培爾口中的總體戰期間落下的那些炸彈。若你出生時間稍早，你大概會變得破碎、受到磨損。我所認識的那代人之中，沒有哪個正直的人未在某個無法觸及的地方背負著傷痕。如果你曾不幸發現某件關於自己父母的可怕事實，那你就能瞭解德國人的感覺。無論你的父母做了什麼或沒做什麼，他們仍是餵你喝奶、替你擦屁股的人。他們確保了兩歲之前的你能生存下來，若他們沒有這麼做，你確實可能活不到今天。就算你發現他們是納粹，這點也不會改變。

這群人被稱為六八世代[41]。他們於一九四〇年代出生，在電視上看了艾希曼和奧許維茲大審而有所頓悟：突然間，父母與老師面無表情的殘酷沉默都有了原因。「這像是受害者的沉默，但也有另一種原因：受害者因為羞愧而沉默，加害者因為內疚而沉默。」希莉．庫格曼說。德國精神分析師米切利希夫婦（Alexander & Margarete Mitscherlich）的著作《無力哀悼》（*The Inability to Mourn*）便是這場覺醒的成果之一，他們讓這個國家在諮商室的沙發上坐下。二戰世代的德國人不得不在二十年內經歷劇烈的身分轉變。德國國防軍的英雄成了轟炸與戰俘營的受害者與失敗者，這樣的轉變已相當困難；現在，他們還得習慣加害者的身分。從**英雄**到**受害者**再到**加害者**，教人該如何理解此事？米切利希夫婦認為人們確實無法理解，國家因此陷入困境。他們無法哀悼他們敬愛的元首以及他所賦予他們的自我形象，他們也不能哀悼這個政權所奪走的性命。

父母無法哀悼、無法承認責任，甚至無法談論戰爭，不幸的子女就得肩負表達之責。有人說，如果沒有這份沉默，聯邦共和國不可能被重建；清理廢墟已經夠難了，還得思考自己是如何走到這一步的。難怪人們的表達會走調，甚至比這更糟。他們無法認同自己的父母，因此急於認同受害者，也許是猶太人、巴勒斯坦人或越共。米切利希夫婦稱其為妒羨清白（an envy of innocence）。許多人大聲說出了這種妒羨：他們多希望自己的父母位於鐵絲網的另一邊。那些生了孩子的人，常替他們的孩子取希伯來名字。一九八〇年代，你若在任何一個操場上大喊「雅各」，便會有三個金髮碧眼的小男孩轉過頭來。

他們有時會陷入理直氣壯的自憐之中。就連那些不太喜歡讀理論的人也讀了阿多諾、霍克海默和班雅明，但他們對於活著的猶太人的反應，在最好的情況下也只能以尷尬來形容。一九八三年的一個雨天，在啤酒花園的座位上，有位仁兄對我說：「每次看到妳，我都會想到達豪（Dachau）集中營。」有時候，他們以哲學上的猶太主義來取代其父母的反猶主義；這並沒有比較好，至少我沒有覺得比較好。有時候，他們只是有意識或無意識地展現出經過微調的反猶主義；當他們瞭解到以色列人在占領期間可能也很殘酷的時候，許多人都鬆了一口氣，有些人甚至感到高興。

現在回頭看六〇年代的德國，有些人會說納粹提供了一個藉口、一個劇烈的轉折，讓他們得以反叛父母，而這場反叛無論如何都會發生。「他們突然有道理可講，而不只是賀爾蒙作祟而已，」貝蒂娜．施坦奈特說。不過，這代人畢竟還是打破了沉默，即便他們的口號並不是毫無問題。「占領空屋總比占領外國好，」這是急於進駐柏林那些被屋主拋棄的公寓的占屋者，特別喜歡的一句。

六〇年代末的騷動所造成的結果之一是，官方一陣慌亂地表示確實有需要**說點什麼**。騷動平息後，許多當初製造騷動的人開始慢慢進入體制之中，打造出一系列制度化的贖罪儀式。這感覺起來常像是顛倒的猶太曆，每年都有一些需要標記出來的日期。許多儀式是如此公式化，以至於有些日子裡我寧願人們沉默不語就好；但隨著時間過去，人們為了打破沉默所做出的努力變得更有反思、更加健全。

◈　◈　◈

沒有哪個德國人比揚．菲利普．雷姆茨瑪（Jan Philipp Reemtsma）花費更多心思與時間來釐清過往了。在這個過程中，他也花了相當多的錢。「戰爭與死亡是我兒時的同伴，」他曾如此寫道。揚．菲利普出生於一九五二年，但他恰好與許多最常見的狀況擦身而過。他的父親在一戰中受了重傷，因此不必在二戰中服役。而他也不是納粹，只是一個默默堅持著自己的品德守則的機會主義者。戰爭一結束，他父親就找到了人在紐約的猶太裔生意夥伴，並且把他應得的那份利潤交給他——他們的生意早前已被雅利安化[42]了。「我父母有些最親近的朋友確實是猶太人，」揚．菲利普對我說，「我們會拜訪彼此，但也不是說都沒有問題。」小時候，他曾問過母親：「希特勒到底對猶太人有什麼不滿？」她的母親沒回答，但她問了她的猶太朋友該怎麼跟孩子解釋。她的朋友沒給她建議，只說自己很高興他們得被迫面對這種問題。揚．菲利普的母親相當憤慨：哪有朋友說這種話的？除了這次事件，揚．菲利普不記得家裡曾出現過任何反猶的言論。還有一次，他母親叫他別和猶太人結婚，那會讓孩子的人生變得艱難，他們會找不到歸屬。

「我不確定這算不算反猶言論，我母親對於和非猶太人（goy）結婚的看法也是如此：對孩子來說很不容易，」我回答道。

我認識揚．菲利普十五年後他才告訴我，人們有時候會以為他是猶太人，這令我有些訝異。人們覺得這是他許多行為背後的原因。有一次，有個老同學向他搭話，說他讀過他早期寫的一篇文章。這篇文章有一部分討論了瑪拉諾人（Marranos）的命運——西班牙宗教法庭強迫這群猶太人改變信仰，並觀察他們是否仍暗中信奉猶太教、他們的煙囪在安息日時是否冒著煙？揚．菲利普寫道，他希望瑪拉諾人堅守傳統，並憎恨周遭的基督教社群。「沒能做到這點的人就是屈服於受害者的病態心理，」他說。他以前的同學則不這麼想。他向揚．菲利普靠過去，幾乎是語帶威脅地問道：「你是猶太人嗎？如果你不是猶太人，就不會寫出這種東西來。」

揚・菲利普的思考精密而複雜，並具有高明的諷刺能力，但他身上的其他特質都明顯具有**北歐**風格——例如他淡金色的頭髮，還有他在與喜歡的朋友相處時會努力得體地讓場面輕鬆點。與我同一代的德國人之中，他是唯一一個我能放心拿猶太人的事來開玩笑的對象。和他在一起，我從來不用擔心會出現任何反猶或親猶（philo-Semitic）的反應。

「而且，」我笑著說，「這不算是什麼祕密……」

「我知道，我爸在第三帝國時期幾乎壟斷了香煙製造業。我怎麼可能是猶太人啊？」

在當時，香菸是前線一千八百萬名士兵手邊唯一的慰藉；香菸製造商能發筆大財。老雷姆茨瑪不曾加入納粹黨，但他與戈林[43]的關係不錯。兩人在一戰中都是飛行員，在二戰期間也以戰友互稱。他的公司得到了優惠待遇，但戈林也要他付出代價：「帝國元帥想要一幅林布蘭的畫作，如果雷姆茨瑪能為新劇院捐獻五百萬元，元帥會非常高興。」這與其說是雷姆茨瑪在賄賂，不如說是戈林在勒索，而雷姆茨瑪移民他國的猶太裔前同事也回來替他作證，他因此被判無罪，擺脫了戰後所受到的貪汙指控。

父親去世時，揚・菲利普只有七歲。他還太小，沒能問爸爸戰時的情況。

但他開放家族文件供研究這個家族的獨立歷史學者查閱。他在一個充滿加爾文主義精神的家庭裡長大，父親的中間名是福特戈特——德文的「敬畏上帝」（Fürchtegott）。家中走廊的牆上，掛著一排他同父異母的哥哥的照片，三個哥哥都過世得很早，其中兩個在前線陣亡，揚・菲利普因此繼承了大半自戰時獲利的家產。他攻讀文學、哲學與社會學，成年後，他賣掉了自己持有的香菸公司股份。他大部分的人生中都在思考他該如何用這筆收益作些值得尊敬的事。

有些事情比較容易釐清。他聘請了一位藝術史學家來檢查他手上的畫作是否有任何一幅是贓物，或是從準備出逃的猶太人手中低價購入的。「我不希望任何贓物出現在我的牆上，」他說。「如果我特別重視某項物品，我會向它原本的繼承者提出一個公平的價格，但偷來的藝術品？」他厭惡地皺起眉頭。德意志聯邦共和國自五〇年代就開始賠款給猶太集中營的生還者，但非猶太裔奴工的賠償問題一直要到二十一世紀才獲得解決。「家族裡向來的說法是，公司並未使用奴工。但我聘請了一位歷史學家來瞭解狀況。研究的範圍甚至包括克里米亞。如果當年的戰爭是納粹贏了，我就會在烏克蘭的菸草農場長大，四周都是穿著條紋制服[44]的人。」他把研究成果拿給堂親們看，並建議他們拿出比賠償委員會所開出的金額更多的錢。「我們畢竟繼承了這個姓氏。而且我們就算捐了錢也不會真的變成**窮人**。」但他的親戚們無意這麼做。揚·菲利普矢志投入的不僅是此事而已：他想保存遭人遺忘的作家之著作、幫助他們的遺孀，他也想投入協助以色列與德國的猶太機構。他創立並資助了漢堡社會研究院（Hamburg Institute for Social Research），研究暴力與如何防止暴力。他寫了二十多本書，從納粹罪行談到穆罕默德·阿里。不過在德國，讓他大為出名的是九〇年代裡的兩個事件。他被綁架、遭到恐嚇，他的妻子拿出了這個國家有史以來最大筆的贖金，他才被釋放，此後的人生再不一樣。媒體對於這個擄人勒贖案的大幅報導僅次於另一個事件：《國防軍展覽》。

人們的嫉妒之心可能會放過財富或是聰明，但很少同時放過兩者。對於揚·菲利普這位德國最聰明及最富有的人物之一，人們抱著一種混雜著逢迎與怨憤的心情。舉止得體的他並未抱怨，但他的生活並不輕鬆。綁架事件之後，私人保鑣伴他出入每個公開場合，在他踏進房間之前先掃視一遍。他從自己創辦的研究院退休之前，每個寄到研究院的包裹都得先經過掃描，確定內容沒有爆炸物。畢竟，《國防軍展覽》在薩爾布呂肯（Saarbrücken）展出時曾遭到燃燒彈攻擊。

主辦展覽的揚．菲利普和工作人員並未料到展覽會引起這樣的反應。紐倫堡大審在起訴時特意略過了德國國防軍。我們看見此事是留給後世的訊息：同盟國想指出種族戰爭是德國才會做的事，而他們和德國不一樣，他們不會懲罰整個民族。德軍就和其他軍隊一樣，其組成深具異質性。國防軍成員如果不想服役，就只能去做更糟的事，例如在集中營工作。紐倫堡大審起訴了黨衛軍，其成員皆為自願加入，但沒有起訴國防軍，國防軍中有數百萬人是被徵召入伍的。（紐倫堡法庭清楚知道國防軍犯下了戰爭罪，但他們堅持這種做法僅代表其於法律上無罪，不代表其於道德上清白。）人們之所以未將國防軍列入犯罪組織名單，還有一個較不文明的原因：國防軍所犯下的罪行大部分都發生在東線，而多年來的政治宣傳讓人覺得斯拉夫人是次等人類。至少，一名波蘭人的死亡並不像一名法國人的死亡那樣使人驚駭。

雖然國防軍並未在紐倫堡受審，但此後的幾十年內，歷史學家之間形成了一個共識。德國國防軍所犯下的謀殺並不只是少數壞分子的錯，而是廣泛而系統性的暴行，且對於戰事影響甚鉅。他們謀殺大量平民的行為也並未落在常規地帶。戰爭自有其法則，特別是關於如何對待平民與囚犯，每個軍官都知道這些法則。發生於東線的雪崩式破壞行動中，也包含了對於這套常規的故意破壞。此外，也有個人行動的空間。軍人有各種回應命令的方式，從公然抵抗、拒絕服從，到自願製造出比命令所要求的還要更多的暴力。士兵不只是齒輪上的機器而已，即便在激烈的戰事中也是如此。

這個展覽所做的僅是聚焦於塞爾維亞、波蘭和白俄羅斯的三起戰爭罪，試圖指出上述學界廣泛接受的事實。然而，公眾的反應顯示出專業的歷史學者與公共記憶之間的深深鴻溝。許多參觀者帶著他們父親或祖父的小照片來看展，並與展覽的照片相互比較。他們積極尋找家族中長期迴避的問題之真相——有些家族沒辦法談這些問題，是因為照片裡的士兵從未返家。那些沒有在普通士兵折磨平民的照片中找到自己的家人的人鬆了一口氣，而那些找到了他們所擔心會出現的證據的人，往往十分感激證據之清晰——現在他們明白了為什麼爸爸或法蘭茲叔叔從戰場上回來之後就變了個人。至於其他人，他們強烈抗議這個對他們過世家屬極為不敬的展覽。德國國防軍老兵的後代並不是唯一的參觀者，許多老兵自己也來看了，而他們的反應也一樣分歧。有些人激烈抗議，表示這場展覽毀謗了自己和戰友的所作所為；也有些人平靜地表示：「事情確實就是這樣。」很明顯地，這場展覽引發了各人情感的洪流，策展者替參觀者尋找表達方式，而人們對於展覽的回應也成為研究的對象。

人們的回應揭示了人類轉移罪責的各種方式。有人提到不可抗力的因素——布爾什維克的威脅，以及害怕不遵守命令會受到懲罰。有人堅持自己是受害者——士兵在東線飽受折磨，他們的家鄉城市則遭到轟炸，更別提其他國家的戰爭罪行。有位評論家認為，「處決人質對於接到命令執行任務的士兵而言也相當可怕。盟軍的轟炸機飛行員不用經歷這種場面，遭到轟炸而慘死在地下室裡的人以千倍計，他們卻從來不必看見這些人。」有人指出如今被斥為殺人犯的軍人私下也可能相當正派，也有人訴諸愛國主義，希望德國能像其他正常國家一樣，尊崇那些保家衛國的人。

民眾的抗議得到了媒體的響應，最後找到了一位研究蘇聯在瓜分波蘭期間所犯罪行的波蘭歷史學家。偽造照片的說法遭到否定，但這位歷史學家發現這場展覽錯認了幾張照片。精確地說，是一張蘇聯紅軍謀殺波蘭平民的照片；當時正入駐的納粹將此事歸咎於猶太人，以煽動當地屠殺猶太族群。這位歷史學家說，這場展覽試圖讓這張照片裡的屍體看起來像是被謀殺的猶太人而非波蘭人。在這場展覽即將於紐約展出之際，揚．菲利普決定暫時撤下展覽，由國際歷史學家所組成的獨立委員會來審查整個展覽，確保其中的主張都經得起檢驗後再展出。

委員會的審查報告指出從未有任何歷史展覽歷經如此徹底的檢視，並惋嘆歷史學家不夠注意照片識別工作的困難程度。不過，委員會以令人痛苦的精細度（這種態度使德國產出了試圖將歷史當作精密科學的思想家）指出：

> 照片編號六九之一中有一位身穿淺色大衣的人正在脅迫一名蜷縮在地上的紅軍士兵。照片裡還有上頭有十字記號的棺材，以及用布覆蓋的屍體。反對意見認為，照片中的幾個士兵以手帕遮掩口鼻，以對抗腳邊腐爛的屍體所散發出的惡臭，而委員會認為這並非證據。士兵的姿態不一定意味著腐爛的氣味來自於照片中的屍體，那也可能來自在照片中看不到的場地另一側所挖出的屍體。45

諸如此類令人痛苦的細節。

經過一年的研究，委員會得出結論。展出的一千四百三十三張照片中，只有不到二十張應該被拿掉，因為照片中的罪行可能是芬蘭人、匈牙利人或蘇聯祕密警察所為。委員會也提議做出幾項修改，以使展覽更加清楚。不過最重要的是他們得出了結論，這場展覽的核心主張是真實的：有三百萬蘇聯戰俘死亡、有無數平民遭到報復——每當有一個國防軍士兵被殺，背後就有一百名人質中槍倒地，每當有一個國防軍士兵受傷，背後就有五十個人質死去，此外他們也為了搜刮糧食而殺害白俄羅斯農民——他們在東線作戰的對象是全體人民。修改後的展覽規模是原先的兩倍，新展覽在二〇〇一年揭幕，獲得了毋庸置疑的讚譽。有數百名新納粹分子示威抗議，但媒體這次的判斷力相當清晰。第二版的展覽無疑證明了整個德國國防軍是犯罪組織，無論個別士兵可能做出什麼樣的決定或行為。「國防軍展覽首度融合了戰爭的記憶以及大屠殺的記憶，」推動了德國記憶文化中許多重要工作的雅萊達．雅斯曼（Aleida Assmann）說。

揚．菲利普持續遭到抨擊（儘管多半不是當面抨擊），人們說他令家醜外揚，將家務事攤在檯面上。種族叛徒一詞在德國並非人們可接受的辱罵之詞，但這就是他們的意思。有件揚．菲利普在公開場合幾乎不曾提過的事，也許可以揭示他與德國國防軍之間錯綜複雜的關係。被綁匪鎖在地窖裡的那三十三天中，他不知道自己是否能生還，當時的他意識到，他不希望自己的遺體被丟在樹林裡。他寧願自己的遺體能放在人們想要就能拜訪之處。也許他們會放上一朵花，或者僅僅是停下來思考。此事令他更去瞭解自己未曾謀面的同父異母兄長烏維．雷姆茨瑪（Uwe Reemtsma），一位曾參與過占領丹麥與入侵烏克蘭戰爭的軍官。他在攻擊蘇聯軍營時在杜布諾（Dubno）的街道上遭到槍擊，當晚就過世了。當時他年僅二十歲。德國戰爭墳墓維護組織（The Organization for the Care of German War Graves）最近在烏克蘭發現了他的墳墓。揚・菲利普在得知消息之後，便將他的遺骨接回漢堡，安息於其他家人身旁。

我問他德國是否仍殘留著失落的一戰式的意識形態。

「我們沒有退伍軍人俱樂部，但奧地利有。維也納是國防軍展覽真正遭到攻擊的第一個地方。在德國，老兵可能會在當地的酒館裡交談，但不曾組織起來。也許他們擔心同盟國不會接受，但在紐倫堡之後，人們都很清楚坐在被告席上的是什麼樣的幫派。布萊希特（Bertolt Brecht）[46]的《教父亞圖發跡史》（*Arturo Ui*）已做出了適切的描述。」

不過，後來被視為德國進步力量的人們，當時仍認為紐倫堡大審不過是勝利者的正義。後來成為德國總統的海涅曼（Gustav Heinemann）在一九四七年曾說，這些審判造成了與預期中相反的效果。「這不但沒有將那些需為第三帝國負起責任的人隔絕於眾，反而讓德國人因著反對同盟國而形成一種新的團結，這種團結沒有別的適當說法，只能稱之為『再納粹化』（renazification）了。」揚・菲利普告訴我，即便是德恩霍夫女爵（Marion von Dönhoff）這位備受讚譽的《時代》週報（*Die Zeit*）創辦人「也展現出令人難以置信的不誠實」。「她總是有意無意地暗示自己與史陶芬堡的反抗組織確實關係密切，但她也說自己從未聽聞奧許維茨的事。這兩件事怎麼有可能同時成立？」不過他認為，紐倫堡大審仍對民眾產生了潛移默化的影響。「至少，沒有人表現出實現戈林當初預言的跡象——五十年內，你們會立起紀念碑紀念我們。」

還有很多潛移默化的影響，雖然很少浮現至明顯可見處。四七社（Group 47）是成立於一九四七年的年輕作家團體，其目標是更新戰後的德國文學。四七社的成員包括伯爾（Heinrich Böll）、葛拉斯（Gunter Grass）、恩岑斯貝格爾（Hans Enzensberger）、漢德克（Peter Handke）、策蘭（Paul Celan）等人。揚·菲利普說：「這個故事很不好說。」他的博士學位唸的是文學。「策蘭在四七社裡的經歷很糟。他們之中的許多人對於出逃的移民滿懷敵意，且對於自己曾服役於德國國防軍感到自豪。並非所有的人都這樣，但大多數是。」

接著，《令我視人如草芥》（*Das Diktat der Menschenverachtung*）出版了，這是亞歷山大·米切利希（Alexander Mitscherlich）在旁聽納粹醫生的審判之後所寫下的著作，書中記錄了這些醫生的罪行。德國醫學會（German Medical Association）將印出的兩萬五千本全數買下並銷毀，希望能阻止有關集中營囚犯實驗的資訊散播出去。「米切利希說，那些醫生的人數太多了。」揚·菲利普告訴我。「社會中的變態虐待狂沒那麼多，但無所顧忌的醫生則不少。」這本著作在多年後重新修訂並出版。雖然米切利希後來在法蘭克福成為了心理學與哲學教授，但再也沒有任何醫學院願意聘用他。

納粹政權的大多數面向都遭到調查，進行調查的通常是新一代的從業人員——他們的前輩隱瞞了自己或同事的罪行。在醫生之後是法官，銀行、外交部、馬克斯·普朗克學會。這樣的調查如今已成了普遍之事，或至少是意料中的事。我曾聽過年輕的歷史學家抱怨同事的投機心態。在狹小的學術就業市場裡，如果有人要和你簽三年的合約請你進行調查，無論調查的對象是老納粹分子或蝴蝶，你都很難拒絕。人們去開闢新調查領域的動機也不總是那麼高貴。揚·菲利普解釋道：「贓物藝術品的問題早在一九四五年時就已明擺在那裡了。當然，有很多律師試著讓失竊藝術品回到出逃的移民手中，但此舉沒有法律依據。是因為蘇聯解體後，德國想拿回流落至俄羅斯的失竊藝術品，才有人開始處理移民擁有的藝術品被竊之事。」

我問他，德國花了數十年的時間釐清過往，其中有何過失之處？他停頓了許久。「我認為開始釐清過往的時間點不可能再提早，」他說。「看看阿多諾的『小組實驗』，他的結論是這些人的心理不堪重負，連串的轟炸和死去的親人令他們如此專注於整個恐怖經歷，再也分不出罪疚與苦難。幸運的是，占領期相當長。」他也認為，戰後的繁榮發揮了作用。「並不是說我相信高失業率導致希特勒崛起。我們都知道有多少富豪支持他。不過，戰後相對迅速發展的榮景表示沒人能夠抱怨盟軍令我們成了乞丐。如果沒有此事作為緩解，我們開始釐清過往的時間點會更晚——本來就已經夠晚了。」

不過這確實發生了，而且持續進行中。其成果似乎相當真實牢靠。民調機構的所有數字都顯示出，德國人對於激進右翼觀點的接受程度低於英國或法國人。「我不能說背後的原因是單一因素。」揚．菲利普補充道：「我只能說，有幾件事同時發生了，就像人生通常的情況那樣，很少有什麼事的發生只有單一原因。」

確實如此。揚．菲利普拒絕分享是什麼樣的經歷讓他決心投入這麼多時間心力去釐清德國的過往。他的年紀太輕，沒經歷過艾希曼大審，也沒有參與一九六八年的學運。「如果沒參觀過奧許維茲，你的經歷就少了什麼，」他斟酌後說道。「無論你讀過多少相關書籍，有些事你是無法事先準備的。巨大的櫃子裡塞滿了收拾妥當的行李箱，人們帶了肥皂、鞋油，覺得他們會用到。你無法為你看見這些事物的時刻做好準備。令我震驚的還有那些帶刺的鐵絲網，網子並沒有特別高。裡面的人出不去，但外面的人可以用拖拉機推翻網子。這些人從沒想過有誰會推翻網子。這就是我第一個念頭：這些人真是信心十足。我站在『勞動使你自由』的牌子前，徹悟的時刻才確實來臨——彷彿我心裡有一部分從未相信此事真的發生過。」

然而，揚．菲利普一生中大部分的時間都在設法理解此事，並努力不被其擊垮。他的代表作《信任與暴力》（*Trust and Violence*）從他認為貌似正確實則不然的問題開始談：十足的普通人怎麼會變得像納粹那麼暴力？他說，這個問題是錯誤的問題，因為現代來臨之前，人類一直都很享受暴力。普通人之所以會製造暴力，是因為沒有那麼多殘忍虐待狂帶給他們暴力的享受。更好的問題是這樣的：若現代性帶領我們通往的是奧許維茲集中營，我們該如何繼續相信之？

揚．菲利普認為，我們能提出這個問題本身即為進步的象徵，因為唯有在現代性之中，暴力才被視為不正常之物。三十年戰爭後，人類文化沉醉於暴力，將其視為娛樂。羅馬人建造出競技場以觀看人們謀殺彼此，就像如今的人看足球一樣；這棟建築如今成了他們最宏偉的紀念碑。基督教創造出地獄，暴力在其中是永恆的存在。我們假定暴力應該被控制，我們希望暴力能夠被消除，這些都是全新的思想。這些假定與希望成了一種基礎，人們據此努力消滅活人祭與酷刑等暴力。人們質疑現代性是否帶來進展，但我們有能力在暴力未能進一步消滅時自我批評，此事即為現代性之進展的象徵。暴力與權力之濫用仍存在，但我們可以要求加害者承擔責任，這已是世界歷史上的偉大成就。

《信任與暴力》一書主張，社會的基礎是信任而非暴力，即便對於獨裁政權來說也是如此。沒有哪個暴君能完全憑恃暴力而治，因為他至少三十六小時就得睡一次覺——而且他在闔眼之前還得先有個信得過的人。我們不能不信任彼此。有了這種信任，作為社會的我們便能拒絕接受暴力。「當第一個難民庇護所受到襲擊時，每個人都擔心暴力會繼續湧現。但有好多人站出來示威遊行，他們說：我們不接受這種事。這帶來了確實的改變。」

那次的庇護所襲擊事件不是最後一次，但後來的襲擊事件也沒有我們所擔心的那麼多。你可能會說，一次就夠多了，但揚．菲利普從更寬廣的角度來看待此事：「大多數士兵在美萊村屠殺[47]發生時都參與其中。他們全都接受到同樣的政治宣傳：『村裡到處都是越共，包括婦女與孩童』。士兵發瘋似地射殺村民，但其中一人威脅他的同袍：如果他們不停手，他就會對他們開槍。這位士兵後來因此被授勳表揚，雖然這枚勳章來得很晚。」

說這話的揚．菲利普．雷姆茨瑪得非常小心地拿捏分寸。他知道戰後德國經常以其他國家的暴力來為自己的暴力開脫，而他的意圖與此南轅北轍。撇開意圖不談，他多年來面對德國罪行的經驗，使他能在不違反托多洛夫原則的情況下去探索暴力在國際間的歷史。他不可能說出「我們在別人沒能做到的情況下做出了道德決定」這種話來。然而，《信任與暴力》一書結束於一個和自我確信有關的問題：「你有什麼資格告訴我們關於道德的事？」揚．菲利普認為答案只有一個：「我不是兇手之一。」[48]這個答案呼應了《平凡的邪惡：艾希曼耶路撒冷大審紀實》中最重要的一個段落：

> 在科夫納（Kovner）講述一位德國中士如何幫助他的那幾分鐘裡，法庭上一片靜默，彷彿群眾自發地決定靜默兩分鐘向這位名為安東．施密特（Anton Schmidt）的人致敬。在這兩分鐘裡，有一

個想法清晰無比、無可辯駁、毋庸置疑地閃現，就像在難以穿透而深不可測的黑暗之中突然出現的一道光芒：如果能有更多這樣的故事可以講述，那麼在今日的這個法庭上、在以色列、在德國、在整個歐洲，也許在世上所有國家，事情會完全不同……因為這類故事的教訓相當簡單，每個人都能理解。政治層面的教訓是，在恐怖的情況之中，大多數人都會屈從，但也有少數人不會。這就像是曾出現「最終解決方案」的那些國家所學到的教訓：此事在大多數地方都「可能發生」，但它沒有發生在所有地方。而全體人類層面的教訓則是，若想要這個星球持續適宜人居，這樣的故事就是我們所需的一切，也是我們所能合理要求的一切。[49]

第三章
冷戰記憶

儘管本書中的其他章節留有許多存而未決的問題，但本章的論點清晰而簡單：就釐清納粹歷史的工作而言，東德做得比西德更好。就像其他對於歷史的規範性判斷（normative judgment）一樣，這個判斷可以很複雜，也確實很複雜。大多數的英美讀者會對這個論點感到訝異，但對德國人來說，提出這個論點就像是在挑起一場老派的哲學論戰而已。

如今，東西德統一被譽為二十世紀中少數的快樂時刻。但一九九〇年那幾場促成統一的談判讓德國以外的所有人都十分憂心。持續占領德國的同盟國格外焦慮：德國統一會不會導致當年的災難捲土重來？他們試圖在等了四十五年才等到的這份和平條約中加入幾條保證。柴契爾夫人找來歷史學家研究德國對歐洲是否仍構成威脅，並親自前往莫斯科說服戈巴契夫反對東西德統一，她擔心統一會威脅到各國的安全。時任法國第五共和國總統的密特朗（François Mitterrand）也做了一樣的事，希望東德能繼續存在。當這件事逐漸變得不可能之後，他便要求德國放棄馬克接受歐元，作為統一的代價。戈巴契夫堅持統一後的德國永久保留所有關於紅軍士兵的紀念碑，以紀念這些為了將德國從法西斯主義當中解放出來而犧牲的士兵。美國司法部負責處理納粹罪行的部門負責人尼爾・謝爾（Neal Sher）相當瞭解他的東德同行，他在一九九〇年六月最後一次拜訪東德檢察總長時提出了一個要求：統一後的德國在審查納粹罪行時要採用東德而非西德的標準。[1]

他的心願並未成真，而東德釐清過往的方式在很大程度上已為人遺忘。西德人對於他們的最佳恭維是，東德有反法西斯政令（verordneter antifascism）。這種話在好日子裡會令東德人發笑，在其他日子裡則令人憤怒不解。作家舒爾茲（Ingo Schulze）表示：「反法西斯主義是國家政策，而且是正確的政策。」對英美的讀者來說，即便是這點也早已遭人遺忘。沒有多少人記得戰爭是怎麼打贏的。在史達林說服其他盟國拓展西面戰線之前，紅軍已戰鬥了三年之久，人員持續折損。盟軍有三萬七千名地面部隊和一萬七千名空軍成員在諾曼第戰役中陣亡。兩千七百萬蘇聯公民在戰爭中喪生，其中一千兩百萬是軍隊成員。

二〇一六年十二月發生了一起震撼柏林的炸彈恐怖攻擊事件。《紐約時報》刊出了一篇解釋此事背景的文章，該文令我對這家媒體在國外報導的信心上有些動搖。文章作者指出，在謀殺案發生的市場旁，聳立著一座殘破的教堂。作者認為：「東德在戰後重建了歷史地標，希望消除納粹之記憶，但西柏林人卻將威廉皇帝紀念教堂的廢墟保留下來——這是德國將破壞與恐怖加諸己身的證物，每天都提醒著人們不要遺忘。」[2]

這段話幾乎沒有任何一句是真的。東柏林拆掉了許多歷史性的地標，因為他們想除去一切浮誇帝國主義的象徵符碼，拆除的地標中最引人注目的，就是目前正從頭開始重建的柏林宮。在離宮殿不遠處，他們設置了兩處紀念碑，以防人們遺忘。一處是規模宏大的紀念碑，紀念法西斯主義和軍國主義的受害者，並設置了儀隊、永恆之火，與柯勒惠支（Käthe Kollwitz）的作品《母親與亡子》（*Pietà*）。（一動也不動的士兵們所組成的儀隊在統一後被取消了。）較小的紀念碑紀念的則是紅色樂隊（Red Orchestra）——這是蓋世太保替幾個反抗組織所取的名字，其中大部分的人都被納粹處決了。西柏林沒有類似的東西。在教堂塔樓的廢墟前豎立著一塊告示碑，上頭寫著「這提醒了我們上帝的審判」。上帝的審判是出了名的與政治無關，儘管全世界的政客把每道閃電看作是上帝站在自己這邊的證據。整個一九八〇年代，西柏林的進步分子都極力主張要替戰爭的主要受害者建立一個更為相稱的紀念碑。因為那座教堂廢墟與其空洞的牌匾雖未明言但仍暗示著：戰爭最主要的受害者是教堂和家園遭到轟炸的德國人。儘管《紐約時報》那篇文章的作者在柏林生活了兩年，卻完全搞錯了這件事。走在這座城市的大道上，不可能沒看到這兩處東德的紀念碑。當這位記者漫步在菩提樹下大街上時，他錯過的是什麼？

德國讀者不可能不知道這些事，但他們的看法卻受到另一種問題所困擾。東西德統一三十年後，兩邊的關係仍有些緊張。部分源於舊日的競爭，部分則是全新的。現在人們常說，一九八九年的統一導致的不是東西兩方的重聚，而是西方對東方的殖民。三十年後，東邊政界、業界、媒體與學術界的領導職位只有一．七%由東德人擔任，其他全是西德人。大多數東德人認為殖民一說不證自明。

我無意主張東德是模範國家，也無意為其最有名的機構史塔西（Stasi）[3]開脫。不過值得記住的是，即便是最熱切的史諾登（Edward Snowden）支持者也不會把整個美國化約為其對於他人的監控計畫。東德也該得到同樣的待遇。

沒有什麼比這個問題更能引起西方的關注了。哪一邊釐清過往的工作做得比較好？東邊是否把更多的納粹黨人送上被告席？西邊是否支持以色列建國？我們得透過這種有趣的冷戰競爭來瞭解德國如何釐清過往。我在一九八二年首次來到柏林，當時我透過收聽對立頻道的新聞來訓練自己的德文能力。我從西德的新聞臺瞭解到蘇聯入侵阿富汗的情況，而東德新聞臺則報導了美國支持中美洲右翼民兵的新聞。收聽這兩方使我見識大增。

這是我自身學習歷程中的關鍵時刻。在尚未統一的柏林，我學到有多少背景噪音影響著我們對於世界的感知。即便是像我一樣學會批判性思考的人，也不能不透過我們周遭的哲學框架來觀看這個世界。這些框架看起來像是完全不具哲學假設的平庸之物，其力量因而更加強大。這並不意味著我突然切換至另一個框架，決定東邊的歷史才是正確的版本，更不意味著我覺得沒有什麼是真的。我只是意識到，人得從許多不同的角度來看事情，才有辦法盡可能接近真相。

我的美國護照和我待在這個城市的頭兩年裡所得到的慷慨獎助金，讓我能直接體驗東西兩邊的生活。我只要坐地鐵到某個過境站，回答警衛的一兩個問題，用二十五元西德馬克換二十五元東德馬克，然後我就穿過了鐵幕。東西兩邊的競爭常以物質的形式表現：如果西柏林蓋了一座歌劇院，東柏林就蓋兩座。分配給英國、法國、美國的大片占領區合併成為西柏林；為了彌補這點，東柏林追求高度。在亞歷山大廣場上聳立著柏林最高的建築，方圓幾英里內舉目可見。這樣的爭鬥讓領有補助的我在圍牆兩邊皆享受著輕鬆的生活。這座城市的兩邊都是展示場所，也都投入了相當多的資源來展現自己最好的一面。但在一件事上，雙方的脣槍舌戰是如此激烈，以至於沒有人能看清真相——兩邊都指責對方未能接受法西斯主義的歷史，而且兩邊都堅持自己已經做到此事。

這個國家的兩邊各自用了什麼樣的方式（無論該方式有多不具規律），使得自認是受害者的德國人認知到自己的加害者身分？透過東西德的競爭來看釐清過往的工作，使我們得以檢視任何一個國家試圖面對其罪行時所必須具備的條件。冷戰讓德國的情況變得特殊，但即便如此，其仍為可供別國借鏡的案例。每個案例都是獨特的，都需要大量的背景知識。不過對於所有文化而言，釐清過往這項工作的某些面向似乎具有共通性。

◈ ◈ ◈

若想成功釐清國家過往的罪行，下列的面向相當關鍵：

（一）國家必須擁有一個連貫的、人們廣泛接受的國家敘事。在此，語言是最重要的。內戰是因著奴隸制而起，還是因著各州權利問題而起？美國公民及移民服務局（United States Citizenship and Immigration Services）不太確定。一九四五年五月八日是解放之日還是無條件向外國勢力投降之日？東德一開始就稱其為解放日（Day of Liberation），所以西德總理艾德諾認為「解放」是共產主義用詞。雖然東德的敘事就像大多數的敘事那樣並不完整，但其主旨相當明確：**納粹不是好事，而打敗納粹是好事**——這樣的敘事在東德毋庸置疑。相較之下，西德有三十年的時間都對這樣的主張抱持著矛盾的情緒。

（二）敘事由文字開始，並由象徵物加以增強；而許多象徵物與紀念死者有關。我們褒揚的英雄是誰，哀悼的受害者又是誰？美國有數以百計的紀念碑描繪出姿態高貴的南軍指揮官李將軍（Robert E. Lee）。二〇一八年，布萊恩．史蒂文森（Bryan Stevenson）出資打造了一座國家紀念碑，以紀念遭到私刑處決的受害者。但自由鬥士約翰．布朗（John Brown）的紀念碑在哪裡？或至少該有一座哈莉特．塔布曼（Harriet Tubman）的紀念碑吧？無論是東德或西德都沒有任何紀念碑紀念納粹，但西德為受害者建立紀念碑是統一之後的事了。[4]

（三）敘事經由教育傳遞下去。學校教導孩子記得什麼、忘記什麼？從我的孩提世代至今，美國的教科書已有所改善。當年只有西部拓荒的英雄故事，全然忽略美國原住民的種族滅絕、對恐怖的奴隸制加以粉飾，而且從未提到吉姆．克勞。東德的歷史教科書從一開始就堅定採取反法西斯立場。戰後幾十年裡的西德學童對歷史的印象是：歷史停滯於一九三三年。他們的老師和教科書不曾討論納粹時期。今日，納粹不僅出現在歷史課堂上，也是文學和美術課的重要主題。

（四）文字搭配音樂後更具力量。那麼我們可以唱南方邦聯國歌〈迪克西〉（Dixie）嗎？德國國歌呢？後者令大多數外國人不寒而慄，因為他們會無法控制地想起「德意志高於一切」[5]之語。德國國歌的捍衛者總樂此不疲地指出，這首曲子是由海頓（Joseph Haydn）在很久以前寫的。儘管如此，東德還是替自己創作出新的國歌旋律與歌詞。一首合宜的國歌能表達出人民最美好的願望。也許，現在正是美國重寫國歌的時候。現有的國歌曲調難聽，還提及了一場無人記得的戰爭。如果不是此舉已無可救藥地過時了，我會提議將保羅．羅伯遜（Paul Robeson）版本的〈美國民謠〉（Ballad for Americans）設為美國國歌，這是唯一一首曾在民主黨、共和黨和共產黨的全國代表大會上都播放過的歌。那年是一九四〇年。

（五）其餘不那麼具有象徵意義之物呢？例如牢房和金錢等冰冷無情之物。加害者是否受到法律制裁、鋃鐺入獄？承受了不正義的受害者是否獲得賠償？人們花了數十年的時間才將著名民運人士謀殺案中的兇手繩之以法——艾佛斯案（Medgar Evers）、錢尼（James Chaney）、古德曼（Andrew Goodman）、史維納案（Michael Schwerner）——而大多數的兇手根本沒有面對司法審判。[6]二〇一八年，艾默特．提爾謀殺案在事發後六十三年被提出來重新審理。但最近這幾年裡那些殺害手無寸鐵的黑人孩子的人呢？槍殺崔馮．馬丁的人維持著自由之身。殺害塔米爾．萊斯（Tamir Rice）[7]的人從未被起訴——雖然克里夫蘭的警察機關解雇了他，但俄亥俄州另一個地區的警察機關又雇用他。這份名單輕易便能寫得很長。西德的司法部門只起訴了極少數的納粹分子，而且經常為那些被定罪的人減刑。在東德，受到起訴和定罪的戰犯比例要多得多。這兩個國家各以不同的方式支付被害者賠償金，以彌補納粹年代的罪行。截至目前為止，美國仍拒絕考慮國會的提議，討論為奴隸制提供賠償的可能性。

上述五點並不是一份詳盡的清單。國家在試圖釐清過往所欠下的債時，也可能會有其他因素發揮作用，端看時間與地點的不同而定。然而，任何不包含這幾點的工作都可能流於片面、單薄。若不記得金恩博士對於經濟正義的呼籲，將他的生日定為國定假日便毫無意義可言。

◈ ◈ ◈

在比較東西德的二戰敘事之前，一定要先瞭解西德對東德的記憶在敘事上的改變。這兩者在一九八六年震撼全西德的「歷史學家論戰」（Historikerstreit）中有所交會。這場論戰始於海德格的學生暨保守派史家諾爾特（Ernst Nolte）所拋出的爆炸性論點。他表示，希特勒一切的罪行與過失，都是對於史達林的回應。史達林畢竟是希特勒模仿過的對象。隨後的論戰占據了媒體版面長達一年多的時間，不僅是歷史學家和哲學家，幾乎是全國所有的撰稿人都參與其中。這場論戰從最初的「是誰先開始做了什麼」的問題，延伸討論到「法西斯主義和共產主義是否能相提並論」的問題；而左派哲學家哈伯瑪斯不是唯一一個給出否定答案的人。中間路線的奧格斯坦（Rudolf Augstein）也藉由他所創辦的《明鏡》週刊明確強調了這點。他表示，將共產主義與法西斯主義相提並論，不僅是在逃避對於後者的責任，也簡化了納粹罪行的本質。沒有什麼比僅因認為人們的血統不對便蓄意殺害數百萬人更糟的事了。

值得留意的是，這場論戰也討論到將希特勒的德國與史達林的蘇聯相互比較是否正當的問題。

一九八六年時，人們已相當瞭解史達林在三〇年代所犯下的罪行以及古拉格（Gulag）勞改營的規模。然而，哈伯瑪斯、奧格斯坦和許多人仍認為，將納粹罪行與這些罪行相提並論在道德上並不正當。至於隔壁東德的罪行，在這場辯論中根本沒有討論。雖然東德在五〇年代時曾有一段史達林主義時期，但與他們的蘇聯老大哥相比，東德對於人民的所犯下的罪行可說是相當輕微。正如東德劇作家海納・穆勒（Heiner Müller）所說的，東德製造出來的是堆積如山的史塔西檔案，而不是堆積如山的屍體。後來的歷史學家瑪麗・富布盧克（Mary Fulbrook）也說，曾當過黨委書記和曾屠殺過他人是不同的兩件事。哲學家君特・安德斯（Günther Anders）寫過一本名為《我們，艾希曼之子》（*We, Sond of Eichmann*）的著作，內容是給艾希曼的兒子克勞斯的公開信，裡頭寫著：

> 史達林寧願年復一年地創造出數百萬名受害者，這是事實，而且這也已經夠糟了。不過，我們不能忽略其中的差別——史達林從未想過以工業規模清除大批人類，像希特勒和艾希曼那樣系統化製造出成堆屍體。甚至連歷史學家論戰中立場有所偏頗的德國歷史學家，也不敢如此指責史達林。[8]

雖然起步有些顛頗，但八〇年代末的西德似乎達成了一個共識：不能拿任何其他罪行來與納粹罪行相比。任何比較的行為都是試圖為德國人脫罪。他們已接受托多洛夫原則的二分之一：德國人應談論大屠殺的特殊性。

今天除了歷史學界之外，很少有人記得這場歷史學家論戰，而其所創造出來的共識如今也遭到遺忘。在極權主義這個模糊框架的掩護之下，共產主義和法西斯主義兩者間的各式比較構成了一個小型的知識領域。懷抱著善意的西德人在談到這個問題時往往會說「我無意將兩者劃上等號，可是……」，接著再暗示兩者確實雷同。如今，許多人會使用「德國的兩個獨裁政權」[9]這個說法，此語以一種不太細緻的方式否認了兩者之間的差異。有許多紀念碑都刻上了「致德國兩個獨裁政權的受害者」的字樣。一九九〇年以前，「釐清過往」一詞指的僅是釐清納粹那段歷史。統一之後，人們要求展開第二波的釐清工作來處理共產政權的罪行，而其倡議者承認，西德未能好好釐清納粹罪行。第二波釐清工作的複雜情況已超出本書所討論的範圍，但人們堅持做這件事便代表他們認為共產主義與納粹主義具有同樣的破壞性。

可以肯定的是，民主東德唯一民主的地方是其名稱。東德的媒體受到嚴格審查、其邊境不對外開放、其選舉是個全國性的笑話。可是，一旦你將東德與納粹德國劃上等號，也就汙染了有關東德的一切。就像是一九五〇年代的人喜歡把共產主義描述成糟糕的疾病一樣，這會讓論述由政治學轉向病理學，[10]從而失去以合理的方式討論政治原則與實踐方法的空間。面對納粹和疾病，你能做的事就只有設法消滅之。

國際上老愛把法西斯主義和共產主義相提並論，這影響到的不只是人們理解二十世紀歷史的方式。我們記得過去的方式限制了我們在思考未來時可能採取的方式。如果能抹黑共產主義，新自由主義就贏了。若有人訴諸團結、訴諸永無休止的競爭（新自由主義者視其為自然發展）以外的任何東西，都會被解讀為意圖使人流血。此刻，我擔心的是這樣的等號篡改了歷史記憶，導致人們幾乎完全不記得東德歷史上的反法西斯工作。有些歷史學家已深入檢視這個問題，但現在大多數人記得的都是：德國在統一之後才開始著手釐清納粹過往。

德國的分裂被視為是犯下戰爭罪的懲罰，這件事導致人們更相信上述說法。舉例而言，諾貝爾文學獎得主葛拉斯在一九九〇年曾出言反對統一，因為國家尚未為奧許維茲的事懺悔贖罪。柏林圍牆倒塌時，柏林人的歡欣雀躍並不是因為終能見到久違的親戚朋友；與陌生人相互擁抱的幾天後，東西兩邊的緊張關係仍令人擔憂。他們的歡欣之感是建立在另一種感覺上，那些開心地跨坐在圍牆上的人所表現出的就是這種感覺——戰爭終於結束了，他們喊道。雖然圍牆的倒下象徵了戰爭的結束，將一九八九年設定為德國開始釐清過往的一年仍是種表面漂亮實則草率的做法，忽略了東德在此之前所做的一切。

柏林各大紀念碑的差異甚廣。浩劫紀念碑（Holocaust Memorial）占地有兩個足球場那麼大，座落於德國首都正中央最昂貴的地段。德國政府並未把這塊地賣給大型保險公司或汽車公司，而是決定用來紀念大屠殺的受害者。這塊位於德國的象徵布蘭登堡門（Brandenburg Gate）旁的五英畝土地，成了統一後的德國所發布的重大聲明，而這份聲明一直都有爭議。早在二〇一七年時，右翼的另類選擇黨有位候選人就抱怨過這座位於首都中心紀念碑是「國恥之象徵」。這種態度在一九九〇年代相當普遍，所以該紀念碑的出現實屬不易。

首先要求打造一座浩劫紀念碑來代替教堂廢墟的，是一小群西柏林人，包括哲學家布倫塔諾（Margherita von Brentano）、歷史學家耶克爾（Eberhard Jäckel）與新聞工作者羅許（Lea Rosh），羅許在布倫塔諾過世後接手負責整個倡議運動。經過大量的遊說，國會最終同意蓋點什麼，並開始徵集設計提案。隨後出現的辯論與最終名單上的五十個提案，構成了曼哈頓電話簿一般厚的一本冊子。最終出線的方案出自美國建築師艾森曼（Peter Eisenman）之手，他所設計的二千七百一十一塊混凝土石碑如今占據了整個紀念碑園區，看起來像是後現代版本的猶太古墓。批評者抱怨這樣的紀念碑太抽象，幾乎可以代表任何東西，於是又增建了地下室的資訊中心，以文字和照片紀錄歐洲的受害猶太人。你可以在這個中心裡找到你想找的一切，但成千上萬在在石碑前自拍的遊客很少有人決定踏進地下室。愈來愈多人認為在石碑前公開自拍的行為並不適合出現在這個肅穆的場所，而艾森曼對此並未多說什麼。他已建造出了紀念碑，現在得由參觀者來決定如何使用這個場所。

我參加了歐洲被害猶太人紀念碑的落成典禮——這是該紀念碑的正式名稱。典禮在二〇〇五年五月一個涼

圖片三　浩劫紀念碑

爽的早晨舉行，國會議長與官方猶太社群的主席都致了詞，還有莊重的猶太音樂以及一位猶太拉比念誦卡迪什（Kaddish）禱文。當時的紀念碑前還沒有出現穿著清涼、手裡拿著冰淇淋的遊客。在開幕之前，媒體已對紀念碑做了大量報導，所以我知道石碑的高度與角度差異並不是為了模仿古老的墓地，而是為了製造出集中營囚犯時時感受到的那種恐懼與疏離。我徘徊於其間，尋找著這種感覺。我試著想一想奧許維茲，還有那些被謀殺的孩子，石碑所紀念的對象也包括他們。我未能如願。我讓自己在石板間穿梭了一會兒，然後帶著失望走回光天化日之下。

浩劫紀念碑就位於市中心，你很難錯過它。如果想看蘇軍紀念碑（Soviet Memorial of Honor）這個東柏林最大的戰爭紀念碑，你得去特雷普托（Treptow）的園區。這個園區每年都有一天非常熱鬧。一九四五年五月八日，德國在柏林郊區的一座小別墅裡同意無條件投降，此時的莫斯科已經在過五月九日了；這天因此成了蘇聯日曆上和現代俄國中最重大的節日。特雷普托的人也在這天慶祝解放，孩子們會穿上正式服裝，偶爾也身著紅軍樣式的制服。父母在一旁擺姿勢拍照，孩子則玩著接球或飛盤。許多人都相當認真，在紀念碑的檯面上擺上單枝紅色康乃馨。有些人戴著寫有陣亡親人姓名的牌子，有些人向孩子解釋這個節日的意義。至於其他的人，他們的主要是想要在此與來自吉爾吉斯或哈薩克的朋友一起野餐慶祝這個節日，就像美國人慶祝陣亡將士紀念日一樣，與這個節日所紀念的戰爭沒什麼關係，而是在美好的春日裡重溫他們小時候曾參與過的慶祝活動。他們的孩子大概也會繼承這樣的傳統。戈巴契夫堅持保留這個紀念碑與其他蘇聯紀念碑，因為他擔心西方國家寧可忘記紅軍在打敗法西斯一事上的貢獻。他的擔心是正確的，即便許多曾親身經歷這個事件的人也已經遺忘了此事。

在其他日子裡，這座巨大的紀念碑幾乎無人造訪，少數的參觀者便有機會直面其不朽之莊嚴。有七萬三千名紅軍於柏林保衛戰中陣亡，其中的七千人便埋骨於此。進入紀念碑園區後，首先看到的是一位正在哀悼的母親，她垂著頭，由大塊石頭雕刻而成，四周圍繞著白楊樹。左轉走上垂柳列道的小路，你會看到半拱門狀的建物，每一面都有手中拿著頭盔的士兵，半跪著向死去的戰友致敬。士兵的雕像就像母親的雕像一樣，比真人還要大上許多，而且感覺起來比實際上還要更高大。你接著抬頭，才看到最大的雕像座落於園區中央，遙遠的山丘頂端：一座三十公尺高的紅軍士兵雕像。他的左手抱著由一片混亂中救出來的孩童，右手則拿著一把劍，劍尖擊打著腳下的納粹符號。這個園區於

圖片四　蘇軍紀念碑

一九四九年揭幕，蘇聯指揮部計畫將其打造為世上最大的戰爭紀念碑。

紀念園區裡所有的文字都是史達林寫的。若要從垂柳道走到山丘上的士兵雕像前，你得走上長長的路，經過未標示姓名、滿布常春藤的墓地。道路兩旁是兩排大理石棺，每個石棺上都有浮雕裝飾，訴說著保家衛國的偉大戰爭中發生的故事。這些石棺裝置一面是德文，另一面則是俄文，都用史達林的話講述著戰爭的歷史。這些文字大部分的內容是對於德國國防軍的殘暴、紅軍的勇敢以及戰場後方民眾的堅定不移之簡略概述。至於其開場白說的則是，在德國入侵之前，蘇聯一切都好——但這句話是錯誤的。

◈　◈　◈

一九七七年，米沙．加博維茲（Mischa Gabowitsch）出生於莫斯科，但他在德法邊境地區長大。他曾長期擔任俄國兩本重要的社會科學雜誌的編輯，目前正在撰寫關於蘇聯戰爭紀念碑之歷史的著作。他也曾著書批判俄國自由主義者對於德國贖罪工作之推崇。在他剛出版了一本關於歐洲五國如何處理蘇聯戰爭紀念碑的書之後，我請他帶我參觀特雷普托的園區。那是個陰冷的十二月天。

「蘇軍紀念碑和浩劫紀念碑代表著歷史的不同面向，但兩者並非互補。」米沙說。「它們各自具有對方所缺少的重大歷史內容。浩劫紀念碑紀念的範圍並不包含東邊的大屠殺，僅包含了集中營的浩劫。地下展廳的內容提及了其他被槍殺、燒死和活埋的數百萬人，但那是實際紀錄，不是象徵性的紀念物。」浩劫紀念館略過了幾百萬名受害者，把焦點都放在猶太人身上。而蘇軍紀念碑則幾乎沒有提及受害者，它紀念的是英雄，而且是沒有名字的英雄。「即便不提史達林所創造出來的受害者，這裡面也沒有提到列寧格勒圍城，沒有提到戰俘。」米沙指控道。蘇軍紀念碑以明確文字所呈現的，是關於勝利的敘事。紅軍的勇氣與善良戰勝且擊碎了象徵邪惡的納粹符號——別忘了士兵臂彎裡被救出來的孩子。這確實是故事的一部分，而紅軍其他不怎麼良好的行為也是故事的一部分。這種善惡分明的敘事令許多人感到不安。有人說，我們如今活在後英雄時代，承認受害者存在比讚頌英雄之存在來得簡單。「若只要把這兩個紀念碑放在一起便能看見故事全貌就好了。但這樣做仍是不夠的。這兩者本身各自都略過了太多東西。不過，如果我們至少能將兩者並列檢視，那仍是不錯的作法。」米沙說。

我提起人們對於蘇聯時代紀念碑一個常見的抱怨：就算某個紀念碑紀念的是受害者而非英雄，其文字中也很少使用「猶太人」一詞。「首先，」米沙表示，「這只有一部分是真的。事實上，在猶太生還者的倡議下，出現了數百個紀念猶太人的紀念碑，其上刻有猶太象徵符碼，或是希伯來文、意第緒語的銘文。其中的大多數都位於小城鎮或村莊的滅絕營附近，因此能見度低於大城市中的巨型紀念碑——這個現象被稱為娘子谷症候群（Babi Yar syndrome）。」[11] 米沙繼續解釋道：「族裔確實被淡化了，但他們也做出了明確的決定，將受害者描述為蘇聯公民。」蘇聯境內受到政府承認的族裔有一百二十多個。「既然隔壁就有一個非猶太人的村莊因為其他原因被燒毀，該村村民也死得很慘，那為什麼還要特別著眼於族裔而挑出某個族群來談？」蘇聯政府為了對反蘇游擊隊還以顏色，屠殺了許多非猶太裔的市民與農民，有三百萬戰俘死於虐待。他們認定斯拉夫人的命運是奴役而非滅亡，但斯拉夫人的命對他們而言並不重要。「並不是所有斯拉夫人都是滅絕的對象，但我們就該歧視那些被分在比較不用經歷系統性滅絕的類別之族群嗎？我不知道這樣對不對。」他說。蘇聯官方敘事中幾乎沒有提到猶太人的原因之一，與羅斯福幾乎沒有提過猶太人的原因相同：俄國政府和美國政府都很清楚國內存在反猶主義。

「你無論如何都得以某種方式將人們分類，」米沙繼續說，「你可以用著眼於民族的加害者語言來分類，或者你也可以稱他們為蘇聯公民。如果你想想西烏克蘭的居民，以蘇聯公民身分來進行分類會很有問題，他們在納粹進駐的兩年前被迫成為蘇聯公民。這當然不會是他們看待自己的方式。不過，拒絕加害者的分類方式還是有點道理的作法，儘管我認為人們應該以自己選擇的任何方式來紀念他們的死者。」

最近，前蘇聯的人們紛紛轉而尋找過世親人的墳墓，而非參與匿名英雄的集體紀念活動。米沙指出，在一些亂葬岡上可以見到寫著個別士兵姓名的紙張，通常是小孩寫的。這些士兵的出生日期不同，但死亡日期則相當接近——納粹以絕望而殘酷的方式試著守住柏林，而這些士兵為了攻進柏林，在幾天之內相繼戰死。

米沙談到柏林猶太社群內部的張力。如今，這個社群的成員大部分來自前蘇聯。來自俄國的猶太人希望少談點大屠殺，多談他們曾身為紅軍成員的父母與祖父母。他們厭倦了關注受害者，他們想紀念的是英雄；或是說，如果想紀念受害者，就應該紀念全部的受害者——受害的猶太人和其他數百萬的蘇聯人。米沙贊同托多洛夫的原則，認為每個國家的焦點應該各不相同。「俄國應該多談猶太大屠殺意味著什麼，因為他們以前沒能談論此事。至於德國，如今主要的挑戰是令世人明白我們還能用其他的觀點切入討論二戰。」他認為，國會對於浩劫紀念碑的漫長辯論被塑造成這代人留給後世的遺產。「人們將單一敘事神聖化了：德國人殺了猶太人，這是國家所犯的罪。他們將這種敘事牢牢刻在石頭上，使得後代無法以其他方式來思考此事。」

◈ ◈ ◈

東德的官方敘事很簡單：我們是另外一半的德國，我們從一開始就反法西斯。對於東德政界與文化界的領導人而言，這種說法確實是真的。他們有些人是在納粹掌權後逃離德國的共產主義者，那些沒能逃離的都成了被納粹關進集中營裡的政治犯。第一批落入希特勒手中的受害者就是共產主義者。許多後來成了共黨內部菁英的人都是美國所謂「太早開始反法西斯的人」，他們在西班牙為了共和國而戰。十年後，他們緊隨紅軍之後返回德國。一九四五年六月十一日，新成立的德國共產黨中央委員會發表了創黨聲明：

> 良心與羞恥心必須在每個德國人的心中熊熊燃燒。德國人民對於戰爭及其後果具有極大的罪責與責任。希特勒並不是唯一犯下反人類罪的人！部分罪責落在一九三二年投票給希特勒的一千萬名德國人身上。儘管我們共產黨人曾發出警告：投票給希特勒就是投票上戰場……我們的不幸在於，當希特勒承諾以戰爭和掠奪為代價讓人民吃頓飽飯時，廣大民眾失去了基本的正派與正義感，他們追隨了他。[12]

在西德，未曾出現過類似的官方聲明。西德的敘事不完全是失落的一戰那種長篇故事。納粹時代裡曾出現的美好時光太過短暫，而戰爭的毀滅性太過巨大，人們對於傳統緊身裙（dirndls）無法發展出美國南方人對於箍圈裙（hoop skirt）的懷舊之情。由於無法真正懷念納粹過往，也無法慶祝其結束，大多數西德人在受害者的泥沼中掙扎了二、三十年。東邊在柏林投降後一個月便以自豪而果斷的態度呼籲人們贖罪，而西邊卻沒有這樣的聲音。

不過，那是官方的聲音，是東德的反法西斯政令。東德人民是真的認同上頭制定的反法西斯政治，還是為了迎合黨的路線而勉強自己？我決定採訪身旁在東德長大的朋友和熟人。他們之中有三個是猶太人，全部人都對東德的多數政策持批判態度，有幾位曾是活躍的異議者。任何歷史學家都會告訴你，記憶往往是扭曲的。然而，我選擇的訪談對象絕大多數是在民主東德仍存在的期間公開批評東德的人（只有一個例外），因此我知道他們並不因政黨路線而有所顧忌。

我訪談的第一位對象是駐東德的西德代表處領導人。我們不能稱他為大使，因為那並不是個大使館。這個稱呼意味著西德承認東德是個國家，也代表他們最終接受德國的分裂。因此，漢斯．奧圖．布勞提甘（Hans Otto Bräutigam）待在東柏林的那十年裡，他的稱謂是常駐代表。

「老派紳士」一詞不過是對於此人的粗略描述。布勞提甘出身西發里亞（Westphalian）小鎮的天主教家庭。他父親在一戰中擔任海軍軍官，後來則成了一間煉鋼廠化學部門的主管。布勞提甘的父親對希特勒毫無敬意，輕蔑地稱他為「下士」，但他很早就加入了納粹黨，因為他認同此黨的外交政策——修改凡爾賽條約，保衛德國不受布爾什維克侵犯。

「反布爾什維克遠比反猶重要，」布勞提甘解釋道：「大多數國人都認為，德國的宿命是保護歐洲不受共產主義影響。身為對戰友忠誠的退役軍官，我父親曾試著加入德國國防軍。但他在煉鋼廠的工作對軍火工業很重要，因此國防軍拒絕了他。」

「那是件幸運的事。」我知道有太多德國人至今仍受困於自己的父親在某個前線做了什麼或沒做什麼的想像畫面。除非爸爸是少數幾個真的因為戰爭罪而受審的納粹之一，否則他在戰爭中的作為就只能留給孩子們去想像了。

「是的。」布勞提甘說，可是他的聲音在數十年後仍有一絲顫抖。「他為什麼會想要入伍呢？他是民族主義式的愛國者，或者說是愛國的民族主義者。就像許多人一樣，他認為希特勒不等同於日耳曼民族，而他忠於後者。當務之急是對抗共產主義，而他的兄弟也有同樣的感覺。他們都不是反猶主義者。」

「那麼，你大部分的職業生涯都在東邊度過這件事就相當有趣了。」

「確實如此，但我的家人並未真的對我造成影響，他們從未體驗過東德的生活。我的興趣在另一方面：我向來認為只有東西方互相尊重，德國問題才能得到解決。在那些日子裡，我並不特別左傾，當然也不傾向東德版本的社會主義。就像威利・布蘭特那樣，我出於外交與政治原因而以一種特定的方式親近東德。然後，我在那裡遇到了許多我相當欽佩的人。有克里斯塔・沃爾夫（Christa Wolf）和克里斯多夫・海恩（Christoph Hein）那樣的作家，有曼佛瑞・史托普（Manfred Stolpe）和菲德利希・修雷美爾

（Friedrich Schorlemmer）那樣信奉上帝的人，也有不想跟政治有任何瓜葛的普通人。」

這些都是後話了。生於一九三一年的布勞提甘很幸運。他記得炸彈擊中鄰居的房子，但他們的房子逃過一劫。他就像其他的十歲孩子一樣也加入了希特勒青年團的少年部，但他與納粹組織沒有其他更深的牽連。他保守的天主教家庭以及父親對於希特勒下士的鄙視導致他並未接受納粹的意識形態。戰後，美國人拆除了他父親管理的煉鋼廠，他們曾為納粹的軍備器械提供零件。他的父親在一家生產工業用拋光劑的小型家族企業找到工作。布勞提甘希望成為一名律師而離開了鄉下，最後他獲得了國際法的博士學位。一九五六年，他得到一筆獎學金，在哈佛大學的法學院待了一年。

布勞提甘離開哈佛，回到當時沉默而壓抑的德國。他加入外交部門，很快便開始專責處理西德與東德間的關係。他在漫長職涯中得以深入了解東德，其瞭解程度比我認識的任何西德人都還要深厚。在一九七四年時，互相承認對方存在已是一項外交成就。為了建立常駐代表處，他們需要針對每個細節進行冗長的談判——甚至連「常駐」與「代表」二詞是否應該大寫都得談。布勞提甘認為他的任務是建立起外交關係，使人民的生活得到具體改善：讓位於邊界兩邊的家庭有更多接觸機會、為被包圍的西柏林制定更好的能源與過境政策。雖然他們小心翼翼避免支持任何異議活動，但位於東柏林中心的常駐代表處仍成了東德人民可以獲得資訊、觀賞輕鬆的爵士樂表演、參加詩歌朗讀會的地方。在冷戰時期，代表處往往是兩邊人民之間唯一的連接點，兩邊都被教導要把另一邊視為最糟的敵人。統一是難以想望的目標，最好的希望是，小而緩慢的步伐也許可以促成雙方成為那種鬆散的聯邦國家，就像十九世紀末的德國那樣。在八〇年代裡冷戰有可能轉為熱戰的那些時刻，這種小小的步伐是相當重要的。在美國的核彈進駐西德之後，十年來在小問題上密切合作的經驗相當有助於他們避開重大的災難。

布勞提甘是整個代表團的領導人，他說自己當時「勝任愉快」，但後來他成了西德駐聯合國的大使。在專注處理東西德關係近二十年之後，他期待能看看更遼闊的世界，這曾是他年少時加入外交部門的心願。他被派駐到聯合國是一九八九年的事，他不確定那是否是個合適的時機。東德的反對勢力正在增長。雖然他對於這個國家有深入的瞭解，但在那個冬天裡，布勞提甘並不比其他人更能預言和平革命的發生。他有種事情即將出現變化的感覺，但那畢竟只是種感覺，而官僚系統的輪子已開始滾動。儘管他在出發前往紐約時的心情相當沉重，但他找不到能阻止他履行職務的重大理由。當他努力了這麼多年以促成的統一終於發生的時候，他人在紐約。「當時真的覺得很痛苦，那一刻我竟沒能身在柏林。」

我告訴布勞提甘我在完成採訪後要寫的書的書名，但他搖了搖頭，露出不相信的笑容。「我不覺得我們能成為其他人的榜樣，」他說，語氣開始嚴肅起來。「戰後的那幾年，我們在負起責任一事上是步履艱辛。二十年後，我們才開始發展出這方面的意識——藉由奧許維茲大審，這場審判在德國國內比艾希曼大審更重要。紐倫堡大審在靜默與痛苦之中被貶為勝利者的正義。我不認為德國會是一個榜樣，」他重複說道。「我們花了太多時間，有太多人拒絕承擔責任。」

大多數思慮周到的德國人都如此重複表示。有一半猶太血統的德國記者勞夫．喬達諾（Ralph Giordano）以大部頭的著作《第二種罪疚》（*The Second Guilt*）來闡述一種深刻的壓抑之情，壓抑著戰時回憶與誰該為此負責的問題。曾被稱為德國的這個群體大部分由西德人所構成，他們只讓自己記得戰爭的尾聲：轟炸、損失、饑餓。幾乎沒人想到，也許能將這些事視為是發動和支持人類史上最致命戰爭所應得的懲罰。這個國家沉浸在自身的痛苦之中，專注清理著城市裡散落一地的碎裂磚塊與破水泥塊。要到幾十年後，人們才對清理道德廢墟產生興趣。

「但這對其他國家來說是很重要的，」我向布勞提甘保證。「其他人需要知道釐清過往是一段過程，需要時間。」

我轉而談論我所關心的主要問題，因為我希望他會是少數幾個能在討論東西德關係時不帶偏見或怨恨的人。他的觀點應該會是獨特的，因為在他之前的常駐代表君特・高斯（Günter Gaus）已過世了。他認為東德的反法西斯主義是真實的嗎？

「反法西斯主義從一開始就是東德的意識形態，」他回答道。「你可以說那是他們的國家理性（Staatsräson）。我認為東德最大的長處之一是他們譴責法西斯主義的方式，他們開始的時間點遠遠早於聯邦共和國。」

「西德的評論家稱其為『反法西斯政令』。」

「我感受到的不是這樣，那是他們信念體系中最深刻的部分。」

西德的立場是想要指出東德的反法西斯主義是上層加諸的規定，是政策的一部分，而這個政策有時被用來正當化那些最終無法正當化的政府行為。不過，下令要留在蘇維埃保留區的一千七百萬名德國人拒絕法西斯主義、不要將自己視為二戰最主要的受害者，這有什麼不對嗎？

起初，東德人並不比他們西德同胞更能自然而然地這麼做。關於此題，最好的參考資料是維多・克蘭普勒（Victor Klemperer）的日記。他是法國啟蒙運動中的猶太裔德國學者，他忠實的非猶太裔妻子在國家的壓力下仍拒絕與他離婚，他因此逃過了被遣送至集中營的命運。在他被迫辭去教授職位之後，克蘭普勒開始寫下詳細至令人痛苦的日記，這些日記以獨特的方式描繪出納粹治下的德勒斯登日常生活。這些細緻入微的長篇文字在他去世之後的一九八八年出版，成為暢銷書籍。大眾對於納粹時期生活的好奇心並沒有延伸到克蘭普勒在戰後頭幾年所寫的日記上頭。這些日記也成冊出版，但卻沒有得到如早期日記那般的關注。（《我正坐在一切的集中營之間》〔*Ich sitze zwischen allen Stuhlen*〕的英文譯本並未採用原文書名，而是以《兩害相權之輕者》〔*The Lesser Evil*〕為名，呈現出與書中完全不一致的政治判斷。）後來的日記並未獲得關注一事相當不幸，因為它們至少和他暢銷的早期日記一樣內容豐富。

在這些日記中，克蘭普勒記敘了一些令人既痛心又不禁莞爾的場景：前納粹分子來找他，希望他能證明他們的良好品行，讓他們比較好找工作，或是至少得到較多的配給。有位音樂老師希望自己從未停止演奏孟德爾頌的樂曲一事能得到認可；一位以前的學生希望克蘭普勒能證明他的博士論文中隱含反法西斯的言外之音。在納粹時期仍在街上向他打招呼的人希望他能證明自己確實有這麼做；有人甚至想要給他錢。由於瞭解到大多數人有多懦弱，克蘭普勒這個十足的資產階級決定加入共產黨，以前的他根本無法想像此事。他在整個戰爭期間有機會觀察德勒斯登的人，並於一九四六年五月裡的日記中坦言：「在德國，我還相信哪個人？沒有人。」一九四六年二月的日記裡則寫著：「我更傾向支持東德成為蘇維埃德國的一部分。這就是我的變化之大！」克蘭普勒並未責怪小資產階級或不識字的暴民。在一九四六年一月的柏林之旅中，他寫下：「有三根支柱支撐著反動派：容克貴族[13]、軍隊、大學。（隨著解放而）倒下的只有前兩者。」大學仍是支持納粹的精英之堅固堡壘。許多人都認為若要根除仍遍布德國社會中的種族主義與反動情緒，長期而徹底的「反法西斯政令」有其必要，而克蘭普勒只是他們之中的一個。

「克蘭普勒的日記讓我印象深刻，我替我的每個孩子都買了一本。我告訴他們，這是必讀書目。」布勞提甘說。

布勞提甘也證實了其他已悄悄從戰後歷史敘事中消失的事情。東德將更多的納粹黨人送上法庭，並拔除其職位，總人數比西德多得多。美國和英國占領區原本計劃實施一項大規模的去納粹化專案，該專案將根據犯罪程度把德國人分為五類，每類人都得接受相對應的赦免、懲罰或再教育，但這項任務太過龐大了。德文程度夠好的盟軍士兵太少了，他們無法閱讀和評估那些曾於納粹政府中擔任要職的德國人所填寫的問卷。冷戰開始時，英美最關心的是確保自己擁有對抗蘇聯的盟友，而非挖掘其骯髒的過往。去納粹化專案被移交給西德政府，而西德政府並不打算繼續執行該專案。不久後，他們便不再努力於此事。艾德諾政府並未審查和懲罰加害者，而是選擇賠償受害者。

聯邦共和國第一任總理康拉德．艾德諾是位保守的天主教徒，他做了一個很少有德國人提及但所有人都理解的交易。他決定支付巨額款項給以色列國和大屠殺的個別倖存者，這樣的做法在本國引起了爭議。這也是這些款項被稱為「賠償金」而非「賠款」[14]的原因之一，因為後者讓很多人聯想到令人反感至極的凡爾賽條約。

「幾十年來，聯邦共和國一直設法迴避賠款問題，認為賠款內容應由尚未簽署的和平條約來訂定。」布勞提甘說，「但支付賠償金，無論我們如何稱呼之，還有與以色列建立外交關係，這兩件事是國際社會重新接納我們的必要條件。在德國做了那麼多可怕的事之後，人們顯然沒有必要接納我們。」

「不過，這筆款項背後沒有明說的交換條件，不就是默許西德略過釐清過往的工作嗎？艾德諾政府可以繼續僱用納粹高階官員擔任要職，不在政治及文化上去處理第三帝國的問題——」

「妳說的沒錯，」他說，「艾德諾談到了無聲的遺忘，但他幾乎是西德唯一一個期待只要不談納粹時期人們就會遺忘一切的人。在過去的幾十年裡，情況已經有所改變。沒有人再抱怨我們因為戰敗而必須將東邊領土讓給波蘭。也許我們在戰後頭幾年裡沒辦法做得更多了。人民筋疲力盡，國家必須重建。在五〇年代裡，我們確實必須放眼未來而非回顧過往。」

有些人說西德的經濟奇蹟是一種集體而巨大的心理壓抑。就像從早晨到黃昏不停地鏟屎，能使人暫時忘記自己苦澀的戀情。說自己曾是個「無害的納粹分子」的哲學家呂貝（Hermann Lübbe），則以比較嚴肅的方式談論此事：他認為如果沒有「具溝通意味的沉默」，國家不可能重建。雖然重建西德經濟的重要力量是馬歇爾計畫，但令人無動於衷地埋頭工作的另一個因素是人們渴望轉移注意力。這是個在東德與西德都運作良好的機制。

布勞提甘的工作一向聚焦於可衡量之物：賠償金、賠款、外交政策中的硬性事實，以軟性外交技巧加以籌備完善。而我對象徵之物同樣感興趣，尤其是如何確保事物擁有正確的名稱。當魏茨澤克總統在一九八五年首次稱五月八日為解放日時，我無法理解隨後的熱烈議論。他的語氣是大多數德國政治家所具備的那種乏味謹慎的冷靜，演說內容也平淡無奇。「我們不應該只記得戰爭的結束而忘卻其開始。沒有哪個國家能免於戰爭和暴力，但猶太人所遭受到的種族滅絕是史無前例的事。我們尚未成為戰爭的受害者之前，其他人已成了德國所發起之戰爭的受害者。」枯燥而低沉單調的演講持續了將近一小時之久。戰後四十年，誰還需要聽這些？

結果，數以百萬計的西德人確實需要——這是一群直至今日仍稱其為「戰敗日」，在需要保持中立時則稱其為「無條件投降日」的人。多數人乾脆直接避免提及這天。總理施若德（Gerhard Schröder）後來稱讚這段演說建立了一種集體的準則，一個新的歷史身分。今天再讀這篇講稿，我明白了它的重要性，因為如今的我理解了當初認為無法理解之事。直到當時，大多數西德人都仍認為自己是二戰的最大受害者。魏茨澤克比我更瞭解他的聽眾，因為這段著名的演說打從一開始就承認了此事。他唯有認真看待人們的痛苦，才能引導他們承認自己確實虧欠盟軍，因為盟軍帶來了解放——過於軟弱而盲目的他們無法帶給自己的解放。

在演說的尾聲，魏茨澤克以格外優美的修辭將德國人民與以色列的子民相提並論。在戰爭結束四十週年之際，何不拿德國軍隊試圖消滅的人們所信靠的那本經典作為榜樣呢？「在新的歷史紀元開始之前，以色列人在曠野中待了四十年。四十年正是成為人父、肩負重責的下一代人徹底改變所需的時間。」這位總統是在拿對於埃及舒適生活的奴性渴望與對於殘暴政權的諂媚逢迎相互比較嗎？我想不是。也看不出魏茨澤克曾認為自己像摩西。但他的頭髮已全白了，他的父親早已不在人世，這讓他能夠講出德國之外的其他人認為理所當然之事：有很多人所歷經的苦難比德國人更深，而這些苦難是德國人的錯。

「可是，東德不是一向都稱這天為解放日嗎？」我問布勞提甘。

「是，而且人們會同時慶祝解放日與蘇軍的勝利。這不僅是責任使然，許多東德人是真的覺得感激。」

東德作家丹妮拉・達恩在魏茨澤克發表那場著名的演說的多年後再次見到他，她向他指出，東德向來把五月八日叫解放日，而且將其設為官方節日。「魏茨澤克笑了，他很友善，但我可以看出他後來明白了此事。他之前沒有想過這個問題。西德的每個人都表現得好像從沒有人想到要把五月八日稱為解放日。」

「東德的解放日紀念活動是認真的嗎？」我問布勞提甘。「我知道東德會教學校的孩子們唱〈謝謝你，蘇聯士兵〉（Thank You, Soviet Soldiers）。他們是真心的嗎？」

「許多人都是真心的，很多人對於蘇聯有著強烈的情感連結。例如克里斯塔・沃爾夫和延思・萊許（Jens Reich），那有點像是我那一代的西德人對於美國的感情：對於解放之感激，對於和平之感激。現在的情緒沒那麼多起伏了，但這是德國歷史中重要的部分。」

「沒有多少西德人贊同你對德國歷史的看法。」

「確實如此。」

「我想你大概不同意人們目前將兩個獨裁政權相提並論的傾向，彷彿法西斯主義和共產主義是同樣的東西。」

「我當然不同意。」他回答，音量轉大、語氣強烈。「一點也不（Ganz und gar nicht）。這兩者根本不一樣，我認為這種類比從一開始就很荒謬。」

「那你認為這種類比為什麼會變得這麼普遍？」

布勞提甘嘆了口氣道：「也許這是個正常的過程。東德的年代距今較近，所以其歷史也更有存在感。真正經歷過納粹時期的人已經不多了。」

「如果提出這種類比的是前東德的民眾，可能會有意義，但——」

「東德人不會提出這種類比。」

「我想也是。」

「他們之中的大多數人認為納粹主義和共產主義根本無法互相比較。他們知道東德比西德人認為的還要複雜得多，對於史塔西永無止盡的討論導致此事鮮為人知。如果你真的想瞭解東德，關於史塔西的討論實在沒什麼價值。」他再次嘆了口氣，「你要知道，西德人一直想要完全遺忘納粹時期的傾向。這種傾向雖然沒有像五〇年代那麼嚴重了，但仍然存在。」

我懷疑，人們如今將法西斯主義和共產主義劃上等號，背後有一個比心理壓抑更為黑暗的原因。我不認為這是有意識的，但無意識只令其更為強大。很少有國防軍成員拿起武器純粹是因為想要殺害猶太平民，但在前線也很少有人違抗這樣的命令。一九三五年之後，納粹政府開始徵兵；通常只有像布勞提甘的父親那樣在重要的戰爭工業或集中營裡工作的人，才能不用服役。不過，沒有哪個獨裁政權僅透過指揮軍隊就能無往不利，他們還必須激勵士兵。若納粹勉勵其士兵去射殺長鬍老人或用刺刀刺殺嬰兒，是不可能培養出他們試圖培養的那種英雄主義的。那些行為確實存在，但他們並不加以宣揚。[15] 呼籲人們保護歐洲免受共產主義威脅的聲音響亮、清晰而且更加有效。有時候，他們會把共產黨人的鼻子畫成諷刺漫畫中那種肥胖銀行家的鷹鉤鼻。每個研究納粹政治宣傳的學生都會注意到這點。不過，尤其是在戰爭開打之後，他們不再那麼強調猶太人所造成的威脅，而是更強調布爾什維克所帶來的威脅。在史達林格勒的情勢生變之後，呼籲人們保衛家園與家人免於蘇聯威脅一語甚至不是政治宣傳，因為很明顯地，紅軍在攻入柏林之前不會停止他們對於德國侵略行動的回擊。

正如希特勒在法國戰敗後所寫的：「我原可以全心投入消滅布爾什維克主義的工作，這是德國最重要的任務，是我一生的抱負，也是國家社會主義存在的理由。」這種摧毀布爾什維克的動力「本可以與對於東部廣闊土地之征服齊頭並進……以確保德國人民未來的福祉。」[16]德國國防軍入侵波蘭與俄羅斯並不是為了盡可能殺更多的猶太人，他們的任務範圍更廣。當然，這樣說並不是要否認大屠殺，也不是要忽視反猶主義對於納粹意識形態的重要性。阿諾．梅爾（Arno Mayer）是英文世界裡少數強調反共思想在納粹計畫中之核心地位的歷史學家，他寫道：「毫無疑問，德國對猶太人的攻擊是嫁接在對於民主自由主義、先進資本主義與文化現代主義的激烈反擊上的。這三者都是猶太人獲得解放的重要支柱與工具。」[17]但他也堅決認為：「儘管反猶主義是納粹世界觀的基本信條，但那並非其世界觀之基礎，也不是他們主要或唯一的意圖。」[18]二戰期間，美國方面也持有類似觀點。舉例而言，哲學家洛夫喬伊（Arthur Lovejoy）於一九四四年時替美國士兵寫了一本小書，解釋戰爭發生的原因。擴張領土和軍火商的利益被放在首位，反猶主義只是順帶一提。[19]

在德國，沒人懷疑反猶主義充斥在那敗壞有毒的十二年中，所剩無幾的每一口新鮮空氣裡。但德國人心裡都知道，國防軍中無論是生還者或陣亡者身上的英雄光環，是因著他們與共產主義者作戰失利才出現的。只有右派陣營才會堅持這種說法。不過，這份很少有德國人能完全擺脫的綿長內疚，確實可以透過重提納粹的反共思想來緩解。讓爸爸或爺爺拿起槍的也許不是猶太人；他的目標是布爾什維克，猶太人只是礙事而已。布爾什維克現在看起來愈糟，納粹的回憶就愈美好。如果法西斯主義和共產主義是一樣的，那麼爸爸和爺爺不也是在對抗邪惡嗎？

「在這點上我們的想法相同。」布勞提甘說，「我認為這就是這個等號會存在的決定性原因：人們有種未曾言明的深刻需求，需要為納粹脫罪。這就是為什麼人們寧願關注東德。」

◈ ◈ ◈

二〇〇三年，歷史學家東尼．賈德邀我共同策辦一個比較法西斯主義和共產主義的國際研討會。他認為哲學家和歷史學家一起討論此題會是件好事，而且他希望活動能在愛因斯坦國際論壇舉行。如果我能找到一半的資金，他所領導的紐約大學雷馬克學院（The Remarque Institute）會提供另一半的資金。我倆坐在紐約一家地下室的餐廳裡，開始策劃這個會議。

「有個不同之處，」東尼說，他屬於西方第一批批判東歐社會主義的左翼思想家。「我願意和一個前史達林主義者同桌而坐，但不願意和前納粹主義者同坐。」

直到很久以後我才反應過來，對大多數西德人來說情況正好相反。孩提時代的他們每天早上可能都會和一兩個前納粹分子同桌吃早餐；他們不太可能認識任何前史達林主義者。在當時，我只能對東尼表示同意，並建議邀請一位前史達林主義者參與。

「如果馬庫斯．沃爾夫（Markus Wolf）能來就太棒了。」東尼說，「妳覺得妳請得到他嗎？」

在沃爾夫領導著相當於中情局的東德機構的那些年裡，他大部分的時間都被稱為無臉人，因為他從不拍照。據說，他領導的這個機構是全世界最好的情報機構，可能僅次於摩薩德（Mossad）[20]。他於一九八六年退休，並開始批判東德政府。他在退休後的頭幾年裡寫了一本動人的回憶錄，講述自己不凡的一生。

沃爾夫在一九二三年生於德國，當時他的名字是米沙．沃爾夫（Mischa Wolf）。納粹掌權後，他和父母與弟弟出逃至莫斯科。他的父親弗德里希並不是猶太教徒，但他和許多人一樣因為具有猶太血統而違反了納粹的種族政策。他沒有等到《紐倫堡法案》出現，而是在一九三四年就離開了德國，因為他不僅是猶太人，還是共產主義者。身為醫生的他致力於替窮人治病，也創作反法西斯的劇本。

米沙與弟弟在莫斯科長大。有別於他們身旁移民社群中的朋友，史達林的恐怖陰影雖徘徊不去，但並未對他們產生直接影響。（可能是因為弗德里希自願接受派駐至西班牙當醫生，他和許多人一樣，認為西班牙內戰的危險程度低於恐怖統治極盛期的莫斯科。）與弟弟康拉德不同，米莎一直都在紅軍中服役，直至攻陷柏林。他在戰線後方工作，負責製造飛機。戰爭結束後，沃爾夫全家返回柏林，而他們過往的歷史與個人的才能令他們成了東德的菁英人物。弗德里希成了東德駐波蘭第一位大使，康拉德成為東德最優秀的電影導演，而米沙則成為東德對外情報局的局長。當圍牆倒下時，米沙遭到叛國罪的起訴。他短暫逃往莫斯科，然後回到柏林受審，最終被宣判無罪。法庭同意辯方的觀點：每個國家都有權設立外國情報機構，而米沙除了妥善管理東德的情報機構之外，沒有犯下任何罪行。

米沙·沃爾夫說他很樂意接受我們的邀請，並問我們該做出什麼準備。我們都認為非正式的對談比正式的演講好。問題是，與談人要找誰好？我問漢斯·奧圖·布勞提甘是否同意與沃爾夫公開對談。他要我給他三天時間考慮。沃爾夫很樂意和布勞提甘對談，但因為他從未被允許入境任何英語國家，他不確定自己的英文程度是否能勝任這項工作。我向他保證若有需要，我和東尼會協助翻譯。我想，事情大致敲定了。

事實證明，哲學家要比歷史學家更難對於某個研討會主題產生興趣；我所從事的這個領域並不以對於實際事件的思考而聞名。不過，東尼就是能夠說服傑出的歷史學家霍布斯邦（Eric Hobsbawm）參加研討會，就算他曾於《紐約書評》（*The New York Review*）上批評霍布斯邦的自傳亦然。所以，我拿著一份有著傑出歷史學家與其他學者的名單，寫信給幾個資助這類活動的機構。他們都給出了相同的答案：研討會看起來會很精彩，他們很樂意提供資金——只要我別邀請馬庫斯·沃爾夫就好。

我瞭解為什麼布勞提甘需要時間考慮，他知道這件事會有很大的爭議。最後，我們得到紐約開放社會基金會（Open Society Foundation）的資助，在二〇〇五年舉辦了這場相當成功的研討會。布勞提甘與沃爾夫之間的對談並未迸出驚天動地的創見。兩人在基本問題上大多意見一致；他們都認為，儘管史達林主義扭曲了首見於啟蒙運動的平等理想，但納粹主義不過是狂暴的部落主義，連可扭曲的理想都沒有。共產主義起碼在史達林時就已成了極權主義。但除非你認為心態沒有意義，否則以爭取平等、團結為出發點的人和以種族主義世界觀為出發點的人之間，仍有著天壤之別。這就是為什麼東尼只願意與其中的一人同桌而坐。

研討會上的其他講者談及意識形態與道德、意圖與機緣、灰色地帶與責任之間的差異。沃爾夫的英文比他原先以為的還要好，令東尼與我印象深刻；我們想和他繼續對談。在研討會的閉幕餐會上，東尼邀請沃爾夫隔年到雷馬克學院作客。沃爾夫很高興地答應了，因為他從沒去過紐約。他有個同父異母的哥哥在紐約，他有五十年沒見過他了，而且他們兩人都年事已高。東尼和我開始規劃另一個共同的活動，這次是在紐約。直到現在他都還會寫信給我，信中興奮地討論著活動細節。

但米沙．沃爾夫從沒有得到入境美國的簽證。經過多次憤怒的詢問，東尼瞭解到拒絕沃爾夫入境是來自非常高層的決定。康朵麗莎．萊斯（Condoleezza Rice）[21]曾與梅克爾商討此事——她當時還不是總理，而是反對黨基督教民主聯盟的領導人。她們倆決定：門都沒有。東尼提出了抗議，並試圖私下協商，但國務院立場堅定，東尼精心策劃的活動沒能辦成。米沙．沃爾夫在一年後於睡夢中逝世，他沒能再見到同父異母的哥哥。

這件事揭示了有關東西德之間的一些事，以及我們有多難公開討論納粹時代在戰後如何持續發揮影響力、持續在東西兩方之間創造出深層的緊張關係。事情還沒完：幾年後東尼不幸早逝，《紐約書評》隨即刊出了一篇長文。悼念文的作者是提摩希．史奈德，日後，他會在法西斯主義和共產主義之間畫上一些有問題的等號。他也參與了這場研討會，覺得有件事值得一提：「有一次在柏林的一場研討會上，前東德間諜頭子馬庫斯．沃爾夫帶著惡意要求東尼用德文重複某個問題。東尼照做了，但帶著不符合他性格的猶豫……東尼曾說過，大屠殺在他成長過程中無所不在，卻又無形無影，就像是一層水氣。」[22]

讀完這篇文章的我目瞪口呆。沃爾夫使用德文時並沒有惡意。我們曾承諾會在他需要時為他同步翻譯，如果東尼有所猶豫，那是因為他的德文還不夠好。無論如何，他為了沃爾夫能在來年造訪紐約所付出的努力已證明了這個問題並未冒犯他，且恰恰相反。史奈德怎能將其詮釋為惡意？除非他假設前共產黨員所說的任何話都是出於惡意。

◈ ◈ ◈

在東德當了十年外交官的保守西德人，是個幾乎不受意識形態忠誠度影響的資料來源。另一個來源也許是統計數字。過去二十年裡，德國投入了大量資源對納粹時代進行詳細的歷史審查。如外交部或司法部這類的重要政府機構都委託專家進行研究，以確定在戰後有多少前納粹分子仍於部門中工作。各大行業也紛紛仿效此事。有這麼多嚴謹而具備細節的研究，肯定有人將概況製成表格。在東德和西德，各有多少前納粹分子戰後仍握有大權？有多少人受審，其中又有多少人被定罪？西方國家付給以色列的賠款有多少？東德付給蘇聯的賠款又有多少？我從不相信數字會告訴我們一切，但我認為數字是可靠之物。

也許這些詳盡的研究檢視的都是樹木，沒人探問森林的狀況。我翻閱了數百頁關於釐清過往的歷史資料，愈翻愈感氣餒。如果相隔兩年的兩份研究對於在兩德遭到判刑與定罪的納粹人數都能得出不同的數字，我還有什麼希望找到正確數字呢？有位美國的歷史學家安慰我。「我們甚至不知道有多少美國人在內戰中被殺，」珍妮佛・史托曼（Jennifer Stollman）說。「至於死在中間航路上的非洲人就更不用提了。估計數字從四百萬到兩千萬都有。你在計量歷史學中學到的第一件事情是，數字是人寫下來的。」

這意味著數字雖然存在，但許多數字都帶著政治意味。有時候，數量背後的政治意味是很明顯的。兩德統一後，政府委託專家對於前東德發生的墳墓破壞案件進行研究。被推倒或塗上納粹標誌的墳墓數量當然令人相當不安。問題是，沒有人費心找人研究前西德有多少墳墓遭到破壞。結果是，西德的墳墓破壞事件更多，但由於沒人有興趣投入資源去統計，所以沒有準確的數字。[23] 政治利益讓人難以得知政府、警察機關、大學中的前納粹成員究竟有多少。有太多機構根本不願意知道答案。在將自己塑造成一個反法西斯國家之後，東德根本不想承認這些人存在，儘管每個人都認識許多前納粹黨員。而西德的故事則複雜到可以寫成一部黑色喜劇——如果你喜歡這類劇碼的話。

戰爭結束時，美軍回收了一千零七十萬張納粹黨員證，並將其保存在美國人手中。鑑於有多少黨衛軍軍官試圖拿他們的制服換一件有黃星的外套，美國人不相信德國人會保存能指認納粹的明確記錄。後來，冷戰令我們相信「誰是納粹？」的問題並不重要，重要的是「誰同屬反共陣營？」美國在翻閱黨證時認出了許多知名政治家的名字，於是他們將這批證據鎖在柏林文件中心。人們很難接觸這批受嚴密控管的資料，因為美國不想讓他們在冷戰中最重要的盟友尷尬。而盟友德國則發現把檔案交由美國人控管非常方便。例如，知名的外交部長根舍（Hans-Dietrich Genscher）知道自己的黨證也在其中，便要求美國繼續頂著日漸增加的壓力，別把檔案交還西德。最後，美國厭倦了承擔不公布資訊的責任，堅持在一九九四年——根舍退休的兩年後——將檔案交還德國。

關於「為何一切關於納粹的事物都難有精確數字」的問題，這還只是開場白而已。紀錄並不完整，無論是湮沒在戰火之中或是遭人刻意隱瞞。我們很難估個數字以便比較：要確定從東德轉移到蘇聯工廠與火車軌道的資源價值與從西德流向以色列的資金轉移孰多孰少並不容易。很多研究仍在進行中，十年後也許會得出更可靠的數字。以下所得出的估計數字，是由最不具特定立場的資料所彙整而成的。

受審人數

在東德，有一萬兩千八百九十名納粹被定罪，一百二十九人被判死刑，其他人則被判處不同長度的刑期。在西德，六千四百八十八人被定罪，沒有人被判處死刑，大多數遭判監禁的人很快就獲得減刑。多數人不是作為謀殺犯被審判，而是作為謀殺的幫兇被審判。例如，某位約瑟夫・奧伯豪斯（Josef Oberhauser）因著在貝爾澤克（Belzec）協助謀殺了三十多萬人，而以共犯身分受審。他被判處四年半的監禁，等於他每殺一個人只需要被關七・八分鐘。[24]研究者艾希穆勒（Andreas Eichmüller）與赫爾維格（Malte Herwig）也記錄了接近但不完全相同的數字。[25]德國（西德）刑事司法教授英戈・穆勒（Ingo Müller）從這些數字所得出的結論是：

> 在東德，被定罪的人數是西德的兩倍；若按人口數量去比較則是西德的六倍。因此我們必須考量到，那些受牽連最嚴重的前納粹分子中的大多數人，若有可能的話都寧可去西邊。[26]

遭西德判刑的納粹人數很少，這並不奇怪，因為有許多前納粹分子在司法部工作——直到一九六六年司法部還有六六%的重要官員是納粹——另外還有相當於美國聯邦調查局的德國聯邦刑事局（Bundeskriminalamt），該局有四分之三的主管曾是納粹，其中一半以上屬於黨衛軍。[27] 中央情報局曾對德國對外情報局提供協助，而後者由萊因哈特·蓋倫（Reinhard Gehlen）出任局長，他不僅是納粹，而且是對俄戰爭期間負責軍事情報的將軍，他後來幫助許多戰友——如艾希曼的首席助理——逃過起訴。這樣的事實解釋了為什麼西德政府在尋找和起訴這些人時幾乎沒有任何力道可言。

政府裡的納粹

進步的左派和綠黨在國會中帶頭呼籲，徹查西德各政府部門中的納粹影響，尤其是在聯邦單位不去調查二〇〇〇年至二〇〇七年間九位中東裔公民謀殺案，而是令人起疑地阻撓對於從事恐怖活動的國家社會主義地下組織（National Socialist Underground）的調查之後。可以想見，一些基督教民主黨議員反對撥出資金來對西德各政府部門進行徹底的歷史調查，理由是「東德也有前納粹分子」。後者的數字不太可能準確計算，但二〇一六年時政府投票決定投入四百萬歐元全面調查西德。

他們會遇上的麻煩，可從人們對於《政府與往昔》（*Das Amt und die Vergangenheit*）一書的反應窺見一斑。這本書長達八百八十頁，深入探討了第三帝國時期的德國外交部。由於副外交部長魏茨澤克在紐倫堡大審中做偽證，外交部得到了「納粹時期沉默的反抗機構」這個不配享有的美名。由五位國際知名歷史學家所組成的委員會（其中包括一位以色列歷史學家和一位美國歷史學家）得出了相反的結論：外交部在大屠殺一事上其實扮演著關鍵性的角色。這本書於二〇一〇年出版，引起諸多辯論，以至於這些辯論本身如今也成為了歷史研究的主題。[28]不在委員會中的歷史學家抱怨委員會的資料來源不夠明確；委員會則表示許多檔案被毀，文件消失無蹤。被排除在外的歷史學家抱怨，委員會應該要重修歷史方法的入門課程；委員會的回應是，這些同事只是嫉妒他們沒有被選中參與這項工作。這只是職業歷史學家之間的一些爭論。在這個社群之外，有些人稱這本書是獵巫行動，讓人聯想到東德的政治宣傳；另一些人則說，**會說這話的**都是前納粹分子，試圖恢復死去戰友的名聲。這些辯論發生在二〇一一年至二〇一五年間。

對內政部的初步研究發現，在一九六一年的高峰時，西德內政部有六六％的人員是前納粹分子；在一九六二年至一九七〇年間，比例降至五〇％。東德內政部的納粹比例為一四％。這比東德政府願意承認的要高得多，但比西德真正的數字要低得多。[29]

簡單來說，雖然所有可靠的消息來源都認為在西德任職的前納粹要比東德多得多，但很難得出確切人數，即使是單一部門的人數都難以得知。上述數字必須被視為初步數字。二〇一六年，政府耗資四百萬歐元委託專家進行廣泛的研究，其結果預計於二〇二〇年公布。由於德國人對詳盡縝密的渴望往往超過對準時的渴望，我不會屏息等待研究結果出爐。

紀念碑

聯邦政治教育處（The Federal Office of Political Education）發表了一份研究，內容研究的是一九九〇年之前政府為國家社會主義受害者建立的所有紀念碑。由於柏林是比較東西德的最佳地點，我將範圍限縮在柏林。包括建築物上的小牌匾到大型紀念雕像，東柏林共有兩百四十六個紀念碑，西柏林則有一百七十七個。[30]在計算的同時我們也得記得，一九八九年的東柏林有一百二十九萬七千兩百一十二名人口，面積為四百零九平方公里，而西柏林有一百八十五萬四千五百五十二人，面積則為四百八十平方公里。雙方都有一些紀念碑是紀念猶太會堂的遺址，或紀念被納粹殺害的猶太人和其他的反納粹者。東西德有些差異在預期之中。東柏林有更多的紀念碑專門紀念反抗運動中的英雄，特別是共產主義者，還有過早開始反法西斯而加入西班牙內戰中的國際縱隊（Intrrnational Brigades）的五千名德國人。西柏林則有更多的紀念碑專門紀念那些淪為納粹受害者的基督教領袖，還有一座紀念許多同性戀受害者的紀念碑——這些受害者往往沒有被計算在內。仔細閱讀這些資料，會發現一個醒目的事實：西柏林有近半數的紀念碑是在一九八〇年代建造的，當時，最後推動德國建立浩劫紀念碑的大眾壓力催生出了一些西柏林人認為早就該有的較小型紀念碑。

除了位於柏林的紀念碑之外，還有種特殊的紀念碑很容易便能進行比較。在東德，人們將布痕瓦爾德集中營、拉文斯布呂克（Ravensbruck）集中營和薩克森豪森（Sachsenhausen）集中營修復成為紀念館。修復的資金來自國家和個人捐款，所有學童在某個教育階段都至少會被帶去參觀其中一個。相較之下，西德直到一九六五年才有公共資金投入建造達豪集中營紀念館。直到那時，由前囚犯組成達豪國際委員會（Comite international de Dachau）才成功迫使巴伐利亞邦建造一座紀念館，而該邦數以百計的小型集中營仍未得到致意。在兩德統一之前，西德未曾提撥聯邦資金維護或資助任何集中營紀念館。

賠款金額

賠款金額的計算格外複雜，因為涉及許多不同的部分。納粹受害者的個人賠償金（compensation）是一回事，對整個國家因國防軍對其人民和財產造成的損害進行賠款（reparations）是另一回事。而後者的價值也難以計算。數十億馬克的工廠設備從東德轉移到了蘇聯。在計算其價值時，是要計算這些設備在一九五三年的價值，還是計算這些設備若留在德國土地上會產生的收入之損失？

根據最可靠的研究，西德支付給個別受害者的賠償金總額約為八百億馬克，其中包括付給以色列和猶太人索償聯合會（Jewish Claims Conference）的一次性付款。[31] 東德的賠償金總額較難計算，最佳估計約在十億至二十億馬克之間。東德只對生活在東德的受害者進行賠償，這也是為什麼這個數字額與西德的賠償金額相比顯得微不足道。然而，當我們檢視賠款金額，百分比卻發生了逆轉。東德賠款的金額最保守估計是九百億馬克，而西德的賠款則是一百九十五億馬克。（這些數字是按照一九五三年的德國馬克價值計算的。以今天的幣值來看，東德的賠款是一千八百億歐元。）由於東德人口只有西德的四成，所以人均賠款額的差距更加驚人：比例大約是一一〇：三（東德：西德）。[32] 這對東德經濟造成了毀滅性的影響，是東德經濟遠遠落後西德的主要原因之一。儘管波茨坦協議起初規定兩德都要為國防軍造成的破壞賠款給蘇聯，但支付了大部分費用的卻是東德。

◈　◈　◈

如果說統計數字多有疑點，那麼象徵符碼就只能說是相當複雜。

當歌詞作者在一八四一年寫下「德意志高於一切」時，其意義完全不同。他並非以令人不寒而慄的態度在表達德國之優越，而是請求將微小的分歧拋在腦後，讓三十七個公國能團結為一國家整體。但是，即便是西德政府也知道，訴諸原旨主義（originalism）是行不通的，他們在一九五二年禁用了前兩節歌詞。歌詞中提及德國婦女的段落，提及不再可能屬於他們的領土之段落，都被汙染了。這些段落刪除後，只剩下無害而老套的第三節，現在此節單獨成為了德國國歌。

統一、主權和自由
為了德意志祖國
讓我們一起為了這個目標而努力
像兄弟那樣團結起來
獻出我們的雙手和真心

統一、主權和自由
是我們千秋萬代的誓言
為了實現這使命的榮譽
為了德意志祖國永遠的繁榮昌盛

還有另一個替代方案。一九四九年，東德委託創作者寫了一首新國歌〈從廢墟中崛起〉(Risen from the Ruins)。漢斯・艾斯勒（Hanns Eisler）所譜之曲將甜美動人的大調和振奮人心的小調結合在一起，方式或許稍嫌矯情但旨在鼓舞人心，格外適合激發國家情感。官方詩人貝歇爾（Johannes R. Becher）所寫的歌詞則展現出一首國歌對於釐清過往的全心承諾。這是前兩節歌詞：

從廢墟中再崛起
面向未來展雙翅
為你崇高的事業
我父之國德意志
往日悲傷不再臨
唯團結能得勝利
你我終將能得見

燦爛驕陽之耀眼
照亮德意志天邊

幸福和平的生活
降臨德意志祖國
眾人皆期盼和平
向世界伸出雙手
你我兄弟齊團結
人民之敵不再有
和平光芒永照耀
要讓我們的母親
不再為兒女哀悼

當東德放棄統一之訴求以換取實體貨幣及東西德關係的改善，這些歌詞就不再公開唱了，只剩下艾斯勒的曲子。

〈從廢墟中崛起〉對於剛統一的德國而言本是理想的國歌，承認了過去的恐怖，並宣揚對未來的希望。作詞人貝歇爾後來在史達林主義的全盛時期擔任東德政府要職，這有什麼關係嗎？我們知道〈星條旗〉的作詞者法蘭西斯・史考特・契（Francis Scott Key）後來怎麼了嗎？或是〈天佑女王〉的不知名作詞者？這大概就是東德第一位也是最後一位民選總理德邁齊耶（Lothar de Maiziere）的論點。他在統一前那幾場極為匆忙的談判中指出，如果西德堅持保留一部分的過往，他們可以用東德的歌詞搭配同一首海頓經典——那首以「德意志高於一切」的歌詞而聞名於世的曲調。西方國家手握經濟大權，他們的回答是：不了。當時，西德的執政黨是基督教民主黨，所以此事也不令人訝異。他們需要幾十年的時間來承認德國需要以某種形式來釐清過往，而且也從未探討過基督教民主黨的歷史之中需要釐清的過往。他們怎麼會希望每次唱國歌時，都得回想起那段過去？

今日，柏林僅存的東德象徵物是行人紅綠燈上頭指揮人們前進或止步的可愛小人，這顯然比西柏林曾使用過的機器人般的號誌更吸引人。如果你想把代表這個城市的馬克杯或T恤帶回家，這是最常出現的圖案。紀念品商店永遠不會告訴你這整件事背後曾有多大的爭議，年輕的銷售員自己大概也不知道。

不過，國歌是國家政治宣傳的一部分，是上頭頒布的東西。而東德使用自身反法西斯的立場作為武器來指責西邊的鄰居。

東德很快就把西德不調查也不起訴前納粹分子一事拿來作為自己國家的宣傳，但此事確實為真。東德與西德的每個人都知道納粹的歷史尚未過去，但此事要不是成了僵固的教條，就是完全沒人要提起。東德的教條是：作為德國土地上第一個反法西斯國家，我們已切斷了今日與法西斯歷史之間的一切連續性。西德的教條則是：作為壓制個人自由的極權主義意識形態，共產主義並不比法西斯主義更好；因此，東德根本沒有切斷與昨日的連結。由於這兩種教條都不符合事實，所以人們往往選擇沉默。

東德也有舊納粹分子。

當然有，畢竟東德仍是德國。東德的納粹本來就少，因為隨著東線的瓦解，許多人都逃到了西邊。留在東邊不僅得面對納粹政治宣傳中的布爾什維克蠻族，還得害怕國防軍在蘇聯的所作所為會招來報復，所以大多數納粹分子寧願在美國占領區等待失敗之日降臨。這意味著東德從一開始就沒有那麼多重要人物，但他們送上法庭的納粹卻遠遠多於西德。最重要的是，儘管東西兩方的大眾與納粹的牽連同樣盤根錯節，但領導層的情況卻非如此。東德的領袖——包括政治家、公務員、媒體和藝術從業人員——骨子裡都是反法西斯主義者，其中有些從納粹時代倖存下來的人曾以自身鮮血作為代價。而西德的領袖在最好的情況下也是納粹同謀，即使是那些並未公開反猶的人，也都公開而激烈地反共。西柏林拒絕讓反抗納粹的英雄在公立學校講述他們的戰時經歷，因為大多數生還者都是共產主義者。在西德，為共產主義服務總是比為法西斯服務更糟。兩德統一後所通過的退休金新法的計算方式，讓這點變得非常清楚。你作為黨衛軍軍官或駕駛運囚車前往奧許維茲集中營的年限會計入你的退休金年限，而你在東德服義務役或駕駛一般火車的年限則不計入。[33]

東德的反法西斯主義是種展示，以贏得蘇聯占領者的青睞。

西德支付的賠款不也是為了贏得占領區的美國人好感嗎？在一九九〇年簽署和平條約之前，東西德都曾以不同的方式來釐清過往，以討好各個占領國。釐清過往的行動從來不只關乎內部，每一個從事這項工作的國家都在向外部世界發表聲明。甘迺迪總統將《民權法案》作為冷戰時期的一個工具，因為在非洲的後殖民革命之後，蘇聯指出美國的隔離制度與其理想徹底相悖。無論是什麼樣的外部壓力促成了六〇年代的《民權法案》，其通過都是件好事。無論是什麼樣的外部壓力強化了東德對反法西斯主義的公開承諾，其存在都是件好事。

東德利用反法西斯主義作為藉口來掩飾自身的不正義和壓迫。確實如此。最明顯也最愚蠢的例子是在西柏林周圍建造了一道一百二十八公里的水泥牆，並稱其為「反法西斯保護牆」。大家都知道，其目的並不是阻擋外面的入侵者，而是關住裡頭的人民。東德政府替這道牆取的名字所引來的鄙視和嘲諷，可能比他們曾做過的任何事都還要多。釐清過往的行動總帶有政治意味，在政治上可能被濫用；世間萬物都是如此，包括嬰兒照片和《聖經》皆然。不過，即使是那些曾經的異議者、那些希望東德花更多時間來釐清史達林主義時期之罪行的人，也認為東德在釐清納粹罪行一事上做得很好。

東德確實扭曲事實，他們將自身定位成在德國的廢墟之中崛起的反法西斯國家，並暗示納粹是西德的問題。他們聲稱只要擺脫資本主義就能擺脫法西斯主義，就像西德聲稱擺脫公開的反猶主義就能擺脫法西斯主義一樣，都是片面之言。東德讚揚紅軍，藉此暗示自己也是勝方的一員——其程度誇張到偶爾會有人表示，孩子們對父親在戰爭中究竟服役於哪支軍隊感到困惑。政府的立場讓大多數東德人相信，他們在歷史中本來就站在正確的一邊。而這是個危險的想法，因為在歷史中某一刻位於正確的一邊並不保證你會一直在那邊——埃里希・米爾克（Erich Mielke）的職業生涯告訴我們的正是這點，他曾在西班牙內戰中與法西斯分子作戰，後來卻成了史塔西的負責人。儘管如此，選擇反法西斯主義的一邊，並邀請在納粹時期被迫移民的人回來重建新德國的東德，至少有一次站對邊了。

東德的釐清過往只是做做表面。這也許是政府的政策，但並未延伸至生活中的對質。

哲學家史丹利．卡維爾將思想家分為以政治為主要範疇者和以心理為主要範疇者。[34]對東德人而言，政治範疇是最重要的；至於對西德人來說，則是心理範疇。[35]當西德的六八世代因著德國於戰後數十年間未能釐清過往而憤怒爆發時，他們堅信釐清過往意味著對付他們的父母，而且往往是激烈地與之對質。在東德，人們的生活中很少發生這種事。正如（西德）哲學家貝蒂娜．施坦奈特所說的：「在東德，釐清歷史與自我啟蒙無關。馬克思主義者認為，改變意味著改變政治與經濟關係。一旦這些關係有所改變、政治領袖有所改變，我們就克服了惡，就不需要進一步的啟蒙了。這是種過於樂觀的意識形態。」

我相信需要政治上和心理上的改變才能徹底釐清國家罪行。但若得決定優先次序，我更希望先從政治層面開始努力——包括制訂防止種族主義言論的法律、制定懲罰種族主義犯罪的法律、從政府最高層到小學教育全面譴責種族主義。

東德很反猶。

一九九一年，西德研究機構恩尼德（EMNID）發表了一份報告，比較東西德的反猶態度。那是在統一後不久，東西之間的界線仍相當分明。他們的結論是：西德各邦有一六％的人口表現出極端的反猶傾向，而東德有四％的人口表現出這種傾向。[36]在東德，自納粹手中倖存的猶太人得到了大量的福利：大筆退休金、特權住所、免費公共交通。儘管東德更著眼於納粹的反共意識而非反猶意識，但他們也徹底記錄了後者。歷史學家雷娜．奇爾希納（Renate Kirchner）統計了東德出版有關猶太人和反猶主義的書，共有一千零八十六本。早在西德電視臺開始播放美國電視劇《大屠殺》（*Holocaust*）之前，就有一千多部電影和電視節目經常向廣大民眾介紹大屠殺事件。[37]

我們不能忽略東德的反猶情緒，那與史達林主義時期最糟的反猶政策同時出現。同樣真實的還有東德在一九六七年的六日戰爭中站在阿拉伯國家的一方，如同蘇聯一樣。除此之外，西德和東德釐清過往的方式，幾乎在所有其他方面都有待辯論。正如歷史學家馬力歐．凱斯勒（Mario Kessler）所說的：「我們閱讀的這些著作經常引用相同的資料來支持其主張，這代表歷史學家可以得出非常不同的結論，或者是說，他們的意識形態和政治立場對他們的判斷影響非常大。」[38]

如果東德在釐清納粹罪行方面如此出色，那麼他們為什麼不釐清史達林主義時期的政府罪行？這是個很好的問題。許多東德人都認為，如果當年他們能做到這一點，東德可能會存續至今。

◈ ◈ ◈

延思．萊許是一位分子生物學家。他是東德著名的異議者，著名到當他拒絕入黨並向體制宣誓效忠時，他失去了他在生物研究所的所長職位。他在外地獲得了另一份不那麼有趣的工作，繼續進行科學研究和政治工作——將希望改變東德的人組織起來，參加批評性討論小組。

我們在他家碰面，他家位於以前的西柏林一個明顯屬於資產階級的街區。「我們並不想推翻東德，而是想改革東德。」每個實際參與過反對運動的人都這麼說。

延思．萊許的父親在東邊戰線當過醫生，我問他兩人是否曾就戰爭問題發生爭論。

「我父親堅持認為，國防軍的成員並非人人皆罪犯。」

「這是在國防軍展覽之前？」

「在東德，我們五〇年代就開始在談國防軍的罪行了。我父親待過前線，他還談到在村裡建立診所、為當地居民和士兵治病。」他們也因著美國軍隊在戰時的行為爭吵過。「父親很生氣，因為美軍在地面遇到抵抗時就立即撤退，然後從空中轟炸該城市。」這導致成千上萬的平民死亡。「我認為這是可以理解的。既然他們在太平洋地區苦戰，這裡就不能折損士兵。」

他們不可能是帶著敵意彼此爭論，因為萊許在談到父親時充滿了敬愛之情。他的父親從戰場上回來後加入了共產黨，想要協助建立一個社會主義式的新德國。大多數醫生都去了西方，那裡的工資要高得多，所以他的服務很受歡迎。他建立了一家醫院。「父親在愚蠢的專制體系中受盡折磨，但他從沒說過一句蘇聯的壞話，也沒說過東德的壞話。」

萊許還記得學校是如何討論納粹時期的歷史。討論的主要是反法西斯反抗活動中的英雄人物，但他們也講述受害者的故事。「我不知道東德有誰像西德人一樣認為解放日是外國勢力進駐日。這是個戰敗的日子，但許多人確實感到這是解放之日。」讚頌反抗的英雄有助於減輕心理負擔，使孩子們在成長過程中不必感到自己是犯罪國家的成員。「我們沒有學到所有東西，但我們學到了很多。在西德，歷史課就講到威廉皇帝為止。」

萊許像其他人一樣，堅持必須將東德分為不同時代。五〇年代的史達林主義時期後是「一個悲哀的時代；隔離牆蓋好了，我們無法離開。但當時的東德也不再是個殘酷的獨裁政權。」當時仍有許多的審查制度，但萊許如今記得的是，要避開這些審查是多麼容易。他本人未曾遇上反猶主義。他說，大多數受過教育的民眾都不贊成政府在六日戰爭時的立場。「在西德，左派是非常反以色列的，而我們不是這樣。」他也沒有感受到任何反俄的情緒。「任何狂熱反俄的人都去了西德。我們其他人知道國防軍和黨衛軍的事，心想『天哪，我們在西邊都做了什麼？』」萊許是德蘇友善組織的成員，他有許多同事都在蘇聯，其中有一半是猶太人。他也沒有感覺到對於他族的仇外心理。「聽著，我們與大半個世界隔絕，我們看到任何外國人都很高興。」

他說，有見識的東德公民總是處於矛盾狀態。許多真正想建立一個新德國的人被授予榮譽職位，他們無法對任何事產生影響。「許多人對黨感到失望，因為它堅持以反法西斯敘事作為基礎，而黨本身已經極度僵化，年輕人無法再相信它。年長的人應該早點面對現實，說『這不是我心目中的社會主義。』不過，要說我們的反法西斯主義空洞無用，這種指責我無法接受。對於東德的反法西斯工作，我毫無怨言。」

◈ ◈ ◈

菲德利希・修雷美爾（Friedrich Schorlemmer）身材高大而五官端正，他宏亮的聲音在他擔任牧師的那些年裡一定很有幫助。馬丁路德是否真的在他牧會的教堂門前釘下了那九十五條論綱？歷史學家仍在爭論，但修雷美爾為我指出那扇傳說中曾釘有論綱的門。雖然修雷美爾已經退休，但他在教堂裡顯然相當自在，他向我介紹教堂為慶祝宗教改革五百週年而進行的翻修。他在威登堡（Wittenberg）的路上也很自在，幾乎每個走在鵝卵石街道上的路人都會向他打招呼；如果這些路人是遊客，修雷美爾就會停下來指點他們方向。認識他的人都不會忘記他在一九八三年發起的「鑄劍為犁」運動（Swords into Plowshares）。身為狂熱的和平主義者，他抗議東德的軍國主義。即使是那些錯過了抗議活動本身的人，也都記得那張著名的照片，照片中的鐵匠赤手空拳，修雷美爾邀請他把實際的戰爭武器打造成農具，令這個比喻更為清晰。如今有一座紀念碑標誌著此事發生的地方。他也是第一批抗議東德環保政策（或是說，缺乏環保政策）的人之一。

「西德記者不知道該怎麼稱呼我們。我們不是反對派，而『異議人士』好像也不太對，所以他們稱我們為民權倡議者。根據史塔西估計，我們有五萬人，但我認為這個數字高估了。」

我告訴他，漢斯．奧圖．布勞提甘堅持要我和他談談。「布勞提甘是一個相當可愛而目光敏銳的人。他問問題，然後傾聽答案。他眼中的東德既沒有黑暗過了頭，也沒有美好過了頭。」修雷美爾回想起，他在與布勞提甘一起坐渡輪時，用慣常的宏亮聲音說話，布勞提甘想保護他，警告他最好放低音量。他很感激他的關心，但他的態度始終是：「他們最好聽見我要說什麼。」

「不是每個人都知道史塔西在竊聽他們嗎？」

「有些人這麼說是為了合理化他們的毫無作為；有些人這麼說是為了顯得比實際上更勇敢。我知道他們在聽，雖然我不知道他們竟然在浴室和走廊上也裝了竊聽器。我有個跟了我一輩子的少校，統一後，我從他那裡學到的東西比從我的史塔西檔案裡學到的還要多。」他搖了搖頭。「史塔西確實存在，但我不會把它與——舉例而言——南非的監控相提並論。史塔西並未決定我們的生活。我們大部分時間都在享受普通的生活：美好的高達起司、還可以接受的紅酒。」

一九四四年出生在小村莊的修雷美爾不記得戰爭。但他那位也是牧師的父親在東線擔任醫務兵，他為兒子留下了一本日記，如果有人發現這本日記他可能得去坐牢——這還是最好的情況。十五歲的他開始閱讀關於大屠殺的書，然後他當面批評了父母。「你們怎麼能讓這樣的事情發生？」他的母親哭了；他的父親面無表情，但後來說想和他詳細談談戰爭。

身為一名醫務兵，修雷美爾的父親從未開過槍，但他還是認為自己是加害者，因為他一直跟隨著部隊直到莫斯科郊區。修雷美爾從書房拿來他父親的日記，讀了一九四二年二月十三日的一個段落給我聽。「我們剛剛收到了嚴厲的命令：平民應該更害怕德國士兵而不是蘇軍游擊隊。藏匿游擊隊員的村莊應該被撲殺：男人、女人和小孩。我們要帶走一切：最後一頭牛，最後一粒種子。這不是英雄的戰爭，而是最血腥的毀滅之戰。」日記中還講述了他的父親是如何被一個俄國老太太所救，她讓他睡在她家的爐子上。如果沒有她，他就會被凍死。雖然德國國防軍殺害了她的兒子，但她並沒有視他為殺人犯，只當他是需要幫助的年輕人。「我父親告訴我蘇聯人的偉大——這是當時的用詞——因為他有所經歷。」

修雷美爾說，東德人的共識很明確，即便在那些比他的家庭更不願談論戰爭的家庭中也很明確。「我們不叫它第二次世界大戰，我們管它叫它德國的盜竊和滅絕之戰。就是這樣。與西德相比，東德人廣泛承認我們所造成的苦難。每個人都知道列寧格勒的饑荒，也知道誰該對此負責。每個人都知道偉大的史達林格勒保衛戰。」

至少有一個東德人將自己描述為戰爭的受害者：另一位來自東德的牧師，約阿希姆．高克（Joachim Gauck），他在二〇一二年成為了德國總統。他的自傳中流露出對於蘇聯士兵將他的父親帶走關在戰俘營的那一刻的憤慨。我提到這本書時，修雷美爾變得忿忿不平。「那本書並不誠實，隱瞞了很多事。他父親為什麼會被逮捕？他是狂熱的納粹分子，是最早入黨的人之一，也是海軍陸戰隊的重要成員。而且他在五年後獲釋回家了，許多人都沒能回家。高克有什麼好抱怨的？」

「如果高克的反應在東德不是常見的反應，那麼你們是如何記得這場戰爭的呢？」

「我父親那一代還有人會私下說，『至少我們成功與世界抗衡了六年。』在納粹統治下受苦的人將五月八日視為解放日，他們希望這個日子能被紀念。雖然魏茨澤克的演講對東德也產生了影響，但民眾並未真正將其內化。今日，我想那也是場關於德國團結的演講：無論我們生活在什麼制度下，我們都因著罪行而團結。我們在共同的責任中團結起來。」

修雷美爾稱讚了東德的藝術，特別是電影和文學；東德藝術擺脫了納粹的過往，並發展出對俄國的同情。他說，當他在看二戰電影時，心中仍然會感到震驚，同時也會想，不知道自己是不是絕對不會加入殺戮的行列。至於俄國，「我們不得不與這個在戰爭中做出最大犧牲的國家打交道。他們一直被視為斯拉夫的次等人類而受到鄙視，但突然間，他們成了我們的征服者。」這令人很難接受，但許多東德人最後反而視這些征服者為朋友。「他們之中的一些人，比如克蘭普勒認識的那些崇拜德國文化的俄國軍官，正在試著探索他們在史達林統治下無法在國內探索的進步文化理念。」西德人認同美國人，「但美國人的損失比不上俄國人——」他打斷了他自己，他畢竟是一位牧師。「每條逝去的生命都訴說著邪惡，這不是人數的問題。但我們對俄國使用的焦土政策無人可比。」

修雷美爾仍經常履行牧師職務，他最近主持了一場葬禮，死者代替其父親進了蘇聯監獄。囚犯必須去奧德布魯赫（Oderbruch）清除雷區；八人中只有一人生還。「能怪俄國人派戰俘去做這件事嗎？這些是德國埋下的地雷，是為對付紅軍而埋的。而且他的父親被判刑並非偶然。他應該是個納粹，只是身為牧師的我不想在葬禮上問。」

我們談到了東德的象征。他覺得特雷普托紀念碑比浩劫紀念碑更令人感動。「那些水泥方塊（編按：浩劫紀念碑）不怎麼平易近人。」他聽到前東德國歌中的那句歌詞時，仍會熱淚盈眶。「**要讓我們的母親不再為兒女哀悼**。」「這是有點浮誇，但有時人的靈魂需要這種東西來打破周圍形成的硬殼。東德有很多和平歌曲，當我在講座上引用這些歌時，人們仍然會跟著唱。這是最佳意義上的浪漫主義歌曲——人們渴望某些東西，並因著渴望而感到振奮。」

儘管東西方釐清過往的方式相當不同，但修雷美爾認為仍有共同之處：兩方都製造出一種感覺：納粹有責任，而且，納粹是他人。在西德，納粹是那些高層的大老板。在東德，人們太過認同受害者，以至於竟忘記自己也是同謀，而將納粹視為西德的問題。雖然西德的納粹人數更多，而東德更認同受害者，「但這只是一半的故事，」他說。「作為東邊這一半的德國人，我們從未完全釐清自己的責任。」

我提醒修雷美爾我們幾年前初次會面的場合，當時他邀請我參加他為紀念馬丁路德・金恩的生日舉辦的種族主義研討會。他認為其他國家可以從德國未完成的、不完善的釐清工作中學到什麼呢？

他毫不猶豫地答道：「你可以學到沒有哪個國家、哪個文化、哪個宗教可以完全避開我們所掉入的深淵。而一旦開始，總會有人擱置他們的良知，選擇站在獨裁者的一方。瞭解到這點的我們必須創造出一種預防性的不確定。如果連貝多芬、巴哈、湯瑪斯・曼（Thomas Mann）、康德和黑格爾的國家**都能做到這一點**——」他停頓了一下。「但這也意味著我們都有能力請求他人寬恕，也有能力寬恕他人——而不否認所發生的一切。這需要時間。我的意思不是說時間可以治癒一切，而是人們需要時間意識到，我們在成為受害者之前都是加害者，而我們之所以成為受害者正是因為我們起初是加害者。但如果我們不相信有可能認清自己、有所轉變，並建立起一個以人權為基礎的社會，那我們就會再度落入傷害之中。」

◈ ◈ ◈

如果沒有紅軍，赫曼・西蒙（Hermann Simon）今天不會活著。他的母親是一個年輕的中產階級猶太人，整個二戰期間都藏匿在柏林。在她去世前，他說服她口述了她的戰時經歷，出版了一本名為《藏匿》（*Untergetaucht*）的回憶錄。逃離背叛、尋求庇護，以及在可能的情況下找到食物——她對地下生活的描述是如此真實而扣人心弦，以至於我在讀完之後深受感動，想循著她的足跡造訪書中舊地。她最常待的房子離我家不遠。那是附近為數不多且保留戰後灰褐色灰泥塗裝的老房子之一。除此以外，這間房子看來非常普通。在戰爭期間，這曾是她的庇護所，讓她躲避戰時無所不在的恐懼與性剝削。勞動階級對她伸出援手的比例遠高於狀況較好的資產階級，此事令她無法忘懷，她在解放後不久加入了共產黨。

「我們當然也稱之為解放日。」西蒙說。

他的母親後來成為洪堡大學的哲學教授，他的父親在戰爭期間與英國人並肩作戰，後來則成為猶太研究的教授。與大多數共產主義者不同的是，他們加入了官方的猶太社群。「我很幸運，」西蒙說。「我的父母在我出生時就登記為猶太人。我舉行了成人禮。每個人都知道我們是猶太人；這從來不是一件人們必須自己發現的事。」

赫曼．西蒙主修歷史，花了多年時間研究以前的錢幣，然後他決定，研究以前的猶太人會更有趣。他發表了奧拉寧堡街（Oranienburger Straße）猶太會堂的歷史研究，當時這座會堂仍是座廢墟。他也是東德水晶之夜五十週年紀念活動的負責人之一。一九八八年十一月，圍牆西邊辦了很多演講，東德則趁著這個機會開始翻修這座曾經是德國最大的猶太會堂，並在裡面建立了一個猶太中心。該中心現在有一個展覽館，一個大型圖書館和一個研究中心，同時也是柏林唯一一個可以男女混坐的猶太會堂。赫曼．西蒙擔任中心主任長達二十七年，直到他於二〇一四年退休為止。在他的任期中，有負面報導指稱他與史塔西有往來，但他駁斥這些具破壞性的指控並證明了自己的清白，受到今日德國的表彰。

他對東德釐清納粹歷史的一些方法持懷疑態度。「我們彷彿是新德國，是勝利者。有的孩子認為他們來自西德的祖父是國防軍，來自東德的祖父則是紅軍。孩子們需要一點時間才能理解到，納粹的恐怖統治並不僅限於西柏林的舍嫩貝格（Schöneberg）或威丁（Wedding）這樣的街區（Mitte），也存在於東柏林的米特區。」他一向覺得特雷普托的紀念碑很俗氣。「不過我從未忘記，自己的存在得感謝紅軍。」

他也不認為東德有什麼反猶氣氛。「每個人都遇過反猶主義，我在加拿大的親戚甚至可以唱幾首與此相關的歌給你聽。東德沒有什麼反猶情緒，一方面是法律規範相當嚴格，另一方面是最壞的納粹分子都去了西德，那裡對他們來說比較安全。在這個國家的某些角落裡可能存在反猶主義，但我從未遇見過。就某種意義上而言，我們好像生活在與世隔絕的島上。就像我的一些美國朋友一樣，他們沒人認識任何一個川普支持者。」

他回想起，在學校時常會討論到反猶主義和大屠殺，也討論到對於蘇聯的巨額賠款，他從未聽過人們對於這些賠償表達出怨恨之情。不過，他在預測未來時態度相當謹慎；他瞭解自己成長的國家，但兩德統一後出現的是新的國家。他在其中生活了二十七年，仍覺得自己認識這個國家的時間還不夠長，無法做出判斷。

「目前的態度是，我們是加害者而非受害者。但我不知道這會持續多久。態度也可能突然改變。」這是一種德國式的懷疑態度，與西蒙的個人背景無關。每個人都提出警告：需要繼續保持警覺。

◈ ◈ ◈

潔達・雷布林（Jalda Rebling）於一九五一年出生在阿姆斯特丹。潔達的母親在返回阿姆斯特丹之前待過奧許維茲和貝爾根貝爾森，安妮・法蘭克（Anne Frank）和瑪戈・法蘭克（Margot Frank）[39]死的時候她也在。潔達的母親是猶太人，也是共產主義者。她的父親則兩者皆非，他從德國移民到荷蘭只因為他厭惡納粹。後來，他因為冒著生命危險試圖幫助猶太人而逃過被遣送至集中營的命運，受到了以色列猶太大屠殺紀念館（Yad Vashem）的表揚。蓋世太保於一九四四年抓到這些猶太人時，潔達的母親也在其中。

「他們是被荷蘭人而非德國人出賣的。沒有哪個地方的遣送過程能像荷蘭這樣順利。荷蘭人相當忠於國家；國家要他們做什麼，他們就做什麼。」從阿姆斯特丹被驅逐到奧許維茲集中營的人比其他地方多。潔達的母親林・潔達提（Lin Jaldati）和潔達的阿姨是她們家裡唯二倖存的成員。潔達的姐姐當時只有兩歲，她們在蓋世太保到達前幾個小時把她藏到一個荷蘭人的家中。她總擔心自己可能會胡言亂語，洩漏她們的行蹤。

戰後，林・潔達提發現她的丈夫和女兒都在等她，但阿姆斯特丹令她難以忍受。在一九四八年之後格外如此，反共的麥卡錫主義令抱持著共產主義政治觀的他們難以養活自己。一九五三年，潔達的父親得到了一份東德報紙的樂評工作，於是他們全家搬到柏林。在柏林，她的母親以意第緒語歌手的身分成名。人們在她的歌聲與故事中看見了英勇的光輝，只有潔達知道恐慌與憂鬱有多常將母親擊潰。

身為反抗運動英雄與舞臺上首位意第緒歌手的女兒，潔達過著受到保護的生活。「我是享有特權的孩子，就算調皮搗蛋也能脫身。」在六日戰爭期間，有位官員要她拿下她向來戴著的大衛之星，說那象徵著具攻擊性的錫安主義。她回答：「這象徵的是我祖父母，他們在奧許維茲集中營被殺。」那位官員閉嘴了。

「我完全不懷念東德，那些告訴我東德有多好的人，我跟他們沒什麼好談的；但那些告訴我東德很糟的人，我跟他們也沒什麼好談。」

「所以你不像你父母那樣是黨員？」

「我當然是黨員。」她沮喪地笑了笑。「我想改變世界，並認為從黨內開始就是改變的最佳方式。很久以後我才明白，世界只能從外部改變。」

潔達原本無意追隨母親的腳步，但當母親邀請她在安妮．法蘭克的紀念音樂會上一同表演時，她發現自己也喜歡唱意第緒歌曲。在美國巡迴演出的時候，潔達成了猶太復興運動（Jewish Renewal Movement）的一分子，她在其中找到了在母親的歌裡曾體會到的快樂。「在此之前，我只將猶太會堂當成是哀悼的地方。」她在美國繼續深造並成為一名會堂領唱。潔達在柏林郊外建立了一個小型會堂，她與妻子艾美．亞當（Amy Adam）住在那裡，艾美是一名猶太藝術家，她自己的母親也是奧許維茲的生還者。她們兩人常一起工作、策劃活動，致力於告訴大眾猶太信仰並不只有悲劇而已。

「意第緒語是弱者的語言，」潔達說。「擁有德文缺乏的一切特點。幽默、諷刺——哪位偉大的德國作家有這些特質？」

「嗯，海涅有吧。」

「正是如此。海涅和圖霍爾斯基（Kurt Tucholsky）。」我們大笑起來，我們都知道這兩個人是猶太人。我很納悶為何東柏林有一條以海涅命名的街道，在市中心也有他的雕像，但西柏林的詩人區卻沒有，只有幾條以歌德和席勒命名的街道。這可能是湊巧，也可能不是。

不過她告訴我，東德生活的表面之下仍有反猶情緒。「我們的信箱上被塗了納粹符號。這可能是反共，也可能是反猶。你永遠搞不清楚。」

潔達注意到克萊茲默（Klezmer）[40]傳統音樂圈中也存在隱微的反猶態度。她在柏林一間大劇院舉辦音樂會，開演前的介紹者說，他很感激意第緒語在美國留存下來，所以才能傳回今日的德國。「所以說，納粹大屠殺畢竟沒那麼糟是吧？」她回嘴道。這個故事讓我想起一些南方莊園在推銷藍調音樂的同時，也推銷吊帶裙和薄荷酒。如果奴隸制創造出那麼好的音樂，那它也沒那麼糟吧？這究竟是高級的種族主義，還是對細微差異不夠敏銳？

潔達談到另一場在猶太社區中心舉行的音樂會，當天的表演者來自四面八方。她穿著音樂會的禮服，但非猶太人的音樂家們卻穿著牛仔褲。「社區成員——你知道的，就是那種金飾戴太多、香水噴太重的人，但他們是生還者——覺得這很不尊重人。他們決定再也不邀請外邦人來演奏克萊茲默。因此，在克萊茲默的圈子裡，有一場關於誰有權演奏意第緒音樂的討論。只有猶太人嗎？那是否意味著猶太人也不能演奏巴哈的音樂？「完全是胡說八道。」她下了結論。而我認為，若要討論文化挪用，我們恐怕得一路談到明天早上。

她知道社會上正認真討論著納粹歷史。「太晚了，但至少仍有所討論，不像荷蘭或法國。」潔達不認為普通的民眾想要獲得啟蒙，他們關心的是心靈平靜、保持健康、有個體面的住所。「向來很少人會想問沒有簡單答案的問題。」

我並不同意。未經檢視的過往最終仍會滲入人們試圖擁有的平靜生活。「人們需要的不僅僅是麵包和馬戲團。」

「他們當然需要其他的東西，問題是，他們是否想要？」

在對抗反猶主義一事上，她不認為啟蒙運動的精神令人失望；她認為我們需要更多的啟蒙。只有書和講座無法發揮作用，唯一有效的是真人互動。她描述了她的妻子所策劃的活動，在這個活動中，她們兩個人乘著一輛彩繪巴士到小鎮裡去，與人們談論猶太教。「我們在孩子的腦海中放進一個問號，我們從穆斯林小孩開始。」

「那也是一種啟蒙。我在密西西比看過這樣的事。」

她不確定自己是否同意。「也許我們確實需要更多的書和講座。在跟妳談話之前，我沒有意識到俄國方面的戰事在美國和英國並不存在。這解釋了我和美國人與英國人的一些對話。我們總是知道西方世界發生的事。我不知道他們對東方世界的瞭解這麼少。」

◈ ◈ ◈

英戈·舒爾茲（Ingo Schulze）的小說在德國十分暢銷，並且翻譯成三十種外文出版。這就是為什麼人們經常說他是從東德來的一流作家。「這是稱讚的意思，但他們沒有意識到這句話造成的效果。人們會說某人是從西德來的一流作家嗎？」

「這就像在美國說某人是一流的黑人哲學家。」

「正是如此。」

舒爾茲生於一九六二年，是東德出生的孩子。「反法西斯主義無所不在，背後也有充分的理由。要說這是上頭規定，那是無稽之談。共產主義者是納粹迫害的第一批人。然後是社會民主主義者，然後是其他所有的人。」學校裡會有反抗運動的老兵來訪，班級旅遊去的是布痕瓦爾德。因為他的家庭背景，他與俄羅斯文化的連結特別深刻。他的祖父在二戰期間製造飛機，所以俄羅斯人帶走了他，就像美國人帶走華納・馮・布朗（Wernher von Braun）[41]和其他人一樣。他們在莫斯科北部的伏爾加河畔生活了十年。「與戰後東德的生活條件相比，一切都很舒適。後來，我的母親經常想家、想俄國。」他從未與家人討論過戰爭，「瞭解到自己的祖父為納粹打造飛機是件很不愉快的事。」

蘇聯文學和電影在舒爾茲的生活裡很重要；他從小就收集蘇軍動章。「然後，瘋狂的是，革命的想法竟來自俄國。」圍墻倒下前一個月，戈巴契夫曾警告東德領導人何內克（Erich Honecker），人生會懲罰那些來得太遲的人。蘇聯對於東德內部的異議者採支持態度。「反對改革的是德國共產黨人——其實不是共產黨人，而是黨的高層。」而且，舒爾茲重申，是紅軍解放了奧許維茲。

「你知道美國人對諾曼第之戰的貢獻嗎？」

「我們和美國的關係很矛盾。我們聽說，他們花了很長時間才開闢第二戰線；我們也聽說了英美對德勒斯登的恐怖攻擊。而這一切都湮沒在廣島的陰影中。」從柏林到海參威，東歐地區的每個人在成長過程中學到的是，世上只有一個國家真的部署過核武。

但以孩子的角度而言，認同俄國人的感覺很奇怪，可是又沒人願意認同德國人。「所以我們玩的是牛仔和印第安人的遊戲。唯一的問題是，每個人都想當印第安人。沒有人想當貪婪的占領者。」雖然他從小就知道白人對美國原住民的所作所為，但舒爾茲在成長過程中總強烈感到美國有另一面。他看到哈利・貝拉方特（Harry Belafonte）在東柏林的一場音樂會上因為偉大的演員和倡議者保羅・羅伯遜而落淚，柏林至今仍有一條以羅伯遜為名的街道。[42]

我於一九八二年來到柏林時，許多人擔心的是德國部署核導彈和中美洲的戰爭。在西柏林的咖啡館裡，流亡的智利人遠多於旅居的美國人。當西柏林人聽說我是美國人時，他們的反應令我很難以接受。他們不是為了雷根責怪我，就是為了麥當勞抨擊我。更不常遇見美國人的東柏林人，想到的則是其他的事；他們通常會問我是否認識激進的哲學家安吉拉・戴維斯（Angela Davis）[43]。

「我為了安吉拉・戴維斯拿出我的零用錢。」舒爾茲說。「這很正常，就像對智利的聲援。即便是我們這些異議者也知道那場政變形同犯罪。很多東西都是以薩爾瓦多・阿言德（Salvador Allende）[44]命名的。」

當他沒有在寫小說或陪女兒的時候，舒爾茲在政治上很活躍。他寫著深刻而聰明的文章，就德國的時事發表演講並接受訪問。他對新自由主義秩序的批評與他長期以來對東德秩序的批評同樣激烈。他在德勒斯登長大，於是我問他為什麼德勒斯登會成為極右派的大本營。

「德勒斯登一直都很保守，」他說。「而保守派在不滿意的時候總是向右傾。因此，他們表示德國的退休老人都在垃圾堆中撿回收，而所有難民都得到補助，這是件引起公憤的事。人們沒有像樣的退休金確實令人憤怒，但這兩者之間沒有任何關係。」許多德國公民在工作了一輩子之後卻沒有足夠的退休金，他們的生活條件常令人震驚，而他們確實為了幾分錢而做著回收瓶子的工作。舒爾茲認為這是一個日益普遍的問題，在東德只是比較早發生，那裡的退休金更少，儲蓄則沒有必要。國家會照顧自己人。

「保守派從國家的角度而不是社會的角度思考問題。你不可能透過告知人民真相而贏得選票：我們舒適的生活背後是對於發展中國家的剝削。這就是難民潮的主要原因之一。儘管如此，我們還是得說：如果你想令自己的國家獲得社會正義，你也得努力幫助世上其他地方獲得社會正義。」

舒爾茲身上有一些什麼，就像他最新小說的主人翁彼得・霍爾茨一樣正直善良，而有些評論家則斥之為俗氣。[45]一個無論做什麼總是考量到普遍共同利益的人——誰還相信有這種人？舒爾茲正要去參加新小說的朗誦會，我連忙問他，他認為東德的反法西斯主義有什麼問題。

「如果釐清納粹年代的工作能做得更好，那東德就會是一個不同的國家。但這意味著我們也必須談論史達林主義的罪行。每個人都知道這件事存在，但沒人公開討論。」

其他國家可以從德國的經驗中學到什麼？

「要以看待外國的眼光去看自己的國家。最重要的是，要與自身的過往決裂，要準備好在羞愧與恐怖之中觀看自身的歷史。德國並不是心甘情願地這樣做，其工作也仍未完成。即使在今天，我們仍然無法好好反思我們殘酷的殖民歷史。」

◈　◈　◈

二〇一六年十一月裡一個沉悶的日子，大約四十位歷史學家、社會學家和作家來到柏林猶太博物館參加一個關於東德猶太人的私人研討會，彼此交流心得。與會者中沒有一個是年輕人，其中有許多是東德的猶太人。從西方世界來的有幾個西德人，一位法國女性，還有包括我在內的三個美國人。我們在幾件事上意見一致：

（一）西德從未邀請猶太移民回國；東德卻這麼做了。不是每個東德人都希望他們回來，但有夠多的文化和科學領域的領袖希望他們回來。大學裡非猶太裔的白種人堅持他們得雇用猶太教授，學校需要他們，所以東德政府發出了邀請。

（二）回國的猶太人和其他人強烈希望建立一個更好的德國。他們不想再當受害者，而是要有所作為，他們不想讓自己所受的苦難白費。他們有強烈的社會責任感，相信社會不正義會導致暴力出現。作為德國人，他們拒絕接受納粹的觀點——即他們不屬於德國。德國到底是誰的德國？他們多半左傾，因此對美於美國麥卡錫時期的反共思想感到震驚。有位與會者說：「我的父母在目睹了羅森堡夫婦的審判後回到德國。美國在一九五三年處決了艾瑟爾．羅森堡（Ethel Rosenberg）和朱利葉．羅森堡（Julius Rosenberg），因為他們將核情報洩漏給蘇聯。布萊希特沒等那麼久，他在被眾議院非美活動調查委員會（HUAC）質問他之後便離開了美國。

（三）東西德都有反猶分子。兩邊的差異在於領導層，領導層設定的基調非常不同。不過，兩邊都很關心如何發出反對反猶主義的信號來打動其他國家。

（四）每個國家都有自己的神話。東德說的是反法西斯國家的神話。在西德則是這個：除了少數負責此事的罪犯之外，從捕狗員到外交官沒有人知道東德發生了什麼事。至於西德，我們站在前線的人是英勇的戰士，不是罪犯。

東德人的表情顯得很緊張。他們承認這些說法是真的，但他們不喜歡這種語氣。有個人說，東德人失去了一切，連歷史都被挪用了。自一九八九年以來，對東德歷史的最高解釋權，那個聲稱猶太人在東德很難生活的聲音，都來自西邊。「我記得的不是這樣，」來自東德的猶太人說。

丹妮拉．達恩說：「他們在講的是一個我從未居住過的國家。」這位東德作家因著一連串對兩德統一過程的尖銳、激烈批評而聞名。她也無法理解那些說東德並未談論大屠殺的人。「東德在談這些事的時候，他們都去哪了？」東德七年級和八年級的德文課中所有的文學作品，有一半和大屠殺有關；在最後一年的課程中，仍有三分之一和大屠殺有關。「與其說太少，不如說太多了，尤其是我們每個人都要參觀布痕瓦爾德，還要看德國電影股份公司（DEFA）出品的所有戰爭片，當時的西德電影拍的是關於巴伐利亞鄉村女孩的抒情作品。」

會議中有許多人是歷史學家，因此我們就歷史和記憶之間的差異進行了討論。「為什麼書面資料如此神聖不可侵犯？」法國歷史學家索妮亞．康柏（Sonia Combe）問道。「史塔西的檔案可能不實，記錄可能不完整。即便證詞內容與書面文件有所出入，我常發現證人能提供書面文件無法提供的答案。」

看著其他人的臉，我想起了一九九三年在明尼蘇達大學舉行的一次研討會。統一後不久，東德和西德的難民庇護所便遭到攻擊。成千上萬的德國人排著隊、拿著蠟燭表達抗議之意，但每個看著德國的人都很擔心。兩德統一是否為種族主義民族主義打開了大門？

當時我剛剛出版了我的第一本書《慢火：猶太人的柏林筆記》，眾人邀請我代表在德國生活的猶太人發言。一位非裔德國女性和一位土耳其男性代表補足了由德國內部談論仇外心態的聲音。其他的發言者都是西德人。

我的發言無關東西德的比較，但有句話提到我作為猶太人和外國人在東柏林比在西柏林更自在。會議室裡頓時抗議聲四起。儘管這一說法與我想講的主題關聯不大，但這是所有人都想討論的問題。西德人相當憤慨，紛紛站起來指正我。

「我說的是我自己的經驗，」我說。

「也是我的經驗，」非裔德國人說。

「我也是，」土耳其人說。

如果你邀請了具有代表性的人前來發言，你難道不該傾聽他們的聲音嗎？即便他們的主張與你想要相信的不一致？西德對東德的想像是如此頑強，以至忽略了原先關注的對象。在美國，若白人告訴黑人如何看待他們自己的歷史，會被稱為白人說教（whitesplaining），德文中卻沒有這樣的詞。

我重新回到此刻，看著人們的神色愈來愈緊繃。在猶太博物館齊聚一堂、參與討論的是各路研究東德及東德猶太人問題的專家。會議的討論最後結束在另一件大家都同意的事：兩德在四分之一個世紀前就已統一，而我們如今仍能就這些問題彼此爭論，這不是很棒的事嗎？

我在離開會議時比以往任何時候都更加確信：除非東西德停止競爭，承認另一方的努力雖片面且受冷戰意識形態影響，但仍是真實的努力，否則兩德的統一永遠不會完成。

◈ ◈ ◈

思慮周密的德國人，不管是東德人或西德人，都不願意稱讚德國對於釐清過往的努力。他們太清楚其缺陷，這項工作在隔離牆兩邊都不完整。正如修雷美爾索指出的，兩邊最重大的缺陷是一樣的：他們視真正的法西斯分子為他者。東西德都推卸了自己的責任。兩邊都沒人能夠承認自己有罪。因此，雙方所有形式的努力都成為工具、成為武器，在長年的冷戰中作為強大的火藥來對付彼此。

然而證據擺在眼前，我們很難不同意赫爾維格（Malte Herwig）所說的：「如果釐清過往是個奧運比賽項目，那麼東德的司法體系自始至終都領先於西德。」那些認為東德並未努力釐清過往的人至少應該開始懷疑這個想法。首先，也是最重要的一點，那些在東德生活過的人都認為東德的努力相當真實，即便他們對這種生活的其餘面向多半持批評態度。第二，政府難道不該以某種形式實施反法西斯的政令嗎？所有盟國在一開始都認為這是必要的，只是西邊的盟國早早放棄了。結果，幾乎所有五〇年代和六〇年代的西德人都遇過訴諸惡劣的納粹式言論的學校老師，而且一個比一個更加軍國主義、更加種族主義。此外，許多前納粹分子在戰後仍繼續在大學任教，唯有海德格或施密特這樣的著名人物除外。而納粹式的政治宣傳仍持續存在，直到這批學生們二十好幾之後才有所改善。[46] 東德政府打從一上任就消滅了這種可能性。一九四九年八月二十四日，黨的執行委員會頒布了政令：

> 堅決繼續進行學校民主改革至關重要，對於德國社會條件的進一步發展，特別是在鞏固反法西斯民主秩序方面，是不可或缺的。鑒於這項任務的重大與不可避免，只有當每一位教師和教育工作者起身對抗一切反動的、新法西斯的、軍國主義的、好戰善鬥的，尤其是反蘇聯的影響和理論，還有一切宗教、民族和種族仇恨，我們的任務才得以完成。

歷史教科書的內容全國一致，每隔幾年就會更新版本，每所學校都在同一時間收到。就和其他地方一樣，這段歷史也被用來為冷戰服務。一九九〇年之前編寫的所有東德教科書裡面都有杜魯門（Harry Truman）的這段話：「如果我們看到德國占了上風，我們就應該幫俄羅斯，如果俄羅斯占了上風，我們就應該幫德國，這樣就能讓他們盡可能多殺一點人。」這句話被用來作政治宣傳，但其準確程度無可否認。杜魯門在一九四一年向《紐約時報》說了這話，當時他還是一名參議員。

再說一次：在歷史中某一刻位於正確的一邊並不保證你會一直待在那邊。東德有過史達林主義時期，真正的社會主義於焉消亡。謊言漫天飛舞，人們喪失性命。但東德也有站在正確的一邊的時候。忘記這一點的人，不僅是在扭曲歷史，也是在扭曲政治和道德。這種遺忘是將惡行外部化、妖魔化的方式——也是最能使惡行延續至未來的方式。

第二部
南方動盪

第四章
密西西比的事眾所皆知

「天殺的」，有不只一種方式能用來說這句話。妮娜．西蒙（Nina Simone）以先知般的憤怒口吐此言，表達出這三字最原初的憤怒。當仁慈的上天也要殺你的時候，你這人肯定是一場糊塗了。南方的廣播電臺在六〇年代禁播〈天殺的密西西比〉（Mississippi Goddam），因為他們說這歌褻瀆上帝。

不過，「天殺的」也有可能是在表達你得到了某種啟示，甚至是看見奇蹟。因為，人們對密西西比州的認識在很大程度上亦具有神話性質。「黑暗之心」、「冰山之核」[1]——至少是你會想在天黑前快快逃離的地方。最多的私刑處決案件（這是過去的事）、最嚴重的肥胖問題（這是現在的事），密西西比在所有你不想贏得的比賽裡拔得頭籌。儘管鄰州阿拉巴馬和路易斯安那偶爾會來競爭，但密西西比在所有我們重視的商品清單上都是最後一名：最糟的健康、最低的財力、最差的教育。

這些事全都可以透過立法和稅制來改善。然而，無論政府推行什麼，都會勾起人們心中若隱若現的重建時期回憶。聯邦政府在一八六五年到一八七七年間這段時期，試圖收拾南北戰爭留下的後果。國會中激進的重建派支持進步的法案，其中包括讓近四百萬被解放的非裔美國人獲得充分的公民權利，他們希望聯邦軍隊繼續占領南方以確實執行相關法條。戰敗的南方各州則無法忍受繼續被占領，占領期間的回憶令他們抗拒一切北方佬試圖叫他們做的事情。很少有人言明此事，但人們心中確實半有意識地相信從華盛頓來的任何東西都是北方佬的軍事行動，這導致他們反對每個可能有利於南方的聯邦政策，無論是基礎設施還是歐巴馬健保。如果對重建時期有更多的瞭解，我們就會知道這種信念背後有段歷史：在激進派共和黨人引進公立學校制度之前，密西西比沒有義務教育。學校、道路、收容孤兒的公立機構，還有供應其資金所需的稅收制度，都是全面結構性改革之下的產物，這樣的改革有段時間甚至成功壓制了三K黨。[2]南方對重建時期的憎恨與他們對聯邦政策的反對有直接關係，只是很少人會直接這樣說。所以，密西西比州寧願讓州首府的道路上繼續存在著會毀掉你車輪的坑洞，讓鄉間繼續存在著教出一群文盲的學校，也不願徵收可以解決這些問題的稅。

密西西比並非一直都是美國最貧窮的州。當拓荒者在十九世紀初前來定居時，密西西比是一片荒野，到處都是熊和山獅。到了南北戰爭時期，田裡的白色黃金使他們成為全國第五富有的州，當時的棉花就像今日的石油一樣是國際貨幣。密西西比七萬八千名為了南方邦聯拿起武器的年輕人中，只有兩萬八千人回家。其中三分之一的人在戰場上留下了至少一隻手或一條腿。想像一下沒有馬歇爾計畫的德國，大概就能明白戰爭對於深南地區造成的破壞。重建時期未能提出全面的計畫在物質及道德層面重建密西西比，導致事態持續發酵。激進派共和黨人失去國會的支持後，沒有任何力量可以敦促密西西比人重新檢視他們的歷史。相反地，密西西比州是第一個引入黑人法典（Black Codes）的州，該法有效廢除了自由人和婦女在解放後應享有的一切權利。美國其他地方寧願將種族問題視為南方問題，藉此忽略自己也是令問題持續存在的共犯；所以，密西西比州只能靠自己。成千上萬想逃離恐怖活動與貧困的非裔美國人一買到車票就往北走。事實上，除了威廉．福克納（William Faulkner）這個可能的例外，其他有頭腦的密西西比人全都傾向在其他地方建立新的生活。

許多年前，我曾兩度開車橫越密西西比——兩次都快速經過，甚至沒有停下來加油。密西西比州讓很多人感到背脊發涼。「胡說八道，」我對自己說，「你是白人。然後，」我又想起，「史維納和古德曼也是白人。」他們是一九六四年自由之夏（Freedom Summer）運動中協助選民登記的猶太裔志工，但兩人都遭到殺害。六〇年代在密西西比被謀殺的人不計其數，只有這兩位是猶太裔白人。但當我在二〇一六年穿越州界時，在我耳邊響起的正是他們的名字。我被筆直的公路和平坦的地形所震撼。這些名字是如此熟悉，有時熟悉得令人害怕。也難怪。這些日子以來，密西西比州都是以美國音樂發源地的身分來宣傳自己。誰能想像沒有藍調的美國文化？沒有貓王？沒有艾瑞莎（Aretha Franklin）？確實如此，而同樣確實的是，密西西比州在不久前被人稱呼為世界私刑之都。

突然間，所有的指涉都有了意義。傑克遜（Jackson）、利蘭（Leland）、圖佩洛（Tupelo），這些地名我聽人唱過，但從未在空間上想像過。如果有音樂，你只需要提個詞，我通常相當平庸的記憶力就會超速運轉。開車過橋，跨越一條路標上寫著「塔拉哈奇」（Tallahatchie）的河，我瞬間就被拋擲到幾十年前，記起了芭比．簡翠（Bobbie Gentry）〈比利喬疑雲〉（Ode to Billie Joe）的所有歌詞。即便我還沒想起艾默特．提爾的屍體是在哪條河裡被發現的，這首歌的不祥之感也已經夠重了。在三角洲地區（the Delta），人們仍在爭論他殘破的屍體是在哪個郡被發現的，但毫無疑問，這個十四歲的黑人男孩確實遭到綁架、折磨、謀殺，並被扔進那泥濘而洶湧的河水中。

當密西西比旅客接待中心的牌子映入我眼簾時，我腦袋裡裝的都是這些東西。櫃檯前那個大肚子的白人男性和善地堅持要倒杯咖啡給我，我屈服了，接過那杯咖啡。「啊，妳要去牛津，」當我告訴他我的目的地時，他說。「你是為了文學而來的？」他遞給我一本福克納故居的小冊子，我說我會去看看。我保持微笑，拿了一本介紹密西西比藍調之路的小冊子，然後走出門。咖啡和我想像中的一樣無味，但我等到自己走出他的視線後才倒掉。

在美國，有二十多個城鎮以英國牛津這個夢幻尖塔之城為名。這種命名方式大多是希望該地會出現一所偉大的學校，而密西西比州的牛津市也不例外。密西西比的牛津市確實以該區的明星大學聞名，密西西比大學（University of Mississippi）如今仍是主宰著密西西比州的政商子弟之首選。這些大學生都知道，爸爸肯定會經常來訪，因為許多校友在橄欖球賽季期間的每個週末都會來看比賽。他們的妻子為比賽前的優雅野餐準備了亞麻鋪巾和瓷餐具，大家會在林區（the Grove）野餐，這是校園中央有樹蔭遮蔽的寬闊空地。他們之中沒有多少人記得，這片小樹林曾起過大火，當時「有兩個人死在密西西比的月光之下」——巴布．迪倫（Bob Dylan）在〈牛津鎮〉（Oxford Town）一曲中是這麼描述的。

出了密西西比，牛津市因兩件事而聞名。它是人們口中南北戰爭「最後一役」發生的地點。一九六二年，州長巴內特（Ross Barnett）試圖阻擋年輕退役軍人詹姆斯．梅瑞迪斯成為第一位進入該州頂尖大學就讀的非裔美國人。數千名學生發起暴動，與州長站在同一陣線；甘迺迪總統出動了三萬名軍人才順利平息此事。在南方各地，勇敢的年輕黑人男女在暴力威脅下爭取到讀大學的平等權利，因為在牛津，劇烈的暴力事件成了全國性的轉折點。校友們在聽見「老密西」（Ole Miss）這個暱稱時想起了球場和木蘭花，其他人想起的則是催淚瓦斯和霰彈槍。對那些記得暴力事件的人來說，老密西不是一個親切的綽號，而是帶有種族色彩的稱呼，令人回想起蓄奴時代奴隸口中的「我家太太」（Ole Miss）和「我家主人」（Ole Massa）。正如梅瑞迪斯所寫的：

莊園裡的太太是全密西西比州最重要的人，她握有整個莊園裡每一道鎖的鑰匙。她負責確保莊園之文化與基督教美德，同時還身兼媒人與教育培訓主管。最重要的是，她是白人至上國度裡的女王。對密西西比州而言，密西西比大學確實扮演了這所有的角色。老密西是個恰當的綽號，因為密西西比大學過去和現在都是該州最主要、最有力的機構。[3]

所以，我學會了用這個學校的正式名稱「密西西比大學」來稱呼這個地方，儘管這樣就得說六個字，而不是三個字。

牛津的另一個特色：這是南方唯一的諾貝爾文學獎得主威廉·福克納的故鄉。我刻意說「這是」而非「這曾是」，因為福克納雖已於一九六二年去世，其魂魄至今仍盤旋在小鎮上空。他仍在世時，大多數鄰居都討厭他——「沒用伯爵」（Count No Account）是當地人為他取的綽號——不過，他的文筆將這個小城驕傲而扭曲的歷史寫成了世界文學。今天，當地人可能會很高興地告訴你，福克納小說中的約克納帕塔郡（Yoknapatawpha）是以他們家為靈感而寫成的。福克納的故居山楸橡樹居（Rowan Oak）如今成了可愛的博物館，裡面有各式紀念品，屋旁舒適的草坪有時會舉辦關於福克納著作的研討會。福克納位於當地墓園裡的墳墓經常擺放著鮮花和他鍾意品牌的波本酒。為免你遺忘他，在市政廳前的長椅上還有座真人大小的作家銅像。福克納的鬼魂吸引了許多作家前來，文學研討會和檔案館也在此出現，這肯定是廣場書店（Square Books）成為全國最佳書店之一的原因。我跟著牛津市民到書店去看書，再到城市雜貨（City Grocery）的酒吧喝威士忌；這個酒吧像是個小而溫暖的避風港，具文學氣息而教養良好。雖然，酒吧的陽臺正對著強尼瑞（Johnny Reb）的雕像，這位南方邦聯士兵象徵著所有在戰爭中為南方作戰的人。

「牛津市不是真正的密西西比」，人們一次又一次這麼對我說。他們稱牛津為「絲絨壕溝」（the Velvet Ditch）。古色古香的廣場上面有書店、幾間高級餐廳，前頭的街上有律師事務所和高級精品店，除此之外，沒有任何地方能買到你真正需要的東西。如果要購物，你得開上公路到別處去買，路上除了沃爾瑪（Walmart）的招牌之外，你還會看到名為「身體叛亂」的健身房招牌、名為「音樂叛亂」的吉他樂器行招牌，和名為標榜「破布叛亂」的服裝店招牌。當然，受人景仰的密西西比大學足球隊隊名是「叛亂分子」（the Rabels），雖然校長已於二〇一四年昭告中場休息時不再播放〈迪克西〉，讓許多校友非常生氣。他們之中沒有人真的打算犧牲性命來捍衛奴隸制，但叛亂一詞有種誘惑力。此外，這樣的象徵符碼是家族傳統的一部分。

毫無疑問，此地具有種吸引人心的力量，緊緊繫著密西西比人，每個土生土長的密西西比人都這麼說。「難道不是每個人都深愛他們出生的地方嗎？」有位密西西比大學的應屆畢業生問。「不是像這樣，許多人都不是。」我不得不告訴他。數十年來在波士頓與中東等地報導新聞的自由派記者柯提斯·威爾基（Curtis Wilkie）回來了，他說，密西西比人比較善良。創立了跨種族教會小組的保守派生意人李·帕里斯（Lee Paris）說，他喜歡南方文化的溫柔。而我的心也不禁為之悸動——甜美而語尾拖長的南方口音、陌生人為你扶著門或撿起掉落包裹的方式、風度翩翩的友善人們在人行道上或收銀臺前向你打招呼。感受著這種溫柔，你不會想到在此地遭私刑處決的人數比在全國任何地方都多。「私刑處決」一詞背後沒說的，比字面所說的還要多。人們被砍成塊狀、被慢慢燒死，手指和牙齒被當成紀念品賣給那些驅車數英里前來觀賞並嘲弄受害者的暴徒。密西西比人所愛的耶穌在垂死掙扎時雖遭人嘲笑，卻未經歷更多的痛苦凌遲。這很難符合我所知道的任何「溫柔」的定義。

然而，受到召喚而返回此地的人不只有白人。查爾斯·塔克（Charles Tucker）說：「我以身為南方人而自豪。」他是一位身材高大、來自三角洲某個迷你小鎮的黑人，我認識他時，他在溫特學院工作。他告訴我，南方的食物比較好吃；南方人比較溫暖，黑人和白人都是。「我曾在北方生活過。只有從北方下來南方的人會意識到，自己原來多麼渴望人類的陪伴。在南方，人們會真正看著你的眼睛，和你說話。有一陣子沒見的人會擁抱你，他們會問候你的家人，而且是認真的。南方有一堆問題，但富有人性並非其中之一。」

無論我跨越塔拉哈奇河時心中有什麼樣的恐懼，都在我首次走進溫特學院時就消失了。一群黑人和白人比例相當的陌生人站起來溫暖地歡迎我，只差沒擁抱我而已。此機構由蘇珊·格利森（Susan Glisson）於一九九九年創立，由威廉·溫特（William Winter）出資協助，學院也以他為名。溫特是密西西比自重建時期以來最進步的州長。

> 對於只記得密西西比州的老南部（Old South）形象的外人來說，威廉溫特族群和解學院聽起來像是個矛盾的詞組，充其量只是當地富商為了美化該州形象所做的表面功夫。但創立者盡心盡力……學院成了一個榜樣，揭示著密西西比的另一面，這群人雖然人數不多，但精力充沛……打破了這個州只有鄉巴佬、種族主義者和煽動性政客的扭曲印象。[4]

卡蘿．喬治（Carol George）寫下的這段話，記載的是溫特學院的第一個重大勝利：學院的力量發揮了關鍵作用，將殺害民權工作者錢尼、古德曼和史維納的主要兇手送上法庭受審。他們在其他事上也獲得了成功：幫助三角洲社群紀念艾默特．提爾、培訓密西西比州警察局長在弗格森事件後不再以種族貌相（racial profiling），促進討論以拆除紐奧良的南方邦聯雕像。他們的大部分工作是在密西西比大學完成的，該學院在二〇一八年之前都設在這所大學裡。考量到密西西比大學在往日民權運動中所扮演的關鍵角色，以及它目前在密西西比州的社會權力關係中占據的核心地位，學院在牛津當地的耕耘遠不只有學術意義。

溫特學院的員工有各式各樣的人，包括潔姬．馬丁（Jackie Martin），她是位七十五歲的非裔民運老將，曾參與麥庫姆（McComb）的民權運動，還有珍妮佛．史托曼（Jennifer Stollman），金髮碧眼的她今年五十歲，是來自底特律的猶太歷史學家，她視自己在做的事為「修復世界」（tikkun olam）的工作——這是希伯來文化中的一種概念。他們的工作由大量的談話構成。

「他們說話語很廉價，」蘇珊．格利森說。「但只有廉價的話語才廉價。誠實而有目的的談話很有用。」

蘇珊是位白人女性，說話帶著甜美柔和的南方口音，她的棒球帽隨意地戴在綁著棕色長馬尾的頭上，身上的工作服讓人想起學生非暴力協調委員會（Student Nonviolent Coordinating Committee，SNCC）早年的工作人員，該委員會是一九六〇年代主要的民權組織之一。她來自喬治亞州奧古斯塔（Augusta）的一個貧窮家庭，家中從未有人想過要成為歷史學博士。但她是在「進步的浸信會教會（一個人們認為不存在的東西）」中長大的，她還記得她的牧師因為邀請黑人兒童參加教會讀經營而收到死亡威脅。正在寫論文研究基層民權組織先鋒艾拉．貝克（Ella Baker）的她來到了密西西比，並發現了敘事的力量。「我們知道所有我們需要知道的關於種族的事實，但僅有事實並不能治癒傷口。敘事展示出我們脆弱之處的諸多面向。」她制定的原則可能會讓學者們有些畏縮。人在心也在，保持歡迎之心。我們來這不是為了糾正別人的錯誤。

珍妮佛說：「我第一次看到這套原則時，很討厭這種語言。」她自己的風格尖銳明快，且相當幽默。「但事實證明，這套原則是有效的。」

「我一開始不知道自己在做什麼，」蘇珊補充道。「我是在車上想出來的。」

她對於學院任務的描述是這樣的：

> ……控訴種族主義暴力，推行我稱之為贖罪儀式的公共儀式，舉辦導覽並立起標誌以改變地理記憶，規劃並推動關於人權的學校課程，進行社區營造、治癒曾遭隔離的族群，以此改變以種族暴力著稱的社群中的公共敘述，對種族攻擊的模式和遺留問題進行學術調查和學術研究，與追求新的體制改革、消除壓迫結構並以公平的結構取而代之的倡議團體、政策團體建立夥伴關係。[5]

如果沒有出現全國性的、關於種族的對話，這些事情都不可能發生；人們經常呼籲要進行這種對話，卻很少成真。談論種族問題令所有人感到不安。如果我向一個非裔美國人提及種族問題，我是否在將她化約為某個範疇，而非作為個體來看待？在柏林的頭幾年，德國人在知道我是猶太人之後的反應確實讓我覺得自己是一個範疇。他們突然間感到有股衝動，想提起曾在戰前幫助猶太人移民的叔叔，或是送我一本關於門德爾松（Moses Mendelssohn）的昂貴書籍。我後來對前者這種故事愈來愈感到懷疑，而且我對門德爾松也**沒那麼**感興趣。在某個正式晚宴上，我被困在一對堅持要告訴我他們有多喜歡伍迪・艾倫（Woody Allen）的夫妻之間；我試圖把話題轉向莫札特，但以失敗告終。

在南方，種族問題雖然不總是位於問題核心，但其中心地位極為明確，以至在談話中不可能忽視之。溫特學院制定了一些程序來讓對話保持誠實、富有成效，在二〇一六年看到這些程序進行的我心中升起多年來未曾感受到的希望。精確來說，有八個步驟。蘇珊、珍妮佛和我回憶起歐巴馬當選時美國的狀況。二〇〇七年讀完他的書後，我成了歐巴馬陣營的志工，當時我的朋友們還說我搞不清楚狀況：只有住在歐洲的人才會相信一個非裔知識分子可能當選美國總統。坐在密西西比州的一家小餐館裡，聽著學院及其盟友獲得的微小勝利，讓我想起了歐巴馬剛參選時的愉快時光。

蘇珊說，推動團隊繼續前進的，是她從她的導師、學生非暴力協調委員會的老將查克・麥可杜（Chuck McDew）那裡學到的東西。「密西西比州是公民運動的百老匯，沒人會離開百老匯。」較不那麼戲劇性的說法是，如果你能改變密西西比的社群，你也許就能改變任何人。站在原爆點上，知道你身處美國最糟糕的核心，是否帶來一種救贖感？傑西・傑克遜（Jesse Jackson）說：「我仍然認為密西西比州是治癒美國的關鍵，密西西比有種魔力。」[6]

也許這不僅是因為此地的挑戰性——也許人們其實喜歡那些令人有點害怕的地方。**不是很害怕，只是有一點**。畢竟，我花了很多年才不再害怕柏林。我無法說我對密西西比由恐懼變成深愛，但我確實深深著迷，這是朝向愛邁出的第一步。每個人都說：你懂就懂，不懂就不懂。但這個州即便在最冷硬、最嚴酷的地方也散發著一種溫柔的誘惑。

牛津人已經聽膩了福克納的那句話：「過去永遠不會消亡，那甚至還沒過去。」但這話無論被重提多少次，都不改其真實，且在密西西比更是如此。歷史學家霍華・津恩（Howard Zinn）關於南方的說法很有道理：「此地不是美國社會的對立面，而是美國社會的本質所在，因此可作為一面鏡子，讓國家看到自己被放大了的瑕疵。」[7]如果南方是面鏡子，密西西比州就是顯微鏡。

在二〇一六年短暫造訪後，我問溫特學院隔年是否可以在那裡度過我學術休假的期間。我不認為他們真的相信我會回去，就像我老家的朋友問的那樣：「你說要去**哪**？**現在**嗎？」川普穩定地造訪南方各州，最後贏得了二〇一六年的選舉。我又開始有點憂慮，但我的計畫已定。我在溫特學院有間辦公室，房子也租好了，這間房子有前廊和搖椅，可以坐著看在大學和廣場間散步的人們。如果我想研究美國人如何釐清過往，似乎沒有比這個學院更好的基地了，學院網頁稱其願景是「一個人們誠實參與自身歷史，以便更真實地活在當下的世界，一個過去的不平等不再支配未來種種的世界」。

◈　◈　◈

珍妮佛·史托曼是在底特律郊區的猶太社區裡長大的。是什麼使她成為一名社會正義倡議者？「機緣巧合」是部分答案。她和馬丁路德·金恩同天生日，而且正好出生在他去世的那一年。她的父親和姑姑在塞爾瑪（Selma）遊行過，當時有許多猶太人認為種族隔離與猶太傳統相衝突，並決定做點什麼，他們是其中的兩個。然而，當珍妮佛在小組培訓中介紹自己的背景時，她提了別的事。「我在快五歲的時候被收養了，離開寄養家庭系統，所以我記得我的處境從喝洋蔥皮熬的湯（當時沒有其他東西）變成住在飾有紫色薄紗的臥室裡。」逃離貧窮循環過上優渥生活的經歷，讓她在很小的時候就意識到社會不正義一事的任意無常（arbitrariness）。在八〇年代的密西根大學，種族主義兇猛而毫無掩飾。她在大學裡讀美國歷史，並成為關心政治的倡議者。她最終獲得了博士學位，論文主題是南方猶太女性。

「我上過希伯來學校，學習並教授《塔木德》經，在以色列生活和工作。這樣真的就夠了，我不想拿關於猶太歷史的博士學位。」可是，她被一位喬治亞州莊園猶太裔女主人的日記所吸引。「路易絲·法拉堪（Louis Farrakhan）說猶太人是大奴隸主，這是個謊言。但猶太人也必須面對自己的歷史，而不只是訴諸誇耀式的勝利敘事，說我們善待奴隸，說我們都是民權倡議者。我們必須說實話。」她開始閱讀生活在十九世紀南方的猶太婦女的信件，對她發現的情況感到震驚。「婦女們從不毆打她們的奴隸，但她們會威脅要把他們賣給別人。」當她所在家鄉的猶太社區中心談論她的工作時，她受到聽眾強烈的抨擊，其中有一些人是大屠殺的生還者。「我那時信心無窮，認為我的社群很坦率、懂得自我反省。『小姐，』一位開始捲起袖子露出編號刺青的老人說，『妳知道妳講的這個故事有多危險嗎？』他指責我站在路易絲・法拉堪那邊，法拉堪曾指控猶太人是種族主義者。我說：『不，我是想讓你知道我們也是這段歷史的一部分；說謊只顯得我們很焦慮而已。如果我們不講述完整的真相，我們就不是完整的美國猶太人。』在場只有一位女性支持我。那就像是在一夜之間處理十年的功課。」

珍妮佛後來在全國各地的幾所大學任教，在密西西比大學也短暫待過。她在科羅拉多州杜蘭戈（Durango）的路易斯堡學院（Fort Lewis College）大致安頓下來，並學會了納瓦荷語（Navajo），以便與人數眾多的原住民學生社群一起工作，午後時分則到杜蘭戈的山坡上滑雪。二〇一三年，蘇珊・格利森邀請她擔任溫特學院的學術主任，到這所向來象徵著白人至上主義的大學來促進種族和解。雖然心知身為北方猶太人的她在密西西比州會是個外來者，但珍妮佛還是接受了這個挑戰。她協助制定了溫特學院對抗種族主義的步驟，很快就成了隨時待命以助人們解決種族問題的專家，其工作範圍不僅限於密西西比大學，更擴及整個南方的校園和社群。

珍妮佛成為我在密西西比的導師，也是第一個帶我去三角洲地區的人。她為我指出尚未發芽的農作物時，我驚訝極了，那在我眼裡只是一堆枯枝。在克拉克斯代爾（Clarksdale），她幫助我們逃過了劫車事件，當時我被一座前身是藍調酒吧的迷人廢墟吸引而分心了。她在密西西比也扮演著重要的角色，為我解釋事情如何運作，又為何行不通，必要時也翻譯當地語言。例如，「上帝保佑你的心」（Bless your heart）聽起來很溫柔，但其實是句不折不扣的髒話。又例如，假設有某招牌寫著快車公司（KWIK KAR KOMPANY）[8]，這代表的不太可能是當地教育程度之低落（雖然確實低落），比較可能是幾乎不加掩飾地在對三K黨示忠。（如果為了計算路旁有多少這種故意拼錯的招牌而踏上公路之旅，這趟旅行會相當耗時。）木蘭花不只是本州常見的花，人們選它為州花是取其純白之象徵。

她還指點我讀懂了藏在美麗校園裡的南方邦聯符號。強尼瑞的雕像聳立在校園入口處，上有拜倫（Lord Byron）的英雄銘言。還有一項如今不復存在之物，其消失標誌著溫特學院最近取得的勝利。在飄揚著美國國旗的旗桿上，曾有一面密西西比州的州旗，上面印著州政府拒絕拿下的南方邦聯徽章。學生在溫特學院的輔導下發起了激烈的學生運動，導致學校取下了那面旗幟。此事並未引起巨大的爭議，沒有惹來全國的關注，也沒有導致三K黨出現。最具爭議的是，校園裡有座詹姆斯．梅瑞迪斯的紀念雕像。

年度的黑人歷史月（Black History Month）期間，會有一群被稱為「卓越之人」的非裔美國學生帶領大家參觀校園，以紀念梅瑞迪斯。我的嚮導羅思柯（Roscoe）把長髮紮成馬尾，但也像他所有的夥伴一樣身著深藍色短大衣，打著黃條紋領帶。導覽從荔枝園開始，當暴動的學生試圖攻擊梅瑞迪斯時，他被帶到那裡避難。羅思柯說：「當我想到有三萬名軍隊守護著一個黑人小孩的時候，我因著梅瑞迪斯為我所做的一切而感到榮幸。」我們繼續前往一位法國記者和一位美國點唱機修理工人在混亂中被槍殺的地方。媒體大肆報導此事，因為大家都說南北戰爭又要捲土重來。三K黨成員從南方各地趕來，有了他們助拳，學生不再只是為阻止梅瑞迪斯而戰；他們拿起了南方邦聯的旗幟，反抗可恨的北方，是北方人堅持執行聯邦法律，給了梅瑞迪斯能在他選擇的地方讀書的權利。當時還是學生的柯提斯．威爾基回憶道：「我以為學校可能會停課，甚至有人認為密西西比州可能會再次試圖脫離聯邦。當時的情況就是這麼激烈。」時至今日，大多數密西西比州的黑人寧願去讀某個向來以黑人學生為主的學院，也不願意冒險踏入資金更多、設備更好的密西西比大學。「我們的叔叔阿姨問我們為什麼選擇一間以種族主義聞名的學校，」羅思柯說。「我們的回答和詹姆斯．梅瑞迪斯的一樣：我們只是在行使憲法給我們的權利。」我們站在旗桿旁，在光禿禿的樹梢上空，星條旗隨風飄揚。「後來我們必須戰鬥，才能令密西西比州旗降下。看著旗杆上不再有那面旗，心裡彷彿有歌聲飄揚。」

導覽的終站是二〇〇六年揭幕的梅瑞迪斯紀念碑。那是一座有柱子的大理石拱門，其上刻著四詞：勇氣、機會、堅毅與知識。在拱門前方，刻著「勇氣」的橫梁下，年輕的詹姆斯．梅瑞迪斯的銅像正邁步向前。銅像忠實刻劃出這位身材矮小的英俊青年，有聯邦法警在他的兩側，他堅定的臉龐與恐懼無緣。梅瑞迪斯發誓，他從未感覺到害怕。但是，當甘迺迪總統派來保護他的部隊遭到汽油彈和槍炮攻擊時，他怎麼可能不害怕？梅瑞迪斯在他二〇一二年的自傳中回答了這個問題。「身為一名於一九六〇年生活在密西西比州的黑人男性，我差不多等於是已經死了……死人並不需要很大的勇氣來繼續活下去。」[9]

羅思柯要大家因著「此人為我們做出的犧牲」而默哀片刻。他繼續說，我們應該問自己，「我們是在遵循常規而已，還是像梅瑞迪斯希望的那樣，做些激勵他人、振奮人心之事？」眾人仍保持沉默。這群人大多數是黑人學生，還有一些白人和老年人，他們的表情莊重，看來有所領會並感到滿意。

「卓越之人」所表達的感激之情高尚而動人，但在雕像前講的故事卻忽略了故事中的複雜因素。首先，這所大學在這半個世紀以來也許已變了許多，變得有能力投入資金，將校園中央的空間用於紀念令這個該校聲名狼藉之人；不過，並非所有大學裡的成員都對這種變化感到滿意。說得溫和一點：二〇一四年，兩個醉醺醺的兄弟會成員在雕像的脖子上掛了個套索，並在他身上披了一面南方邦聯旗。這兩名學生被開除了——全國都在關注，外界壓力龐大——但以仇恨罪起訴他們的是聯邦法而非州法，而且最後的判決也相當特殊。其中一個年輕人確實在監獄中服刑六個月，但另一個人被判緩刑一年，並且必須就福克納的《八月之光》（*Light in August*）的第十九章寫一份五頁的報告，該章描述了一場私刑處決。這畢竟是一間位於牛津市的聯邦法院。我們很難確定有誰在缺乏前後文的情況下能單獨理解這一章，但法官一定是認為，要求他閱讀整本書是種殘忍而罕見的刑罰。

導覽遺漏了關於這座雕像的一個基本事實：梅瑞迪斯本人很討厭這座雕像。到了二〇一八年時，他的態度已漸趨緩和，但過去多年來他不斷表示，這座雕像不僅得拆除，而且還得「磨成碎粉」[10]才行。「我們想以一種反映運動本身的方式來紀念密西西比州爭取平等教育機會的抗爭，而這場運動是草根運動。我們並不希望將我們的英雄神化。」蘇珊和校園裡的其他進步力量籌集資金，召集了一個全國性的評審團來評審設計提案。評審團最終選擇了非裔美國藝術家泰瑞·艾金斯（Terry Adkins）的設計，其中包括兩道門，上面刻有「此後唯有正義」和「教育永不止息」的字樣。在兩道門之間，防颶風的玻璃板上刻著的字樣是由梅瑞迪斯一九六六年的恐懼遊行（March on Fear）中得到的靈感：「**教學不再恐懼，堅持不再恐懼，團結不再恐懼**。」

校長拒絕了這個設計；他認為恐懼一詞「太負面」。雖然遭到抗議，校長還是堅持不接受最初的設計，所以另一個委員會決定採用如今的梅瑞迪斯雕像。梅瑞迪斯說，這是個偶像，是雕刻之物，違反了十誡中的第二誡。他不喜歡自己被塑造成一個「溫柔而孤獨的祈求者」[11]，而且他對告示碑上有一段「取材自我一九六六年的書中慘遭痛宰、斷章取義的一句引言感到憤怒……傳達出我對密西西比這塊土地的熱愛，但沒有提到我對其白人至上的統治制度的厭恨。」[12]這句引言是對當地愛國意識的小小示好，意在軟化那些反對為梅瑞迪斯立任何紀念碑的校友——他們反對很可能是因為他們根本就參與了那場阻止梅瑞迪斯入學的暴動。刻著字的告示碑上寫道：「無論我來密西西比州多少次，此地總是無一例外地在我心中引發一種在其他時候不會出現的感覺……喜悅……希望……愛。我一直都覺得密西西比屬於我，人必須去愛屬於自身之物。」

蘇珊說，最讓梅瑞迪斯煩惱的是，他知道自己被利用了。就像無數條以金恩博士為名的街道一樣，梅瑞迪斯雕像被用來宣稱我們已轉危為安，種族主義已成為過去。密西西比大學的雕像揭幕典禮也支持了這樣的說法，國會議員約翰．路易斯（John. R. Lewis）和摩根．費里曼（Morgan Freeman）等人在典禮上發表了充滿勝利之意的演講。梅瑞迪斯本人雖獲邀參加典禮，但他們沒邀請他致詞——「因為時間有限」，校方如此表示。有人說他「太不穩定了」。「難以預測」，其他人說。「他真是夠怪的了」，這種話也經常出現。

密西西比大學並不排斥偶爾邀請有爭議的講者，如果是不打算留下來的外來者更好。第一次造訪牛津時，我去聽了黑人女權主義作家布蘭妮．庫珀（Brittney Cooper）的演講，聽眾包括學生和老師，大約有一百人，其中大部分是白人。她是一個很好的講者，我喜歡她能在該處表達對於美國系統性種族主義的憤怒，但我對她給一個白人學生的答案感到不安。「我們應該怎麼做？」女孩問。「川普真的有可能會變成總統。」那是二〇一六年三月，川普在初選中表現出色。「黑人對瘋狂的白人種族主義者有著長年的經驗，」庫珀回答。「我們已學會了低調度日、把孩子養大、繼續生活。」

我等到學生問完問題之後才走到演講者面前，她錯失的這個教學機會令我感到焦慮。「我們難道不該告訴學生必須有所行動，確保他們認識的每個人都去登記投票嗎？」我問道，並補充說明，作為一個生活在國外的作家，我相當痛苦地意識到美國總統對全世界的影響有多大。

庫珀上下打量了我一番。「你一直說『我們』，但川普不是我的問題，而是白人的問題。你和我不構成『我們』。」

我艱困地嚥下這個答案，然後說我甚至不知道有誰會考慮投票給川普，但我很擔心出於憤怒而投票的選民。

「出於憤怒而投票的白人選民也是白人特權的一種。」庫珀說。

我本可以說，如果所有被剝奪權利的黑人選民也出於憤怒去投票，議院將會改頭換面，但我不想辯論，而且當時我倆顯然無法對話。

「現在還沒有空間能構成『我們』，」珍妮佛說，她在我憤憤不平時站在我身邊。「我必須相信事情不會一直如此。」

我和布蘭妮．庫珀之間當然可能構成「我們」。我們都是女性、作家、人文學科教授、美國人。或許她也是一位母親。我們當然都是人，如果某個情緒不穩的總司令決定玩弄核武發射密碼，我們都可能被炸成碎片。種族經驗將我們區隔開來。但是，我們不能用其他的經驗來嘗試彌合這個差距嗎？

溫特學院最有名的活動「歡迎筵席」（Welcome Table）便假設我們確實可以。歡迎筵席將十五至二十位種族背景不同的人聚集在一起，以幽靜地區的週末之旅作為起點。此後的一年半裡，小組成員每個月都見面，參與一系列建立信任的活動，先建立個人的信任，然後再去面對更為困難的種族問題。你是什麼時候首次發現到種族是個問題？這個問題喚起了大多數人的童年回憶，這段回憶對於黑人和白人而言也許大為不同。小組也閱讀關於家庭和身分認同的詩，並要求成員嘗試書寫分享自己的詩。小組內會再細分為兩人和三人小組，然後重新集合，以便與所有成員分享夥伴的故事，而非自己的故事。學習傾聽，學習聽見人們的聲音。所有這些都是為了創造一個「我們」的多元鑲嵌圖，敞開思想與心靈來面對更困難之事。

信任建立之後，小組就開始討論訊息。例如，系統性的種族主義和有意為之的種族主義之間的差別，以及這兩者如何都傷害了人們。意圖並不總是重要——但也有重要的時候。（猶太裔的柏林作家圖霍爾斯基曾寫道：「**善**的相反就是**意圖為善**。」）你可能不是故意要表現出種族或性別的刻板印象，但如果你跟這些東西一起長大，你得加把勁努力才能意識到其存在。

溫特學院的風格讓這項活動在可能的範圍內堪稱愉快，他們堅信加害者和受害者都具有人性。珍妮佛說：「人類用邊緣系統來區分安全和危險，每時每刻都接收著一千一百萬條細微線索。」我們可以有意識地對其中的四十或五十條線索進行分類；其他的則交由無意識處理妥當。隱微的偏見總持續運作。前些日子在紐哈芬，有個身材高大、衣著隨意的年輕陌生黑人在人行道上向我跑過來，我當時的緊張是有原因的。我怎麼會知道他跑來是想問我是不是他在塔維斯・史邁利（Tavis Smiley）[13]的節目中看到的那個人？雖然我成功壓制了我起初的不安，表現得還算有禮貌，但後來的幾年裡我都對當時的不安感到羞愧。珍妮佛說：「學會認識它，而不是將其當作武器。這樣你就能運用它，你會感到自由。」我們對於神經可塑性的知識告訴我們，即使是無意識的運作也能改變。

唯有承認能帶來改變，後種族（post-racial）或「沒注意到膚色」（Color-blind）等說法毫無幫助。正如某個小組中一位非裔美國女性所說的：「如果你說你沒注意到膚色，那意味著你沒注意到我。」有個朋友告訴她，自己剛剛才意識到她是黑人。「我一直都知道**他**是白人啊，他說他剛剛才意識到是什麼意思？」我想起了很久以前那個德國人，他急著說明自己做夢也不會注意到我是猶太人，似乎面對著我是猶太人這一令人不快的事實，唯一得體的做法就是完全忽略此事。這就是大多數白人處理種族問題的方法，背後的意思相當清楚：沒辦法當白人是件不愉快的事——白人會這麼覺得也許只是因為其他膚色的存在令他們感到不安——所以，正確的做法是完全忽略此事。「我的工作是與感到不安的白人一起努力，」珍妮佛說。「有些人非常擔心說錯話，因此什麼也不說。」這令種族怨恨在筵席中的各個角落滋長、發酵。這在某些方面比直接的種族主義行為更有害。

建立信任的過程需要直接談論種族主義的過往與今昔；瞭解我們吸收和承襲種族主義的機制；以及

找出如何介入以對抗自己和他人的種族主義——這些都可以在為期長短不同的活動中完成。溫特學院舉辦這樣的活動，供刑事司法工作者、教師、公司和密西西比州警察部門參加。在「歡迎筵席」最後三分之一的時間裡，小組會規劃一項任務，一旦建立信任之後，就著手進行該項任務。學院完成的第一項任務是將殺害切尼、古德曼和史維納的兇手送上法庭。其他的任務可能是規劃公民權利教育和紀念社群英雄的活動；利用沿海漏油事件來發起環境正義計畫；甚至在常以洋芋片和海綿奶油蛋糕（Twinkies）為主食的三角洲社區打造一個社區花園。重要的是由每個社區來規劃出可行的任務以滿足其需求，並利用在小組中建立的信任來培養出更深的信任，這是一種當人們一起努力在實質上促進共同的善時便會產生的信任。我知道這聽起來要不是很烏托邦，就是很老套，而且可能兩者皆是。但在這些活動開始運作的的頭二十年裡，冬季學院曾為成千上萬的人服務，而我自己也目睹了其作用。

我問工作人員艾波·葛雷森（April Grayson）如何處理她在這個過程中必須經歷的緊張感。

「我把自己分為個人的我和主持的我，」她回答。「我可能會對某人所說的話感到憤怒，但我認為他們擁有講述自身故事的神聖權利。」相信敘事的力量（相信每一個故事都需要被講述）並不是相信每一種意見都同樣有價值。雖然如此，人們還是批評溫特學院太軟弱，對於種族主義白人敘事給予太多的尊重而賦予了他們過多的權力。「我們試著強調，我們的方式不是唯一的方式——我們的方式是維護人們故事的神聖性。當你的故事被傾聽，無論身分認同為何，你都會感到被重視，也更願意參與愈來愈深刻的對話。」

艾波是一個身材嬌小而漂亮的白人女性，她出生於一九七〇年，家中四代都是密西西比人。「他們的南方邦聯歷史一直都靜靜存在著，但他們從未將其浪漫化。」她父親的家族被認為是怪人；他們總是在讀詩。「我花了很多年才算明白那些箭頭是從哪來的，我們在花園裡種東西的時候發現的箭頭。我不得不承認，這片對我來說如此珍貴的家族土地屬於美洲原住民。密西西比民運史上最惡名昭彰的事件之一就發生在這條路上。」弗農．達默（Vernon Dahmer）的家被三K黨炸毀了；相當受人尊敬的達默經營著獨立商店，這讓他比其他非裔美國人更能直言不諱。他也向襲擊者開火，反抗了一段時間，讓他的妻子和孩子能從後門逃進了樹林，但幾小時後，他因吸入濃煙嗆傷而死。「每當我受不了想離開密西西比時，我都會想到達默的妻子，」艾波說。「人們經常問她為什麼不離開，她的回答總是一樣的：『因為如果我離開了，就無法改變情況。』我想，如果艾莉．達默做得到，我也做得到。」

艾波出身於三角洲小鎮羅靈福克（Rolling Fork）的一個思想進步的家庭。她的父親是盡心盡力的郡立學校校長，當時大多數白人都把孩子送到種族隔離學校（seg academies），這種私立學校是人們發現聯邦政府在布朗訴教育委員會案後相當認真執法而成立的，目的是為了避免種族融合。當地小小的衛理教會裡（那是當地社群社交世界的核心地帶），有許多會友認為她父親是魔鬼——只因為他認為公共教育體系應為白人和黑人學生提供良好教育。

她的家人從來不確定自己可以信任誰。街角雜貨店的那位好心女士是三K黨人嗎？「人們不瞭解當時恐懼瀰漫的程度，」艾波說。「我認識麥庫姆的一家人，他們的女兒被選為密西西比小姐。後來他們被趕出密西西比，因為那家的父親竟敢和記者談論種族融合之必要性。」艾波認為自己很幸運；雖然她就讀的學校裡和她與她兄弟一樣的白人學生並不多，但她的老師之中有許多是參與過民權運動的非裔美國人，所以她畢業後對於民權歷史的瞭解比現在大多數畢業生還多。

就像大多數認真思考的密西西比人一樣，艾波離開該州多年，在西雅圖工作、學習拍攝紀錄片。她說：「我喜歡西雅圖，但那裡實在太多白人了。」她說，語氣中仍聽得出她的難以置信。她回到溫特學院工作，一部分是以口述歷史學家的身分，拍攝紀錄學院的許多活動和對象，後來她也負責主持「歡迎筵席」。艾波非常溫柔，甚至連表達憤怒的方式也堪稱和藹可親，但當她生氣時，那股怒氣是相當明確的。她對州政府持續試圖破壞公共教育體系的種族融合一事尤其憤怒。「以前是種族隔離學校，現在是特許學校（charter school）。總之也跟種族有關，而且還會有一個精心策劃的計謀試圖妨礙公共資金挹注於教育。」在她以耐心和技巧主持的小組活動中，你看不到她的憤怒。

我剛在旁觀察的那個小組一直在討論密西西比的州旗。大多數的黑人組員說他們並不關心那個；貧窮和教育問題比象徵符碼更重要。但白人組員堅持認為南方邦聯的符號與納粹的符號具有平行的意義。黑人組員表示兩者並不一樣，但他們沒有解釋原因。有位從事行政工作的年長非裔男性指著自己的肚子說：「每次看到這個符號，我的內在都會被撕裂，」他說，「但我不會對別人說這些。」

討論結束時，問題並未獲得解決，我不知道這個小組是否曾達成共識。「這不是那種開開心心、多愁善感的活動，」艾波說。「這些活動可以變得非常激烈。我們在紐奧良遇過一個帶著滿滿惡意的人，他來參加是想證明我們的方法很荒謬。還有一個人帶著獵刀出現，只為了要恐嚇我們，但我們才不買帳。他本來有可能情緒失控的，但後來他就草草收場了。」雖然有人詆毀他們，但有太多的社區請溫特學院與當地合作設定任務，多到人手不足的學院不得不拒絕許多人。

最近，艾波與密西西比州瓦德曼鎮（Vardaman）的一位天主教神父一起開始了一個新的歡迎筵席小組。該鎮入口處的標示上寫著「天堂的滋味：歡迎蒞臨世界地瓜首都瓦德曼」。誰負責採收地瓜？來自中美洲移民，他們之中大多數人在多年前合法入境，但他們的簽證都過期了。他們不談南方邦聯符號，而是談論與象徵符碼較無關係的問題：離婚的家庭、虐待員工的雇主、威脅要自殺的孩子、擔心被移民及海關執法局（ICE）抓走而不再上教堂的人們。艾波像往常一樣和藹地引導著這群人。只有在我們離開時，她才激動地說，她真希望自己是移民律師。

在開車回牛津的路上，我打開了美國家庭電臺（American Family Radio），該電臺正在討論耶穌是否支持限制移民入境。廣播裡的人說，耶穌當然支持，而且他也支持在邊境建一道牆。我們怎麼知道呢？啟示錄說到天上的門，如果有通往天國之城的門，那當然也有一道城牆。啟示錄還說你必須用羊羔的血洗你的袍子才能進去，意思是著你必須融入大家。

如果你想查證此事的話，那天是二〇一七年二月八日。我不可能編出這些東西來。

◈ ◈ ◈

「是什麼讓妳堅持下去？」我問珍妮佛。

「黑色幽默滿有幫助的。」

「妳從不曾感到無聊嗎？」

「事情每次都不一樣。」

「會恐懼、會憂鬱，但不會無聊，」蘇珊說。

「我從來沒有看過妳生氣，」珍妮佛對她說。「即便是他們在新奧爾良把我們痛宰一頓的時候也沒有。」

「我只對兩個人大吼過，」蘇珊說。我不會提及這些人的名字。「他說他應該要是車上的第四個人，但他其實只是個混蛋而已。他開始對我大吼大叫，所以我也對他咆哮。我希望每遇上一個說自己是『車上第四個人』的人，我就能得到一塊錢。」

這輛車上的三個人是遭到謀殺的英雄：錢尼、古德曼和史維納。而這種說法令我想起我有時在德國會聽到的說法：「我的祖父其實是反抗運動的祕密英雄。」就像其他任何重大的運動一樣，民權運動製造出憧憬、誇飾和徹底的謊言。當喧嘩的眾聲逐漸平息時，誰不希望自己是個英雄？

另一位溫特學院的成員潔姬・馬丁在十五歲時便成了一位真正的民運英雄。她於一九四六年出生在麥庫姆，密西西比州最暴力的地區之一，但她更樂意談論她所屬的那個自給自足的黑人社區有多溫暖。她的母親只讀完八年級而已，她的父親書念得更少，但他們確保了自己的十個孩子會擁有與他們不同的人生。種族隔離的圖書館不對黑人開放，所以社區會購買他們能夠買到的書籍，並與大家分享。潔姬不記得她小時候認識過任何白人，因為她只有在母親的陪同下才能越過分隔社區的鐵軌。「艾默特・提爾的私刑案件很重要，我們的父母藉此教育我們：『這就是我們這麼嚴格的原因。我們需要保護你們不受白人社區的影響。』」儘管如此，她說她的父母並沒有把孩子養成心懷恐懼之人，只是變得謹慎。他們也沒有養成仇恨他人的習慣，只是不明白為什麼白人社區有那麼多的權利，而他們有的卻很少。二戰後歸國的非裔退伍軍人改變了南方的情勢。他們在歐洲被譽為使人自由的解放者，卻只能回到一個對他們來說沒多少自由的地方。潔姬的叔叔說：「如果我有足夠的能力去打仗，我就有足夠的能力去做其他事。」像其他許多非裔退伍軍人一樣，他在五〇年代時憤憤不平地離開了南方。

「一九六一年夏天，巴布．摩西（Bob Moses）來到鎮上。」這位富有傳奇色彩的民權活動家要求麥庫姆的年輕人和他一起遊說選民登記投票。「孩子都很勇敢；這就是他們能夠改變的原因。我們沒有想到背後的危險。」潔姬回憶道。學生非暴力協調委員會成立了一所學校，教人們如何解讀憲法，這是非裔美國人要登記投票必須通過的一項測驗。這年是麥庫姆第一次有靜坐示威的活動。在北卡羅來納州成功舉辦靜坐示威活動之後，十六歲的布蘭達．特拉維斯（Brenda Travis）在白人限定的點餐櫃檯點了一個漢堡，旨在倡議取消當地公車站的種族隔離制度。她因非法越界被判處了一年徒刑。她提前獲釋，但又被當地的高中開除。潔姬、她的哥哥和其他一百一十二名學生發起了罷課抗議活動，一路遊行到市政廳，吸引了許多圍觀者，他們看到這麼多黑人學生走在街上而感到相當震驚。

這群學生接受過非暴力抗爭戰術訓練，他們的行動很有秩序。眾人唱歌，在市政廳前被攔阻時則跪下來祈禱。巴布．摩西和查克．麥可杜——「我們都叫他們『男生們』（the guys）」——盡力保護學生的安全，但他們無法保護學生非暴力協調委員會的白人員工巴布．澤爾納（Bob Zellner），他被暴徒打到失去意識，也無法保護學生不被逮捕。」有個獄卒人很好，給我們水喝。但願我記得他的名字。有個女孩子開始哭，因為這代表著她媽媽會失去工作。但我們靠著腎上腺素和「我們能改變世界」的良好感覺而繼續前進。

大多數學生都未滿十八歲，所以他們在當天晚上就被釋放了。當他們第二天回到學校時，校長要求他們簽署一份承諾書，保證不再參與公民不服從運動。他們拒絕了，他們的父母也支持他們。他們知道社區可以團結起來，他們不會讓再學校再剝奪任何黑人孩子的權利。此外，他們也很自豪。「也許他們自己沒有起身反抗，但他們養出來的孩子做得到。」

一百一十四個人全都被學校開除，整個密西西比州的公立學校體系都禁止他們入學。當時的他們不可能知道這件事有多美好：後來他們在密西西比的第一所自由學校（Freedom School）裡，接受擁有哈佛大學哲學碩士學位的巴布・摩西、查克・麥可杜和其他人的教學。後來，私立宗教學校希望能收他們入學。田納西的民運英雄戴安・納許（Diane Nash）帶著潔姬去了亞特蘭大，然後去了紐約，講述一群高中生的反抗事蹟。

潔姬也曾離開密西西比，但她回到家鄉，在當地政府行政部門工作了近三十年。退休後，她開始在溫特學院兼職，經常和艾波一起主持歡迎筵席。「我們有機會展示種族關係的各種面貌，」她說。「外面的人不清楚密西西比的狀況，這個祕密無人知曉。」潔姬不相信這個國家能擺脫所有種族問題，但她相信情況可以變得更好；她已親眼看見此事發生。七十四歲的她仍有熱情繼續為此努力。她對於密西西比最深的期望是，這個州可以成為美國的典範。

我問她為什麼有這麼多南方白人討厭歐巴馬總統。她的回答毫不遲疑，她不需要猜測人們怎麼想。「有兩個白人告訴我，他們害怕歐巴馬會因為白人對黑人所做的一切而採取報復行動。」

「但他沒有，而且他的母親也是白人啊！」

「他們還是害怕。」

「我想，沒有更多的黑人採取報復行動大概是個奇蹟吧。」

「我們人比較好。」潔姬說。

◈ ◈ ◈

我在二〇一七年重返密西西比時，川普剛剛就任總統。布蘭妮．庫珀的想法並未反映在人們的身上；新總統確實是大家的問題，各行各業的人都在為此做點什麼。行動的人數不夠，但行動的多樣性則令人既感欣慰又感振奮。

二月初，海地裔的美國法律教授米歇爾．亞歷山大（Michèle Alexandre）組織了一次當地倡議者的聚會，大家在一家小蛋糕店碰面，討論起初的步驟。她說：「反彈是意料之中的事，我瞭解這點，雖然我的心裡還是很悲傷。我們現在知道他有個計劃，要在所有的主要體制內部製造混亂：司法、環境、教育。川普做的第一件事是把人解雇，這樣他就可以用看守雞舍的狐狸取而代之。訴訟是後來的事，我們想保護弱勢，而他們試圖利用這點把我們搞瘋。」

「我們必須不斷提醒自己，多數人並不想要這樣。」白人志工丹尼爾說。

「人們認為音量最大的群體就是多數人，」溫特學院的查爾斯．塔克說。「我們必須一再重申同樣的訊息，但要更大聲。」

「我們不是在妖魔化任何投票給川普的人，」蘇珊・格利森說。「溫特學院是無黨派的組織，他們認為民權就是人權，不受黨派影響。我理解這種衝動：他們想盡可能讓這個圈子保持開放。政治上來說，確實也有些保守派認為所有的人都同樣應該獲得正義；沒有什麼具原則性的理由令他們無法反對種族主義、性別歧視和恐同。但歷史已經證明，保守主義和部落主義通常一起出現，而且不僅只在美國如此。這份關聯並非必然，但仍非常真實。不過，我理解為什麼這個團體想強調道德而非政治語言，雖然這導致他們在一開始為大家取了一個長到記不住的名字：「反對恐懼和美國原則消蝕的憂心公民團體」（A Group of Concerned Citizens Against Fear and the Erosion of American Principles）。

不到三個禮拜後，憂心的公民人數已經多到無法擠進一家蛋糕店了。他們在牛津最大的劇場舉辦了市民會議。有位代表「媽媽行動聯盟」（Moms Demand Action）的金髮美女解釋了如何打電話給議員以推動新的槍支法律。有位南方貧困法律中心（Poverty Law Center）的律師解釋了他們如何在七〇年代起訴三K黨並導致他們破產，以及他們現在如何追蹤川普當選後出現的新仇恨團體。有兩名學生請大家支持支持他們正在組織的勞工運動，以在密西西比最大的工廠日產汽車組建工會，該公司搬到密西西比，享用著三角洲地區貧窮而失業的無工會廉價勞工。有位白髮蒼蒼的前記者矢志將其他退休婦女集結起來嚴密監督他們的議員——這些議員不斷迴避選民要求維護歐巴馬健保改革的聲音。這些努力都在進行中，社區還做出了其他的努力。像是其餘在選舉後蓬勃發展的團體一樣，他們專注於當地的行動，希望能產生全國性的影響。現在仍為時過早，但當我關注許多這樣的團體時，心中產生了意料之外的士氣。如果我在紐約或柏林觀察川普擔任總統的頭半年，我可能會陷入絕望。相反地，我身在聯邦之中教育程度最低的州，我還加入了當地的合唱團。如果密西西比有希望，其他地方也有希望。

到了三月初，出現了一個名為「密西西比州選民」的組織，正在為二〇一八年的期中選舉做準備。正如五十年前學生非暴力協調委員會的民運英雄們所知道的那樣：很明顯地，維護民權的唯一途徑是選出關心民權的國會議員。密西西比選民正在發起志願者挨家挨戶拜訪該州的每一家。因為密西西比實在太窮，沒有錢進行數據調查，所以沒人知道是誰沒有投票，以及為何沒有投票。

曾在愛荷華替歐巴馬競選活動工作的年輕黑人女性艾拉說：「他們就像是你拒絕購買 iPhone 的祖父一樣。」作為該國第一個在全國選舉中投票的州，愛荷華州有收集大量數據的經驗。在為志願者舉辦的培訓課程中，艾拉解釋了在密西西比有十八種犯了會令你被剝奪投票權的罪行，其中一些相當奇怪而不合時宜，例如偷盜木材。但許多犯下其他罪行的前罪犯不知道他們有資格投票，即便在服刑期間照樣可以投。挨家挨戶拜訪的目的是為了告訴那些可能認為自己沒有投票權的人他們可以投票，並協助他們登記。

「自從自由之夏（Freedom Summer）以來，還沒有出現過規模這麼大的活動。」與艾拉一起工作的高個年輕白人男子約翰說。在學生非暴力協調會的組織下，自由之夏曾吸引近千名北方白人學生來幫助密西西比的黑人登記投票。

促進選民登記是亞當・弗萊赫提（Adam Flaherty）所投入的事項之一。他第一次參與的傳統政治行動以失敗告終：他們提出州憲法修正案，希望能為公立學校挹注充足的資金。這個修正案沒有獲得足夠的票數，無法通過。亞當說，此事令人心碎，但這並沒有削弱他的責任感，他仍希望投入改善密西西比，而不是成為該州流失的另一個人才——密西西比州對於此事長吁短嘆，卻很少採取什麼防止措施。

我第一次見到亞當是在一場關於德國和美國釐清過往的工作有何差異的講座之後。這個滿頭金髮、面容和善的年輕人試探性地舉手問道：「你認為這種差異是源自於哈伯瑪斯的論述倫理學（discourse ethics）和羅爾斯的反思平衡（reflective equilibrium）概念之間的差異嗎？」其實我不這樣認為，但我並未期望從一個密西西比大學的大三學生口中聽到這樣的問題。後來，我更加認識了這個每次見面都顯得更加不同凡響的年輕人。他是家裡第一個上大學的人；他的父親是個臨時建築工，曾因著兒子成了一個「受過大學教育的傻子」而對他破口大罵。他沉浸在文學和戲劇中，逃避家裡的困難與麻煩，後來他獲得羅德獎學金，在英國的牛津大學學習哲學、政治和經濟。當他生病的母親心臟病發作時，亞當拒絕了這項獎學金。他住在密西西比牛津市附近的祖父母家，設法對他不斷增長的道德和政治原則保持信心，也設法對拒絕所有這些原則的家庭保持信心。亞當告訴我，他的父親認為傑弗遜・戴維斯（Jefferson Davis）[14]是比亞伯拉罕・林肯更好的美國人；他的親戚都投票給川普。亞當好幾年前就憑著思考能力脫離了他們的世界觀。

「同理心會令你感到難受。在合理論述的範圍內彼此對話是不夠的。我不會為了改變我父親而犧牲我的獨立自主。但這是我生活中的一部分，我有機會做好的事情。到頭來我完全有可能一無所得，但我認為後果並不是最重要的，你知道嗎？有了哲學家——」在這裡他頓了一下，看起來若有所思——「對於道德和政治理論而言，南方是完美的測試案例。」他表示，然後就趕緊離開去遊說其他選民登記投票。亞當非常關注理性和情感之間的聯繫，以及是否有可能透過理性論證來提高人們對不正義的認識。他一生中大部分時間都身處那些對於不正義視而不見的人之中，難怪他會緊抓著哲學，就像游泳的人在風暴中緊抓著浮木。不過畢業後，他並未選擇在專業的道路上追尋哲學，而是成了在三角洲「為美國而教」的老師，在學校裡教數學。

布卡・奧科耶（Buka Okoye）在珍妮佛和我一起開的哲學和社會正義專題討論課上脫穎而出。布卡高大、黝黑而英俊，他的父親是住在傑克遜的奈及利亞移民。他是主修公共政策的大四學生，但他擁有很多哲學知識，他在專題討論課上的評論總是斟酌得當、鏗鏘有力，且十分嚴肅。當他有話要說的時候，其他人都不說話了。不過，直到我們在曼菲斯紀念金恩遇刺的遊行中花了兩個小時討論哲學之後，我才充分明白他令人欣賞之處。我們溜到遊行隊伍的後方，以便在光輝燦爛的遊行樂隊中聽見對方說話的聲音，我們討論了康德的自主思想、盧梭的民主概念，當我們到達洛林汽車旅館（Lorraine Motel）時，則開始討論海德格是否能被解構。

作為有色人種協進會校園分會的主席，布卡領導大學重新檢視校園中的南方邦聯符號。查爾斯頓大屠殺促成了一場運動，令許多大學得重新審視校園內是否仍殘餘經過美化的白人至上主義。而密西西比大學也不例外，他們花了四個月的時間、承受了相當大的學生壓力，才把州旗從大門口拿掉。「我的學校終於確定了他們的立場，」籌辦活動的學生多明尼克・史考特（Dominique Scott）說。「在這場戰爭中，你選擇站在哪邊？」

這所大學花了整整一百五十年的時間才決定不站在南方邦聯那邊，反正，遲到總比不到好。另一個問題是，該如何處理校園中二十七個與南北戰爭有關的歷史遺址？毫不令人意外地，密西西比大學任命了一個委員會來處理此事，而該委員會一開始的成員是四位退休的白人男性。布卡說：「還有誰會懷疑他們版本的歷史為何如此左支右絀嗎？」他帶領學生發起抗議活動，得到了許多老師的支持，成功擴大了委員會的規模，納入有色人種。委員會的第一項任務是處理門口那座巨大的強尼瑞雕像。前一個版本的委員會建議以一座並未提到奴隸制的告示碑取而代之，這種作法支持了南方人的普遍立場：奴隸制根本不是戰爭的原因。反之，告示碑上寫著「本校於一九六二年十月錄取了首位非裔美國學生詹姆斯．梅瑞迪斯，此後持續致力在各領域中促進兼容並蓄」，以此自我宣傳。

委員會並不贊成重新命名建築物或移除雕像和符號，但有一棟以密西西比州種族主義傾向最嚴重的州長詹姆斯．瓦達曼（James Vardaman）命名的建築例外——此人公開主張以私刑作為壓制黑人投票的手段。相反地，委員會支持脈絡建構（contextualization），將具冒犯性的元素放回歷史背景之中而保留該元素，並令該元素成為體制不再接受之物。這種做法我在柏林看過許多；科學院決定豎立一塊牌子，解釋地板上的納粹馬賽克是在納粹之前就有的，這只是其中之一。因此，在委員會完成另一版本的報告後，我對於大學召開的市民會議將如何討論這個問題特別好奇。

小小的貝弗里教堂是郡內最古老的非洲衛理公會教堂，教堂內那晚擠滿了人。會議由唐．科爾（Don Cole）主持，他的職業生涯始於密西西比大學。柯爾是一九六九年因示威要求增加黑人教師和運動員而被開除的黑人學生之一，現在的他則是數學系教授暨校方的多元文化事務助理。科爾在會議開始時指出，密西西比大學在建構脈絡的工作上比耶魯、哈佛和史丹佛都走得更遠。在向校長提交最終報告之前，該委員會——其下有幾個小組委員會，包括一個審查其他小組委員會工作的委員會——希望召開這次會議，以確保過程透明，並納入社區意見。

當晚到場的社區成員幾乎全是白人，而且非常樂意提供意見。一個又一個的白人在那個黑人教堂裡站起來說，自己是深感自豪的校友，並告知大家自己的畢業日期。為了慎重起見，有位校友還加上了兄弟和姻親的畢業日期。對於任何最近有在關注國內辯論的人來說，他們的立場應該相當熟悉。「你不能改寫過去，你不應該挖出陳年往事，現在可能令我們厭惡的東西，對當年的人來說並沒有問題。維持原樣，**不要破壞老密西的傳統**，已經做得太超過了。為了上帝、國家和大學的利益，請停止吧！」有個人拿著一張海報過來，上面寫著表格和數字。「我的專業是經濟發展，據我們瞭解，有六五%的遊客喜歡保留歷史特色的旅遊體驗。這是一個價值一千九百二十億美元的產業。」他還補充，這些變動可能會影響到校友的捐款。

容我提醒，之所以會出現這場騷動只是因為學校可能會拿掉公然支持私刑的詹姆斯·瓦達曼的名字，他們並沒有要拿掉其他任何東西。而討論內容也不過是告示碑的設立事宜而已。

金髮的高個子學生艾倫·庫恩（Allen Coon）曾積極推動取消南方邦聯旗，他質疑別的以其他種族主義者為名的建築物和以瓦達曼為名的建築物有何差別。「瓦達曼以言論支持種族主義，其他人則以行動貫徹種族主義。讚頌私刑和藏有黑人屍體之間有什麼區別？」

「我們聽見了你的問題，」唐·科爾說，他看起來有點不舒服。「我們還在爭論中。」

非裔歷史系教授查克・羅斯（Chuck Ross）也是委員會的成員，他看起來快要發脾氣了。「這不是個現代的解釋。當時的人非常清楚他們在做什麼。如果沒注意到這些人留下的信件，我就無法完成我身為歷史學家的工作。他們留下了回憶錄。他們對自己的所作所為感到自豪。」有位白人校友站起來支持他。他敦促道，現在的問題不是否認歷史，而是擴張歷史。「也許當我們有一個艾達・威爾斯（Ida B. Wells）廳時，我們就能有一個瓦達曼廳。」威爾斯是一位致力與私刑對抗的勇敢作家，她就出生在附近的冬青泉（Holly Springs）。

幾個小時後，科爾引用蘇格拉底的話來結束這場會議：未經檢視的生活不值得過。「這就是我們在學術界所做的事，」科爾說。「把所有的東西放在檯面上檢查，我們認為真相會水落石出。委員會的成員為這所大學盡心盡力。他們不想進行破壞，只想協助改善。」科爾每天都在走在舉步維艱的窄路上。

歷史學家提摩希・賴貝克（Timothy Ryback）在《大西洋》雜誌（*The Atlantic*）上發表了一篇文章，將委員會的脈絡建構工作與最近在英國牛津大學發生的事件加以比較。校方告訴對塞西爾・羅茲（Cecil Rhodes）[15]的紀念雕像提出抗議的學生，他們如果不喜歡，可以離開牛津——當然是以牛劍（Oxbridge）那種彬彬有禮的語氣。賴貝克認為，密西西比大學有可供牛津大學學習之處。[16]當然，委員會在網站上轉貼了這篇文章，但密西西比的那些高層對此則有所疑慮。市民會議結束幾天後，我採訪了查克・羅斯。他是否認為學校的努力只是為了面子？密西西比大學是否認真想要改變？

「這是個非常複雜的問題，」羅斯說。他停下來，慢慢地搖了搖頭，思考該從哪裡說起。「從一九六二年梅瑞迪斯獲得入學機會開始，許多人就認為我們作為一所大學一直在剷除我們的南方身分。

他們不敢說出『種族融合打從一開始就令我們失去了某些東西』這種話，但大學體制一直是自豪的南方人所追求的標準，它一直是極為有效而重要的方式，使各社會階層的白人安於現況。」

這些事在羅斯有生之年是否會出現真正的變化？他抱持懷疑的態度。確實有些人想要推動大學前進——但只是為了「確保像你這樣的人、前來監督的公共媒體，能夠看到學校的進步。」另一方面則是認同密西西比大學的校友，他們認為密西西比大學過去就是這樣。「如果你想讓他們捐錢來支持像我們現在身處其中的這種建築，那麼他們會希望心裡能舒服點。」市民會議結束後，他和其中一位校友談過，他反對改變任何東西，包括瓦達曼廳的名字。這個人對學校抱著全然懷舊的心情；他希望一切能維持在他學生時代的樣子。羅斯的回應是，也許大學的橄欖球隊也應該回到過去，只收白人球員，這代表「你永遠沒有機會打敗阿拉巴馬州或其他的球隊，因為球賽的型態已經改變，非裔美國運動員已成了球隊主力」。在密西西比州和阿拉巴馬州，橄欖球的地位僅次於上帝；羅斯的話令這位校友感到非常震驚，他完全搞不懂。他無法理解羅斯的觀點：如果你想讓黑人運動員替你打贏比賽，你就不應該強迫他們圍著南方邦聯的標誌遊行。

「大學裡充斥著這些符號，校園裡有許多非裔美國人就這樣放棄了。你的祖母、姑姑、父親，每個人都告訴你：你無法改變白人，這是他們的學校。」

查克・羅斯無法接受這種態度。他長年在大學裡工作，教授黑人和白人學生歷史學。即使他懷疑深刻變革的可能性，他仍透過委員會持續努力，試著令人們至少對這些符號所引起的問題保持敏銳。密西西比的州長將四月訂為南方邦聯歷史月，這明顯是在回應聯邦政府將二月訂為黑人歷史月的政策。

我一直對黑人歷史月和女性研究領域頗有戒心，我認為它們重建了隔離區並將研究對象局限於其內。「這對黑人來說很有利；這對女性來說做得很不錯。」這些領域的做法在無意中加強了上述這種並未言明的絕對假設。我希望能生活在這樣一個世界裡：每個研究美國歷史的人都讀費德里克・道格拉斯（Frederick Douglas），每個研究英文的人都讀喬治・艾略特（George Eliot）——不為別的，只為理解十九世紀的歷史。如果這些思想家被特別框定出來，下一代長大後會認為他們在讀美國歷史時不必特別讀道格拉斯，在讀英國文學時不必特別讀艾略特。知識上的種族或性別隔離就和任何其他類型的隔離一樣糟。

但我知道另一面的論證。查克・羅斯教授美國黑人歷史，因為他想教的文本和問題在一般歷史的領域中無法得到應有的關注。他可能感到氣餒，因為他認為自己遇到的大多數密西西比州的白人仍然完全擁抱自一九八〇年雷根當選以來便主導著南方政治世界的邦聯心態。二〇一六年投票時，他被人數眾多的白人男性選民所震撼。「他們看著彼此，友好地互相致意。黑人男性很少，女性比較多。我知道如果這就是美國的情況，那這樣是行不通的。有史以來最沒資格的候選人贏得了大選，這是對歐巴馬的全面回擊。」

我完全同意，但我在密西西比州常見到的那些年輕人讓我懷著更多的希望。不只有亞當和布卡而已。雖然我知道這樣的年輕人是少數，但我不斷發現有更多這樣的人，他們非常聰明而執著，渴望正義與改變。

「我想你大概沒機會認識大學兄弟會和姐妹會的眾多成員吧。」羅斯說。

我確實沒機會。在他們會出來的週五和週六夜晚，我傾向避開廣場。那些男孩炫耀著昂貴的車，女孩則炫耀著緊身的設計師禮服，閃爍的星星尚未升起，他們已因醉意而步履搖晃。這就是他們所謂的兄弟會生活，也許是他們大學經歷中最關鍵的部分；無論在北方或南方，許多州立大學的學生都是這樣過的。那些來找我的學生早已選擇成為局外人。

我問羅斯最後一題。「你覺得如果你是在俄亥俄州教美國黑人歷史，事情會有什麼不同？」

「哦，可能不會那麼令人振奮。歷史在這裡是活生生的東西。不僅是你寫在書裡讓學生討論的東西。你有機會親身體驗歷史。」

在這次談話的一年後，委員會提出了最終方案，他們打造出那座引起爭議的告示碑，校長主持了揭幕儀式。麥克．史維納的遺孀麗塔．史維納．班德（Rita Schwerner Bender）曾替強尼瑞的雕像提出一個簡單的解決方案：只需加上密西西比州的分離條款，該條款明確指出奴隸制位於南方邦聯之志業的核心。但麗塔並不是委員會成員，委員會最終放上告示碑的是這段話：

隨著南方邦聯老兵的死亡人數愈來愈多，南方各地的紀念組織為紀念他們而建造了紀念碑。這些紀念碑經常被用來宣傳一種被稱為「失落的一戰」的意識形態，該意識形態聲稱，南方邦聯的存在是為了捍衛各州的權利，奴隸制不是內戰的主要原因。牛津和拉法葉（Lafayette）的居民在一九〇六年經學校應允捐贈了這座雕像。雖然雕像是為了紀念當地邦聯士兵的犧牲，但我們也必須提醒自己，邦聯的戰敗實際上意味著數百萬人的自由。一九六二年九月三十日晚間，這座雕像成為反對種族融合的人集結的地點。

這座歷史性的雕像提醒人們注意密西西比大學引起紛爭的歷史。今日，大學從這段歷史中汲取養分，繼續致力於向所有尋求真理、知識和智慧的人開放其神聖的殿堂。

「我是個受過訓練的歷史學家，」委員會成員之一的珍妮佛・史托曼說，「這段話連我都覺得很無聊。」技術上來說，這是個有可能令正反雙方都感到滿意的結果。花上幾個月的時間想出一個符合歷史的聲明，並使用沉悶的語言加以描述，讀完這段話的人們比較有可能想睡覺而不是被激怒。這是在學術機構中提出的解決方案，沒什麼好意外的。

二〇一九年，學生團體投票決定徹底移除強尼瑞的雕像。州政府是否會允許此事還有待觀察。

◈ ◈ ◈

對於大學內部的進步力量為啟蒙他們而做出的努力，牛津當地的市民多半是委婉謝絕或直接抗拒。當地公民對於自己心目中的密西西比大學之熱愛，只令他們加倍努力對抗進步的聲音。溫特學院提出想為當地學區的老師舉辦歡迎會的時候，鎮上有些人出來反對他們。反對者由一個叫李・哈畢（Lee Habeeb）所領導，他是右翼電臺明星蘿拉・英格拉漢（Laura Ingraham）的員工。

哈畢關注溫特學院已經有一段時間了，他聽說學院計劃在他女兒的學校舉辦工作坊時，便上網調查了一下。溫特學院有三位員工有私人臉書帳號，上面可以看到他們對二〇一六年大選的第一反應。他們的反應在東西兩岸數百萬人之中算是相當典型，甚至在全世界也是如此。（《時代》週報和《明鏡》週刊是德國最受尊敬的刊物。大選後幾天，《明鏡》的封面將川普描繪成一顆瞄準地球的邪惡彗星。而《時代》則選擇了哭泣的自由女神像並加上英文旁白：「我的天哪」。）不過在密西西比，絕大多數的白人選民都支持川普，他們無法接受溫特學院員工的評論。珍妮佛．史托曼在貼文裡提到憤怒的鄉下白人選民，也提到在站起來繼續為正義而戰之前，先停下來落淚並且休息一下。傑克．麥葛羅（Jake McGraw）轉發了瑪琳．勒朋（Marine Le Pen）[17]的文章，並表示世上的法西斯分子正在集結。梅樂蒂．弗里森（Melody Frierson）則告知大家，有個抵制川普就任總統的教學活動。這一切都被哈畢截圖、影印並分發給大家，上面寫著：「毫無寬容的倡議者可以教導我們的學生何為寬容嗎？」

哈畢要求在小鎮學校的董事會上進行討論，會議地點在牛津中學的禮堂。就像許多學校空間一樣，這個禮堂的光源來自頭頂上可怕的、幽靈般的燈光。除了大大的美國國旗和一面寫著「我們信靠上帝」[18]的標語牌之外，唯一能調和陰鬱之感的裝潢是黑板上那幅小小的拼貼畫，上頭有個黃色的星星，旁邊寫著「猶太人」一詞，並飾以錫箔紙和繩子。這個學校顯然會教學生關於種族主義的事——遙遠的、在其他國度發生的種族主義。房裡擠得水洩不通，學校董事會的成員正試圖維持秩序。他們規定每人發言時間不得超過十分鐘，哈畢對此提出質疑，要求把他太太的發言時間分配給自己。

「我們也想聽聽太太本人的意見，」董事會主席以充滿南方魅力的方式表示。

有幾個人站起來為溫特學院和他們的活動提案辯護。一位參加過歡迎筵席的義大利裔美國人說，那是他生命中最高貴、最振奮人心的經驗之一。艾波．葛雷森代表學院發言，她說學院一直努力在尋找一種模式，使人們能夠討論困難的問題。她向座無虛席的大廳表示她樂見這樣的對話出現，她的聲音微微顫抖著。

憤怒的人們拒絕被安撫：

無論他們的網站看起來多麼一派和氣，臉書貼文證明他們是一群自由派的極端主義者。學院員工中沒有一個是保守派，而他們卻大談寬容。我不希望有人和我女兒談論種族的事。他們的活動提案沒問題，有問題的是帶活動的人。你想讓切．格瓦拉或史達林當你孩子的老師嗎？學院有一個人的臉書頁面上出現了一件切．格瓦拉的T恤——他們說他是古巴的屠夫。微歧視（microaggression）是什麼鬼東西：我的小孩為了當個政治正確的人而無法談論的五十件事之一嗎？

我是基督徒，而且不是那種星期天教徒。這些人是外來者！[19]

聽到人們為了抵抗種族融合而說出與六十年前相仿的話來，是種相當具啟發性的經驗。「任何積極反對種族主義的人都是外來的煽動者，而且是不信基督的共產主義者，破壞了本地平靜的生活方式。」禮堂內的氣氛是如此緊張，以至於當學校董事會以六比零的票數贊成溫特學院為那些想要參加的老師舉辦研討會時，我實在是相當驚訝。

會議主席宣布這個決定時，心裡顯然經過一番掙扎。她用甜美的語調說：「哈畢先生所指出的某些人在臉書上的貼文確實讓我感到擔憂，我不打算掩飾此事。但溫特學院的員工都是專業人士，他們不會將個人觀點帶入培訓之中。我和密西西比州幾位曾與史托曼博士合作的警察局長談過，他們毫不猶豫一致推薦她。」她繼續發表了一些關於「什麼對我們的孩子有益」的一般性意見，然後會議便宣告結束。這場勝利讓人有種得不償失之感。確實，我在溫特學院的朋友被允許在牛津的公立學校推動他們的計畫。但有多少人將會繼續以有禮或無禮的方式破壞他們的工作？

◈ ◈ ◈

「你在為上帝工作，」柯提斯．威爾基說。我們坐在廣場書店裡，等待理查．福特（Richard Ford）的朗讀會開始。人們介紹我給威爾基認識，說我是溫特學院的訪問學者。

「是**他們**在為上帝工作，」我連忙回應道。「我只是把他們做的事寫下來。」

柯提斯．威爾基與牛津市的關係淵遠流長。關鍵的一九六二年，他就在本市讀書，而他曾服役於南方邦聯軍的曾祖父也是老密西驕傲的畢業生。柯提斯生於一九四〇年，他的著作《迪克西》（*Dixie*）描述了他如何遇見黑人民運領袖亞倫．亨利（Aaron Henry）[20]，此後從一名普通的密西西比人變成了種族主義政策的激烈反對者。柯提斯成為記者，在三角洲地區報導馬丁路德．金恩的事，在白宮報導吉米．卡特的事，在以色列和巴勒斯坦報導許多猶太人與阿拉伯人的事。二〇〇二年，他回到牛津市，因為進步政策在南方正面臨阻力。現在，當他沒有在工作或在他燦爛盛放的花園裡喝甜茶時，他就在大學裡教新聞學和南方歷史。某個週日下午，我在他的花園裡與他碰面，當時他正為自己的家鄉發愁。

「將近二十年前，我寫了《迪克西》這本書，當時的我對南方的發展非常樂觀，尤其是在種族議題上，所以我決定回家。」他說，如今的密西西比州不斷退步，六〇年代曾打過的仗又再度重演。「白人有過這種驚人紀錄：他們投票反對對自己有利的事，只因此事會使黑人得到幫助。」

「你覺得就只是這樣而已嗎？」

「在密西西比，一切終歸要回到種族問題。」

對柯提斯而言，李・哈畢是國家右傾的象徵。雖然他沒有參加校董會舉行的會議，但他已聽聞了許多細節。身為南方人的他從來沒有失去南方口音，也沒有失去他在傲慢的北方人面前捍衛南方的能力，他在全國性的舞臺上仍有一席之地，在牛津市可算得上是貴族階級：人們會因著他的出身背景而原諒他的左傾觀點。幾年前，哈畢首次出現在關於大學該如何處理南方邦聯符號的討論中，此後柯提斯就持續注意此人。柯提斯認為他是某個由科赫兄弟（Koch brothers）[21]資助的神祕組織的成員。

他說：「哈畢很聰明，不會在公開場合讓自己難堪。」但柯提斯從學生時代便知道有一些走得更遠的組織。「他們被稱為地下叛軍（Rebel Underground），會從宿舍門縫把種族主義的小冊子塞進門裡。梅瑞迪斯事件之前就有，之後依然如故。我們連續有兩位校長站出來譴責這些混蛋。」校長羅伯・卡亞特（Robert Khayat）和丹・瓊斯（Dan Jones）得到了大多數老師和許多學生的尊重。雖然卡亞特的自由主義觀點很難受到高等院校聯合組織（Institutions of Higher Learning，IHL）——州長任命監督州立大學的機構——的歡迎，但他募到了很多資金，不能就這樣拔掉他。高等院校聯合組織確實解雇了他的繼任者丹．瓊斯，因為他們發現他對南方邦聯符號的立場「太自由派」。柯提斯對新校長傑弗瑞．維特（Jeffrey Vitter）抱有期待。「他不像我們希望的那樣積極，但到目前為止，他還沒有站在惡魔那一邊。」這是個不慍不火的讚美；無論將來的校長是誰，柯提斯相信大學前進的步伐不可能停下。他在二〇〇二年開始教書時，黑人學生只占總學生數的四%；現在已經接近二〇%。校內也出現了一個堅定的同志平權運動，這在以前是難以想像的。而溫特學院正在為上帝工作——在牛津市、在三角洲、在尼許巴（Neshoba）郡和其他地方。

「我覺得我們都垂頭喪氣的。」柯提斯嘆了口氣。「川普是部分原因，但也因為州長、立法機構、密西西比州的整體氣氛。這裡的情況沒有好轉，但老密西校園裡的情況有在好轉。」

我問，如果他是他所深愛的密西西比州的州長，他會怎麼做？這個試探性的問題並不瘋狂，柯提斯曾經是州長的女婿。他的回答毫不遲疑：他會專注於改善各級教育。他說，現任政府決心正盡其所能地破壞教育。他認為，讓特許學校作為公共教育的替代方案是某個效果卓越的右翼陰謀的部分內容。

我遇到的每個密西西比人——無論是黑人或白人、進步派或保守派——或早或晚都會提到教育問題。根據多數的標準來判斷，密西西比州的教育狀況是全國最糟的。詹姆斯．梅瑞迪斯說，教育一直是他生命中最重要的主題。他的自傳結束於一道對美國人的挑戰：「我挑戰每位美國公民現在就投入幫助他們社區的公立學校的孩子們，特別是那些弱勢學生」，然後他條列出一系列實際作法。他認為公共教育的質量是每個人的事，無論你是否有小孩皆然。

我一向相信尚・艾莫里所謂備受指責的啟蒙運動之核心真理：「知識通往肯認，而肯認通往道德。」艾莫里此番信念得來不易。這位奧地利哲學家曾在奧許維茲集中營待過兩年，他所描繪出的大屠殺場景是我所讀過關於此事的文字中最尖刻者。其他人對於大屠殺的描述也許更令人毛骨悚然，但艾莫里筆下關於奧許維茲對人心影響的分析，似乎令理性落入了萬劫不復之地。然而，他在餘生中致力寫下了二十世紀中對於啟蒙運動最有力的辯護，他認為啟蒙運動是唯一的一股力量，能夠對抗位於法西斯主義核心的非理性主義。此外，他更認為我們若要完成身而為人的真正任務——賦予無意義的事物以意義——唯一的希望在於「啟蒙運動良善的樂觀主義，及其不變的價值：自由、理性、正義、與真理」。[22]

今日，要堅守這樣的信念不只是複雜而已，你還必須與虛假意識戰鬥——意識形態和廣告透過政治宣傳和轉移注意，令眾人看不清人類真正的旨趣。而且，那些撰寫政治宣傳和支付其費用的人往往也相信這樣的虛假意識。「如果人們想要的只是溫飽和娛樂，那麼就讓他們擁有這些吧，這有什麼不對呢？」這樣的主張通常來自那些目標僅為法式糕點和劇院包廂座位的人。你不能說他們騙人；讓電視上充斥著使人麻痺的娛樂而非具挑戰性的文化，這幾乎完全符合他們自己的生活方式。品味可能有所不同，但使人心靈麻痺的方式本就有高雅與低俗之別。那些手中握有生產資料[23]的人為何不能向其他人兜售同樣的昏沉狀態？

上述反對啟蒙的方式是繁雜的；在密西西比，反對則是一種生硬直率的力道。我原本不知道那些把受過教育的非裔美國人視為威脅的人還敢公然如此表示，但我和查爾斯・塔克在傑克遜共進晚餐時，有位白人女服務生走近我們桌邊，她與塔克已相識多年。「看到那桌的人了嗎？」女服務員示意了一下，把聲音壓低了點。「他們之中的一個人剛剛說，『如果我們讓他們受教育，他們就會發現我們把他們弄得有多慘』，其他人都笑了。」我很驚訝有人會在餐廳這種公共場合說這種話，也許同樣令我感到驚訝的是，他們竟能接受自己這樣想。不過，密西西比州是一個公開抵制啟蒙的地方，這使得啟蒙運動在此地從不過時。難怪密西西比總能深深打動我。

◈ ◈ ◈

還有另一個幽靈在牛津市街角和人們的對話中遊蕩，而他甚至尚未過世。當人們談起這所大學時，詹姆斯．梅瑞迪斯其實近在咫尺。我知道他住在傑克遜，我想見見他，但沒有什麼熟人願意引薦我們認識。人們都在某個場合見過他，都說自己沒有跟他熟到能提出此事。梅瑞迪斯不常來牛津、他討厭那座雕像、反正他很難聊——至少人們是這樣告訴我的。離我返回柏林只剩不到一週的時間，我已放棄了採訪他的希望。

相反地，我去了曼菲斯南部的赫南多（Hernando），採訪當地報紙的編輯羅伯．李．朗（Robert Lee Long）。我在牛津市的市民會議中認識他，在該會議上他熱情洋溢地描述了他的計畫：用一八一七年設計的早期旗幟取代目前的密西西比州旗。對，他知道，旗面上還是有朵木蘭花，木蘭花同樣意有所指，但「如果沒有一點歷史象徵，你永遠無法讓南方這些傢伙放棄他們的星星和條紋符號。南方人針對的是政治正確這件事。」我很想知道一個家族世居密西西比的第七代白人怎麼會支持這樣的計畫，於是我拜訪了《德索托時報》（*DeSoto Times*）的辦公室，該報社近日即將推出週刊。

羅伯以南方人的熱情好客之姿向我道歉，他只能撥出一小時的時間給我，否則他的員工會開始生氣。他很高興能談談自己的志業，在他看來，這是移除南方邦聯符號唯一實際的辦法。「李將軍（Robert Edward Lee）自己也曾說過，『把旗子捲起來，大夥們，把它拿下來。』」羅伯・李・朗（Robert Lee Long）與李將軍是遠親，但在他的親族中，李將軍的家族並不是唯一著名的南方家族。他說他的名字不必然得與這位邦聯軍隊總司令的名字連在一起。他的家族一邊是櫥櫃製造商，另一邊則是棉花交易仲介，他的曾曾祖父是隸屬K連[24]的南軍士兵，在望山之役（Battle of Lookout Mountain）中被俘，送往伊利諾伊州的岩島（Rock Islam）戰俘營。「他在那裡待了一年多，出來時體重只剩八十二磅（編按：約三十七公斤）。如果我在曼菲斯的祖母不是個曾受啟蒙的開明人士，那麼只要我想，我完全有權利抱持著某種怨恨之情，背負著某種十字架。」

羅伯的祖母露西・威爾克森（lucy Wilkerson），用家裡賺的棉花錢上了大學，此後又到世界各地旅行。「沒有什麼比出去看看其他文化的生活方式更能真實改變你的世界觀，」羅伯說。「她與科麗塔・史考特・金恩（Cortta Scott King）[25]一起遊行，她是一個真正的衛理公會牧師娘，她擁抱人類身上的人性。」另一方面，羅伯的父親則是道地的老南方人。羅伯說，他在政治傾向駁雜的家庭裡長大，成為了一名新聞工作者；他想調查並找出真相。

他的記者生涯始於高中，當時的校刊派他去採訪梅瑞迪斯和州長羅斯・巴奈特（Ross Barnett），以紀念所謂的「梅瑞迪斯危機」（Meredith Crisis）二十週年。校長警告他，巴奈特年老體弱，他得謹慎以對，但十七歲的羅伯對這位老人說了幾句奉承話之後，便提出了棘手的問題。在過去的二十年裡，他的觀點是否有所改變？「當時他已經聽不到了，但他的祕書俯身在他耳邊說：『他在問梅瑞迪斯的事。』這位老人就像被閃電擊中一樣。這件事是他所留下的歷史事蹟。他的下巴不斷顫抖，下巴與脖子間的那層肉也不停搖晃，他以滿腔的激情回答道：『年輕人，我的觀點沒有絲毫改變，你在你的報紙上就這樣寫。』」幾小時後，這位前州長心臟病發作，但羅伯不覺得自己需要負責。「他曾面對過的記者比高中生強悍得多。我問了我必須要問的問題，因為在八〇年代初，人們仍然對他充滿敬意。」

他還想繼續談巴奈特，但我打斷他。「那梅瑞迪斯在採訪中說了什麼？」

結果，羅伯．李．朗與梅瑞迪斯的關係遠不止高中時的那次採訪。就在一年之前，他還和梅瑞迪斯坐火車橫越美國，在西部的五所大學發表了反對種族主義的演講。羅伯出於擔心想要保護這個生命曾多次受到威脅的人，但梅瑞迪斯總能使人解除武裝——即便是專程來威脅他的人也不例外。「也許是因為他自己是個保守派吧，我也不知道。他是無拘無束的人，並不擁護任何特定的路線。」

我感到輕微頭暈。再過四天，我就要離開美國了，在這幾天裡我已安排與許多人碰面。我將注意力拉回狹窄的的新聞編輯室，聽著眼前這位密西西比開明人士模範的談話——這是他給自己的稱號。羅伯認為，改變密西西比的不只是流血受苦的民運人士；密西西比也有必要自我改變。「信不信由你，是尼克森所謂的沉默的多數人經歷了反省的時刻，然後說：『你知道嗎？種族主義錯了，我錯了，我必須改變。』像我父親這樣的人經歷了這種時刻。」

羅伯轉而談論我先前的一個問題。「你問我是否相信集體罪惡感。是的，嗯，我算是相信。」對於一個能言善道的人來說，這句話的措辭滿有趣的。「因為密西西比州有蓄奴的原罪，所以人們必須贖罪。我是那種會在星期五下午喝威士忌的罪人，但我會幫忙教主日學。」羅伯認為，只要找到正確的贖罪方式，密西西比也能大放異彩。如我預料地出現了當地可愛迷人的愛國主義式發言，羅伯開始講述家鄉的美好：「其他人總告訴我們，『你來自密西西比，你永遠不會有有成就』，但這個州在藝術、音樂和文學方面成績斐然。我喜歡我們有李奧汀・普萊絲（Leontyne Price）[26]、有摩根・費里曼、有貓王。我曾看見尤多拉・韋爾蒂（Eudora Welty）女士在窗前寫作。我希望我的州是最好的一州。我們彼此交談，講述這些故事，享受我們的情感，還有美好的福音音樂，無論信徒或非信徒皆然。我渴望有一天，我們能真正擁抱我們本性中更好的一面——就像林肯所說的那樣。」

他認為，贖罪要從承認歷史開始。「我有個十三歲的孩子，我正試圖讓她了解到歷史有多重要。不是從教科書的角度去看，也不是為了贏得什麼獎——都不是，而是為了讓你不再犯你祖父或曾祖父所犯的錯誤。你將能夠看著鏡子裡的自己說，『我是個好人，我對我生活於其中的世界有所貢獻。』我對此充滿熱情，我女兒覺得我說這些話很煩，但這是事實。」

作為一名新聞工作者，羅伯比大多數美國人更密切關注國際新聞。他最後表示，他希望歐洲不會在穆斯林移民問題上犯下美國在有色人種問題上所犯的錯。然後他站起身來，帶著歉意；當時是星期五下午，報社正在印報紙。

「我在想，是否可以請你幫個忙？」我說，在我開始結巴之前趕快問出口。「聽起來，你和梅瑞迪斯關係不錯。自從來到這裡之後，我一直都想見見他。你能不能為我說幾句好話？」

「我現在就打電話給茱蒂，」羅伯說。「他太太負責安排所有的事。」

羅伯拿起了電話，他的員工更焦慮了。茱蒂．梅瑞迪斯沒有接，但羅伯留下了很長的訊息，請她打電話給那個柏林來的女人，她正在寫一本書，內容有關美國人和其他人可以從德國對種族主義歷史的回應中學到什麼。我待在美國的時間所剩無幾，我想她大概不會回覆我，但我深深感謝羅伯，並愉快地同意在報社外一起自拍。他指點我離開的路，路上標記著梅瑞迪斯中槍的地點。一九六六年，梅瑞迪斯發起了反對恐懼遊行（March Against Fear），預定從曼菲斯走到傑克遜，大約兩百英里。他的目標是鼓勵黑人投票。在《投票權法》（Voting Rights Act）通過的一年後，大多數人仍嚇得不敢登記投票。如果他們看到一個黑人獨自步行橫越這個州，他們的恐懼肯定會消退一些。

遊行當天才走了十六英里，梅瑞迪斯就挨了結實的一槍，一名站在路旁灌木叢中的白人男子向他發射鉛彈。起初的新聞報導說他過世了，但及時的手術挽救了他的性命，儘管有些鉛彈碎片至今仍留在他的身體裡。馬丁路德．金恩飛到曼菲斯的醫院，發誓要繼續遊行。許多民運領袖也加入金恩的行列，遊行隊伍擴大到數千人。當他們到達州首府時，已有六千名新的選民登記投票。後來的記者將反對恐懼遊行視為梅瑞迪斯對密西西比之專制的第二次進擊，這件事與他促進大學落實種族融合一事，共同標誌著南方各地《吉姆．克勞法》之終結。[27]

我替告示牌拍了照，這是密西西比自由之路的其中一站，然後我悶悶不樂地回到車上。

第二天早上，我接到了茱蒂．梅瑞迪斯的電話，悶悶不樂頓時變成了歡欣鼓舞。他們歡迎我前往拜訪。他整個下午都會在家。不知道今天方便嗎？

珍妮佛自願開車載我去傑克遜，在公路上她再三對我說：「這是一種榮幸。他是標誌性的人物，你被邀請去他家。標誌性的人物，記得吧？想想你要問他什麼，因為我們只待一個小時。再多就不禮貌了。」她善意的告誡令我愈來愈緊張。兩個小時後，我們在滂沱大雨中抵達一棟房屋前，我們不確定這是不是正確的地方，還繞著街區查看門牌號碼。

屋內，牆上掛著非洲藝術的複製品，大大的電視螢幕上正播著福斯新聞。詹姆斯·梅瑞迪斯穿著白色卡其褲和相配的扣領襯衫，戴著上有「老密西」字樣的棒球帽，看起來與其說是深具威嚴，不如說是有些頑皮。他的四個孫子呆呆地坐在客廳一角的餐桌旁。他們的年齡從十歲到十六歲不等，每個人都站起來和我們握手，有些害羞地望向地板，然後重新坐下。

「我跟你們說過，」梅瑞迪斯對他們說，「這位女士會告訴你們一些有關德國的事。我得閉嘴才行，」他說著，然後轉向我。「也許妳可以替我簡述一下德國是如何處理妳所說的問題。」

我在南方遇到的所有非裔美國人都熱愛聽我分享德國如何改變，我幾乎有點厭倦談論此事，但他是詹姆斯·梅瑞迪斯，我雖措手不及，也只得答應。我談到了戰後德國人如何像南方的失落的一戰論者那樣討論戰爭：二十年來，他們自認是戰爭最大的受害者，拒絕承認任何錯誤。我談到他們的孩子在六〇年代是如何激烈地表達看法，質問父母自己為何要敬愛歷史上最重罪行之犯人。我談到了他們由下而上開始釐清過往，還有政府花了多長時間才採取行動。我提到了紀念碑，還有點綴著人行道的絆腳石——

「像好萊塢的星光大道那樣嗎？」梅瑞迪斯問。

「有點像那樣。但不只有姓名，還有出生日期和被遣送到集中營的日期。」

「就刻在人行道上？」

「是的，先生。這背後的概念是，人們應該時時記得他們對鄰居所做的事情，並盡其所能來彌補。」

「太扯了，」茱蒂・梅瑞迪斯難以置信地說。這位漂亮的大眾傳播學教授曾以傅爾布萊特委員會成員的身分造訪柏林。「我真的很喜歡那裡的啤酒，但那是很久以前的事了。」

「五十年來，他們斷斷續續地一直在做這樣的事。我的興趣是弄清楚如何理解並效法此事。每個國家都不一樣，但如果他們做到了，在美國的我們為什麼做不到？」

「我能告訴妳，」詹姆斯・梅瑞迪斯說。「那是因為美國從沒被修理過。而且美國的問題不一樣，這個國家是黑人建立起來的。他們說當年的棉花像石油？棉花的影響力比石油還大，它改變了全世界的穿著方式。」他繼續說：「我不是想令妳灰心，」他說。「我是想鼓勵妳，我仍想讀讀妳的書。不過有個問題，我曾向上帝立誓我不會再說謊了。」

「我希望這不會是個問題。」除此之外我想不到別的回答。「我知道你已講過很多次你如何令密西西比大學落實種族融合的事。你也戴著大學的帽子。我想問問你，你對今日的密西西比大學有何看法？」

「上次去學校，我看到了那座南方邦聯士兵的雕像，覺得非常不開心。我之前去的時候上面還有我的名字，提到我兩次。結果妳知道他們做了什麼嗎？他們竟然把我的名字拿掉。我並不驚訝，但很錯愕。我沒辦法原諒老密西做這件事。」

考量到他的名字被從銘文中拿掉的原因，他的憤怒有點奇怪。學生和老師們認為，原先的告示碑試圖撇清一九六二年之後在這座校園裡發生的一切。「梅瑞迪斯事件令密西西比大學落實種族融合之後，本校持續致力在各領域中促進兼容並蓄」——這種觀點未能公正地評價當時發生在牛津市的事件有多暴力、多激烈，更不用說這間學校在此後的歲月裡對於終結種族主義一事可說是不情不願。梅瑞迪斯本人也經常呼籲校方盡快拆除他所謂的「假神像」，這令他對於此事的憤慨更顯奇怪。

在自傳裡，他高高興性地承認了人們對他的指控：救世主情結、過度膨脹的自我。他如果聽到我幾個月前參加了由「卓越之人」引路的梅瑞迪斯巡禮的事，應該會很開心。

「妳知道整件事中我最喜歡哪一點嗎？」梅瑞迪斯說。「大衣和領帶。」

「你在每張照片裡都穿短大衣、打著領帶。」我說。顯然，學生們留著長髮，但仍努力打扮得像梅瑞迪斯。

「我確實有個問題想問妳，」他說。「他們知道詹姆斯．梅瑞迪斯是個多麼糟糕的人嗎？」

梅瑞迪斯於一九三三年出生在密西西比州的科修斯科（Kosciusko），在十三個孩子中排行第七。他有位曾祖父是白人。有鑒於南方莊園層出不窮的強暴事件，此事堪稱尋常。較不尋常的是，梅瑞迪斯的曾祖父是「白人至上主義的創始人」，他撰寫了惡名昭彰的《一八九〇年密西西比憲法》，罔顧非裔美國人在重建時期獲得的各種公民權利，重新制定了著名的黑人法典，嚴格限制他們的公民權。他有另一位曾祖父是喬克托族（the Choctaw）的領袖。詹姆斯所敬愛的父親擁有一座小型的木材場，他「被稱為郡裡最勤勞、最可靠的人」。[28]他是阿塔拉（Attala）郡第一個，也是多年來唯一一個去投票的黑人。「在我出生的三年前，我父親和他的鄰居向商人與農民銀行借了三百一十美元，蓋了一間只有一個教室的學校，」梅瑞迪斯告訴我們。「當時學校有一個老師，分為八個年級。三歲時，我開始在這間學校念書，我六歲的時候，就幾乎掌握了這間學校所能教我的一切。正因如此，我所到之處只要有任何機會，我總能好好把握、加以利用。」他七歲時父親告訴他，他有個神聖的使命；他必須將白人和黑人之中最優秀的成員召集在一起，以拯救世界。[29]

他的父親曾毫不猶豫地用獵槍指著擅闖的警察，梅瑞迪斯本人亦是從來不相信非暴力原則。高中畢業後，他加入了美國空軍，在海內外服役了九年。他至今仍視自己為軍人，認為自己當兵的目的是「確保我的國家和它的原則不受任何敵人侵犯」，並認為「白人至上主義是美國面臨的最強大的敵人之一」。[30]在他看來，問題不在於公民權，而在於美國的公民責任。梅瑞迪斯堅持使用軍事的比喻。他在一九六二年時的目標並不是令密西西比大學落實種族融合，他認為這是一個不夠大膽的次要目標，他的目標是「以美軍機器的巨大物理力量，在物質與心理層面上打擊密西西比州的白人至上制度，最終打擊整個美國的白人至上制度。」[31]在密西西比州政府與聯邦禁令纏鬥不休、最終才允許他入學就讀的那兩年裡，梅瑞迪斯已在向來為黑人就讀的傑克遜州立大學獲得了足夠的畢業學分。他的目標不是教育。相反，他希望「用木樁穿過野獸的心臟。」[32]他反對金恩博士的非暴力原則，認為只有聯邦政府使用壓倒性的武力才能戰勝白人至上主義。梅瑞迪斯不喜歡遭到殘暴攻擊的屍體遍布街頭的景象；他認為，不如讓訴訟案件遍布各地法院，然後美軍便能夠執行聯邦法院的命令。[33]

這的確是一九六二年秋天發生在牛津市的事，雖然甘迺迪兄弟對此有些不情願。從各方面來看，司法部長羅伯特・甘迺迪都是真正致力於民權運動之人，但他和他哥哥擔心會在下次選舉中失去南方的支持。（正如林登・詹森〔Lyndon Johnson〕[34]後來預測的那樣，聯邦對民權運動的支持確實導致大多數南方民主黨人加入共和黨。）甘迺迪兄弟花了近兩年的時間與巴內特州長進行談判，以找到一個既能執行聯邦法律又能替巴內特保住面子的解決方案。但事實證明妥協無望，甘迺迪總統承受著國際壓力。民權運動中所出現的的警犬、水車、毆打與爆炸事件成為一則則國際新聞，蘇聯也毫不猶豫地指出這些問題。「針對非裔美國人的暴力，難道不是代表美國高呼自由和正義之語只是宣傳炒作嗎？」這個合理的問句成了甘迺迪政府面前的一道難題。最後，政府派出聯邦軍隊鎮壓牛津市的武裝叛亂，當他們發現第一批軍隊無力阻止暴亂時，飛機和吉普車又載來了數千人。隨後的戰鬥導致兩人死亡，三百多名軍人和平民傷亡，三百人被捕，聯邦大規模沒收了數百件槍枝武器。

除非你知道戰鬥一詞並非隱喻，否則梅瑞迪斯的軍事比喻確實有點奇怪。在校園裡，有三輛載滿士兵的吉普車隨時保護著他的安危；但回到鄉下家裡，他卻被鉛彈打得血肉模糊，子彈甚至差點擊中他妹妹。他堅稱，他從不曾為了自己感到害怕過。

「我的人生中沒有意外事件，」他告訴我們。「一切都按計劃進行。當你向上帝承諾你不會再說謊，這真的不容易。你在說任何話之前都得三思。」

「確實如此。」我說，等待他思考。

「人們對我提起密西西比大學時，他們多半都說『感謝你如此勇敢』。我從來沒想過要成為勇敢的人。我想要大家覺得我是聰明的人。好吧，我想我是得全盤托出了。你有沒有看過我走在校園裡的樣子？」

「我覺得那些照片很好，也看過一些新聞片段。」

「我練習了整整十年，這可不是偶然。我讀過西方世界裡所有重要的書。其中一本是歷史學家在寫教皇最後一次征服羅馬的情況。當初的教皇身兼軍事指揮官。這位歷史學家描述了教皇的樣子。他的部隊駐紮在城外，而他自己從城外一路走進羅馬。這樣做是為了嚇唬那些反對他的人。他們會想，這傢伙一定是瘋了。任何人都能刺殺他。」

梅瑞迪斯停頓了一下，對於這段話的效果信心十足。「我待在校園裡的每一天，目標都是讓自己看起來像那個教皇。」

若想知道這場戰鬥有多激烈，你只需讀讀巴內特州長為了合理化他對於聯邦法律的蔑視所發表的談話。「歷史上沒有哪個例子是高加索人在社會融合之後仍能倖存的。我們不能嚥下種族滅絕的苦果。」[35]種族滅絕？巴內特的論點是滑坡謬誤。「在學校落實種族融合，孩子們會交朋友。孩子們交上朋友，他們就會開始約會。在你還來不及反應的時候，南方各地就會冒出一堆黑白混血兒。」事實上，數百萬名膚色較淺的非裔美國人之所以會存在，是當年的社會允許白人男性強暴黑人奴隸——後來則是強暴家中的非裔傭人——的後果，但抱持上述觀點的人倒是不怎麼在意此事。人們擔心的是此事的鏡像，即黑人男性強暴白人婦女的幻想，這種幻想常成為謀殺的藉口。我不知道這樣的畫面是否是種心理投射。白人知道他們的祖先隨心所欲地占有黑人婦女，他們的內疚感是否令他們更加恐懼黑人男性也會這樣做？

我慢慢開始相信，白人對歐巴馬的深仇大恨有一部分與此有關。否則這樣的仇恨難以理解。我在南方遇到的白人之中，沒有一個會說自己厭惡歐巴馬是出於種族主義。他們會說，「我不同意他的自由主義政策。」可是異議並不等同仇恨，而愈來愈多的文獻指出，種族主義在二〇一六年的大選中成了決定性的因素。不過，「種族主義」一詞仍然需要進一步的闡述。潔姬・馬丁告訴我，討厭歐巴馬的白人害怕遭到報復，但這似乎不足以解釋他們激昂的程度。歐巴馬家族在白宮的舉止也駁斥了一切種族主義的陳詞濫調。他們的存在摧毀了白人至上主義的任何藉口。「黑人比白人更愚蠢？更懶惰？更不誠實？更不善良？」怎麼可能。對於那些智識與勇氣皆不如歐巴馬的人來說，此人之傑出彷彿眼中釘、肉中刺。不過，還有另一根不太明顯的刺令南方白人選民深感痛苦，無論他們是否曾意識到其存在。歐巴馬除了是首位成為美國總統的黑人，他父母的結合更是令種族主義者惡夢連連的恐怖事件：一個來自肯亞、膚色深黑的男人，與一個來自堪薩斯、膚色雪白的女人結婚。此事肯定助長了至今在網路上仍能找到的一種令人難以置信的主張：第四十四任總統是敵基督者。這位總統曾稱自己為雜種狗；羅斯・巴內特會稱他為美國邁向種族滅絕的第一步。

「我在想，不知道你對於歐巴馬總統所帶來的影響有何看法？」我說。

「他很明顯是最聰明的總統，」梅瑞迪斯說。「在他去念哈佛之前，他也念過哥倫比亞大學。」梅瑞迪斯對於自己在哥倫比亞大學法學院拿到的學位感到自豪，以前的他曾堅稱，哥倫比亞大學比哈佛和耶魯更為優秀。「毫無疑問，歐巴馬的存在對於世界上任何地方的黑人來說都極為重要。」

他的孫子們無精打采地坐在座位上。其中一個男孩正在翻閱一本地圖集；梅瑞迪斯家似乎不讓他們使用那些無所不在、令人分心的電子設備，唯一的例外是正播送著福斯新聞的電視機。「他說他必須聽各種觀點，」茱蒂說，她翻了個輕微的白眼。「他看福斯的時候我就離開房間，去用電腦。」但我不確定這是不是梅瑞迪斯看福斯新聞臺的唯一原因。眾所周知，他喜歡浮誇張揚的願景。他的政治觀屬於保守派。他的世界觀以上帝、家庭和良好的教育為支柱。但他走得更遠：他曾短暫與大衛・杜克（David Duke）友好往來，當時，這位三K黨領袖聲稱自己已拋棄了種族主義意識形態。今日，梅瑞迪斯承認杜克恐怕已重拾這種意識形態，但他不曾為支持他而道歉，也不曾為自己替極保守派參議員傑西・赫姆斯（Jesse Helms）工作的事道歉。一九八八年，梅瑞迪斯寫信給許多議員，希望能在國會山莊找到工作，這位前種族隔離主義者是唯一回應他的議員。梅瑞迪斯真的只是想瞭解敵人嗎？還是他認同福斯新聞呈現事實的方式？很難知道他什麼時候是在開玩笑、混淆視聽，什麼時候是在裝腔作勢。正如羅伯・李・朗所說的，梅瑞迪斯是個無拘無束的人。許多人都說他很瘋，而他對此心知肚明。

門鈴響了，有個送餐員拿著兩個大披薩走進來，孩子們的眼睛開始發光。珍妮佛和我把它當作一個信號，從座位上起身。

「謝謝你慷慨接待我們，」我說，謹記珍妮佛的勸戒。「我們不想再占用你任何——」

「好了，這樣真的會讓我很困擾，」詹姆斯・梅瑞迪斯說。「你為什麼會認為我不知道如何在我想要的時候把你們都趕走呢？」

「這是尊重的問題，先生，」珍妮佛說。「我不希望你還得趕我們走。」

「和我們一起享用主所賜的食物吧，」茱蒂．梅瑞迪斯說。

我們別無選擇，只好拿了幾片最小的披薩，又繼續待了三個小時。

「我知道妳們兩位現在關心的主要是教育問題，」我說。

「孩子，你去車上，把座位上的咖啡色文件夾拿來，」梅瑞迪斯對他的孫子詹姆斯說。

「不是還在下大雨嗎？」我問道。「別讓這位年輕人在大雨中跑出去。」

「他要我去他的車上拿文件夾。」小詹姆斯說。很顯然，他祖父向來有最終決定權。

身上滴著水的小詹姆斯回到屋裡，手中拿著一個咖啡色的文件夾。梅瑞迪斯打開它，遞給我一篇文章。「這是我寫過最重要的文章，」他說。文中討論的是教育的重要性。

「能夠遇見一個做過這麼多事的人，在八十三歲時還能說自己所做最重要的事是上個月寫的文章，這真令人動容。」我回答道，決定是時候把我匆忙間從家裡帶的禮物拿出來。「如果不會太失禮的話，我也想回報一下。這不是我寫過最好的書，你也不一定要讀，但也許你的孩子或孫子——」

「這書寫的是英文，」梅瑞狄斯說，翻了幾頁。「我為什麼不讀呢？」

「他什麼都看，」茱蒂說。

「我在想你可能有很多東西要讀。」

「我在念法學院時，上過速讀課程。如果這本書花去我超過一天的時間，嗯，那就很了不起了。」

茱蒂．梅瑞迪斯說，她很高興我想多瞭解南方經驗。「跟妳說實話，我的想法和其他人一樣。我做夢也沒想到我會途經此處，更不用說搬到這裡或和密西西比人結婚了。整個世界都認為這個地方很糟糕，但密西西比對我很好。這裡的人比其他地方好得多。」

「確實如此，」我再次同意。

「我成長於五〇年代和六〇年代，」她繼續說。「當時有那麼多遊行活動，金恩、麥格．艾佛斯和詹姆斯，都集中在深南地區。我在芝加哥長大，那裡的進展不大。」

「金恩博士好像說過，他在芝加哥看到的仇恨是他前所未見的？」

「我好像也在什麼地方讀到過這句話。這就是為什麼住這裡比住北方好，即便在今日亦然。北部地區從來沒處理過這些事。」

「三K黨的大巫師就來自密西根，」珍妮佛說。

茱蒂．梅瑞迪斯任教於傑克遜州立大學，她說那裡大多數的黑人並不關心雕像這類的事。

「我知道有些學生非常關心，」我回答。

「那是老密西的學生，」她說。

「聽起來妳不太瞭解老密西是什麼樣的地方，」詹姆斯．梅瑞迪斯說。

「所以我才會來這裡，先生。」

「妳覺得老密西裡面的每個人我們都喜歡嗎？妳在開玩笑吧。」

「但你還是戴著他們的帽子。」

「妳不懂為什麼，我也不打算告訴妳，」他笑著說。

「他們送過他幾頂帽子？」珍妮佛問茱蒂。

「喔，他有跟妳說嗎？我們每次去，他們都送他帽子。」

「幾箱幾箱的送，」她丈夫說。

「他第一次戴上印有強尼瑞上校[36]的帽子時，他們就停止使用那個圖案了。」強尼瑞這個象徵著南方邦聯軍人的步兵仍守在校園的大門口。但密西西比大學不再把曾象徵該校的強尼瑞上校當作吉祥物了，此事令許多校友相當憤慨。你可以去買一頂帽子、一個杯子或一個手提袋，上面不會有比「老密西」三個字更有爭議的東西。「唐．科爾帶我們參觀了一下，他問我：『茱蒂，我要怎樣才能讓他把那頂帽子拿掉？』我說，給他一頂別的帽子，把這頂換掉。他們就這麼做了。」

「這也不是我戴這個帽子的原因，」梅瑞迪斯說。「但真正的原因我不打算講。」

「我們能不能慫恿你說呢？」珍妮佛問。「你說過你不說謊的。」

他又拿了一塊披薩，但卻沒放進嘴裡。「你們看過那張硫磺島的照片嗎？士兵們插旗的照片？」

「當然有，」我說。

「他們舉起了國旗，但他們其實可以舉起任何他們想要的東西。」

「是的。」

「我抓到上校了。」

「你肯定是抓到了，梅瑞迪斯先生。」

「人們對我的既定印象是一個想要受教育的和善好人。他們對校長施加壓力，校長把我叫到他的辦公室。他想叫我發表聲明，說我只是想念大學。我說：『校長，你一定是瘋了。如果我費盡千辛萬苦只是為了念大學，那我豈不是傻了。我來這裡之前，已經念過大學了。』」

「你抓到上校了，」我說。

「好吧，你也可以說『抓到』，但我剛說的是『征服』。」他說的不是征服，我有錄音可以證明，但那並不重要。

「你征服了上校。」

「所以王冠屬於我。」

「這我肯定得寫進書裡，先生。」

第五章
失落的一戰

美國南方邦聯的幽靈到底還有多少生命力？在川普當選之後，全世界對此已十分清楚。南方貧困法律中心（Southern Poverty Law Center）追蹤仇恨犯罪的報告指出，僅在大選後的頭十天裡，仇恨犯罪案件便大幅飆升。南方貧窮法律中心的情報計畫主任海蒂・貝里奇（Heidi Beirich）說：「背後的原因就是川普，我毫無疑問。」突然之間，人們可以自由表達憤怒之情了，這股憤怒在有個黑人家庭搬進白宮後便持續上升。密西西比的一座教堂被燒毀，賓州有面牆上被噴上納粹符號，從佛羅里達到科羅拉多，南方邦聯旗幟以挑釁的姿態升起。那些瞭解南方的人並不怎麼驚訝，幽靈一直都在。在一些德國人的閣樓上存放著一箱箱細心包好的、飾有納粹符號的瓷器，而南方的家庭自豪地展示著他們的南方邦聯紀念品，南方的商店也因著銷售這些紀念品而獲得可觀的利潤。

展示自身對於失落的一戰之忠誠也不是私下的事，而是公共舞臺上的節目。想想亞特蘭大，這座城市在內戰結束後不久就驕傲地自稱新南方首都。今天，亞特蘭大住著兩百萬名非裔美國人，一個接一個的黑人市長，還有發達的嘻哈音樂產業。除了必然會出現的馬丁路德・金恩大道之外，城裡的街道也向幾位沒那麼出名的民權領袖致敬：勞夫・亞伯納西（Ralph Abernathy）、何西阿・威廉姆斯（Hosea Williams）、唐納・李・霍洛威爾（Donald Lee Hollowell）。但在亞特蘭大城外十六英里處就是石頭山（Stone Mountain）了，這是世上最大的一塊固體花崗岩。石頭山高達一千六百八十六英尺，周圍的松樹和山茱萸相形見絀，附近的所有人類則被迫抬起頭來，感受自己的渺小。石頭山的外圍是一個公園，公園的特色是蒸汽船、兒童愛畜動物園和一個質次價廉的仿西部荒野村，這就是喬治亞最主要的旅遊景點。

我們無從得知每年四百萬的遊客之中，有多少人是為了看岩體上的浮雕而來。這確實是難以忽略的壯觀工程，但我們也可以享受公園的其他景點，比如小型火車，火車繞山行駛到某一處時，會有打扮成印第安人的演員突然跳出來作勢襲擊乘客。我記得我還是個七、八歲的孩子時，曾和他們一起喊來喊去的。被雕刻在岩石上那幾位穩重挺拔的南軍將領，最終只占了花崗岩的一小部分。坐小型火車其實比較好玩。

石頭山之旅是偶爾會出現的週末樂事。我父母從沒談論過這座南方邦聯的光榮紀念碑。人們最初是在一九一五年計畫打造這些雕像，當時正值歷史修正主義的失落的一戰之全盛時期；這個理論將內戰重新塑造為一場為南方自由而戰的崇高鬥爭，重建時期則成了傲慢舊奴隸和傭兵北方佬聯手貶低光榮的南方（特別是貶低南方白人女性）之暴力行為。如果你有辦法忍受的話，你不妨看看《一個國家的誕生》（*Birth of a Nation*）。一九一五年，伍德羅・威爾遜（Woodrow Wilson）在白宮裡面放映了這部片。作為電影界的里程碑，《一個國家的誕生》曾是有史以來票房最高的電影，直到大約二十年後，《亂世佳人》才打破其票房紀錄。在這兩部電影之間，失落的一戰的神話在美國各地大鳴大放。《一個國家的誕生》在技術上和意識形態上都比瑪格麗特・米契爾（Margaret Mitchell）[1]的經典之作更為粗糙，但這也讓電影所欲傳達的訊息更為清晰。正如這部默片中的一句字幕所說的：「曾為敵人的南北雙方再次聯手，捍衛他們身為雅利安人的天賦權利。」即便你不是雅利安人，你也會感受到音樂、群眾暴力和八點檔劇情這種組合的力量，在劇中英雄奮不顧身為死去少女報仇時感到一絲欣慰——感覺就像是你小時候看著螢幕上的騎兵隊從當時還不被稱為美國原住民的人手中拯救了白人居民一樣。電影的力量莫過於此，雖然你其實知道指控別人是強暴犯不僅是動用私刑的藉口，而且是為掩蓋性暴力的真相而編造出來的幻想——無數被迫為奴的女性遭到白人奴隸主性侵，而且經常懷孕。對伍德羅・威爾遜來說，此事好像沒那麼明顯，他寫道：「白人被自我保護的單純本能所召喚……最後，偉大的三K黨為了保護南方國家而誕生，這是真正的南方帝國。」也難怪威爾遜會讓《一個國家的誕生》成為史上第一部在白宮放映的電影。這句出自威爾遜的著作《美國人民的歷史》（*History of American Peopce*）的話，也被拿來當作電影本身的標題。

南方邦聯之女聯合會（United Daughters of the Confederacy）最初規劃打造一座石頭山紀念碑，將成千上萬行軍中的南方士兵雕刻在山坡上，以此呈現失落的一戰的故事全貌。這個計畫在一九一五年的喬治亞州並未引起反對。那年，三K黨人為了慶祝三K黨復興與猶太裔亞特蘭大人李奧・法蘭克（Leo Frank）遭到私刑處決，在石頭山頂舉行了深夜慶典。美國其他地區的人也不反對設立這樣的「和解紀念碑」。[2]（如果你覺得用「和解」一詞來描述這種凱旋式的雕像很怪，那你可能忘了人們關心的並不是白人與黑人的和解，而敵對白人陣營的和解則在於褒揚戰敗者之英勇，並且忽略對方上戰場的原因。）人們希望石頭山雕像能媲美埃及的獅身人面像，但內部分歧和資金問題導致最初的雕刻家遭到解雇，這位雕刻家繼續在拉什莫爾山（Mount Rushmore）[3]打造宏偉的雕像。而石頭山上只出現了李將軍的頭和他的馬，此後的幾十年間無人聞問。

打造紀念碑的工作在一九六〇年代重啟，雕刻的內容縮減至三位將軍，沒有軍隊。讓我們自問，在石頭山雕像被棄置近四十年之後，為什麼有人會費盡心思籌募必要的資金，讓工人站在危險的壁架上刻出過世多年的將軍們？試圖完成浮雕的首波工程始於布朗訴教育委員會案將種族隔離判為非法行為之後不久。當民權運動取得進一步勝利的時候，人們也募得了資金與人手來完成這個實際上是在對新秩序比中指的浮雕。這類舉動在大部分的南方地區十分盛行，石頭山只是其中最大的一個。石頭山的象徵意義足以讓金恩博士在他「我有一個夢想」的演講中提及此地，金恩表示，但願自由之聲從加州起伏的坡地一路傳至喬治亞州的石頭山。民權運動家提議在山頂設置一座大鐘，以金恩嘹亮的話語來抵制灰暗將軍所欲傳達的訊息；有些人則要求把整個該死的浮雕炸掉。但迄今為止，他們的同胞仍未被說服，三K黨有些人仍利用這座山來舉行集會。

沒人能忽略浮雕，但人們卻有可能忽略該園區最糟糕的地方。我母親在我們經過石頭山紀念公園時，一定是一路催促我們去坐小火車，所以成年後的我在看到刻在公園的花崗岩長椅上的字句時，更感不安。這些句子都是讚揚犧牲與英勇的名言佳句，出自李將軍、湯瑪斯・傑佛遜和蒙田等人之口。其中特別引人注目的，是美國開國元老派屈克・亨利（Patrick Henry）的名言。每個美國學生都很熟悉亨利的「不自由，毋寧死」，而刻在紀念公園裡的這句話，是亨利在那之前所說的：「難道生命如此珍貴、和平如此甘美，以致我們能拿鎖鏈或奴役作為代價？全能的上帝啊，請禁絕此事。」難道南方邦聯的兒女不曾注意到自己的認知失調嗎？

試圖顛倒是非的，也不只打造紀念公園的這些人。有位南方的歷史學家曾寫道：「白人青年發現，他們的（按：黑人）夥伴的雙腳不受鞋子束縛，他們的思想不受學校綑綁，這樣的自由多麼令人羨慕。」[4]有人甚至認為，照顧奴隸是奴隸主的負擔，「黑人是自由人，奴隸主是奴隸」。[5]

為了確保所欲傳遞的訊息毫無歧義，紀念公園和石頭山之間有十一條小路，象徵南方邦聯的十一個州，像是新星的光芒一樣指向基地。每條路的前面都有告示碑，描述著南方各州加入邦聯的原因和對於邦聯的貢獻。阿拉巴馬州的告示碑將戰爭歸咎於約翰·布朗，他「於一八五九年對哈珀渡口展開攻擊，在該州掀起了一股憤怒的浪潮」[6]。銘文描述著阿拉巴馬州的失利與困境，旁邊的圖像則刻劃出面容兇狠的布朗。密西西比州的告示碑避開了具威脅性的圖像，放上了州會議的畫面，在這場會議上，七五%的代表投票支持立即單方面脫離聯邦，因為「密西西比州的人民認為共和黨在一八六〇年選舉中取得的勝利，對於他們的權利與財產是種威脅。」[7]但告示碑略過未提的《密西西比州分離宣言》（Mississippi Declaration of Secession），闡明了權利和財產一語背後的真正含義：

> 我們的立場與奴隸制度——世界上最大的物質利益——完全一致。奴隸勞動力提供的產品構成了地球上迄今為止最龐大、最重要的商業世界。這些產品是鄰近熱帶地區的氣候所特有的產物，根

> 據自然界的強制性法則，除了黑人，沒有人能夠承受熱帶陽光的照射。這些產品已經成為世界的必需品，對奴隸制的打擊就是對商業和文明的打擊。[8]

與其他州的告示碑一樣，密西西比的告示碑對於黑人遭到奴役一事隻字未提，而是將重點放在白人的痛苦上。

如果你想讓失落的一戰聽起來深奧點，你可以稱它為鄧寧學派（Dunning School）歷史學。在恐怖的《吉姆．克勞法》時期，哥倫比亞大學的歷史教授鄧寧（W. A. Dunning）和他的學生在學術上提出了「戰爭與奴隸制無關」，以及「重建時期是場災難」的論點。你可以把他比作恩斯特．諾爾特（Ernst Nolte），諾爾特認為納粹所有的卑劣伎倆都是跟布爾什維克學的，而布爾什維克才是真正發動戰爭者，正是這樣的論述引發了「歷史學家論戰」。在德國，不可能會有紀念碑用諾爾特的論述來解釋戰爭的原因。但在石頭山，鄧寧學派的論述卻是牢牢刻在石頭上，已成定局。

離開石頭山之後，你需要一點幫助才能讀懂那些路標。大量的證據被寫進了地景之中：強尼瑞的雕像矗立在每個城鎮的法院大樓前，就在城鎮中心的寬闊廣場上，守護著南方抵抗北方暴政的英雄功業。而那些裝飾豪宅門廊的莊嚴柱子看起來都很優雅，直到你瞭解建築背後的意識形態為何。希臘復興建築讚頌的不僅是西方民主的發源地，也推崇著戰前美國南方的重要主張：偉大的文明是建立在奴隸制之上的。（希臘的奴隸過得比美國的奴隸好得多，但這事從沒人提過。）令南方人感到自豪的是，戰前來到美國的歐洲遊客普遍認為南方比起混亂的北方地區更加文明。[9]

你可以在密西西比州的納奇茲（Natchez）看見這種文明的影子，在棉花仍是全球經濟關鍵商品的時代，納奇茲是美國的財富中心。一八四一年時，納奇茲是美國最富有的城鎮，它座落於俯瞰密西西比河的懸崖上，因而逃過了聯邦軍的轟炸——他們的轟炸摧毀了鄰近的維克斯堡（Vicksburg）。所以，在這塊幾平方英里的土地上保存著比南方其他地區都要多的宏偉大宅；雖然該鎮如今看來頗為單調，而且幾乎毫無生氣。市中心有幾個街區，街上有幾棟磚木合造的房子、幾家古董店，和一家冷淡的餐館，如此而已。真正的生活存在於郊區和商場裡，只有每年的納奇茲春季朝聖慶典（Natchez Spring Pilgrimage）期間，小鎮會展現出其具生命力的一面。

一旦見識過納奇茲春季朝聖慶典，沒有人會再說出「美國人不關心歷史」這種陳腔濫調。春季朝聖慶典的重點活動是納奇茲歷史表演（Historic Natchez Tableaux），這是一場樂舞表演，偶爾穿插著說故事的片段，講述該鎮往日的風貌，表演者則是熱情的當地人。我下榻飯店的職員說，她的四個小孩都參與了表演，要我記得看看她兒子的演出。「老師說他跳得很好，若是在戰前，他會風靡全鎮。」我問你，有哪個十六歲的孩子會想聽別人跟他說，兩百年前的人覺得他很酷？

坐在禮堂裡的我搞不清楚哪個男孩是她的兒子，但我對一九三二年時的情景感到好奇，那是納奇茲花園俱樂部開始舉辦選美比賽的年份。今日的活動顯然經過現代化的洗禮。所有的白人婦女和女孩都穿著箍圈裙，穿戴蝴蝶結，圍著五月柱跳舞，穿著灰色衣服的士兵則隨著〈迪克西〉的旋律搖鈴。不過，這個活動確實試圖承認奴隸制度的存在——雖然他們還是得指出北方佬是奴隸販子。表演中有個場景描述了南軍總統傑佛遜·戴維斯與本地美麗女士的婚禮，舉辦婚禮的那棟房子如今則成了一間附早餐的昂貴旅館，旅館也自豪地以此作為宣傳。這個場景之後緊接著一段短劇，抨擊想要結婚的奴隸會遇上的困難。他們甚至承認了奴隸獲准結婚後經常發生的事情：劇中出現了一位孩子即將被賣掉的黑人女性，她唱起了哀傷版本的〈變化即將來臨〉（A Change Is Gonna Come）。其他黑人女性的自我介紹則是，她們「二十年來努力建設梅爾羅斯莊園，並因此深感自豪」。「當闖入者趁園主一家人不在時偷走精緻的家用品時，我們保護了這個家。」忠誠的奴隸藏起家裡的銀器不讓北方佬奪走，這是吉姆．克勞時期的老套路了——雖然這樣的事確實偶爾會有。名為〈兩種文化的碰撞〉（Two Cultures Collide）的一幕講的是美國本土歷史，但有個問題，令小鎮得其名的納奇茲族人在這幕中不知是否認得出自己的模樣。表演在高潮之中結束：曾為奴隸的聯邦士兵拆毀了令他們與家人離散並淪為奴隸的市場，不過下達拆毀命令的是一名白人聯邦軍官。衣著破爛、瘸著腿的叛軍與穿著軍裝的高大的北方佬握手。司儀指揮觀眾起立，與演員合唱〈星條旗〉。

「英國人以歷史來安慰自己。」尼爾．麥葛瑞格說。創造出失落的一戰的南方人也是這樣做的。南軍將領博雷加德（Beauregard）在一八七五年寫道：「我在一八六一年開第一槍和在一八六五年開最後一槍時都相信，我們所堅持的目標公正而神聖，我至今仍如此相信。」他還寫，他期待「在積極參與創造歷史的過程之後，看到歷史被正確地寫下。」[10]

他希望被正確寫下的這段歷史，將戰前南方描繪成一個甜蜜而和緩的地方。莊園主人的漂亮女兒在月光與木蘭樹下跳舞，沉著而忠誠的奴隸則為他們端上冰茶，搖著主人那睡在搖籃裡的嬰兒，唱著溫柔的靈歌。當低劣殘暴的北方人開始威脅到這個世外桃源時，箍圈裙女孩的父兄們便拿起武器保衛家園，就像他們的祖先在一百年前宣布殖民地從英國統治者手中獨立時一樣。（這個故事遺漏了很多細節，其中一個細節是，曾踏上戰場的南軍之中很少有奴隸主。較富裕的莊園主——那些擁有二十個以上奴隸的人——被免除兵役，以防止後方那些快樂而忠誠的奴隸暴動而造成影響。）雖然密西西比州的分離宣言措辭明確，但失落的一戰堅稱戰爭與奴隸制無關，而是為了各州的「權利問題」——這個抽象的詞彙粉飾了南方各州認為他們有權奴役他人的事實。這個理論接著表示，百萬南軍士兵的英勇努力，敵不過北方佬眾多的人數與他們的工業，因此導致了敗局。北方佬通過強推重建措施，令失敗更為苦澀。正如一位南方編年史家所說的：「他們遭受了近代以來最大的羞辱：他們的奴隸爬到了他們頭上。」[11]

很容易理解這個故事為何會吸引戰敗的南方將軍，也許也吸引了他的兒女。令人費解的是，這個故事是如何以一種緩慢而朦朧的方式擄獲了北方人的心。北方人厭倦了戰爭，他們渴望和解，並急於投入正令美國經濟產生轉變的工業化活動，他們把大部分製造神話的工作讓給了南方。反正他們也沒有多少人是滿腔熱血的廢奴主義者。一切都是悲劇，人人都很英勇，這種觀點為一八七七年的妥協鋪了路：當時的選舉有爭議，政府為了擺平此事，承諾撤回為保護新解放的非裔美國人之權利而派出的聯邦軍隊。重建時期就此結束，那些決心行使解放後三項憲法修正案所宣布的權利的黑人男男女女們再度成為仇恨的目標。但是，「我們都是悲慘的受害者」這一模糊的說法導致北方白人更容易接受聯邦政府的妥協，而妥協一事本身亦加強了這種觀點。《一個國家的誕生》和《亂世佳人》只是吸引全國人民注意力的知名大片。好萊塢制作了數百部這樣的電影，暗示戰爭是一場悲劇性的誤解，包括兩部由雪麗・鄧波爾（Shirley Temple）主演的電影，這位女演員令失落的一戰看起來高貴、英勇，且無庸置疑地可愛。

一八六四年，薛曼將軍的軍隊將亞特蘭大和薩凡納（Savannah）之間的大片土地夷為平地。歌曲〈向喬治亞進軍〉說這場強而有力的行動是在「為自由與她的長裙擺開疆闢土」。這首歌在戰後的幾十年中大為流行，以至於薛曼在一八九〇年發誓，除非「美國的每個樂隊都簽署協議，**不在**他面前演奏〈向喬治亞進軍〉」[12]，否則他就不會再參加閱兵。今天，想成為美國公民的移民必須寫一份考題，裡頭是一百題與美國歷史傳統有關的選擇題。其中，只有一題有一個以上的正確答案。請說出導致內戰原因。奴隸制？經濟原因？各州的權利？勾選其中任何一個，移民局都會算你對。

非裔美國人堅定認為這場戰爭是場解放戰爭，早在一八七〇年，費卓克．道格拉斯就抱怨美國人「缺乏政治記性。」[13]「南方確實飽嘗痛苦，」他說，「但那些痛苦是南方自己創造出來的。」[14]道格拉斯說，這場戰爭不是團體間的衝突，而是「一場思想的戰爭，一場原則的鬥爭……一場新與舊、奴隸制度與自由世界、野蠻與文明的戰爭。」這不是一場「貪婪鳥類、兇猛野獸的鬥爭，僅為展現蠻勇和耐力，而是一場有思想和行動的人之間的戰爭，而且是為了高於戰爭之物義無反顧地投身。」[15]一八七一年的陣亡將士紀念日，道格拉斯在新設立的阿靈頓國家公墓的無名聯邦士兵忠烈祠發表談話：「我若忘記那場……血腥戰事中兩方的區別，情願……我的舌頭貼於上膛[16]。我說，如果這場戰爭要被遺忘，我以所有神聖事物之名請問，人還應該記得什麼？」[17]

黑人並不是唯一記得真相的人。廢奴主義者和哲學家都堅持對自身時代的道德和政治鬥爭說實話。美國人現在為之爭吵的那些紀念碑都是在戰後建立的，是為了打擊事實真貌而共同做出的努力。奇怪的是，一九七〇年代歷史學家的敘事又再度復興了失落的一戰的部分內容，他們認為這場戰爭是場經濟衝突。到了當時，「戰事可能是因著思想和原則而起」這件在費卓克．道格拉斯和威廉．詹姆斯（William James）眼中非常清楚的事情，在那些不希望被認為思想幼稚的人眼中已是完全過時的論點。

納奇茲人將失落的一戰的敘事現代化並保存之。雖然我沒聽過有人使用「邪惡」一詞，但現代南方人都同意奴隸制是錯誤的。一九三二年版本的表演不可能出現身著聯邦軍服的黑人拆毀奴隸市場，更不可能慶祝此事；但即便是當代版本的納奇茲歷史，也指出了白人的記憶之間彼此落差有多大。解放後的一切成了一片空白，彷彿種族間根本就沒發生過什麼事。如今戰爭結束了，我們可以像一個大家庭一樣團結起來唱國歌，然後各奔東西，直到明年的春季慶典再度開始。

重要的是，就像其他南方城鎮一樣，納奇茲慶祝自家歷史的年度活動也以宗教語言作為框架。朝聖是一次神聖的遠征，是前往神聖之地的旅程。為了在苦難中尋求意義，失落的一戰的神學家們將南方設想為十九世紀的耶穌，他全然無辜、殉道而死，但注定要復活。對過往的朝聖是一種慰藉和祈禱：如果我們在一片純真之中帶著悔意呈現己身罪孽，罪過便能得到救贖。這樣的儀式結合了異教的祖先崇拜和基督教的神聖苦難，甚至帶著淡淡的神義論（theodicy）意味。廣告上寫著「在弗拉格莫（Frogmore）有棉花可採……『棉花田與其所孕育的三角洲音樂』」，納奇茲朝聖慶典手冊鼓勵遊客到河對岸的路易斯安那參觀舊莊園。他們邀請遊客拜訪運作中的棉花莊園，「瞭解納奇茲地區如何創造出其財富，並聆聽對於奴隸文化的全面解析」，然後再參觀三角洲音樂博物館，「聆聽和學習與文化交織而成的音樂」。十七世紀的德國哲學家萊布尼茲說，萬事皆會帶來善果。「如果在棉花田中誕生了一種如此豐富的藝術形式，以至於密西西比州現在能以美國音樂發源地的身分自我推銷，這難道不是一種變相的祝福嗎？」

南方至少呈現出了歷史，無論其面貌多麼扭曲。這便足以成為我造訪此地的理由，雖然馬丁路德．金恩曾說，他在芝加哥地區的抗議者臉上看到的仇恨，比他在種族隔離的南方看到的任何東西都要兇猛。他造訪芝加哥是為了鼓勵大眾關注種族融合混居的運動，對此人們常說：「在南方，他們不在乎你有多近，只要你不要太醒目；在北方，他們不在乎你有多醒目，只要你不要太近。」[18]北方的社區和學校實施種族隔離的程度仍高於比南方的社區和學校。在北方，白人和黑人的距離很少近到能讓黑人的故事滲入人們的意識中。

◈ ◈ ◈

在南方，每次黑人和白人在人行道上相遇時，我們展現出的街道禮儀總令人不得不直面歷史。若一名黑人男子為了讓我通過而移動，而我心知退縮在過去意味著恐懼，我是否還能表現出退縮的樣子？當白人婦女經過時，黑人男子若不垂下眼簾、離開人行道，就有可能招來私刑。或者這種姿態純粹只是南方作風？這畢竟是個白人和黑人男子出於本能會箭步向前為女士開門或撿起掉落的筆的地方。街道上的兩難是如此令人緊張，你事後可能會花上幾個小時剖析當時情況。你經過的任何南方地區都會迫使你想起種族歷史，即使你並未看到紀念某個戰爭遺址的告示牌。這樣的告示牌數以千計地出現在南方的風景中。南方邦聯軍從未能推進至蓋茨堡（Gettysburg）以北的地區，蓋茨堡是北方唯一一個紀念南北戰爭歷史的重要城鎮。

◈　◈　◈

南方的莊園裡有著可愛的高大宅邸，有些房子仍然完好，就坐落在所屬的種植園間。這些老房子常被改造成附早餐的旅館，裡面有身著舊時代服裝的工作人員，同時也是相當受歡迎的婚宴場地。紐奧良以北一小時車程的惠尼莊園（Whitney Plantation）則是完全不同的光景。《史密森尼》雜誌（*Smithsonian*）描述此地是美國的奧許維茲集中營。惠尼莊園確實有一點與美國大屠殺紀念館相仿。在導覽開始時，遊客會拿到一張卡片，上面有一個舊日奴隸的名字和虛構的畫像。卡片的背面有一段話，取材自聯邦公共事業振興署所推行的計畫中的幾千場訪談。與大多數新政下的計畫一樣，這個計畫的目的是在大蕭條時期創造就業機會——在此是為作家創造就業機會。但與許多計畫不同的是，這個計畫創造出了具有長遠價值之物，它永遠留下了那些曾經為奴之人最後的聲音。我的卡片紀錄的是瑪麗·安·約翰（Mary Ann John），她在接受採訪時已經八十五歲了。她留下的話是這樣的：

宣布戰爭結束時我才十歲……我知道的事全都是我打娘胎就知道的，因為我一輩子沒上過學。我分不出A和B啊。我有個小妹出生在田裡。他們就挖了兩個洞而已……。媽蹲在那個洞上面，孩子就滾下來到洞裡去。然後老闆派人把嬰兒帶回家裡，讓我媽站起來繼續鋤地。我永遠不會忘記。

導覽的一些設計旨在讓參觀者的身分從奴隸主變成奴隸。大多數莊園之旅的重點都放在令人開始想像自己是郝思嘉[19]的那棟大房子。在惠尼莊園，大宅則是參觀的最後一站，參觀者經由內務奴隸所使用的後門走進大宅裡。參觀的重點是奴隸的生活：他們居住的簡陋隔間，他們煮沸和攪拌甘蔗汁的巨大銅鍋，這些蔗糖會沿河運到紐奧良，然後再運到世界各地。他們在將熱糖漿從一個大鍋倒入另一個大鍋時，四肢常遭受三度燒傷。也有金屬柵欄的牢房，奴隸在被拍賣前會先關在這裡，有時為了等個好價錢要關上幾個月；在收獲季前，黑人的價格總是水漲船高。雖然鐵銹斑斑的牢房陰暗簡陋，但也有好處：為使奴隸在市集前做好準備，他們的伙食會比被賣掉之後好上許多，他們的身體也常被塗上奶油，使他們看起來有一種健康的光澤。

莊園博物館裡有一些藝術作品，紀念死在莊園裡的孩子。藝術家也描繪出許多被砍下的頭顱，頭顱的主人是來自發生在附近的一八一一年起義的領袖。[20]一八一一年起義是美國最大的一次奴隸起義事件。紀念碑記下了起義遭鎮壓後，法庭做出的判決：

> 法庭決定他們應被判處死刑，不使用酷刑，被處決者的頭顱將被砍下，插在長矛末端。每個罪犯都將受到與其罪行相稱的懲罰，以便以此可怕案例來嚇唬所有未來可能企圖破壞公共和平的歹徒。

最有說服力的紀念碑是奴隸的話語，這些話語來自聯邦公共事業振興署所蒐集的證詞，被刻在長排的花崗岩石碑上。其中描述兒童之饑餓的文字是如此痛苦，我無法不落下淚來。我瞥了一眼導覽團的其他成員。團員大約有二十個人，有白人、黑人和亞裔美國人，還有一對來自荷蘭的夫婦。也有幾個家庭。導覽員是一位知識淵博的黑人女性，年輕而漂亮、穿著慢跑鞋。她在離這座莊園幾英里遠的地方長大。我們都沒有透露太多自己的事。

但惠尼莊園的主人可就得多談點自己的事了。約翰·克明斯（John Cummings）是一位退休的紐奧良律師暨房地產投資者，他花了十六年時間和八百萬美元建造了這個博物館。他在此之前便是自由派人士，曾成功處理過幾個民權案件，但他買下這塊地產作為投資時，才意識到自己根本不瞭解奴隸制度。「而且這不是黑人歷史，這是我們的歷史、我的歷史。」[21]他聘請了塞內加爾裔歷史學家易卜拉辛·塞克（Ibrahima Seck）博士作為研究主任，同時也花了幾年時間參加鄰近社區的婚禮和葬禮，說明他的願景，直到人們接受為止。「買賣奴隸、創造出這場混亂的是像我這樣的人。若出現某個白人試圖做些什麼來糾正他自己的祖先所做的事情，這又有什麼好驚訝呢？」正如克明斯在二〇一四年博物館首度開放時指出的那樣，美國的大屠殺博物館比以色列、德國和波蘭的博物館加起來還要多，卻沒有一個專門介紹奴隸制度的博物館。「我們忽視了奴隸制度，因而未能承認我們集體歷史上最重要的事件。」[22]他的任務是「讓所有我能找到的人瞭解關於奴隸制度的事實，這樣每個人都會明白非裔美國人的處境有多不利。很多人問，『為什麼他們不能把這件事拋在腦後？』都解放一百五十年了。但除非你知道『這件事』是什麼，否則你是無法把它拋在腦後的。而我們正在試圖定義『這件事』。」[23]

約翰·克明斯現在大部分時間都待在莊園。年近八旬的他經常坐著高爾夫球車穿越整個莊園。博物館持續研究著惠尼莊園和其他路易斯安那州莊園那些被奴役之人的人生，並在全美各地都獲得了其應得的讚譽。不過，在莊園裡閱讀這些證詞的經歷，比你能讀到的任何關於莊園的資料都更加強而有力。

其他規模較小的活動同樣值得關注。一九三四年，冬青泉花園俱樂部（Holly Springs Garden Club）的五位女士參加了納奇茲春季朝聖慶典，之後便決定舉辦屬於自己的慶典。冬青泉是位於密西西比州北部山區的漂亮小鎮，不像納奇茲那樣壯觀，但也有大量完好無損的老宅。聯邦軍隊在戰爭的頭幾年便占領了冬青泉，小鎮因此逃過被破壞的命運。一年一度的冬青泉朝聖慶典以講座、舊日音樂和鎮上老宅導覽來促進觀光，其中一些房子裡面還配有重現南北戰爭的演員，他們扮演的是姿態各異的南軍士兵。

導覽將我們帶到這趟旅程中最大的一棟房子前，有五、六個人打扮成不同連隊的南方士兵，駐紮在草坪上。有個臉龐圓潤、鬍子刮得很乾淨的三十多歲男人坐在馬背上，他跟我說，他代表密西西比州第一騎兵隊。「想一想，這些人從南密西西比州一路騎馬過來加入戰鬥，一路上淋著冷雨。他們沒有補給車；所有的補給品都得帶在這裡。」他敲了敲馬鞍的前方。「我只是覺得，能扮演南軍是極為榮譽之事。如果我們不記住這段歷史，歷史就會再度重演。」

我真誠地點頭同意，最後我不得不問他的話是什麼意思。

「我很擔心新聞播的那些事，拿掉先人的存在、拆掉紐奧良的雕像，還說要拆曼菲斯那座福雷斯特（Nathan Bedford Forrest）[24]雕像——」

「我們去了福雷斯特的誕辰紀念活動，」他的同伴插嘴道，他是位英俊的灰鬍子步兵。「我們兜了一圈，以毛瑟槍對空鳴槍。那個園區沒有太大的空間可以做其他事。我注意到的是，福雷斯特家族把那片土地捐給了曼菲斯政府。他和他的妻子都埋在那個地方。他們應該維持原狀的。」

一九〇四年，福雷斯特夫婦從原先的墓地被挖出來，安放在靠近孟菲斯市中心一座精心設計的紀念碑兼墓園裡，當時，南方正全力展開立碑紀念失落的一戰的行動。然而，在二〇一五年的查爾斯頓大屠殺之後，曼菲斯市議會投票決定把他們再挖出來，將遺體放回原本的埋葬地。因為福雷斯特不是普通的南方將領，他起初是因為下令屠殺在田納西州皮洛堡（Fort Pillow）投降的黑人聯邦部隊而聲名大噪。歷史學家仍在爭論他是否曾犯下戰爭罪，但沒人懷疑他確實是三K黨的創始成員。不過，他在死前不久曾否認自己與三K黨有關，無論那是不是真話。他的葬禮是孟菲斯歷史上最盛大的葬禮。

「他們贏了。」一名神色嚴肅的五十多歲騎兵補充道。

「誰贏了？」我問。

「那些推廣共產主義、社會主義的大學，早在六〇年代就開始灌輸人們這些。他們贏了。」

「他們沒有贏得總統大選，」我反駁道。那是二〇一七年四月。

「這件事還不確定，」他回答。

這些人相當樂於回憶他們的戰鬥表演。「我們兩週前重現了夏羅之役（Battle of Shiloh），有一百七十支部隊。」

「誰扮演北方人？」

「我們自己。雖然碰上夏羅之役這種真正的大戰時，人們會從俄亥俄和密西根趕來。但我們自己也會演北方人。」那個神色嚴肅的人說。「我不介意穿上藍色制服。我寧願不穿，但我也可以這麼做。」

「藍色制服穿起來比灰色的更癢，」他的同袍說。他們都笑了起來。

「有趣的是，幾年前我們在蓋茨堡參加了一百五十週年紀念活動，在那裡看到的叛軍旗幟和保險桿貼著貼紙的賓州車輛，比你在這裡看到的還要多。每個人都想演南方邦聯軍。我想人們大概喜歡垂死的志業。」

騎馬的年輕人在密西西比小鎮的一所高中裡教歷史，他問我為什麼來冬青泉朝聖慶典。當他們聽說我是密西西比大學的訪問學者時，他們變得有些戒備——他們認為密西西比大學是社會主義思想的溫床。

「妳是老師嗎？」神色嚴肅的那個人問道。

我回答說我一直在教書，但我目前的主要工作是寫書。

「關於什麼的書？」

我使用了我在希望讓對方繼續談論我所厭惡的觀點的時候會使用的說法。「我在寫密西西比人回憶歷史各種方式，不同面向的歷史。」

「但妳是站在我們這邊的，對吧？」那個神色嚴肅的人問道，他的神色變得更嚴肅了。

我只猶豫了一下，感覺卻很漫長。「大概不是，」我說，慢慢地呼出一口氣。

「那是什麼意思？」對方從馬背上往下俯視，他冰冷的藍眼睛盯著我的眼睛。

「我們的武器有裝子彈嗎？」另一個人喊道，大部分的人都笑了。他們有六個人，兩個在馬背上，都全副武裝。大宅內，花園俱樂部的女士們正在為舞會做準備，但下午的天色已暗下來，其他遊客都走了。

「聽著，」我最後說，「我不是站在三K黨那邊的。」

「我們也不是。我們穿的不是三K黨制服。」

「我們不穿那些像床單的愚蠢制服。」

「我知道，」我回答。「但你談到向福雷斯特致敬。」

「嗯，他不是三K黨，」那位較年長的演員說。「有人提供他大巫師的位置，但他拒絕了。」

後來我查了一下資料，發現福雷斯特的大巫師身分仍然是個有歷史爭議的問題，但他創立三K黨一事則沒有爭議。

這位年輕的歷史老師看起來比之前更認真了。「我一直認為歷史就是歷史而已。」他告訴我。「但在查爾斯頓槍擊案之後，他們開始抨擊所有跟南方邦聯有關的東西，這讓我想瞭解更多。」

「我也是，」我回答，但並未詳加解釋。

「印第安納的三K黨員比密西西比還要多。歷史老師補充說道。「當然，那些錢是靠著奴隸的勞動賺來的，但戰爭是和稅收及聯邦暴政有關。」他很自豪自己是一個能向學生展示事情所有面向的歷史老師。他給他們看了一部關於一九二〇年代三K黨的電影，三K黨在那個年代的黨員人數最多。「他們行進時揮的不是叛軍旗幟；而是美國國旗。所以學生問我：『為什麼人們不呼籲改掉美國國旗？』」

「就是這樣，」那個神色嚴肃的人說。「他們贏了。歐巴馬在地下氣象組織的朋友是誰？比爾・艾爾斯（Bill Ayers）[25]？所有他們在六〇年代開始的那些事，他們贏了。他們痛恨美國。他們痛恨我們所代表的一切。」

當地也有聲音試圖對抗這種觀點，但花園俱樂部的女士們對此不甚歡迎。我跟隨著指示牌來到出售朝聖慶典門票的圖書館，迎接我的是熱情的南方微笑、明亮閃耀的牙齒，還有一張標示著哪些老宅週末有開放的地圖。負責的女士為我指出其中最大的幾棟房子，但她金髮下方的臉僵住了。我告訴她我來訪的主要目的：「大宅後方」（Behind the Big House）研究計畫，該計畫致力於以整修大宅的規格來整修奴隸住所。「我們不熟那些地方，」她以南方特有的尾音強調「那些地方」，尾音拖長的程度剛好足夠表示她的反對，但未及鄙視的程度。「這不是好事，親愛的。為什麼要挖出陳年往事呢？」

「妳能告訴我地點在哪嗎？」地圖上沒有標出奴隸的住處。

「我不太確定。」

這個小鎮太小了，她一定知道。房間的另一頭，另一位花園俱樂部的女士正在為某個節日的午宴賣票。她看著我，表現出一種舉止得體的當地人對於迷路的外地人會露出的同情目光。「沿著路走兩個街區，到街角那棟房子裡看看，我確信他們會告訴妳。」

街角那棟房子裡沒人願意談論他們與花園俱樂部之間的分歧，他們在慶典的第一年曾與花園俱樂部合作。「大宅後方」這個計畫在惠尼莊園開放的前幾年就開始了。有少數當地居民遊說大家在朝聖慶典中講述完整的故事，包括奴隸的住所和奴隸主的豪宅。「我們一起工作了一年，但他們決定他們不想引起爭議；他們寧願討論家具，」推動此事的其中一個人說。他沒有以更尖銳的方式批評鄰居，而是停了下來。在南方的小鎮裡，許多人仍期待只要不說出問題，問題就可能會自行消失。無論如何你都得點頭微笑，在人行道上與反對你的人聊天。即使是那些致力於坦率討論的人們，也對向一個陌生人吐露社區祕密感到不安。

不過，他們還是告訴了我很多事。大衛・波森（David Person）的祖母與蒙特羅斯（Montrose）的屋主是親戚——蒙特羅斯就是我欣賞歷史重現劇的大宅。那是朝聖慶典中最宏偉的一棟房子。「阿弗瑞・布魯克（Alfred Brooks）蓋了那棟房子作為他女兒的結婚禮物，然後把整個婚禮派對搬到紐約去舉行。你說，這所有的費用從哪來？」大衛的南方口音很柔和，尾音慢條斯理，緩衝了他的憤怒，但沒能掩飾之。「這一切都建立在奴隸制度上。」

大衛是出生在聖安東尼奧（San Antonio）的退休律師。「我母親嫁給了德州人」——在德州，他學會了如何在西班牙裔人口占多數的社區中當個自在的少數民族。「人最好是能瞭解自己的處境，找對方法生活。我對膚色的事還滿自在的。」但他的整個家族一直都住在冬青泉，「因為他們在一八三〇年代買下了奇克索人的便宜土地」，所以儘管他的政治觀點不太一樣，當地人還是接受了他。在倫敦政經學院讀了六年書之後，他離開倫敦，在冬青泉買了一棟老房子，並著手清理上一任主人在房子裡養的十三隻獵狗留下的痕跡。他覺得他有義務忠實修復這棟房子，但他當時不知道這項工作會把他帶往何處。開始推動這個計畫的，是大衛的鄰居切利斯・卡特（Chelius Carter）。

在田納西鄉間度過的童年裡，切利斯從未質疑過種族隔離制度。「太陽從東邊升起，從西邊落下，這就是事實。」他告訴我，儘管他的祖先不是大地主而是「自耕農」，「如果他們擁有任何奴隸，他們很可能會跟奴隸一起工作」。他是修復建築師，專長是戰前建築——這些是他在很小的時候就決定要住在裡面的房子。當他在冬青泉買下他的房子時，鎮上曾有奴隸的事實早已消失在人們的記憶中。在檢查新房子後方的儲藏室時，他驚訝地發現了一個樓梯間。在成為建築師之前，他曾做過電話安裝員，所以他習慣跑到閣樓上到處摸摸。隔熱層板下面有一塊地板，而他突然意識到這是奴隸睡覺的地方。他意識到，這個地方的文化意義比整個地區的大宅都更重要，因為很少有奴隸的住處留存至今。他和他的妻子珍妮佛．艾格斯頓（Jennifer Eggleston）——他說珍妮佛在此事中的角色是有頭腦又有臉蛋的美女——開始構思出一種方法，利用這塊地方來講述建造大宅的奴隸的故事。二〇一二年一整年裡，全美沒有任何類似的計畫。

不過有一個叫約瑟．麥吉爾（Joseph McGill）的南卡羅來納人，他的祖先是名奴隸。二〇一〇年，他開始了「奴隸住處計畫」（Slave Dwelling Project），目標是在全國每個現存的奴隸住處過夜。當我在二〇一七年見到他時，他已經在九十四個地方過夜，並在部落格上記錄了每個地方的歷史。麥吉爾是一名矮小而黝黑的五十多歲男性，一直以來都對歷史充滿熱情；但他並不是因為自己在查爾斯頓的美國國家史蹟保存信託（National Trust for Historic Preservation）工作，才投入奴隸住處計畫。麥吉爾有許多週末都會參與南北戰爭歷史重現劇，他扮演的是麻州第五十四兵團的成員，該兵團是第一批在北軍中服役的非裔美國人部隊。麥吉爾厭倦了只是重現戰鬥場景，他決定做更多。美國的奴隸住處很少用堅固的建材建造，那些仍存在的奴隸住處都因遭到忽略而腐朽了。麥吉爾希望呼籲人們關注被遺忘的空間，進而關注那些在其中生活與死亡的人們。

麥吉爾認識艾格斯頓和卡特，這對夫妻正努力遊說其他屋主展示南方歷史的黑暗面。冬青泉只有兩個屋主加入他們，但麥吉爾和他的朋友裘蒂．史基普（Jodie Skipper）——一位密西西比大學人類學與考古學的非裔美國人教授——開始合作修復這三棟住宅，以使人看見其住民的生命故事。卡特的目標是開啟對話。「這兩個種族在教堂裡、在工作上、在學校裡都形同陌路。我們認為我們能以這段具有巨大缺陷和衝突的共同歷史，來創造出有意義的對話。如果我和我的妻子之間出現問題時，我們把問題放在衣櫃的一個盒子裡，那麼這個問題是不會消失的。它就在那衣櫃裡等著。這樣的對話早在幾代之前就該出現了。不去談論那些對南方文化貢獻巨大的人，基本上就是文化層面的種族滅絕行為。」

就像冬青泉朝聖之旅的房屋主人一樣，大宅背後的三位主人也對外開放他們的家，雖然女主人並沒有穿朝聖慶典必備的箍圈裙，但他們也親自歡迎遊客。切利斯製作了一張描述冬青泉棉花工業歷史的展覽圖表，並耐心向每一位遊客展示這張圖，解釋棉花如何成為全球貨幣。來自紐奧良的猶太裔暨非裔美國人，同時也是烹飪歷史學家的麥克．特維提（Michael Twitty）從廚房裡端出了一道多汁的燉菜，他拒絕透露他的食譜。在大宅後方，裘蒂．史基普和她的研究生歡迎我進去奴隸的住所看看，當天下著雨，使他們無法進一步挖掘。她細細介紹每一處，其精確程度與大宅導覽的精確程度相仿：這些器具不是原來的，而是屋主收集的；天花板上的鉤子用來掛煮飯鍋；明火用來為所有人煮飯，奴隸和奴隸主都是。孩子們睡在樓上，也許睡在簡陋的床上，也許睡在地板上。修復工作都仍在進行中。乾草叉和碎石膏板靠在小屋牆壁的粗糙木板上。有張發黃的照片顯示，一九二四年，有一對曾為奴隸的夫婦來參觀這裡，他們身著圓帽和長外套。大多數遊客都是白人，有的人誤以為大宅是朝聖慶典的一部分而誤打誤撞地跑進來參觀。不過，來參觀的非裔美國人一直在增加，每年都有學校帶學生集體來參觀，總人數達數百名。

回到大宅後，我問切利斯是什麼影響了他。是否有某一本書或某次談話使他擺脫了他年輕時那種輕鬆而和氣的種族主義？「沒有，」他說。「我只是長大了。」我再次追問，他承認馬克．吐溫有句話對他意義重大，他雖記不起確切的句子，但大意是：接觸其他國家與文化能使偏見消亡。他生長在一個「超級基本教義派的家庭——所有的一切都是字面上的意思」。但他在二十多歲的時候曾經是個考古學家，在約旦北部的沙漠裡挖掘了一段時間。接觸其他宗教給了他在南方從未擁有過的視野。「你開始看到，每個人的目的地其實都一樣。也許我們只是坐了不同的公車。」現在，他教導他的孩子「要有好奇心、要質疑權威，成為自身世界裡的那道改變。」

下一站，約瑟．麥吉爾站在奴隸住所裡講述著宅邸的歷史。他很欽佩原屋主伯頓夫人在離婚後保持富有、增加財富的方式。「她有一種企業家精神。根據一八五〇年的人口普查，她擁有八個奴隸；到了一八六〇年的人口普查，她擁有的奴隸是八十個。她是個了不起的女人。」

「種植棉花致富？」我皺起了眉頭。「我們都知道棉花是如何生產的。」

「嗯，確實是**這樣**，」他說，笑了起來。「但你也得承認這件事，就是她是一位相當了不得的女性。而且你得記住，當時也有黑人奴隸主。這並不意味著奴隸制是對的，但這是當時的商業模式。」

麥吉爾問每一位遊客他們來自哪裡。有位來自密西西比州橄欖枝市（Olive Branch）的白人婦女小心翼翼地問他，他在奴隸的房間裡過夜的時候，是否曾感到冥冥之中有人存在。

「如果你在尋找這種感覺，你大概就能得到這種感覺，但我沒有在尋求這件事，因為如果有可能與先人交流，我也不會希望是以這樣的方式。他們過的是一種沒有人類該過的生活，我不需要他們告訴我這些事。我會很生氣。如果我抱持著這種心情，就沒辦法和屋主談話。畢竟是我要求他們讓我睡在這些地方的。」

在大多數情況下，屋主都很熱情，常邀他共進晚餐，並問候他的旅途情況。無論是出於愧疚或其他原因，他們有時會在他來訪之前對奴隸住所進行修繕。麥吉爾對任何能幫助保存奴隸住處的舉動都感到高興。最近，也有白人要求加入他的行列。「有何不可呢？我想。每個人都需要瞭解這些事。」如今和他一起睡在奴隸住所的人之中，黑人和白人的比例大致相當。

回到大宅，大衛．波森驕傲地指著鋼琴上相框裡的照片。他的曾曾祖父是一八四〇年代的美國參議員，後來當過法官。他反對脫離聯邦，「但也像其他人一樣遷就此事」。他和他的兒子都參與了這場在他眼中是個錯誤的戰爭，不過他後來公開反對戰後密西西比州出現的黑色法典（the Black Code），這個法典剝奪了第十四修正案才剛賦予非裔美國人的公民權利。「他死的時候已經破產了，」波森說，他指著青銅色相框中的一張哀傷的照片。「鄰居們看到他在街上，喃喃自語地說：『一無所有了，一無所有。』」

波森發現他家沒有蓄奴時鬆了一口氣，但他買下並住在其中的伯頓大宅確實有：「這棟房子是用棉花賺的錢蓋起來的。」即便在戰時，瑪維娜．伯頓（Malvina Burton）也只損失了兩次收成：一次是聯邦士兵在鎮上的廣場上燒掉了她的收成，另一次是他們沒收了她設法運到曼菲斯的棉花，她本希望將棉花順著河流送到紐奧良。「但這是唯二的失敗，她賺進了一大筆錢。戰爭結束後，許多奴隸繼續當佃農——新型態的奴隸制。」波森認為英國須負部分責任。雖然英國在本土廢除了奴隸制而深感自豪，但他們八〇％的棉花都來自美國深南地區。「八〇％？他們本可以立刻結束這一切，」他說。「但他們舉棋不定，然後做出妥協。他們不想讓法國和比利時獨占市場。」

在翻修伯頓的房子時，波森聘請了一位壁畫家，在客廳裡畫上冬青泉的歷史，然後耐心地講解給遊客聽。冬青泉是馬歇爾郡（Marshall）的首府。一八五〇年時，該郡是密西西比州最大的棉花生產地，擁有最多的奴隸人口，因此也是牆上繪出的南方歷史之沃土。「角落裡這個人從卡羅萊納帶來了棉花籽，這邊是自由人在建造房屋。最後是我們的弟兄，奇克索人（the Chickasaw），你們腳下所踏的土地就是他們的。波森在講述美洲原住民種族滅絕的故事時，就和他講述奴隸制度時一樣，懷抱著一種默默的熱情。他說：「這是黛利拉．洛芙（Delilah Love），」他指著一個身著綠色長裙、神情消沈的女人說道，她頭頂上的羽毛低垂著，她徒勞地向兩個正走向篷車的小男孩伸出手。「她在向她的孩子告別；他們必須離開。」四千五百名美國原住民被迫離開密西西比州的這塊地區，由聯邦軍隊護送。軍隊被命令射殺任何偏離預定路線的人。歷史上沒有記載黛利拉是否曾經再次見到她的孩子。

波森正與馬歇爾郡合作，希望在奇克索人被偷走的土地上建立一個奇克索公園。公園將專門展示奇克索族的歷史和文化，有些奇克索人的後裔仍然生活在這個地區。他希望能安排奇克索人後裔與白人後裔的聚會活動，就像他為伯頓莊園的白人後裔與黑奴後裔安排聚會活動那樣。人口普查紀錄並沒有記載黑人的名字，但他感興趣的是人數，而不是名字。有位伯頓莊園的黑人後裔拜訪了墓地，翻閱了教堂記錄和家庭聖經，才確認了其中大部分人的存在。現在，波森每年都會舉行大約一百人的聚會活動。「白人後裔還沒有準備好；前幾次他們沒有來，但他們去年來了，並且感到大為驚訝。我們什麼都聊。」

「像是罪疚？羞愧？」我問。

「沒聊這些。」波森說。「我們只是談論奴隸制度的真相，以及你如何利用真相來治癒傷口。」對於那些致力於和解的南方人來說，「要有多少的罪疚感人們才會談及真相」仍是個未知的問題。

波森與當地拉斯特學院（Rust College）的非裔美國人教授艾莉西亞・麥克勞德（Alisea McCleod）一起成立了「桌邊風采」（Gracing the Table），這個論壇讓黑人和白人公民能坦率討論我們寧可不談的種族主義歷史。該論壇是在「大宅後方」的參觀者自發性的討論之中誕生的，他們也會舉辦會議、電影欣賞會和社區調解培訓課程。「當人們從大宅裡走出來的時候，他們想到的是那張漂亮的桌子，讓他們想起自家祖母的桌子。當人們從這裡走出來的時候，」——他朝奴隸住所指了指——「充滿著各種情緒。有些人非常沮喪，我們不得不擺出椅子，以便他們能夠休息。」波森深信，未經檢視的奴隸制度史對於白人社群和黑人社群都造成了難以估計的傷害。

「我家的人會對密西西比現在的狀況感到震驚。這個州幾乎可說是一敗塗地。」

我問他是什麼令他的政治觀如此進步。他的父親是一名郡級法官，對聖安東尼奧的黑人社區持同情態度。他住在冬青泉的表妹嫁給了「一個沒在跟你客氣的普救派牧師」。六〇年代初，他在德克薩斯大學奧斯汀分校讀政府管理，當時他曾在校園裡提倡取消電影院的種族隔離制度。還有在倫敦度過的那些日子，從外部去看自己的國家。我總試圖瞭解是什麼導致人們能為正確的事情站出來，但最終我可能仍找不到解釋。有些人睜開眼睛、看了看證據，決定投身說服其他人也這樣做。

「這就像推著巨大的石頭，」波森說。「你可以把小碎片弄下來。這需要時間和耐心，有時還需要幽默感。我試著在做的就是這件事——在石頭上東敲敲西敲敲。」

◈ ◈ ◈

黛安·麥克沃特（Diane McWhorter）是一位真正的南方淑女：她在波士頓和紐約生活了四十年，卻幾乎無損其南方口音，我從來沒有見過她不親切、不熱情、不體貼的樣子。然而，當她不久前回到故鄉伯明翰（Birmingham），在名媛社交舞會上向一位老朋友的母親打招呼時，對方卻回答她：「今晚在這個房間裡，大概有十個人想殺了妳。」毫無疑問，這句話是用和她一樣溫柔的南方口音說的。讓人們想殺她的原因，是她所寫的那本揭示了伯明翰民權鬥爭歷史的著作：《帶我回家》（*Carry Me Home*）。她寫下這本書是出於恐懼，她擔心自己的父親可能與炸毀教堂、謀殺四名非裔美國女子的人有關。因此，她的著作是你所能找到的關於釐清過往的本地作品中最好的一本。在十九年的研究中，她發現了大量關於伯明翰本地的爸爸們與三K黨共謀的情況。她說：「對於黑人來說，我的書消除了他們的疑慮：事情並沒有跟他們想像的一樣糟，事情比那更糟。」

在我唱著悲傷的民權歌曲〈伯明翰的星期天〉（Birmingham Sunday）的年紀，黛安正準備參加學校舞會或名媛社交舞會，這些是真正的南方女孩會做的事。她說，她沒有頓悟的時刻，沒有在某個時間點看著她童年歲月的模樣說：這是錯的。她確實記得看過電影《梅岡城故事》（*To Kill a Mockingbird*），湯姆．羅賓遜被槍殺的時候她哭了，然後開始擔心如果她父親看到她為一個黑人落淚會怎麼說。當時，她才十歲。「那大約是人們的良知開始扭曲的年紀，唯有如此他們才有辦法接受一些不僅明顯錯誤，而且明顯違背他們生活中最重要的宗教信仰之物。」就像貝蒂娜．施坦奈特、揚．菲利普．雷姆茨瑪和大衛．波森一樣，黛安．麥克沃特也說不清楚為什麼她的良知會抵抗外在試圖扭曲它的力量。對於種族隔離之惡的理解是一段過程，始自她開始在威爾斯利學院（Wellesley College）讀書的日子，那是她第一次在社交場合中遇到非裔美國人。「對於阿拉巴馬州伯明翰的漂亮白人女孩來說，跨種族的社交活動根本不在考慮之列，那是一個每個人都必須『待在自己的位置上』的地方。那是立即的轉變。」這個過程最精彩的一段是她在柏林度過的那個學期，當時她在研究一本關於希特勒麾下的頭號火箭科學家華納．馮．布朗的書，布朗後來在阿拉巴馬州的亨茨維爾（Huntsville）為美國太空總署打造了農神五號月球火箭。黛安開始透過納粹德國的濾鏡來檢視她的家鄉。「突然間我明白了，種族隔離的南方是一個極權主義社會。生活的每個層面都圍繞著種族這件事而展開。此事決定了你的情感和社會生活，你在哪裡出生和受教育，並由警察國家強制執行。」在這個州，殺掉政治對手是可以接受的的行為，公牛康納（Bull Connor）[26]策劃了暗殺民權領袖弗雷．沙特沃思（Fred Shuttlesworth）的行動——幸運的是他並沒有成功。「這也許不像是一九三四年希特勒屠殺反對派的長刀之夜（Night of the Long Knives），但這個州確實犯了罪。」

對黑人而言，種族隔離是透過恐怖感來實施的。對白人來說，則有一些更微妙但不那麼容易理解之物：羞恥感。當伯明翰最富有的黑人與當地美國鋼鐵公司的總裁都在紐約的時候，他們會共進午餐，但在家鄉從來不會。「比起黑人，白人更害怕彼此之間的排斥。這是一件非常幼稚的事情：孩子不願意被人看到自己對學校裡的胖女孩好，就是這種心情。」現在，這些阿拉巴馬人希望人們認為他們曾私下反對種族隔離，就像一整代的德國人聲稱他們在第三帝國時期曾在心裡「流放自我」一樣。「每次我去演講，我的聽眾都會感受到一股不可抗拒的衝動，要告訴我他們為家中女僕所做出的小規模叛逆之舉。我當然不是在嘲笑此事——這種事有總比沒有好——但如果每個人都跟隨心裡的聲音確實行動，種族隔離就會更早結束。」

黛安並未低估在體制之惡下做出正確的事有多困難。「我們在南方的情況並不是實際上的種族滅絕，而是社會政治和經濟上的種族滅絕，此事相當明顯。」南方的白人每次使用白人專用的飲水機喝水時都會遇上道德困境，但很少有人選擇面對它。北方人可以一輩子都不用思考種族主義問題；而在南方，種族主義就在日常生活裡。孩子們並不懂，但他們留意到飲水機、女僕的浴室、女僕的杯子。

「那麼，反對種族隔離的成年人是否會出於抗議而去使用黑人飲水機？」我問道。有一位來自阿拉巴馬的女性告訴我，她一直希望能喝喝看黑人飲水機，因為她還是孩子的時候，總想像黑人飲水機的水是七彩的顏色，而不是她喝的那種無聊的白開水。

「說實話，」戴安說，「黑人飲水機的水通常不是冰水。你會喝到溫溫的水。」那些暑氣蒸騰的南方日子。

她堅信，如果我們真的想要釐清種族主義之惡，我們應該計算至種族隔離制度結束的那天，而非奴隸制結束。因為奴隸制不斷重新成形、更新，直到一九六四年的法律終結隔離制度為止。她認為釐清過往需要花上一整個世代的時間。「我們這代人是在否認之中長大的，因為我們的父母也否認此事。我們和德國的六八世代不同，種族隔離制度結束時，我們幾乎不算是有所覺醒。」她父母那一代的許多人仍然處於否認狀態。人們是如此渴望自己所在的地區在此事上無罪，以至於二〇〇一年伯明翰爆炸案審判中的每一位三K黨證人都在宣誓後表示，他從不曾對黑人感到反感。最後，教堂爆炸案的辯方律師氣急敗壞地說：如果有人曾告訴馬丁路德．金恩他的當事人是伯明翰唯一的種族主義者，他的工作想必會輕鬆很多。「他們自己相信嗎？」黛安問道。「我不知道。人們會改變嗎？」

他們已經改變了他們使用的語言。「在鄉村俱樂部裡，指稱黑人的委婉說法是『民主黨人』，」她告訴我。「有很多民主黨人住在我們飯店裡。」就統計上來說，這種委婉說法其實堪稱準確。在二〇一六年大選之後，我檢視了納入膚色因素的地圖，我看到一長條既非東西岸也非某個城市的藍色區域。密西西比的三角洲地區有八〇%的人口是非裔美國人，他們把該區域染成了民主黨的顏色。密西西比州其他地區呢？南方除了少數幾個城市外，其他所有地方都一樣：正如林登．詹森所預言的那樣，自從《民權法案》失去南方民心之後，南方就成了共和黨的天下，無論候選人是誰皆然。

今天的南方人並不願意承認他們是因為反對《民權法案》才支持共和黨。「我父親是個徹頭徹尾的種族主義者，但他堅稱自己從不曾對黑人有意見，他只是反對共產主義和聯邦政府。這絕對是由重建時期銜接到冷戰時期時留下來的思想。」南方白人總愛發自內心高呼自己有多可憐。「『為什麼全國性媒體總是在挑剔我們？』這句話確實也有其真實之處。北方沒有機會以同樣的方式變壞。」戴安如此說道。

她認為德國和南方的關鍵區別在於，德國是明確的戰敗方。這場失敗使大多數德國人無法刻意編造出德國版的失落的一戰。也許盟軍占領期間的長度也有幫助。更可能是因為戰後出生的那一代德國人接受了國際上的共識，即德國在戰爭期間的行為是無法被接受的，至多只有可能被原諒。

「直至今日，南方在戰爭中是否戰敗這點仍不太清楚，」戴安說。「畢竟是南方的力量在推動國家的走向。川普當選一事便表明了這點。這群人同樣也選出了喬治・華萊士（George Wallace）[27]。」

◈ ◈ ◈

我在一九六〇年代的南方長大，無可避免地聽了許多「南方將再次崛起」的呼聲。我以前從不認為此事與基督教神學有關，但後來我讀了查爾斯・雷根・威爾遜（Charles Reagan Wilson）的《血的洗禮：失落的一戰之信仰》（*Baptized in Blood: The Religion of the Lost Cause*）。威爾遜認為，南軍戰敗後，出現了一個神學問題：如果上帝站在他們這邊，南方怎麼會輸掉戰爭？威爾遜的答案是，南方人以文化身分認同取代了逝去的國家，這個認同的核心就是福音派新教（evangelical Protestantism）。南方是被高傲的政治、經濟力量釘在十字架上的無辜受害者。「你得記得，這場戰爭對南方白人來說是場徹頭徹尾的災難，」我和威爾遜在牛津市他最喜歡的一間酒吧一起喝波本酒時，他如此告訴我。「南軍的死亡率與一戰期間歐洲的死亡率差不多。」若要從這場災難中站起來，還有什麼比認同兩千年前那個被折磨至死但注定會重獲新生的清白無辜者更好的方式呢？

從出版第一本書到《新南方文化百科全書》（*New Encyclopedia of Southern Culture*）的編輯工作，威爾遜的經歷使他成為失落的一戰神話的始祖權威。他開始研究此事，是因為他想瞭解為什麼一個民族能同時擁有如此虔誠的信仰和如此深的種族歧視。小男孩般的露齒笑容和棒球帽掩蓋了威爾遜已是退休人士一事，他最近才卸下密西西比大學南方文化研究中心主任的職務。威爾遜知道，南方對歷史的大力強調——比美國其他地區都要明顯的告示碑、節慶和紀念碑——是刻意製造神話的成果。他是一位興趣廣泛的歷史學家。「最棒的是，威廉．福克納和穆迪．瓦特斯（Muddy Waters）[28]在同一時期的住處相距僅七十英里而已。」他毫不反對南方關注自身歷史，只希望關注的範圍能擴大一些。傳統敘事所遺忘的不只黑人歷史；一八九〇年代的民粹主義運動如今也無人記得，這場民粹主義運動嘗試在貧窮的白人和黑人農民間找到共同目標——反對莊園主。由於右翼暴力與經濟壓力，還有相當多的選票被盜，民粹主義者輸掉了許多人們原本預期他們會贏的選舉。此後，種族主義政客提出「白人較為優越，因為他們在南北戰爭中展現出了高貴的精神」這種論述來提倡種族隔離。「這就是為什麼那些紀念碑有九〇%都是在一八九〇年後建造的。」

我讀了許多支持失落的一戰的舊書，努力理解任何有半點良心或思考能力的人怎麼能夠為其說話。我理解人們懷念更簡單、更溫和的時代；我理解人們抗拒崇尚速度和實用性的文化，這樣的文化不那麼在乎榮譽之流的傳統南方價值觀。但我不明白，折磨、性侵和謀殺那些皮膚比他們黑的人有何榮譽可言。進一步的閱讀仍無法幫助我理解人們是如何處理這種矛盾的，但閱讀帶來了一些有趣的知識。我問威爾遜，他對一位法蘭克．歐斯利（Frank Lawrence Owsley）的論點有何看法。

「啊，歐斯利。」他沮喪地笑了笑。對於當年的學者來說，歐斯利可說是惡名昭彰。歐斯利在他探討農業地區傳統的小書《我將表明立場》（*I'll Take My Stand*）中，描述了南方基督教基本教義派的崛起，這一發展是為了回應廢奴主義者提出「奴隸制是種罪惡」的論點。廢奴主義者提出了理性論證：「想想先知們對於公義之疾呼，想想耶穌關於愛與憐憫的教導。想想創世神話：如果我們都是亞當和夏娃的後代，那麼我們在內心深處不都是兄弟姐妹嗎？」但廢奴主義者無法否認的是，《聖經》中確實存在著奴隸，而這也是奴隸主看到的重點。「如果《聖經》時代存在著奴隸制，那我們的時代為什麼不能有？」

「這就是南方基督教基本教義派堅持按字面意思解讀《聖經》的原因嗎？」

威爾遜停頓了一下。「作為一個歷史學家，我很難證明這點，但我的直覺反應是，可能確實如此。我認為南方白人強烈傾向以字面意義去解讀《聖經》和憲法，因為他們總是在尋找能支持其種族觀點的文本解讀方式。這甚至超越了種族問題，而成了一種等級制的世界觀，每個人在其中都有自己的位置：奴隸、兒童、婦女。每個週日上午，牧師總能找到一段經文來使他想表達的任何事情具有正當性。」

然而，他認為密西西比的進步無可否認，即便是他從德州來到密西西比的一九八一年那時，改變便已開始。密西西比承認黑人文化為該州之寶（並以此自我行銷）；傑克遜某個繁榮的非裔美國中產階級商業社區，最近出了個以非洲反殖民抗爭的英雄為名的市長。密西西比大學的特倫特洛特領袖學院（Trent Lott Leadership Institute）用洛特這位前參議員暨堅定種族隔離主義者的錢來補貼族群和解的活動，活動召集了密西西比、南非和北愛爾蘭的學生——威爾遜很享受此事背後的諷刺意味。至於密西西比州議會的黑人黨團，「他們很少隨心所欲，但他們的聲音會被聽見。」威爾遜說。該黨團專注於社會計畫，如農業郡的教育，教育能為社群帶來改變。「將南方人描繪為種族主義者和退步者很簡單，但這忽略了所有在當地社區推動良好改變的人。這些步驟是漸進式的，但對人們的生活相當重要。」

威爾遜告訴我，自一八三〇年代新聞工作者威廉・加里森（William Lloyd Garrison）開始出版廢奴刊物《解放者》（*The Liberator*）以來，南方就一直感到被圍攻。「南方的白人變得令人難以置信地防備，而且他們從那時起就一直防備到現在。他們認為自己在國內的文化中從未得到過適切的申辯機會，人們從未認真看待他們。」

「他們在政治上**主導**了國內的文化，」我反駁道。這不僅僅是宗教和憲法上的原旨主義（onginalism）問題。在密西西比，我從沒遇到過哪個人沒有槍，即便再進步的人都有。事實上，進步人士會特別在副駕駛座的置物箱放一把槍。他們知道對方有多少武器。而南方人對於小政府的堅持和對聯邦權力的抵制背後，有著重建時期的褪色回憶所催化的情感因素。

威爾遜說：「南方共和黨人有一點我真的受不了，他們一邊抨擊聯邦政府，一邊又拿走比全國其他地區更多的聯邦稅款。」

「你認為這是源自對重建時期的反感嗎？」

「重建時期確實產生了廣泛影響，」威爾遜告訴我。在五〇和六〇年代，像詹姆・伊斯特蘭（James Eastland）和史壯姆・瑟蒙德（Strom Thurmond）這樣的種族主義者經常提起重建時期，可是今天的共和黨人卻不再談了。威爾遜喝完了那杯他慢慢啜飲的波本酒，又停頓了一下。「作為一個學者，我很難去談這件事，這就像是一段消失的記憶，幾乎只存在潛意識中。要證明這點很難，但我認為它是存在的。」

「我對神經科學的論點持謹慎態度，」我告訴他，「但有很多關於跨代創傷的新證據。創傷確實會代代相傳。」

「重建時期對他們而言肯定是種創傷。」

「我們是否可以說，對重建時期的無意識記憶——這股最終抵制了歐巴馬健保的力量——是美國政治中最糟糕的力量之一？」歷史學家對所有的推斷都十分小心，但哲學家則不一定如此。

「這當然是南方對聯邦政府的敵意之源頭，這是他們的原罪。」威爾遜做出結論。

「你感覺到報紙本身可能會爆炸，閃電會引發大火，每個人都會滅亡，」巴布．迪倫寫道，他花了一段時間埋首於紐約公共圖書館的檔案之中，閱讀南北戰爭時期刊物的縮微膠片副本。「痛苦永無止境，懲罰不會止息……當時的美國被釘上十字架，死了，又再度復活……這件可怕的事成了我的所有作品背後那個無所不包的樣板。」[29]

「南北戰爭永遠不會停止，」黛安．麥克沃特說。「這個國家的運作方式就是這樣。」

◈ ◈ ◈

即便是那些自視開明的城鎮也會令你感到驚訝。有個地方可以看到牛津市寧願選擇保存自身的南方邦聯歷史：位於市中心附近的拉馬爾之家（Lamar House）。這座可愛的白色木屋是由盧修斯．昆特斯．辛辛那提斯．拉馬爾（Lucius Quintus Cincinnatus Lamar）所打造的，以適度的希臘復興風格建成。今天，這棟房子成了一間博物館，紀念著拉馬爾這位十九世紀密西西比州最重要的政治家。他在國會代表密西西比州發聲，但在一八六〇年十二月為了起草密西西比州分離條例（Mississippi Ordinance of Secession）而辭職。當年的人視他為傑出的作家和演說家，而拉馬爾不止以文字來捍衛密西西比州和其背後的奴隸制，他還曾以邦聯軍中校與邦聯總統戴維斯之公使的身分前往英國、法國和俄羅斯。房子前方離紫藤花瀑不遠處，有座真人大小的銅像準確保留了拉馬爾的長鬍與憂鬱目光。

當拉馬爾全心熱烈追求的目標無望成功、敗局已定後，他轉向了和解，這也是他今日受人推崇的原因。在聯邦政府赦免他曾效忠邦聯一事後，他繼續在美國國會、參議院和最高法院任職。一八七四年，重返國會後不久，拉馬爾請求國會讓他為查爾斯．薩姆納（Charles Sumner）致上悼詞，並獲得准許。此事令其他議員熱淚盈眶。因為來自麻州的薩姆納參議員是一位激烈的廢奴主義者，曾在國會中被來自南卡羅萊納州的一位參議員毆打至重傷——這位參議員厭惡薩姆納激烈廢奴的立場。拉馬爾的悼詞以「我的同胞們！彼此瞭解，就能彼此相愛！」一語作結，並因此成了甘迺迪筆下《正直與勇敢》（*Profiles in Courage*）其中一章的主角。拉馬爾之家也將甘迺迪的書放在一個寬敞的房間中央的聚光燈下，以紀念此一殊榮。

甘迺迪為什麼選擇褒揚拉馬爾？這位總統寫道，在美國歷史上，很少有演講能像拉馬爾致薩姆納的悼詞那樣產生如此立即的影響，「這是戰後南方所發出最重要、最有希望的言論」。不過，拉馬爾的演講並沒有為南方邦聯的作為道歉（*mea culpa*）。在呼籲各方放下紛爭的同時，他巧妙地宣稱各方都有錯。更糟糕的是，他狡猾地在讚揚薩姆納的同時，也重提了南方聯盟支持奴隸制的所有論點。拉馬爾說，薩姆納生來就「出於本能地熱愛自由」，而限制任何人的自由是「所有邏輯都無法證明的錯誤……他的皮膚有多黑……無知有多深……都不重要。也許，奴隸其實滿足於他的命運，他為奴時的狀況可能比把他原先的的狀況好得太多；也許為奴的生活帶給他物理上的舒適，精神與道德上的提升，以及宗教文化，這是他的種族在其餘任何情況下都無法擁有的，但這些都不重要。」拉馬爾的演講滔滔不絕，重提那些精心安排以支持奴隸制的論點，同時在表面上頌讚其堅定反對者。你不需要穿鑿附會便能從中得出這樣的印象：薩姆納是一個正直、有原則、固執己見的傻瓜。當國會議員們鼓掌叫好、感動落淚時，查爾斯．薩姆納肯定在他的墳墓裡生氣不已。

甘迺迪沒有引用拉馬爾演講中對奴隸制的間接辯護，只引用了較好的、和解的部分。但拉馬爾請求和解背後有個明確的目的，他真正的目標是結束重建時期，讓聯邦軍隊從南方撤走。正如他在演講結束後給妻子的信中所寫的那樣：「在我的一生中，我從來沒有如這次演講般為了南方人民的利益開過口。我想抓住這個機會，在全世界的注意力都被吸引過來，注意我所說的內容時，我想代表我自己的人民向北方說話。我完全成功了。」

研究過重建時期的人都不會懷疑其中的惡行與腐敗，但也沒有人會懷疑聯邦軍隊是阻止三K黨對新解放的非裔美國人下手的唯一屏障。失落的一戰版本的歷史掩蓋了後一項事實，並且明顯影響了甘迺迪的觀點。在同一章中，甘迺迪說重建時期是「一場南方永遠無法忘記的黑人噩夢」，並說激進的共和黨人是「國會的暴民式統治，把南方……踩在腳下。」[30]不過，甘迺迪是政治家而非歷史學家，而失落的一戰的神話也不只流傳在南方。在密西西比州，這樣的神話褪去了密西西比風格的醒目鮮花與華麗裝飾，悄悄地潛入平常的論述中——就像拉馬爾對於南方邦聯的辯護也悄悄地存在於他對南方人最為憎恨的敵人之讚美中。

拉馬爾之家展示出著牛津市迴避歷史的方式。他們承認拉馬爾是惡名昭彰的《密西西比分離宣言》的作者，該宣言直接把南方邦聯與奴隸制度連在一起，並未語焉不詳地訴諸各州權利來掩飾戰爭的原因。它宣稱自己致力於呈現一位擁有奴隸的政治家的轉變，並且如同甘迺迪的書和其他大多數關於拉馬爾的文章一樣，將重點放在拉馬爾致薩姆納的著名悼詞。可是，博物館中沒有任何內容指出拉馬爾以一種不誠實的奇怪態度在尋求和解之語中，藏進了對奴隸制的辯護——此事不可能是偶然。拉馬爾尋求的和解是北方白人和南方白人之間的和解，他粉飾了戰爭的原因，以使種族主義能繼續存留。博物館沒有對這篇著名演講的實質內容進行反思或批判性分析，只表示「讓過去的事情成為過去」，除此之外並未提供某種面對過往的模式。這是以一種有教養的方式拒絕正視歷史。我想牛津市裡也許根本沒有人是三K黨的成員，或是其更可敬一點的同類——白人公民委員會（White Citizens' Council）——的成員。牛津市民只是寧願不去檢視過往，希望將其藏在忍冬花叢下，然後他們就能回去喝他們的波本酒。這樣的反應確保了沒有人會去思考過往的歷史如何悄悄滲入今日之中。

◇　◇　◇

近四十年來，密西西比州的倡議者一直要求在州首府傑克遜建造一座博物館，講述當地民權運動的故事。民權博物館終於在二〇一七年一二月開幕，正好趕上密西西比州兩百週年慶祝活動。博物館的建設得到了州政府九千萬美元的資助，但背後有其代價。州長菲爾．布萊恩（Phil Bryant）和立法機構堅持要求在民權博物館旁邊建造一個專門介紹該州整體歷史的博物館。由於布萊恩就是發起「南方邦聯歷史月」的人，人們對這個歷史博物館的期望很低。這樣的博物館必定會以擦脂抹粉的手法訴說密西西比州白人最愛說的那個關於自己的故事——紳士與淑女的故事，他們擁有比北方任何地區都更善良、更合宜的文化。思慮縝密的密西西比人在期待中嘆了口氣。人們熱切期待民權博物館的開幕，但他們別無選擇，只能接受密西西比歷史博物館作為民權博物館誕生的代價。

密西西比州民權博物館的誕生的確是場勝利。此地講述著密西西比州每個社群的運動，極具創造性和挑戰性的展品呈現出當代博物館設計所能呈現的最佳效果。你很輕易便能在此花上幾個小時，沉浸在那些英雄投身於爭取正義、冒著生命危險、有時甚至喪失生命的故事之中。麥格．艾佛斯、詹姆斯．梅瑞迪斯、芬妮．露．哈默（Fannie Lou Hamer）、巴布．摩西、詹姆斯．錢尼、安德魯．古德曼、麥可．史維納以及其他許多在歷史書中沒那麼響亮的名字，都得到了相配的名聲。除了大量的訪問和影片外，文物展品也令人心頭發涼：燒焦的十字架、複製重現的牢房、被炸毀教堂的玻璃碎片、殺死艾佛斯的布槍。離開博物館時，我感到一陣輕鬆與振奮。雖然這裡頭的故事有許多我已聽過，但我不可能不被其中的勇氣和智慧再度激勵。

然而，對於看過曼菲斯的國家民權博物館（National Civil Rights Museum）或亞特蘭大的民權和人權中心（National Center for Civil and Human Rights）的人來說，這間民權博物館的新東西不多。密西西比州的博物館並不比上述博物館好，但也不會比較差，三個博物館一樣重要。真正令人驚訝的，其實是密西西比州的歷史博物館。該博物館沒有像許多人所預期的那樣美化故事，而是以「一個密西西比，許許多多故事」這個標題來推展。第一個展廳專門介紹喬克托族和奇克索族，展覽內容盡可能詳盡地指出那些迫使他們放棄家園的法條。館長瑞秋・邁爾斯（Rachel Myers）決心從美國原住民、被奴役者、女性和其他經常不被聽見的人的角度，來展示密西西比州的樣子。「唯有如此才不辜負密西西比的豐富多元，」她天真地笑著說。你可以比較一下富有的莊園主、貴族農民和被奴役者的住所，這些住所都經過仔細的重建。可以肯定的是，這裡展出了南方邦聯時期的許多旗幟，但也展出了非裔美國人鐵匠在重建時期使用的工具、介紹了惡劣的佃農制度，並列出幾句三K黨曾說過的話，作為其確鑿之罪證。最後一個展廳介紹的是一九四六年至今的情況，以一個學生非暴力協調委員會的標誌開始，那是白人和黑人緊握的雙手。「你是怎麼做到的？」我問這位年輕的館長。她笑著說，並沒有什麼人監督他們。政客有太多的事情要做，無法審查他們所要求創立的這間博物館的內容。結果，博物館對這個極其複雜的地區做出了誠實的描述，密西西比確實能夠正視其歷史——至少在博物館內如此。

川普的大駕光臨破壞了這場盛大的開幕式，導致從傑克遜市長喬克韋・安塔・盧蒙巴（Chokwe Antar Lumumba）到國會議員約翰・路易斯（John Lewis）等非裔倡議人士都婉拒出席。但川普來得快、走得也快，他的出席更無法掩蓋蜜莉・艾佛斯威廉斯（Myrlie Evers-Williams）的發言所展現出來的力量。蜜莉・艾佛斯威廉斯是遭謀殺的民權英雄麥格・艾佛斯的遺孀，這位投身倡議活動的女士今年已八十四歲了，她的力量和美貌即便是出現在一個只有她一半年紀的女人身上也已相當驚人。

「今天我站在這裡對你們說，我相信我出生的這個州，」艾佛斯威廉斯說。「我沒想過我會說這句話。」[31]她一直對兩個博物館的概念持懷疑態度，她繼續說，她擔心密西西比州會回到「分開而可能平等」的舊觀念。是今日也站在講臺上、已高齡九十三歲的前州長溫特說服她，兩個博物館可能都有存在的必要。「看完這座講述我的歷史的博物館，我掉下眼淚，」艾佛斯威廉斯說。「我感受到拳頭，我感覺到子彈，我感覺到淚水，我聽見了哭喊，但我也感受到這些人心中所懷抱著的希望。」她說，這兩座博物館不是分開的。「這兩棟建築有著同樣的心願，同樣的脈動。我希望人們會從世界各地來到這裡瞭解人類，看看我們是如何取得進步的。」如果這不是啟蒙的聲音，那就沒有什麼是了。艾佛斯威廉斯的語調不斷上揚，鏗鏘有力、令人入神。「好好利用此地的寶藏。看看不同的展廳，把你的手指放在彈孔裡，聽聽民權運動的福音，那哭聲和眼淚。帶領我們向美國各地前進，因為我們面對的挑戰幾乎和麥格．艾佛斯在世時一樣多。這是我的州！這是我的國家！我拒絕把它交給任何試圖否定此事的人。」她說這話的對象已經回到空軍一號上，但即便他在場，我也不認為蜜莉．艾佛斯威廉斯說這話時會有任何猶豫。「昂首闊步，」她做出結論，「站在高處告訴眾人，密西西比的這兩間博物館以愛、希望與正義彼此相繫。如果密西西比能做到這點，這個國家的其他地方應該也能夠做到。」

麥格．艾佛斯謀殺案後，甚至連甘迺迪也改變了他在稱讚拉馬爾時所持的觀點。

「我慢慢開始相信，薩迪斯．史蒂文斯（Thaddeus Stevens）[32]是對的。人們向來告訴我，此人懷抱著充滿惡意的偏見。但當我看到這種事情時，我開始懷疑，你還能怎樣對待（按：南方人）？」[33]

第六章
艾默特·提爾的臉

因為臉永遠是最重要的。他的母親瑪米·提爾·莫布里（Mamie Till Mobley）堅持不為他的遺體化妝，並且讓棺材開著，所以人們記住了他的臉。經過許久的殘忍折磨，留在這孩子臉上的東西是如此可怕，我不會在這裡加以描述。如果你真的得看，你可以在網路上找到照片。如果你已經看過照片，那我想你這輩子不會想再看第二次。當瑪米·提爾·莫布里——在民權運動仍未興盛時她就已是一位堅毅的民權倡議者——堅持要讓來參加葬禮的人看見他的臉時，她希望能點燃眾人的怒火。有了憤怒，改變就有可能。她沒有想到這張臉真成了星火，點燃了正默默醞釀著的民權運動。有點年紀的非裔美國人，一定都清楚記得他們第一次看到這張照片的時刻。

該怎麼呈現這張照片才算適當？在密西西比州薩姆納法院對面的艾默特·提爾解說中心（Emmett Till Interpretive Center）選擇不使用這張照片。就是在對面的法院裡，謀殺男孩的兇手被一個全由白人組成的陪審團宣告無罪。而這張照片根本沒有出現在他們面對著街道的博物館裡。相反地，他們選擇了一張你所見過的最可愛的十歲男孩的照片，他穿著工作服咧嘴笑著。「我們想提醒人們，他們謀殺的是一個孩子，」解說中心的負責人派翠克．威姆斯（Patrick Weems）說。沿著這條路走上十七英里，就到了艾默特．提爾歷史無畏中心（Emmett Till Historic Intrepid Center，ETHIC）。該中心的擁有者兼營運者是約翰．托馬斯（John Thomas），他是小鎮格倫多拉（Glendora）的鎮長，提爾的屍體可能是在那裡發現的。塔拉哈奇郡人暱稱為強尼哥（Johnny B.）的托馬斯鎮長採取了完全相反的做法：他的中心裡有棺材和真人大小的屍體蠟像，還重現了布萊恩雜貨店的店面，艾默特．提爾就是在前往這間雜貨店買糖果時惹來致命殺機。我們再次看到這張令我們不得不看，然後又不得不別過頭去的臉。

圖片五　十三歲的艾默特．提爾，由他母親瑪米．提爾於一九五四年聖誕節所攝。隔年提爾遭到私刑謀殺。

不甚熟悉民權歷史的人大多是在二〇一七年紐約的惠特尼雙年展（Whitney Biennial）才第一次看見艾默特．提爾的臉。事業有成的白人藝術家黛娜．舒茨（Dana Schutz）展出了一幅名為《開棺》（Open Casket）的畫。這幅畫帶點表現主義的風格，人像臉部是一片雜亂的模糊。居住在柏林的非裔英國藝術家漢娜．布萊克（Hannah Black）在臉書上寫了一篇貼文，文章在藝術界和其他地方傳開了。她認為，這幅畫應該被銷毀，因為這是白人再次利用黑人的痛苦賺錢的行為。其他人則更進一步要求，不只要處理這幅畫，還得處理藝術家。後來沒發生什麼事，但有位年輕強壯的黑人藝術家帕克．布萊特（Parker Bright）站在這張畫的前方，阻止人們看畫。有人說**這是**行為藝術。也有人問，「這張臉發生了什麼事？」人們的討論引發了一場關於文化挪用的辯論，至今仍未有個結果。

◈ ◈ ◈

「在南方，特別是在深南地區，禮節比真相更重要。」法蘭克·米契納（Frank Mitchener）說。我們坐在他位於薩姆納的辦公室裡，陽光照進這間辦公室，望出去就是泥濘的長沼[1]。米契納這輩子大部分時間都在種棉花。「沒有多少人的祖父還打過南北戰爭，」他說，並給我看了一張照片。照片裡的士兵身穿軍裝，手裡拿著雪茄。「他負責扛旗子。」同樣令米契納自豪的是，他是曾參與提爾審判的人之中少數幾個還活在世上的。「那場審判是民權運動的催化劑。」他是全國棉花委員會（National Cotton Council）的主席，因而在許多事上具有影響力，這令他得以籌得資金整修法院。法院是艾默特·提爾解說中心的基地，米契納也擔任該中心的共同負責人。「艾默特·提爾的審判最棒的一點是，」他告訴我，「這發生在六十年前。」

你會認為，經歷了六十年、數千頁的學術研究和聯邦調查局的調查，人們如今應該已經知道關於艾默特·提爾之死的一切，也知道那場對於謀殺者的審判。不過仍有些問題尚未解決，導致今天密西西比三角洲的人們爭執不休。

以下是確定的事實。

艾默特·提爾是個充滿生命力與尊嚴的十四歲男孩，他在這世上的短暫時光過得並不輕鬆。他還來不及認識自己的父親之前，父母就離婚了。他出生時的併發症留下了相當嚴重的問題，當時的醫生擔心他會永遠沒辦法走路。在他克服了這個難關之後，小兒麻痺症的發作又導致了輕微的語言障礙。不過，他是由一位堅強而慈愛的母親所撫養長大的，他的母親全心投入，希望將他撫養成為正直的人。當母親去工作養家時，還有祖母能幫忙他們。這家人住在芝加哥城郊，他們在非裔美國人大遷徙（Great Migration）[2]時離開南方的暴力和壓迫，來到北方的城市，希望能找到體面的工作、養育出充滿自信的孩子。

艾默特很早就養成了強烈的責任感，煮飯、做家事分擔母親的辛勞。但這並未阻止他成為一個熱愛棒球且擅長逗大家笑的男孩。除了母親和祖母，他還有個龐大的家族，有些人從密西西比州來探望他們，有些人則是來芝加哥定居。家人們總是歡迎對方來訪。因此，當他的舅公莫斯・萊特（Mose Wright）邀請他和與他最親的表哥惠勒到南方去度假時，艾默特很想去。惠勒・帕克（Wheeler Parker）是艾默特的偶像，他倆總是形影不離。[3]他們在南方能幫忙農事、釣魚，還有很大的戶外空間可以活動。而且也還有別的東西吸引他，正如他母親後來所寫的那樣：

> 當艾默特到了密西西比州的時候時，肯定感受到了一些熟悉的什麼。不是肉眼可見之物，而是只有靈魂深處能感受得到的東西。密西西比一直是他生命中的一部分……即使人在阿爾戈（Argo）、在芝加哥，密西西比仍然是我們拼命想逃離的地方。為什麼我的兒子這麼想回去那裡？這種深深的渴望是什麼？彷彿他在出生時已注定要在這個時間、以這種方式、為了一個他不可能意識到的目的，回到他祖先的土地上。[4]

他的母親說不行，絕對不行。他的祖母也持反對態度。他們為這件事禱告。艾默特表示抗議，然後苦苦哀求。莫斯・萊特舅公是位受人尊敬的牧師，也是一個小種植園的佃農，他向她們保證沒問題。「他以一種奇怪的方式，」艾默特的母親繼續說，「以一種只對十四歲男孩來說有意義的方式離開了家，離開了有著慈愛的母親和祖母的熟悉的世界。對那個男孩來說，密西西比州代表著自由。」[5]最後她們答應了。這是她們做過最糟糕的決定。

她們並不是沒有告訴他該注意的事。「除非白人先和你講話，否則不要和他們講話。」「如果他們真的跟你說話，你要說『是，女士』和『不，先生』。」「如果你看到白人女性朝你走過來，你要走下人行道，不要直視她的眼睛。」

「如果有必要表示謙卑，」我告訴他，「那就表現出謙卑。如果有必要跪下來，就下跪吧。」

「這一切對他來說似乎都很不可思議。『喔，媽媽，』他說，『不可能那麼糟吧。』」

「『比這還更糟，』我說。」[6]

她將自己曾學到的教訓教給艾默特。艾默特成長的伊利諾州是相對安全的的世界，此前她從未和他談過種族問題。他是在自信和驕傲的感覺中長大的。為了做好行前準備，他必須忘掉他人生中所學到的一切事情。可是，「你如何替一個只瞭解愛的男孩上一堂關於仇恨的速成課？」[7]

你沒辦法，真的沒辦法。不過，艾默特在假期的第一週裡過得很愉快。不用幫忙採棉花的時候，他就和表兄弟們去釣魚或在塔拉哈奇河遊泳，白天忙著躲開水裡的毒蛇，晚上在收音機旁聽《獨行俠》（*The Lone Ranger*）。對於來自城市的男孩來說，三角洲地區閒適而恬靜。那是如此寬廣的大片田野。

惠勒．帕克很自豪他們能在一天內採完一百磅的棉花，但採棉花對艾默特來說太難又太熱了，即便他有戴帽子。「密西西比是家鄉，」惠勒．帕克在五十年後說道。「這地方沒什麼問題，這土地也沒什麼問題，就是有些人不怎麼樣。」

他的輕描淡寫震懾了我。因為正是在這塊土地上，惠勒．帕克祈禱著自己能保全性命。當時，有人在淩晨兩點闖入莫斯．萊特的房子，要找那個芝加哥來的男孩。這兩個人的名字是米拉姆（J. W. Milam）和布萊恩（Roy Bryant），一對同母異父的兄弟。布萊恩是布萊恩雜貨店和肉商的老闆，這是密西西比州的迷你小鎮孟尼（Money）唯一的商店。莫斯舅公人還在教堂的時候，男孩們開著車到幾英里外的鎮上去買點零食。布萊恩本人正在卸貨，是一批從紐奧良運來的蝦子。顧店的是他年輕的太太卡洛琳（Carolyn Bryant），艾默特進去買了兩分錢的口香糖。

艾默特帶著口香糖離開了店裡，他吹著口哨。那是帶著調戲意味的口哨嗎？還是他母親教他，當他受口吃所累的時候可以吹的口哨？沒人知道。事實證明，在那個地方、那個年代，任何的口哨都足以成為判人死刑的理由。在黑暗的家中，莫斯舅公懇求著。如果艾默特做錯了什麼，他會處理的。如果事情真那麼嚴重，他甚至會鞭打他。莫斯的妻子麗茲（Lizzy）舅婆想塞錢給入侵者，只求他們放過這個孩子。但這兩人帶著武器、勢不可擋，他們把艾默特帶到他們的卡車後面，那裡至少還有一個人在等著。米拉姆告訴莫斯，如果他出面指認他們，他們就會殺了他。

曾目睹接下來發生的事的人，如今都已不在人世了，所以沒人確定到底發生了什麼。我們只知道二十歲的巴布．迪倫寫下的微妙歌詞：「他們折磨他，做了一些難以重述的邪惡之事。」[8]

當他們把艾默特・提爾的屍體扔進河裡時，他大概已經死了，但他們把一片七十五磅重的軋棉機扇葉綁在他脖子上，以確保安全。但他們沒在他的腳上也綁點東西，所以漁民在幾天後發現了他的屍體。莫斯・萊特被叫去辨認屍體，他只能靠著艾默特手指上的戒指來認出他，這枚戒指屬於男孩未曾謀面的父親。塔拉哈奇郡的警長克萊倫斯・史翠德（Clarence Strider）希望銷毀任何可能為郡裡帶來麻煩的證據，他命令莫斯・萊特把屍體立刻埋掉。密西西比州幾個勇敢的黑人阻止了此事，並將屍體送回紐奧良的提爾母親那裡。那班火車是她兩週前才看著他踏上的同一班車。

她寫道，雖然她已要求殯儀館的人不要為遺體化妝，但她當時必須辨認的那張臉，比三天後世人所看到的那張臉還要糟糕得多。她知道自己可以盡力描述，但「只憑描述無法讓人們受到完整的衝擊。除非讓他們看到事情的結果，否則他們無法想像事情的經過。他們必須看到我所看到的一切，整個國家都必須成為證人。」[9]她是對的，人們確實受到極大的衝擊。數以萬計的人列隊瞻仰躺在芝加哥教堂裡的遺體，數百萬人看到了那張照片。男人掉了眼淚，女人暈了過去。

此事成了全國新聞，甚至成了國際新聞。當時人在羅馬的密西西比州人威廉・福克納寫道：「無論出於何種原因、關乎何種膚色，如果我們美國的文化已經絕望到我們必須謀殺孩童，那我們全都不配活著，我們很可能確實會滅亡。」這次，密西西比州承受壓力，有必要採取行動，所以布萊恩和米拉姆被關進了三角洲的監獄裡。他們承認綁架了艾默特，但他們說自己原本打算放他走。在密西西比州的記憶裡，這是首次有白人男子因殺害黑人男孩而受到審判；為了做好準備，該州開始了一場緩慢的運動。史翠德警長說，屍體泡在水裡太久了，無法確實指認身分。他說，無論如何都有證據表明是有色人種協進會策劃了這次事件。陪審團是經過精心挑選的，以確保謀殺者可以無罪釋放。

而他們確實也無罪獲釋。一九五五年九月，經過五天的審判，雖然許多英勇的非裔美國人冒著生命危險指證白人，提供了極其明確的證據，但陪審團只花了一小時又七分就宣判兇手無罪。瑪米．提爾．莫布里從芝加哥趕來，對於河裡的屍體不是她兒子這個主張提出異議。她住在霍華（T.R.M. Howard）家，霍華是一位富有的黑人醫生與倡議者，他提供了保鏢保護瑪米。在一個充滿戲劇性、在日後甚至被改編為劇本的時刻，莫斯．萊特成了密西西比州第一個公開指控並指認兇手的黑人男子。「是他，」萊特說，他確實看見了綁架他外甥孫的那個人。在《芝加哥捍衛者報》（*Chicago Defender*）拍下的照片裡，堅定不移的白髮農夫直直指著被告。這張照片傳遍了所有的媒體。麥格．艾佛斯和露比．赫利（Ruby Hurley）等日後的民權大將與坐在旁聽席的黑人記者一起工作，這些記者和瑪米．提爾．莫布里一起坐在側邊隔開的座位上。就如同密西西比的其他地方一樣，薩姆納法院也實施種族隔離。他們的策略不足以改變判決，但有數百名記者參加審判，所以全世界都知道了這個故事。這輩子除了三角洲地區沒住過其他地方的莫斯．萊特沒等太久。他把棉花留在田裡，賣掉他的農場牲畜，在霍華醫生和麥格．艾佛斯的幫助下搬到了芝加哥。他的命在密西西比州已一文不值。

在美國的法律中，一罪不二審。知道這點的米拉姆和布萊恩很樂意接受《展望》雜誌所提供的四千元採訪費來聊聊這件事。在那個地方、那個年代，這是筆不小的數目。審判結束後四個月，他們承認了大多數人都知道的事：他們殺害了艾默特．提爾。他們說，他們並不想做得那麼超過，「但那個男孩沒有表現出任何恐懼。我們還能做什麼來讓**這些人**認清自己的地位？」[10]

◈ ◈ ◈

上述是已被反覆證明為真的事。大概在一九七〇年以前出生的大多數美國人都知道這些。瑪米・提爾・莫布里用盡剩餘的一生來講述這些事，令星火繼續燃燒，直到民權運動真的如火如荼地展開。羅莎・帕克斯（Rosa Parks）說，她在蒙哥馬利的公車上正是想到了艾默特・提爾，才拒絕離開座位。你不可能不知道提爾的事件，除非你住在密西西比的三角洲地區；在那裡有很長很長一段時間，沒有人願意談論此事。

「甚至在家裡也不談？」我問幾個三角洲地區的黑人。「像是祖父母告訴孫輩的故事，某種警告之類的？」

他們之中的大多數人給了否定的答案。在解說中心工作的班傑明・索利斯伯（Benjamin Salisbury）說，他有幾個老師確實提過此事，特別是在黑人歷史月裡。「他們之中沒有人曾說『如果你不謹慎點，你會像艾默特・提爾一樣完蛋』。我認為那些提起此事的老師想讓我們知道的是，歷史這個出現在書本裡頭的東西之所以會出現，是因為它首先發生在書本外頭。」不過，班傑明是二十一世紀的學生，而且他的母親是一位社區工作者。其他許多來自密西西比的年輕非裔美國人，都是在溫特學院為全州高中生舉辦的夏令研討會上才第一次知道這個事件。溫特學院謹慎地規劃，以避免在學生心裡留下創傷。

三角洲地區的白人也在沉默之中生活。茉迪・克萊（Maudie Clay）就在法院對面的長沼邊長大，她一直到十二歲才第一次聽到艾默特・提爾的名字。即便到了那時，她的老師對這個故事的看法也很奇特。「我的老師解釋說，有群惹事的外地人到了薩姆納，當時她在讀西塔拉哈奇高中，而他們這些學生甚至不能下車去藥局買瓶可樂，因為他們的父母說鎮上到處都是惹事的外地人。那些人是記者，來報導那場審判。」

這與戰後頭幾十年裡德國的沉默並不相同。在德國人和猶太人的家庭裡，任何與戰爭有關的事情都是不能碰的。雙方都不忍心談論這些事，一方面害怕面對自己的罪惡感，另一方面害怕痛苦和憤怒會浮出水面。

如果你想深入瞭解，這事還有很多細節。上頭陳述的事幾十年來已被證實為真。而派翠克・威姆斯告訴我的，是學者們仍在爭論中的事。派翠克於一九八五年出生在傑克遜市郊，起初，他抱持著右翼共和黨的政治傾向。卡崔娜颶風之後，他的觀點開始改變。在密西西比大學就讀期間，他經歷了一場良心危機，然後開始在溫特學院實習，也在薩姆納市當志工，如今他則成了解說中心的負責人。他帶我去看格倫多拉那個由微薄資金所建成的紀念公園，接著去了提爾的屍體被發現的河上方那座紅色生銹的橋——至少官方說法表示提爾是在河裡被發現的。

「這個說法的問題是，這其實不是一條河，而是一條長沼。水流的流速非常慢，無法將屍體從他被謀殺的勒弗羅郡（Leflore）一路運到這裡。而且水位也太低了。」我們眺望著這個名字陰鬱的黑長沼（Black Bayou），其上生長著柏樹。雖然我第一次看到這些樹的時候，它們的枝枒光禿，景象淒涼，但我喜歡這些樹在水中站得直挺挺的樣子。這些樹遍布全郡，我看到它們時總不由自主地哼起那首古老的民權歌曲〈我們不應動搖〉（We Shall Not Be Moved）。

「你看樹幹上的痕跡，」我指著樹說。「水位曾經比現在還要高幾英尺。水域的範圍也更寬；乾地上的樹有曾經遭水面淹沒的痕跡。」

我們爬下去看的時候，地面是濕的，我們在糾結的荊棘叢中勉力前進。泥漿開始滲進我的靴子裡，我回頭看了一眼，派翠克還在查看那些樹。「妳說得對，」他說。「當時的水位可能夠高。」我沒辦法和他一樣興奮。這個問題在當年非常重要，因為這是轄區的問題。如果屍體是在勒弗羅郡發現的，審判就會在那裡進行；這樣一來案件也許還有希望。有人說，史翠德警長故意把屍體帶到塔拉哈奇郡，在這個郡裡，你很輕易便能找到一群充滿敵意的貧窮白人來組成陪審團。

這段距離只有幾英里，我無法理解這些懸而未決的問題有何意義。對世上其他地方的人來說，艾默特·提爾是在密西西比的三角洲地區被謀殺的，此前也有許多非裔美國人死在這裡。我想瞭解的是如今的狀況：提爾的謀殺案在今天的三角洲地區代表著什麼？人們如何回憶此事？如何壓下此事？無論是黑人或是白人，當地人對於其他人試圖紀念此事有何看法？

然而，福克納的說法在此最為貼切：在三角洲地區，過去甚至還沒過去。派翠克正在規劃一條導覽路線，途中會講述各種不同版本的故事。在此地，所有的人都還活著。

◈ ◈ ◈

有本關於三角洲的書，書名是《世間極南之地》（*The Most Southern Place on Earth*）。也有另一本書說：「三角洲之於密西西比，就像是密西西比之於美國其他地區。」這是神話之地，亦是貧窮之地，且可能永遠如此。即使你已聽過有關三角洲的許多歌、許多故事，此地仍能輕易觸及你心深處。這令有些人無法忍受。「我不想加入貧窮馬戲團，」當我載著我的兒子沿著六十一號公路前往紐奧良時，他說。「妳沒什麼問題，」他補充道。「因為妳是來這工作的。」有些人無法忘懷。當我們在克拉克斯代爾的南方酒館音樂祭（Juke Joint Festival）排隊時，有位來自格林伍德（Greenwood）的白人女性告訴我：

> 三角洲有種魔力、一種氛圍。看著三角洲的落日，有些人會說：「這裡什麼都沒有，」但你會說：「不，這裡有些什麼，只要敞開心胸就會看見。」看見那些色彩劃過天空，你就感覺得到。感受著讓你頭髮亂翹的濕潤空氣。你無法向一個不在這裡出生和長大的人解釋此事。

我告訴她我懂，雖然我是個外地人。我甚至懂為什麼許多黑人也有這種感覺。摩根・費里曼就在這裡出生和長大，他現在大部分的閒暇時光都待克拉克斯代爾。他在那裡有一棟房子，還有間餐館和藍調俱樂部。他常匿名捐款給當地組織——私立幼稚園、艾默特・提爾的紀念標誌。他曾替某個豪華的高中舞會買單，條件是學生們同意舉辦一場落實種族融合的舞會，那會是克拉克斯代爾史上第一場不分膚色的高中舞會。但視此地為家園的除了摩根・費里曼之外，也有像惠勒・帕克這樣無名無利的三角洲黑人。

這個家園嚴酷而毫不留情，而且很可能一向如此。當喬治亞州或阿拉巴馬州那些無地可耕的白人在十九世紀來到三角洲定居時，這裡是片一望無際的荒野。山獅、熊和鱷魚的數量比人還多。人們得先清掉幾百萬棵樹，才能開始耕種；此地肥沃的黑土被認為是世上最好的土壤，僅次於尼羅河三角洲。麻煩的是，這片土地如此富饒的原因同時也是它之所以極為險惡之處。密西西比河經常泛濫，雖然氾濫的河水會將新鮮肥沃的表土從伊利諾伊州一路送過來，但也會定期摧毀莊稼、奪走人命。即使河水不泛濫的時候，氣候也很極端。這一大片平坦的土地讓人在遠處便能輕易看見龍捲風和閃電；即便如此，這兩者逼近的速度也非常快。夏天熱得令人發瘋，蚊子巨大而兇猛。現在已經沒有熊和山獅了，但你必須留意毒蜘蛛和毒蛇。

因著上頭人們的毫不留情，這片土地變得甚至更加嚴酷。廣闊的暴力陰影籠罩在寬敞的平原之上。隨著白人的定居與黑人奴隸制的擴張，美洲原住民逐漸被趕出自己的土地。安德魯・傑克遜（Andrew Jackson）於一八三〇年通過的《印第安人遷移法案》（Indian Removal Act）將三角洲地區大部分的喬克托人和奇克索人趕往西邊，踏上血淚之路（Trail of Tears）[11]。他們曾賴以維生的土壤如此肥沃，以至於三角洲地區有長達四十年的時間是美國最大的搖錢樹。白人莊園主壓榨著黑土和黑人，得到了能令他們過上奢華生活的農作收成。長達一週的家庭宴會，穿箍圈裙、打獵、喝大量的威士忌。有著希臘式門廊和大理石浴室的豪宅。以雙手創造出那些帶來財富的作物的的田間工人，則是一貧如洗。棉花成為美國最有價值的出口產品的年代，有成千上萬的奴隸（以及後來的佃農，他們的生活只是稍微好過一點）為了生產白色黃金而刻苦工作。每一個曾經試過的人都說，採摘棉花非常困難，而且時間點得在夏末，田裡沒有任何東西能遮擋無情的陽光。奴隸們受盡折磨，以維持毫不人道的收成速度。[12]

你仍能在三角洲各地看到棉花田，還有黃豆、苜蓿和水稻田。但隨著農業機械化逐漸普遍，大多數的田裡不再需要那麼多工人。這些人的孫輩之中較幸運者，在龐大的監獄機構裡找到了獄警的工作。那些沒那麼幸運的人往往會淒涼地坐在門檻上，等待著事情出現改變。他們的房子大多數都處於相當糟糕的狀態。

為了對抗貧窮，密西西比州推廣旅遊業，努力推銷該地區的精彩景點。你可以沿著藍調之路（Blues Trail）從曼菲斯一路走到亞祖市（Yazoo）。這條路上有著各種金屬告示牌：約翰·李·胡克（John Lee Hooker）的出生地，羅伯·強生（Robert Johnson）把自己的靈魂出賣給魔鬼的十字路口。還有查理·巴頓（Charlie Patton）的墳墓和比比金（B. B. King）的家。在克拉克斯代爾有間「南方酒館殿堂」（Juke Joint Chapel），其招牌上寫著：

> 上帝必定熱愛藍調，否則祂不會令生活如此艱難。

這個地區有幾間搖搖欲墜的藍調博物館可供參觀，還有許多一年一度的音樂節。棚屋旅館（Shack Up Inn）將佃農小屋重新翻修；你可以花九十五美元在兩個破舊的房間裡過夜。棚屋旅館的網站說：「我們不是麗池酒店。」

政府推廣的第二條路是自由之路（Freedom Trail），有時也被稱為民權之路，由密西西比州在二〇一一年所規劃，「這既是旅遊景點，也具教育意義」[13]。當然，這條路的規劃者之中有些人真的很欽佩那些為了使該州獲得正義而冒著風險，且往往為此犧牲的男女。這條小路標示出芬妮·露·哈默的墳墓，艾姆齊・穆爾（Amzie Moore）和麥格・艾佛斯的家，詹姆斯・梅瑞迪斯在路上被槍擊的地點，馬丁路德・金恩舉辦集會的公園，還有許多紀念艾默特・提爾的地方。這些紀念之地令人肅然起敬，但贊助者也關心景點的收入問題。密西西比是美國最貧窮的州，長兩百英里、寬八十五英里的三角洲則是州內最貧窮的地區。三角洲的工作機會非常少。藍調之路和民權之路在幾個點上彼此交會，兩條路都散發著尷尬之感和陰森之感。這顯然是把痛苦商品化的一種方式，但也是鄉下黑人社區的主要收入來源。在三角洲買一餐飯或一箱油，就可以幫助一些家庭勉強餬口。這是個道德困境，年輕人可能覺得很容易解決，但我不這麼覺得。

密西西比州的薩姆納是個很好的例子。薩姆納的人口約有四百人，火車軌道將其一分為二，同時也分隔了黑人和白人。就像三角洲的許多地方一樣，貨運火車經過此地時仍會鳴響孤獨的汽笛。也像南方的許多地方一樣，薩姆納的城鎮中心是一個以法院為中心的廣場，前面有尊強尼瑞的雕像守衛著此地。廣場周遭是一排店面，其中大約有一半是空的。後方曾有小酒館，如今僅存其遺跡。此地沒有雜貨店。雖然土地如此肥沃，但三角洲被稱為食物沙漠，田地都被拿來種植經濟作物了。你可以走上兩英里到韋伯雜貨（Webb），在廉價商店買垃圾食品；你也可以開二十英里的車到克拉克斯代爾，買些好一點的東西。就像三角洲的許多地方一樣，薩姆納曾是個幾乎要衰微消失的小鎮，直到此地決定紀念艾默特・提爾，並對他負起責任。

此地離風雅而富裕的牛津鎮只有七十英里遠，卻是另一個完全不同的世界。這樣的距離很適合一日遊，但在前往薩姆納一日遊之後，我發現自己想要的遠不止是一日遊。薩姆納附近沒有飯店，但派翠克替我找到了比飯店更好的地方。他的岳父母茉迪．克萊和蘭登．克萊（Langdon Clay）擁有一棟華麗的維多利亞式建築，就位於長沼岸邊，這棟建築巧妙地將奇異的雕像與「地獄很可怕」（Hell Hurts）等標語以嘲諷的方式組合在一起。克萊夫婦還有個表弟，他在廣場上有棟房子。房子偶爾被用來當作藝術畫廊，二樓則是一間小公寓。當我去茉迪和蘭登家拿鑰匙的時候，蘭登準備了一頓豐盛的晚餐。兩人都是國際知名的攝影師，他們告訴我，他們是塔拉哈奇郡唯一的民主黨員。

雖然茉迪與本地居民很不一樣，但她是當地人；她在紐約待了十年，在紐約遇到蘭登並與他結婚。身為第五代密西西比人，她就住在她出生的房子裡。她母親也是在同一棟房子裡出生的。她的祖父在鄰近的向日葵郡有一萬英畝的棉花田，全家人會在那裡度過夏天。那是「相當純樸的童年，我們根本沒什麼事好做。我哥和我有一次試著摘棉花，我想我們只堅持了幾個小時就放棄了。」她沮喪地說道。「在這個地方，能在有點錢的白人家庭裡長大就像中了樂透一樣，但我直到長大後才知道自己有多幸運。」

在她的成長過程中，有書本和《紐約客》雜誌陪伴著她；在薩姆納，這兩者即便在富裕家庭裡也沒有那麼常見。茉迪一直想離開薩姆納，有了自己的孩子之後，她才帶著孩子回到她熟悉的小鎮生活。「然後他們就能再度離開這裡。我真的說不出原因，只是對這個小鎮和三角洲有很深的感情。我有真正的使命在這裡。我在其他地方拍過一些照片，但這裡是個我想記錄其面貌以揭示其內在的地方。」她將她那本令人難忘的三角洲攝影集獻給了艾默特．提爾。茉迪出生於一九五三年，她太年輕了，不記得那次審判，但她幾乎讀遍了有關此事的文章。像是她某次讀到，有個《紐約時報》的記者被一個「有點像鄉下來的傢伙」搭話，他說：「你們為什麼對艾默特．提爾這麼感興趣？塔拉哈奇河裡還有幾千幾百個黑鬼的屍體。」

當然，這正是艾默特・提爾重要的原因。這就是「黑命貴」運動的示威者高呼此語的意思：

麥可・布朗、艾默特・提爾，還有幾個黑人男孩得死？

茱迪重回薩姆納時，「年輕而瘋狂的她」認為自己可以改變人們。「我以為人們可以聽從理性的聲音，明白外面有個更大的世界，明白這種封閉的思維是錯誤的。但事實證明，並沒有多少人站在我這邊。」她的家庭在薩姆納有著悠久而深厚的歷史，所以人們容忍她和蘭登，把他們當作「樣板自由主義藝術家」（token liberal artists），但她從未與鄰居深入交談。她確實看到了一些進步。「我還是個孩子的時候，黑人必須立刻走下人行道，並且半脫帽致敬，而當年的我甚至不知道這件事有什麼不對。」她這輩子經歷過最大的變動是非裔美國人獲得投票權，但她留意到此事背後有多少的死亡與毀滅。茱迪有時也參與當地政治，甚至曾競選市議員。但她主要的工作是拍攝強而有力、打動人心的照片，並且期待著自己能去歐洲——她和蘭登的作品有時會在歐洲展出。

「那邊的毛巾夠嗎？」我起身準備前往向他們借住的公寓時，茱迪問道。「一定要把毛巾抖一抖喔。」她繼續說，棕色遁蛛造成的傷口可以令老人和嬰兒喪命。「牠們已經在這棟房子裡住了一百年了，所以我們試著和牠們共存。」

我沒看見蜘蛛，而且這間公寓有著通風的天花板和未經塗裝的磚牆，任何會想住在格林威治村的人都會喜歡這裡的。最令我興奮的是，我可以俯瞰廣場上的法院，人們雖然花了大錢翻新法院建築，上頭的時鐘卻不準。但一切都動得那麼慢，時鐘不準時也無妨。薩姆納燒烤店在晚上九點打烊，此後廣場上空無一人，唯一停在那裡的車是我的車。路燈發出微光，黑暗中偶有狗吠，除此之外沒有任何聲音。

◈　◈　◈

艾默特．提爾解說中心成立的契機是一封致歉書。塔拉哈奇郡監理會首位非裔美國人主席傑洛．利德（Jerome Little）認為，薩姆納市應該就謀殺案和審判結果向提爾家族道歉。在法蘭克．米契納的種植園裡長大的傑洛單憑一己之力無法動搖鎮上最有權勢的人，但他知道溫特學院的負責人蘇珊．格利森，因為蘇珊曾在密西西比州的費城協助推動社區發展，並將殺害古德曼、錢尼和史維納的兇手送上法庭。蘇珊向溫特州長尋求建議，而州長鼓勵她與貝蒂．皮爾森（Betty Pearson）聯絡，皮爾森是薩姆納當地一位性格強烈、無畏無懼的種植園主，她曾目睹提爾案的審判，因而成為激進人士。皮爾森與利德成了委員會的共同主席，而這個委員會最終寫出了二〇〇七年薩姆納的人們在法院臺階上宣讀的道歉書。皮爾森退休後搬到加州和她的孩子一起住，而米契納接手擔任主席。

蘇珊和她的伴侶查爾斯．塔克和我共進晚餐，我問塔克，蘇珊曾為薩姆納做過什麼；我知道她很謙虛，不會自己告訴我。

「她挪走了塔拉哈奇郡最大的一塊頑石。」

「頑石？」

「法蘭克・米契納，」查爾斯說。

「蘇珊是我們的和平使者，」法蘭克・米契納後來告訴我。

多年來，非裔美國人社群中的許多人一直在倡議設立紀念碑，但沒有白人的支持，他們一無所成。早期的會議充滿爭執。他們為「道歉」這個詞爭論不休，米契納拒絕使用道歉一詞。他與謀殺案無關，而且也反對審判的結果，所以他到底為什麼要道歉？他同意用「後悔」這個詞。妥協後的結果是，這份聲明將被稱為「致歉書」，但內文僅使用後悔一詞。法蘭克認為這件事之所以能成功，是因為他們採用了貴格會的共識裁決制（ruling by consensus）。「會花點時間，但這個模式是有效的。」不過，委員會不僅僅想要得到道歉，他們還想要翻修法院，但社區裡許多人反對此事。

「『你們該死的到底為什麼要整修那間法院？你們為什麼要提醒人們五十五年前的情況？我們想忘記那件事啊，』」米契納引述社區居民的話。

米契納雖是塊頑石，但仍得學會與別人談判。這個小鎮正在衰退，法院提供了幾個就業機會，但主要是象徵性的職位。法院是密西西比州每個城鎮的核心；無論如何，這都是薩姆納的中心。如果沒有可以使用的法院，這個小鎮可能真的會消失。

「法蘭克熱愛他的社區，」派翠克說。「傑洛說他是西塔拉哈奇的教父，甚至有可能是整個塔拉哈奇的教父。人們會說：如果法蘭克認為應該這樣做，那他可能有很好的理由，我們應該照著法蘭克的意思做。」

「我是那些想拯救法院的白人之一，」法蘭克說。即使此事意味著掀開舊日傷口。他說自己的童年悠閒而恬靜：在小鎮上長大的他可以走路到學校，然後回家吃午飯，在下課休息時踢足球，在鄉間騎馬。正如密西西比州大多數的白人一樣，他劈頭就告訴我，北方人也是種族主義者。「我們南方人在六〇年代以前一直因為種族隔離制度而遭受批評。可是普林斯頓大學也實施種族隔離制度。」他曾得到普林斯頓大學的入學許可，但他父親不讓他去梅森—迪克森線（Mason-Dixon line）[14]以北的地方。「整個美國軍隊一直到一九四九年都還在種族隔離。」法蘭克告訴我，總之，三角洲包容著來自世界各地的人。「我們有三、四個猶太家庭，義大利人在這裡開雜貨店，還有黎巴嫩人，但我們叫他們敘利亞人。克里夫蘭有三個分開的學校體系：中國人、白人和黑人。」

除了那些在軍隊服役的日子，法蘭克一輩子都待在三角洲。從他向泥濘的長沼望去的方式，你便知道他深愛這個地方，長沼就在離他辦公室不遠的地方緩緩流動。「你聽說過特殊專款（earmarks）[15]嗎？這個詞現在比較像髒話，但那就是我們的資金來源。」法蘭克要求參議員薩德・科契倫（Thad Cochran）——像他一樣的「溫和共和黨人」——撥出八十五萬美元來翻修法院大樓。整修工作花上了幾年時間，翻新後的法院確實為該鎮帶來了小規模的復興。廣場上現在有家不錯的餐廳，還有一間新的美容院。兩間都是由黑人店主經營的小生意。大多數的人說，種族之間的關係現在更好了。觀光業有點發展，甚至還有巴士定期來參觀法院。派翠克或解說中心的某位志工會在導覽開始時宣讀這封致歉書。

致歉書：提交給艾默特・提爾家屬的決議

我們塔拉哈奇郡的公民相信，種族和解始於說出真相。我們呼籲密西西比州每個郡的所有公民，開始對我們的歷史進行誠實的調查。雖然會相當痛苦，但這對於促成和解並確保所有人的正義有其必要。透過認識到在我們的城鎮中可能出現的分裂和暴力，我們黑人和白人彼此保證將一起前進，醫治過去的創傷，確保所有公民都獲得同等的正義。

五十二年多前，一九五五年八月二十八日半夜，十四歲的艾默特・提爾在密西西比州孟尼鎮附近他舅公的家中被至少兩名男子綁架，其中一名來自勒弗羅郡，一名來自密西西比州塔拉哈奇郡。提爾是來自芝加哥的黑人青年，在密西西比州探親時遭到綁架和謀殺，屍體被扔進塔拉哈奇河裡。他被指控在孟尼鎮對一名白人女性吹口哨。幾天後，密西西比州的塔拉哈奇郡內發現了他曾遭劇烈毆打的屍體。

在密西西比州薩姆納市召開的大陪審團會議以謀殺罪起訴了羅伊・布萊恩和J・W・米拉姆。這兩人隨後接受審判，在經過一個多小時的審判後，全白人、全男性的陪審團宣告兩人無罪。無罪釋放後的四個月內，這兩個人承認他們犯下謀殺。

在審判開始之前，提爾的母親曾根據人們稱為《林白法案》（Lindbergh Law）[16]的法條向聯邦官員尋求協助，該法將綁架案明定為聯邦犯罪，但她並未獲得任何協助。二〇〇二年十二月，提爾的母親在密西西比州地區檢察官喬伊斯・奇里斯（Joyce Chiles）和艾默特・提爾正義運動（Emmett Till Justice Campaign）的協助下再次提出請求，直至此時，新的調查才開始進行。

我們塔拉哈奇郡的公民意識到，艾默特・提爾案背後是可怕的司法不公。我們坦承自己未能有效地追求正義，並為此深感後悔。我們想對艾默特・提爾的家人說：對於本社群對您的親人所做的事，我們深感後悔。

我們塔拉哈奇郡的公民意識到此一罪行之可怕。其歷史遺痕持續困擾著我們的社群。我們需要瞭解是什麼樣的體制鼓勵這樣的事和其他類似事件發生，以便我們能夠確保其不再發生。透過共同的努力，我們現在有能力實現我們的承諾，確保所有人都能擁有自由與正義。[17]

這對於薩姆納而言意義重大，而且得來不易。但就像德國的理查・馮・魏茨澤克所說的那樣，此處所陳述的事在世間其他國家看來十分明顯，但在本地則不盡如此。

這間暫時充當博物館的解說中心講述著提爾和這場審判的故事，但該中心的主要重點放在今日，他們在參觀者參觀法院之前，會引導他們進行小組討論。如同溫特學院一樣，討論開始時，他們請參觀者回憶自己第一次注意到種族問題是在什麼時候。「其實曾經有個洛克菲勒家的人來參觀，」派翠克告訴我。「大衛・洛克菲勒（David Rockefeller）說他在哈佛讀書時才意識到種族這件事，因為他有個黑人室友。接著，佃農之子比爾・福斯特（Bill Foster）也講了他自己的故事。看到人們將自己的故事融進提爾的故事和這個國家的故事之中，這真的很棒。」

並不是說這個小鎮自從承認了自身歷史後就繁榮了起來，但至少，此地不再奄奄一息。法蘭克與科契倫參議員的關係成了救命索。我不覺得他僅是出於實用主義的動機而參與此事。他有種正義感，這使他早在一九五九年就參加了有色人種協進會的會議。「我只是覺得自己必須得這樣做。他們沒有得到多少白人的支持，而他們需要我的支持。」塔拉哈奇郡有九九％的白人反對任何形式的種族融合。在克拉克斯代爾舉行的有色人種協進會會議上出現的三個白人無法單憑己力改變現狀；是聯邦介入迫使當地做出改變。不過，少數幾個密西西比州白人的支持（貝蒂・皮爾森是最重要的一個）仍是重大之事。

不過，法蘭克對自身家族歷史的忠誠抑制了他的正義感。他的祖母是南方邦聯之女聯合會（United Daughters of the Confederacy）[18]的成員，是她讓強尼瑞的雕像出現在法院門前的底座上，上面還寫著「我們的英雄」。法蘭克不希望雕像被拆掉，但是他力助薩姆納在雕像對面建立一座紀念碑：

> 艾默特・提爾謀殺案審判
>
> 一九五五年八月，來自芝加哥的十四歲黑人青年艾默特・提爾的屍體在塔拉哈奇河裡被發現。這個法院舉行了為期五天的審判，之後在九月二十三日，一個全白人的陪審團宣布兩名白人男子羅伊・布萊恩和J・W・米拉姆的謀殺罪名不成立。兩人後來於雜誌採訪中承認他們謀殺了提爾。提爾的謀殺案再加上這兩個人的審判和無罪釋放，引起了國際社會的關注，點燃了密西西比州和全美國的民權運動。

紀念碑上的木蘭花州徽標示著這塊石碑是密西西比州的官方財產。我不知道委員會開了多少次會才擬出這份共同的聲明，但我知道其中的每個詞都經過再三思量。如果你想要尋找密西西比州的象徵符號，最佳地點是站在那座法院前面。法院門口，美國國旗飄揚，其下是密西西比州旗，在那左上角仍有一面南方邦聯旗。法院兩邊各有一座紀念碑：一座獻給「不死之人」，紀念出身塔拉哈奇郡的南方邦聯軍人，另一座則是紀念艾默特・提爾。有關南方邦聯紀念碑，人們目前仍持續辯論。南方的許多人表示這些紀念碑應該留下來，並加上其他紀念碑補充——民權英雄或種族主義恐怖活動受害者的紀念碑。但薩姆納就和其他地方一樣，此地的南方邦聯紀念碑高過其他一切。

提爾的標誌是由非常厚的金屬打造而成。這是遍布全郡的紫色標記，標誌著提爾的故事中不同的地點——雜貨店、殯儀館、軋棉機、（也許是）他陳屍之處——但這些標誌不太堅固，很早就被弄壞了。「傑洛說，這就是你擁有像喬治・布希（George Bush）這樣的國家領導人時會發生的事，」派翠克告訴我。「有高層的人在掩護的時候，當地就會發生這種事。」有個標誌被打掉了，有個標誌被漆上三個K，還有一個被子彈打壞。他們換了個新的，然後又被子彈打壞。同樣的事一再發生，總共七次。派翠克讓這個標誌在他父母的車庫裡躺了幾年，然後再換一個新的。二〇一八年七月，才五個星期之後，四顆子彈又將標誌打穿。這個標誌位於鎮外一條碎石路上的兩英里處，此事並非偶然。

不是每個塔拉哈奇的白人都像法蘭克・米契納那樣在正義和忠誠之間掙扎。若被迫在兩者間做出選擇，大多數人會傾向選擇忠誠，即便那意味著暴力。但也有人改變想法。他們第一次在法院門前掛起那個厚厚的金屬標誌時，有個白人氣得要命。他走進法院，對著在那裡工作的一位黑人女性大吼大叫。她打電話給警察，警察來了，但沒有幫助。她又打電話給艾默特・提爾紀念委員會（Emmett Till Memorial Commission）的一位白人委員，她過來法院與這個我暫且稱其為巴比的人溝通。

「怎麼了？」這位委員問。

「為什麼我們又要提起艾默特・提爾的事？」他繼續說，而她聽著；當他咆哮完之後，她只問了一個問題。

「巴比，你兒子多大了？」

「他馬上就要滿十四歲了。」

「好，巴比，我們不是要強迫誰做什麼，但我們覺得，得繼續講這個重要的故事，以避免此事再度發生。」

巴比回家後想了一想。第二天，他去那位委員的家裡找她。她在他開口之前都很緊張。「聽著，我太太是裁縫師。我們覺得我們需要在宣讀致歉書的那天舉辦一個恰當的揭幕式。我想她可以縫點什麼，這樣我們就可以為那塊標誌準備一塊合適的布。」

他太太真的提供了合適的布。

並不是所有的改變都來得如此迅速，而且我們很難知道巴比的改變有多深。不過，這是個開始，而這樣的事件也為派翠克帶來希望。他認為解說中心是一個「醞釀新故事」的地方。他不希望糾纏於提爾的謀殺案，而是「利用這個空間反思這個社群走向種族和解的歷程，並將箭頭指向遊客，問他們：『你自己能做什麼？』」他說，這會是一個轉折點，使得黑暗絕望的導覽變成走向和解的導覽。「這可能超出了這個資金微薄的博物館應該碰的範圍，但我不在乎。」派翠克希望能得到一筆款項，讓他規劃一條「艾默特・提爾之路」，翻新所有的地點，並打造出一個手機應用程式，解釋這個故事並提出相關問題。此外，偶爾也能舉辦藝術展覽、詩歌朗誦、戲劇表演和電影欣賞會。

每週有兩個晚上，這個空間會開放給嬰兒大學（Baby University）使用，專職培訓啟蒙計劃（Head Start）教師的梅露絲・華森（Mae Ruth Watson）會在此教授正向育兒法。她授課的對象全是十幾歲或二十出頭的非裔美國人，她們的身材大多數都相當肥胖。在三角洲地區，你幾乎不可能吃得健康。她教大家以紀律代替體罰，以互動代替電視。每次的課堂上，女孩們都會得到一箱免費的幫寶適和一盒裝有雞肉沙拉和水果的健康餐。梅露絲在打開她的塑膠盒之前，低頭做了個簡短的禱告。「妳得和我們一起享用主的食物，」她對我說；因為我猶豫了，不願從這個貧窮的機構手中拿走任何東西。「東西很多，每個人都吃得飽。」她向我保證。

梅露絲以相當尖銳的方式談及三角洲地區的教育問題。她告訴我，當她剛進入這裡的社區大學就讀時，她連一個完整的句子都說不好。梅露絲是位身材苗條、滿頭銀髮的女性，優雅而有威嚴，她一路努力，直到成為啟蒙計畫教師的培訓人員。她讓這個計畫變成了該州最好的計畫之一。

◈ ◈ ◈

在與班傑明・索利斯伯交談時，我想到了梅露絲對於三角洲學校體系的意見。班傑明是唯一一個曾在兩個艾默特・提爾中心工作過的人，他負責導覽、做文書工作，還有打雜。他於一九八五年出生在離薩姆納約一英里的地方，畢業於西塔拉哈奇高中，然後進入三角洲的一間社區大學。「我主修音樂，我不認為我在其他方面有什麼特長。」他曾在小學當音樂老師，但他「相當糟糕」，於是認清自己不適合教書。我可以理解這一點。班傑明是一個熱情而友善的黑人青年，但卻非常缺乏自信。他的不善言辭與詞彙量無關，而是他不太相信自己有說話的權利，至少不相信自己有權利以具有力道的方式說話。我們談到國家政治，他顯然對我的說話方式感到驚訝。他似乎同意我所說的關於歐巴馬和川普的一切；但他從未聽過有人以如此果斷的聲音說話。在你還沒能學到其他東西之前，你的老師一定就教過你：你的聲音很重要。

班傑明由母親獨自撫養長大，他的母親在非政府組織做社區發展工作。「她的工作是試圖幫助人們，簡而言之。這一直是她……的事情。我甚至不會說她『騰出時間來做這件事』，這只是她在做的事。」因此，班傑明希望回饋社會的想法並不奇怪。「無論塔拉哈奇是好是壞、無論我認為它是好是壞，這裡都是我的家。」他在第二個艾默特・提爾中心得到有薪工作之前，曾在第一個中心做過志工，因為他相信瞭解這個故事可以幫助社區。「我們一次過一天，就過一天。所以你得盡力確保，如果你看到了那天的開始，那你也要好好讓它結束。不過，我們與那些引領我們走到今天的事物有所連結。」

班傑明堅持，曾說過提爾的故事的人，並不是以此作為一種嚇唬年輕黑人以使他們聽話的手段。「但在這裡長大，人們確實會叫你要注意言行舉止，以盡量避免成為目標或遭人指控。在我家，大人會教我們一定只能做某些事，以避免某些事發生。」

「那你該做什麼，又該避免什麼？」我對具體細節很感興趣，但在三角洲地區，一個一輩子都被告知要注意自身言行的年輕黑人男性怎能放心和一個才剛到此地的陌生白人女性談話？

「我母親說，要記得自己是上帝的孩子，表現得像是認識上帝的人，這種智慧應該可以避免一些事發生。有時候，壞事不管怎樣都會發生，但這與替自己引來不必要的關注是不同的。」換句話說，不要引人注目，不要太大聲或太用力說話。澳洲人稱其為高罌粟花症候群（Tall poppy syndrome）[19]，但在三角洲地區，會被攔腰折斷的不只有花而已。

我問班傑明，如果錢不是問題，他想為中心做些什麼？假設有一大筆款項，解說中心會用它來幫助社區嗎？他的回答很直接：他想為社區的年輕人提供獎學金，這樣他們就可以幫助自己自力更生了。「對黑人來說，能上大學就像是美夢成真。」如今教育的高昂費用令這個美夢變得難以成真，即便是當地小小的社區大學也是如此。來自三角洲的人誰能負擔得起畢業時必須面對的學貸？他還希望，能有個社區人人都能使用的電腦中心。平板電腦愈來愈便宜了，但大多數人都沒有網路。我所住的公寓就在薩姆納廣場上，而此地的網路連線是如此糟糕，我已經習慣使用解說中心的無線網絡了。

「事情與大家認為的相反，」班傑明繼續說，「這個社區的大多數人並沒有忽略學習能力的重要性。有些事情——我不想說阻礙——但有些事情阻礙了他們採取某些步驟以獲得更多的資訊，並且與他們的小天地之外的未知世界接觸。」

只要這麼少的東西就能令這一切發生。大學獎學金、寬頻網路。他們就能創造出一個社群，令社群裡的人覺得自己得知道世界上發生了什麼事，才好和鄰居聊天。

班傑明已經決定要留在密西西比州——至少暫時留下來，他說。「我知道我們都有能力做好事，就像我們都有能力做壞事一樣。在我自己、我的家人和朋友心中都懷抱著做好事的希望。我想，這就是我愛這個地方的原因。密西西比州很特別，因為這個地方令人驚訝地準確反映出我們國家的樣子。有好的地方，也有壞的地方。」

◈ ◈ ◈

比爾．福斯特（Bill Foster）總是為自己出生在密西西比一事而感到丟臉，他很感謝家人在他六歲的時候搬到了伊利諾州。他仍然記得他當時的老師，他很感激他在伊利諾所受的教育。我立即注意到了其中的不同。與仍在努力尋找自己的聲音的班傑明不一樣，比爾所受的教育令他相信自己有權對日光之下的任何事情發表大膽而清晰的言論。孩提時代的他會拿密西西比人來開玩笑。他對他的表哥傑洛．利德想留在薩姆納感到震驚。「他喜歡這裡，這裡總是有動物。他很高興能出去拍拍豬的身體。」比爾的家人每年夏天都會從芝加哥回來探望親戚——直到一九五五年為止。他仍記得當時的規則。「如果你看到白人朝你走過來，臉要朝下，要閃到一邊。任何時候都不能與女性有任何互動，那是真正的禁忌。」艾默特．提爾被殺後，再也不能來三角洲過暑假了。

傑洛持續努力促成艾默特．提爾解說中心成立，直至他於二〇一三年去世為止。而比爾和傑洛一樣，都出生在法蘭克．米契納的種植園，他的父親在那裡摘棉花。後來他們搬到北方，父親找到了掘墓人的工作。比爾則成了鐵路建築工人，在芝加哥的寒風中鋪設軌道。後來，他加入空軍，他說他很幸運；如果他加入的是陸軍，他會被派到越南去。而加入空軍令他有機會能看看世界：他在德國待了五年，之後在韓國待了一年。

比起北方的冬天，比爾更喜歡南方的夏天。當他退休後首度回到薩姆納時，他也搞不清楚自己怎麼會回來。如果說有什麼地方讓他有家的感覺，那會是芝加哥。不過，他有時也滿喜歡小小的薩姆納和緊密的鄰里。例如有一次他在藥局買了處方藥，後來他碰到藥局老闆，老闆說自己欠他一些藥，之前算錯了。

比爾・福斯特一開始是透過表哥傑洛與解說中心搭上線，但他開始做志工是因為派翠克・威姆斯。起初，比爾認為傑洛錯了，不該去攪動那灘歷史的痛苦渾水。過去就讓它過去吧。然後他讀了那封致歉書。「我開始理解他們在此地所做的努力。很多都是為了法院；並不是說這些人有多善良。在南方，人們更關心的是紀念碑。我從來沒想過要在什麼東西上面留下我的名字。」

現在，他在法院負責帶導覽。無論整修法院背後有多少各式各樣的動機，他認為人們應當瞭解這段歷史。令他失望的是，感興趣的人似乎都來自社區以外；當地人無論是年輕人或老人，都不太關心此事。雖然有些人的確關心，他承認，但他們好像跟派翠克比較聊得來。

比爾・福斯特還記得他第一次看到艾默特・提爾的照片時。當時他十一歲，和他的表兄弟們在一起，他無法描述他們臉上的表情。「我想，他們為什麼要這樣展示屍體？那是個相當震撼的時刻。」有很長一段時間，他認為兇手禽獸不如。「他們的心裡有那麼多的仇恨嗎？」現在他認為他們「只是人，而這就是人會做的事。」他在芝加哥的幫派鬥爭中見識過人如何「變成動物」。「他們和我認識的那些人一樣，就只是人。」

後來，我問派翠克他是如何贏得社群的信任的。

「慢慢來，」他說。

無論是黑人還是白人，郡裡的每個人都熱情地和他打招呼，哪怕只是從車窗外向他揮手。他相當友善，以尊重待人，並記得所有人的名字。他加入了志工消防隊。多年來，他在沒有工資的情況下工作，創立了這個中心。他在黑人社群的心裡留下了印象，他們對這個來自傑克遜的白人男孩本持懷疑態度。但他瞭解了關於艾默特・提爾的一切，並認識了提爾仍在世的家人。他是蘇珊・格利森的學生，而蘇珊在黑人社群裡很受尊重，這肯定有幫助。而且，他追求茱迪和蘭登的女兒安布斯（Anna Booth），兩人在薩姆納的教堂成婚，這也挺好的。

很容易理解為什麼派翠克覺得與自己與岳家關係融洽。他說他父母對他在解說中心的工作也「相當支持」；他母親曾捐款給中心，但他們從沒有來參觀過，也不太瞭解這個地方。他的祖父經營加油站——「只比布萊恩家高一級」。這意味著他們家沒有優雅到能受邀加入白人公民委員會（White Citizen's Council）[20]，但也沒有加入三K黨。他的母親表示，自己對密西西比和阿拉巴馬的種族主義恐怖事件一無所知；她忙著加入姐妹會，不知道世間發生了什麼事，或是說，不知道街角發生了什麼事。「我媽很努力控制我爸不要在我們面前說出黑字開頭的貶義詞，但他動不動就說溜嘴。」這些回憶有些十分鮮明而令人痛苦。派翠克曾和他其他的家人和朋友一樣是個頑固的共和黨人。他當時的消息來源是福斯新聞，且很迷比爾・歐萊利（Bill O'Reilly）。他於二〇〇六年開始在溫特學院實習時，仍然支持共和黨。「我們沒有理解到民權和人權是政治問題。我們的心態是，後種族（post-racial）的世界就是這樣，他們的確有點問題，但我們只需幫他們最後一把，就能在黨內看見種族融合，然後共和黨內終於能出現黑人黨員。」蘇珊．格利森和溫特學院令他大開眼界，還有牛津的一位黑人傳教士也是如此。這位傳教士聽他說了自己的故事，並給了他幾本書，像是戴斯蒙．屠圖（Desmond Tutu）、亨利．諾文（Henri Nouwen）[21]。

「他說了一些『上帝所愛的孩子』之類的話，而且他說此話時發自內心。我不知道我是上帝所愛的孩子。真正相信這點意味著你具有自我價值，而你也可以讓其他人擁有這種自我價值。」

當我們沿著雙線道的公路行駛時，派翠克問我有沒有聞到味道。「那是在噴農藥，人們都管它叫三角洲污垢（Delta crud）。」他指著一架在黃豆田上空低飛的黃色無人機。「你現在聞到的東西有毒。」味道很臭，我們把車窗關得更緊。除了許多肇因於貧窮和營養不良的健康問題之外，三角洲地區的人罹患癌症的機率也很高。這是那些無人機在孤單的長條狀田地上噴灑農藥的後果。

派翠克的手機響了；是一家芝加哥的報社在做關於紀念艾默特．提爾的報導。「驅動我的不是罪疚感，」他告訴記者。「這是一種責任感。」當他掛斷電話時，我告訴他這是戰後德國人最好的口號：反對集體罪疚，支持集體責任。

史翠德警長的孫女是最該負起責任，對判決結果做出補償的人，她竭盡全力幫助解說中心。派翠克對她的幫助表示感謝，這也讓他開始思考罪疚和責任之間的差別。他說，責任更有力量，「因為罪疚感無法持續太久，這不是系統性的東西，並沒有什麼幫助」。另一方面，責任感可以推動你很長、很長一段時間。「我可能不會永遠在艾默特．提爾中心工作，我可能不得不去找一份更能餬口的工作。但我真正的工作，我懷抱著熱情去做的，永遠都是這種的工作。」

我不確定他對罪疚和責任的區分是否有用。的確，罪疚感會扭曲你，讓你感覺很糟。如果這事真的發生了，所有的事都會變得更糟，悔恨會變成怨恨。如果你認為靈魂是最重要之物，你可能會拼命尋求自身的救贖，而不考慮其他人的靈魂。猶太人的贖罪日傳統（Yom Kippur）相當值得一提。我們會在那天宣讀一份清單，列出我們集體犯下的錯事，並請求上帝的原諒。我們犯了罪，我們撒了謊。不過在如此禱告之前，你還得先去找那些你在過去一年中虧負的每個人，否則上帝不會垂聽你。

我懷疑罪疚與責任是否能完全分開。是什麼讓一個來自傑克遜的年輕白人感到自己得對三角洲的這個小鎮負責？是不是至少有部分是因為，他自己的家人雖然從未訴諸兇殘類型的種族主義，但一直都是那種略帶慍怒的種族主義者？他們的觀點也協助塑造出這個令謀殺孩童的兇手得以無罪釋放的世界。

◈ ◈ ◈

強尼哥（Johnny B.）是塔拉哈奇郡初代的黑人倡議者之一，我在認識他之前就聽說過很多有關他的事情，但大家的說法都不一樣。「他是最早起來為人權抗爭的人。」他是個混蛋；他是害羞的人；他是種族主義者；他是黑人版的川普；他是被定罪的重刑犯。問來問去，我沒能得到某種相符的說法，瞭解他到底做了什麼導致他被關了六個月——在這六個月裡，他繼續擔任格倫多拉的鎮長，透過電話辦公。挪用聯邦撥給格倫多拉的款項？偷運威士忌？無論是什麼，他失去了艾默特·提爾紀念委員會財務主任的職位。一旦資助單位看了網站，看到有個因為胡亂用錢而被定罪的人是財務主任，這個委員會就再也募不到任何資金了。他們允許他留任委員，但強尼哥仍然對委員會負責的公立中心比他的私人中心——艾默特．提爾歷史無畏中心（Emmett Till Historic Intrepid Center）——獲得更多資金的事感到憤怒，這兩間中心相距十七英里遠。

有件關於強尼哥的事是大家一致相信的：他爸爸是艾默特．提爾謀殺案的共犯。他爸是米拉姆的員工，米拉姆要他做什麼，他就做什麼。在卡車後面制住那個男孩？開卡車？燒掉男孩的鞋子？把從他傷口流出來的血沖到車廂的邊縫裡？那輛車大概就是他們開去河邊棄屍的車。如今還活著的人都不知道他負責的到底是什麼。可以確定的是，史翠德警長綁架了強尼哥的爸爸亨利．李．羅金斯（Henry Lee Loggins）和另一個也去過現場的黑人男性。在整個審判過程中，史翠德以假名把他們關在查爾斯頓的監獄裡，這樣法庭就無法傳喚他們為證人。我想，強尼哥有點像是囚監（kapo）的孩子——囚監是那些被黨衛軍挑選出來監督其他人的集中營囚犯，他們的選擇是協助他人施暴或讓自己受暴，而很少有人選擇後者。不過，孩子很難不為父輩的罪孽感到內疚；即使這與史翠德警長的孫女所感到的內疚並不相同。派翠克告訴我，他比他的大多數同事更同情強尼哥，「即使他做的一些事，怎麼說，很強尼哥。你去見見他，然後自己決定該怎麼想。」

我們在他於格倫多拉打造的提爾中心的辦公室裡碰面，強尼哥不太信任我，即便我並未入境隨俗叫他強尼哥，而是一直小心翼翼地稱呼他為托馬斯鎮長。他想知道我和誰談過；我介紹了自己正在寫的書，他也像密西西比的其他人一樣想聽聽更多關於德國的事情。「人們真的談了自己做的事嗎？承認、道歉、懺悔、改變？」

我問他可不可以錄下我們的談話，而他是我所採訪的人中第一個拒絕的。「妳要幹嘛？」

「我的記憶力很差。」這是真的。「如果我不錄音，你告訴我的事我連一半都記不起來。」強尼哥使出拖延戰術。他說他也在寫一本關於謀殺案的書。這本書的重點將會是他的父親曾告訴他的故事，其他人從未聽說過的故事。由於亨利・李・羅金斯是少年提爾被折磨和謀殺時唯一真正的證人，強尼哥認為他的書會引起轟動。他為了把這本書寫出來，已經努力了好幾年。

「妳的書會影響到我的書嗎？」

我向他保證，我不會偷走他的故事。我不會問他父親曾告訴他的祕密。也許我的書會讓人們對他的書更感興趣。「我只會花一章來介紹人們如何紀念艾默特・提爾。這可能會令人感到好奇，想知道更完整的故事。」

這間兼作歷史無畏中心前廳的辦公室有著暗褐色的牆，牆上有個老鐘在滴答作響。強尼哥又猶豫了一下。

「好吧，來錄音吧，」他說。

他首先抱怨了薩姆納的解說中心。與其相比，格倫多拉這個機構「是全國第一個承認那個十四歲的孩子所遭遇的事情的機構」。「二〇〇五年就成立了，比他們在薩姆納做的任何事情都早兩年。但我們卻被完全拋在後頭。我們花了四十萬美金，卻只能勉強維持這裡的照明，這就是塔拉哈奇這個自由之地運作的方式。我打從一九七五年以來就一直在努力糾正這一點，我是這個郡一八三三年成立以來第一個當選為地方官員的非裔美國人。」

他仍對自己在與法蘭克・米契納的鬥爭中落敗一事感到憤怒，因為法蘭克拒絕為十年前所發生的謀殺和審判道歉。「我們要求道歉，得到只有後悔。『我們對所發生的事情感到後悔，』」他不屑地重複道。「後悔為時已晚。」

他接著說，「他們沒有像我們這裡這樣展示那孩子的屍體。我認為應該要完整地看，就像提爾夫人所說的那樣。薩姆納沒有棺材和屍體展示，但我認為這是一切的關鍵。」

我問他如果有更多的資金，他會怎麼做。這是個不切實際的問題，可以理解為什麼他一開始的答案如此模糊。他想讓社區能參與自己的歷史；大家都不夠關心。他支持特許學校教育，希望他土地上的另一棟建築能被改造成教育機構。如果人們能關心這個社群的歷史，就能更有更多的就業機會。「我們應該要有自己的紀錄片。你應該要能得到一片DVD。我們應該要有我們自己的恐怖之路（Trail of Terror）之旅或格倫多拉步行導覽團，其中包括所有艾默特・提爾謀殺案的相關地點。」

儘管我遵守承諾不問他父親的事，但他還是想談談他父親。「幾位參與這個可怕事件的非裔美國人現在被人稱為共犯。他們直接受到米拉姆的脅迫，米拉姆就住在那。」在強尼哥指著的那道牆後面，有一整片光禿禿的田地。

「聽起來，他不是那種你可以拒絕的人。」

「沒錯。當你穿過這棟建築時，這塊地方曾經是火車經過的路口。有輛火車來了，米拉姆跟他的一個夥計說，「我不喜歡這輛卡車。你去開這輛車，跟火車對撞。這人照做了，就這樣。這就是米拉姆在這裡的勢力。」

格倫多拉窮得嚇人。鎮上兩百名鎮民全是非裔美國人。很難被稱為一個鎮，這裡只有幾間東拼西湊的房子和火車軌道旁一排搖搖欲墜的商店。整排店只有一家有營業，出售釣具、薯片、神奇麵包（Wonder Bread）和啤酒。除此之外就只有歷史無畏中心。強尼哥的中心位於一座舊穀倉內部，外面放著生鏽的貨車輪和軋棉機的風扇。有雜草從裂開的磚路中長出來。派翠克曾帶我到這裡看河邊的遺址。在郡裡的其他地方，人們都向派翠克友善地揮手致意，但在格倫多拉，有個眼裡充滿絕望和憤怒的年輕黑人男子搖下車窗吐口水。看看這個小鎮的狀況，沒人能怪他。

我問強尼哥，他父親的故事對他的人生有何影響，他只給了間接的回答。他說，他注定會成為今日的他。「米拉姆曾經說過，只要他活著，這個地方就不會落入黑鬼手中。當時的我只有一歲八個月又二十八天大，他阻止不了我。」

強尼哥的爸爸告訴他，米拉姆是個好人，至少在罪案發生之前，社區裡的人很尊敬他。難道善良的標準如此之低，以至於他們看走了眼？詹姆斯・鮑德溫在他根據提爾謀殺案所寫出的劇本《查理先生的藍調》（*Blues for Mister Charlie*）的序言裡說，他擔心自己永遠無法為兇手畫出一幅如實的肖像：

> 在真實生活中，這樣的人顯然令我感到困惑和恐懼，至少在我一部分的意識裡，我憎恨他們，願意下手殺死他們。然而，在我另一部分的意識中，我知道沒有人在自己眼裡是個惡人……但如果這是真的（我確信這是真的），如果所有人都是你的弟兄，那麼我們就有責任嘗試理解這個可悲的人；雖然我們可能無法期待能解放他，但得開始為著解放他的孩子而努力。因為是我們——美

國人民——創造了他。22

強尼哥的父親擔心自己的家庭可能受到攻擊，在事件之後躲了起來。他是害怕那些擔心他透露線索而造成危害的白人攻擊他，還是害怕那些無法對真正的兇手發洩憤怒的黑人轉而攻擊他？強尼哥沒說。有六、七年的時間，他的母親得獨力撫養八個孩子。他是家裡唯一沒辦法摘棉花的人。

「沒辦法還是不願意？」

「沒辦法。我哥哥可以在三點鐘之前採完兩百磅，把棉花裝倉，然後回家。我得在這裡待上一整天，最後大概只能採二十或三十磅。五十年後，有位作家給了我一本關於私刑的書，我在裡面讀到我媽曾說過的事：如果他們生病了，米拉姆就會進去毆打他們，強迫他們去工作。我肯定是在小時候目睹過這一切，這就是為什麼我沒辦法摘棉花。我就是沒辦法。」

強尼哥說，艾默特．提爾被謀殺之後，他的父親變得判若兩人。在他看來，「他隨著艾默特的死去而離開了。他不得不這樣做，他和當時在場的其他非裔美國人都是。我不知道在發生這樣的事後，他們如何能好好地活下去。」

他談完了關於父親的事。為了轉移話題，我指著牆上掛著的歐巴馬總統二〇〇九年就職典禮邀請函，我說我很嫉妒。當時的我曾與兩百萬人一起站在廣場上受凍。強尼哥認為歐巴馬為非裔美國人做得還不夠多。他承認，如果不是因為歐巴馬健保，他現在可能已經躺在墳墓裡了，但他對這位前總統並沒有太多好評。「除了第一次就職典禮之外，我沒有機會接近他；那是陣亡英雄紀念舞會，我兒子在服役時兩度派駐伊拉克，後來他在軍中自殺了，所以我受邀參加。」

他的兒子入伍從軍，在軍中服役了十七年，最後幾年的職位是醫務兵。在這段日子裡的某個時間點，他罹患了創傷後壓力症候群。「我媳婦發現了這個狀況，並試著讓他接受治療，但他知道只要接受治療就完了。不可能再升官，不會再有發展。」

我沉默了很久。鐵皮大穀倉裡沒有窗戶可以盯著外面看，我們兩個很快就得談點別的。我問他，他認為艾默特·提爾的故事對於今日的我們有何作用？

「我相信，如果不記得過去，就無法得知你要前往何方。你會在同樣的地方跌跌撞撞。所以，艾默特是治癒傷口的起點，我們在這裡也是這麼做的。我認為這個案件在某個時刻會是傳遍全世界的一聲槍響。已經有俄羅斯人、烏克蘭人來參觀。所有人都會來。」

我仍在試圖理解這個故事如何治癒傷口——或是說，治癒誰的傷口？艾默特·提爾的樣子難道不令人痛苦嗎？一邊是憤怒，另一邊是羞愧？「種族和解始於說出真相」是薩姆納致歉書的第一句話。這是個好的開始，然後呢？

強尼哥認為，白人社群必須挺身而出，才能令治癒的工作生效。非裔美國人一直都太被動了。「我可以為我父親參與此事而道歉，這就是我所做的。當時，我們把艾默特的家人請到這裡來——我們在格倫多拉和他的家人一起慶祝了艾默特的七十歲生日，我想代表我父親和這個社區向他們道歉。這一切都發生在這個社區，從預謀到最後鮮血被沖刷到這塊土地上。」

他為自己擁有這塊土地而自豪。原來的地主曾告訴他，「『強尼哥，你早該飄在小鎮後方的那條河上。』就像他們對艾默特做的那樣。我看著他說，『你先請。』」強尼哥告訴我，這就是他為了買下這個地方這麼努力工作的原因。我理解他想要雪恥的心願，我理解那個在格倫多拉的小徑上向載著白人的車輛吐口水的青年。

這次談話後不到六個星期，巨大的風暴襲擊三角洲，有棵樹倒在強尼哥的房子上，屋頂塌了，他和他太太當時正在臥室裡睡覺。這就是三角洲的氣候，這就是三角洲的房子。強尼哥的太太死了，他倖存下來。

◈　◈　◈

二〇一七年春天裡，我不是唯一一個開車在三角洲地區收集關於艾默特·提爾的故事的人。早在黛娜·舒茨把提爾畫進作品裡之前，「黑命貴運動」就讓這個案件重新出現在人們的視野之中。北卡羅萊納州的歷史學家提摩希·泰森（Timothy Tyson）剛剛寫了一本書，三角洲人對其多有批評，其他地方則相當讚賞此書。這本書的獨特之處在於卡洛琳·布萊恩（Carolyn Bryant）的自白：她承認艾默特·提爾沒有試著碰她，這和她在法庭上所說的相反。當年的大多數人本來就都認為她說謊，所以她遲來的懺悔有何意義呢？至少有三部關於此案的電影正在製作中，其中一部由傑斯（Jay-Z）和威爾·史密斯（Will Smith）擔綱製作，另一部則由琥碧·戈柏（Whoopi Goldberg）製作。最後還有戴洛（Darryl）和布蘭登（Brandon），他們是紀錄片導演，曾拍過一部關於佛羅里達種族主義恐怖活動的電影。他們和我一樣對提爾案的官司本身不感興趣，而是想要瞭解此案對於當地社群的影響。我們在薩姆納的燒烤店吃著一流的漢堡和薯條，戴洛正在告訴我他為《紐約時報》做的關於少年法庭（與其不公之處）的報導，接著他便在燒烤店的另一頭發現了他的獵物。

「坐在吧檯前的是約翰・魏登（John Whitten），他是——」

「我知道約翰・魏登是誰。」魏登的父親是米拉姆和布萊恩的辯護律師之一。我甚至曾在開車經過他家時，瞥見他家後院那一整座軍火庫，但我從未近距離看過他。他看起來就像是漫畫版的南方男孩：大肚子，小眼睛，鬍鬚白而短，頭上戴著類似狩獵帽的東西。這是我第一次在三角洲感到一陣戰慄。

戴洛非常想要採訪他，晚餐的大部分時間裡，他都在想自己是否應該過去自我介紹。他是否該走到吧檯前請他喝杯啤酒？在他的妻子和朋友面前打斷他說話會不會很不禮貌？也許不會，但自己的朋友背對著他，這是否意味著不尊重？戴洛盯著他看了一整晚，決定還是不去向他搭話；他有這個人的電話號碼，而且他會再回來薩姆納。這時，魏登以輕微不穩的步伐，直直走到我們面前。「這桌的各位看起來真迷人！你們都該留在這裡。」

戴洛說，南方的男性被教導要對女士有禮貌。這也是種說法。他以高明演員的身段輕鬆出手：「不會吧，約翰・魏登？我聽說過很多關於你的事。」魏登一直盯著我看，問我們在這裡做什麼。在一個人口僅有四百的小鎮上，每個陌生人都會受到關注。我說我在寫一本關於密西西比州如何看待其歷史的書。

「這裡的人看待歷史的方式就是在上面拉屎。」魏登朝門外幾步的法院比了一下。「艾默特・提爾的事，我也有看到，我對於我知道的事心知肚明。」

我們問他看到了什麼，他提醒我們當年他才七歲，所以他看到的是法院門口那些電視的纜線。「你開車經過時都得放慢速度，否則震得你七葷八素。」但成年後的他曾在多年後的調查中與史翠德警長和一名聯邦調查局的探員交談。「塔拉哈奇郡與此事沒有任何關係，只是警長把郡界弄錯了，大約一百五十英尺的差錯，讓這個案件進入了我們這裡的法院。」如果我們第二天下午去找他，他承諾會告訴我們更多事。

薩姆納感覺起來很安全，很難想像這裡會有罪案——除了這個著名的歷史案件，但那是很久以前的事了。不過，魏登認為這個地方充滿了罪犯，他繼續練習打靶，儘管他不再打獵了。獵鹿太難了，而且他認為人不該射殺任何自己不打算吃的東西。「但如果你不能保護自己和家人，你就不應該在這，因為他們會殺了你。」他沒有說「他們」是誰，但這仍是他第二天向我們展示那座龐大軍火庫時所使用的藉口。院子非常大，但大部分的坦克都停在車庫裡。

「不是坦克，」他告訴我。「那是裝甲運兵車。」

「他給你看了他家的軍火庫？」法蘭克．米契納後來驚呼道。「喔，天哪。」

魏登驕傲地展示了一番，還帶我們參觀上頭貼著「男性專屬」和「危險」的小屋。裡頭的大部分海報是啤酒廣告，但有一張海報很引人注目。海報裡有四個盛裝的美國原住民，每個人都拿著一把步槍。「交出你的武器！」，頂端的標題寫道。下面用小字寫著「政府將保護你們」。這張海報前方的桌面上，擺著一套我所見過最大的電動火車組。

「對很多地方來說，南北戰爭是件抽象的事，」他告訴我。「在這裡則是離家很近的事情。」他的曾祖父是一名南軍的中尉。魏登的曾祖父在亞特蘭大城外有個農場，薛曼的隊伍曾經過該處。他們開始燒他的房子，他與士兵們吵了起來。他們向他開槍。他的遺孀把他們擁有的貴重物品打包裝好。在他們的二十四個奴隸中，有二十二個和他們一起乘坐搖晃的篷車前往密西西比州。他們被解放了，是出於自由意志這麼做的。至少魏登這麼說。

他的故事是這樣說的，他在念大學的時候，有個黑人上門找他的祖父。「『我認識你嗎？』祖父問。『不，泰克斯頓（Thaxton）醫生，你不認識。我是某某醫生。我相信你認識我的母親，她叫某某。』我祖父說，『看在上帝的份上，夥伴，你怎麼不早說？』他擁抱了此人，叫我去拿幾瓶可樂和餅乾，好讓他們能坐在門廊的鞦韆上聊天。」這名男子的母親是他祖父以前的一個玩伴。「她是其中一個舊日奴隸的女兒，兩家人的關係一直很好，至少到了六〇年代都是如此。你聽到的那些關於奴隸遭受到多麼糟糕的對待的鬼話，好吧，他們之中的某些人確實是這樣的，但這樣的人我連一個都不認識。」魏登又打開了一瓶啤酒。「我們為什麼要虐待自己的奴隸？一個奴隸要一、兩千美元。是比今天的拖車頭還便宜啦，但你不會亂搞你的拖車頭啊，你會嗎？」

天空變得灰暗，太陽已然消逝；我開始發抖。即使是三角洲，二月也有可能很冷。

「我們這有種潮濕的寒冷，」魏登說。

我找不到為了獲得資訊而閉嘴傾聽與當個懦夫之間的道德界限在哪。他知道我不是站在他那邊的。我說我在密西西比大學工作，他回答道：「如果那整個地方都燒起來了，我也不會在上面撒尿的。」考量到我對密西西比大學的瞭解，要把它想像成一個自由主義思想的溫床感覺很可笑，但密西西比州大部分人都是這樣想的。我想這大概就是文雅的白人公民委員會和殘暴的三K黨之間的區別。有人說，三K黨從未控制過三角洲地區，這也許是因為莊園主全然依賴黑人勞工。當你站在陌生的土地上時，尋覓真相是如此困難。我不認為這個人真的會傷害我，但我也不認為我說的任何話有可能改變他的觀點。我決定閉上嘴巴，聽他說話。時至今日，我仍不確定當時的我是否應該直接離開。

他對內戰的看法都是我聽過的，但從未如此直截了當。「南方根本沒有人在做奴隸生意。他們只是購買那些東北方船長賣給他們的東西。奴隸制與內戰毫無關聯。這全都跟稅有關。南方在辛苦承擔，而北方卻在發大財。」

「戰爭爆發時，南方人已經開始了一項計劃，試著讓奴隸受教育，並將那些想回到非洲的奴隸遣送回國——」

「我以為在大多數地方，教奴隸認字是違法的，」我打斷了他的話。「還是我搞錯了？」

「我不知道，」魏登說。

「你是說在密西西比州？」

「我不知道，」他重覆道。

「你是說這裡的人讓奴隸受教育？」

「據我所知，他們是這樣做的。我當時又不在。」

我繞著我主要的目標——提爾的審判——打轉：他的父親告訴過他什麼？

「在以下情況中，很難對謀殺這樣嚴重的事情進行定罪：（一）這件事不是發生在你的郡裡。（二）相關的人不是郡裡的人。（三）死者不是郡裡的人，雖然他有親戚在這。這件事與這裡的人沒關係，而且可能根本就沒有發生過。」

「你認為可能沒有發生過謀殺案？」

「嗯，他們也不知道。當時沒有DNA檢驗。他們找到一個在河裡躺了幾星期的傢伙，當他們把他拉上來的時候，他的狀況可不怎麼好。誰知道？作為一位前檢察官，我告訴你，要說服人們將兩個在眾人眼中相當優良的退役軍人定罪是很困難的。從諾曼第登陸一直戰鬥到戰爭結束。你不可能讓那十二名陪審團把願意為國家而戰的人想得太糟。」

除非他們是黑人，許多黑人在國外為國家戰鬥，回到南方的家中卻慘遭私刑。但是我不會這樣回答。相反地，我指出了大家都知道的事情：米拉姆和布萊恩特在犯下謀殺罪的幾個月後就認罪了。

「沒錯，」魏登說，「但這不是法庭上的標準做法。一旦他們被認定無罪，那就是永遠。」

「不知道你的父親對此怎麼想。」

「這讓他很煩惱。」

「他們確實承認了。」

「他後半輩子都對這件事感到困擾。」

「他曾和你談過這個問題嗎？」

「很少。」

如果我們就此打住，我離開時也許能帶著一點憐憫。不是很多，但能有一點。很少有人具有足夠的勇氣和遠見能站出來反對他們時代的慣例，即使這些慣例極為墮落亦然。或在密西西比河三角洲，或在遼闊的普魯士平原上。唯有英雄才做得到這件事，而如今，我們之中的大多數人寧願當受害者。

但我們沒有就此打住。「艾默特．提爾這整件事，在這裡不是仇恨事件。」魏登繼續說。「就像川普說的那樣，紐約人到這裡來，寫出了所有充滿偏見的報導。反正只要找一個人說出你想聽的話，然後把那當成真相放在網路上。」

我想，任何挑戰你所生活在其中的框架的人都會被指責為撒謊，至少撒了一陣子的謊。特別是當國家領導人令你開始懷疑何謂事實[23]時更是如此。「我只是想瞭解你，因為米拉姆和布萊恩特承認了這一點。事實似乎很清楚，他們殺了那個孩子。你不覺得是這樣嗎？」

「我可以告訴妳我知道的事。我知道他們得到了《展望》雜誌的一大筆錢，而且他們說了《展望》想聽的東西，否則《展望》就不會付他們錢。我們看到的是兩個試圖靠著鄉村小店勉強維持生計的傢伙。這就是為什麼他們在眾人吵吵鬧鬧的時候離開了。他們去了沿海地區，把海鮮載回來賣。」

沒人表示異議。

「我所知道的是我不在現場，我不認識這兩個人，這件事發生在別的地方，不是發生在這裡。唯一發生在我們這裡的事是街對面出現了那些粗大的電纜線和一輛半拖車，記者在外面的時候，這車一直跑來跑去的。」

蒼白的日光逐漸消逝。魏登說他該出去餵他的浣熊了。

「你的什麼?」我聽錯了嗎?

「我的浣熊。我喜歡浣熊,在家裡養了一隻。我們對寵物很感興趣。其他九隻在我的樹林裡。我每個月會去查爾斯頓一次,買狗食回來給牠們。」

浣熊(coon)[24]一詞可被用作種族侮辱。我後來查了一下它的起源,才知道這個用法的由來未有定論。有人說它是「奴隸籠子」(barracoon)的縮寫,這個葡萄牙字指的是非洲人在作為奴隸被運往美國前會被關上幾個月的地方。無論起源為何,這個詞的冒犯意味如今僅次於黑字開頭的那個貶義詞。我不是精神分析學家,但我相信無意識,也相信無意識會在那些不相信的人身上運作。

「你們都想來看看嗎?」

如果戴洛和布蘭登不在,我不會上他的卡車,但他們已準備動身,而我對浣熊很好奇。我們開車穿越三角洲,穿越那鉛灰色和棕色的風景,抵達一小塊地上的棚屋,那棚屋破舊而骯髒。窗簾是一面小的美國國旗,還有一面大的南方邦聯旗。再前面一點是輛生鏽的野營車,還有另一輛軍車。

「自動的假狗餵食器,」魏登說,指著五個看起來像垃圾桶的容器。「你把食物放在上面,牠們會用鼻子把它推開。」

我不想忘記那風景有多淒涼,所以拍了些照片,然後我回到車上,表示外面太冷了。魏登說,浣熊是在天黑後出來的;反正他也不會指望一個女人去拖那些袋裝的狗糧。

幾個小時後回到薩姆納吃晚飯時,我又在酒吧看到魏登和他的妻子。

「我每天晚上都在這,」他興高采烈地說。「我付錢租了這個位子,上面有我的名字,所以沒人會坐這桌。」

我想知道薩姆納燒烤店的非裔美國廚師兼老板凡妮莎是怎麼忍受這一切的。她看起來很堅強，很有耐心，也很疲憊。就像鎮上的其他人一樣，她也知道他是誰。遠離了戴洛和布蘭登以及他們的攝影機，魏登更能暢所欲言。

「卡洛琳．布萊恩老得跟一隻老山羊一樣，」魏登說。「她腦子裡的松鼠比大家閣樓上的松鼠還多了。」他堅信她的供詞毫無價值。「如果提爾什麼都沒做，為什麼這種事會發生在他身上？」

他說，與其討論艾默特．提爾，不如談論最近發生在附近的一宗黑人對白人的謀殺案。其中一名罪犯被判了死刑，但還沒行刑。「他們應該把他帶出去燒掉，或者至少槍斃他。密西西比州的死刑執行人是我朋友，他人真的很好。我想他做這件事是以志工的身分。總得有人來保護這個社群。」

我把鮪魚沙拉吃完，回到公寓，鎖上了門，試圖理解像魏登這樣的人究竟是如何思考的，或者說，究竟是如何完全不加思考。

——艾默特．提爾一定是做了什麼才會惹來這樣的結果。

——也許那根本就不是艾默特．提爾，那具屍體在水裡泡很久了。

——米拉姆和布萊恩是為國家服役的好人。

——我不認識這兩個人。

——有人付他們很多錢讓他們認罪，所以誰知道他們的自白是不是真的？

——卡洛琳．布萊恩年老力衰，她的供詞不算數。

這些說法完全相互矛盾，不可能全數為真。但它們似乎同時存在在魏登的腦子。在審判時，這樣的辯護方式肯定起了作用。在此，這些說法似乎是在幫助魏登不必面對真相。

當天早些時候，我問魏登為什麼他認為外地人害怕密西西比州。他的回答很有說服力。「他們認為這是一個巨大黑暗的沼澤。我們喜歡這樣，因為我們人已經很多了。我們不需要更多人。」

◈ ◈ ◈

感謝上帝，隔天是星期天，威利．威廉斯（Willie Williams）的教會邀請我過去。說實話，我第一次見到威利．威廉斯時就在設法讓他邀請我去。在強尼哥不得不辭職後，艾默特提爾紀念委員會的財務主任就一直都是他。

「我每次都說他是牧師，所以不會偷東西，他每次都大笑。」米契納說。

威廉斯牧師是距薩姆納幾英里的小鎮圖特維勒（Tutwiler）的一個小教會的牧師，但他也有間位於路邊的汽車修理廠，他在此修理汽車以養家活口。「我喜歡弄弄車子，所以我去了念了職校，學習如何維修汽車。」在他自己開店之前，他在帕奇曼農場（Parchman Farm）做了十年的獄警，那是密西西比州一座惡名昭彰的監獄。該處的暴力——甚至發生了謀殺案——深深影響了他。他回到米爾薩普斯

（Millsaps）念書，那是間位於傑克遜的進步衛理會學校；一九九八年，他被任命為牧師。這家汽車修理廠的規模不大，他能同時應付工作並擔任牧師。

顧客和教友都可以在威利・威廉斯的答錄機上留言，答錄機的最後一句話是：「祝你有個深受祝福的一天，別忘了是誰祝福你的。」當我終於連絡上他的時候，他對我很親切，表現得很高興。威利的臉龐高貴而英俊，他短短的非洲式頭髮和鬍子都帶點灰色。我們兩人都出生在艾默特・提爾被謀殺的那一年。

作為圖特維勒的牧師，他覺得「光是住在這裡就很蒙福」。他在做社區營造時，很希望幫助人們「找到自己的激情，無論是輔導學童還是試圖讓別人的生活變得更好」。「為什麼上帝給了你這樣的創造力？你可以浪費你的生命，或者你可以投資你的生命。你只需要做出決定。」

他的決定之一是加入艾默特・提爾委員會。他告訴我，貝蒂・皮爾森邀請他加入並要他叫她貝蒂，當時的他感到非常榮幸。「這不容易，不是因為她是白人，而是因為她的年齡足以當我的母親。」這我不太相信。派翠克曾告訴我，有位黑人委員在受邀參加法蘭克・米契納家的聚會時想走後門進去。那是二〇一五年。但他是在法蘭克的種植園裡長大的，而且……威利不想談論憤怒，也許他並不覺得憤怒。當甘迺迪被謀殺時，他確實談過恐懼。「黑人社群說我們會被送回非洲。他們說這個總統是為黑人服務的，這就是為什麼他們殺了他。」

「我可以想像，如果我在這裡長大又聽了這些故事，我會很生氣，」我說。

威利在回答時引用了馬丁路德・金恩的話。如果你去恨，你會使你恨的人變得太過強大。仇恨無法持續，無法持續下去而不傷害自己。他認為，艾默特提爾委員會從灰燼之中創造出具有療效之物。

他的信仰帶領他前進，同時他也是那種令信仰鮮活有力的人。信仰的力量從他身上流洩而出。我非常清楚馬克思那番關於鴉片的言論[25]。我知道基督教有多少次被用來轉移注意力，令非裔美國人不再那麼留意他們生活在其中的地獄。但與威利・威廉斯交談時，你會感覺到信仰可以成為一個浮標，而不是一個錨。我仍然不清楚為什麼他早前曾告訴我，我必須見見約翰・魏登。

「我算是認識他，」威利說。「我們有聊過天。」

「所以，你是怎麼和這種人相處的？」

「嗯，」他慢條斯理地說，「問題是，每個人都不同。怎麼說，約翰結婚了，有兩個兒子。他是個律師；他爸爸是辯護律師團的一員——」

「我知道。」

「但作為一個有信仰的人，我為人們祈禱。我相信，上帝有可能介入我們的人生。」

我有辦法為約翰・魏登祈禱嗎？那一刻，我很慶幸自己不是基督徒。但不管是不是基督徒，我都支持啟蒙運動，這難道不代表我相信每個靈魂都能以某種方式獲得救贖？

那個週日的早晨，我非常高興地踏入威利的磚造小教堂。當我抵達時，有一半的女性過來擁抱我，當我離開時，所有的女性都擁抱了我。這兩個時刻之間，牧師講了一篇有力而緩慢的主日講道，主題是「聖經對於種族主義的回答」。

「我真的想對種族主義之惡為我們國家所帶來的痛苦與傷害保持敏感，但上帝是醫治者。今天早上，讓我們來看看〈使徒行傳〉第十七章。以下是我想問你的問題。上帝是種族主義者嗎？祂不是。種族主義是與上帝為敵的罪。世界上只有一個種族，那就是人類。有不同的部落、國家和方言，聖經中從未提到「種族」一詞，裡面提到的總是國家、部落和方言。」

阿們，會眾說。

「〈使徒行傳〉第十七章，第二十六節，請看。『祂從一本造出萬族的人』。主啊，現在幫助我們。祢雖全然瞭解我們，但祢卻說『來吧，讓我們彼此辯論』。」

嗯哼，眾人說。

「我想告訴你們的是，不要讓苦難奴役你們。我們不是唯一的民族——猶太民族也曾經歷過一些事情。我昨晚看了一些關於大屠殺、火化室之類的東西。什麼樣的人會對其他人做這種事？但這事確實發生了。我們都虧欠了神的榮耀。求神賜你勇氣，能夠以祂的眼光來看待人，阿們！」

阿們，人們說。

「當人們說我們在種族主義這個問題上沒有任何進展時，我很煩惱。我們已經有點進展了！曾經有一段時間，蘇珊甚至不能出現在我們的教會裡。」

我臉紅了。

「不是說我們會威脅她，而是她自己的族人會說，你在那邊和那些黑人一起做什麼？上帝跟人不一樣。祂說無論誰願意，就讓他來。我想對我們的會眾呼籲——我們愛人。這個地方充滿了來自國家各地的各式人們。你永遠不會聽到我輕描淡寫地帶過種族主義所造成的痛苦。但在民權運動中，雙方都有人被殺。就在密西西比州的民權運動中，有一個黑人和兩個白人喪生……」

「讚美上帝！我們都以令人敬畏和驚奇的方式被創造。我們之中有些人高，有些人矮，有些人髮質很好，有些人頭髮很捲。有些髮質很好的人，他們希望頭髮捲一點；有些頭髮又捲又亂的人，他們希望髮質好一點。上帝喜歡我們各有不同，我們都能有所貢獻。神說到我這裡來，我就使你們得著安息。現在讓我們低頭禱告。主啊，我為兩個種族之間的關係禱告，希望祢在此事上醫治我們。」

會眾低頭祈禱。

還不只這些，人們把奉獻盤傳給身旁的人。威廉斯牧師正嘗試籌集足夠的錢，帶青少年去國家民權博物館暨洛林汽車旅館[26]。

「我們確實想表揚我們的訪客，蘇珊・奈門博士，她大老遠從德國柏林趕來，很不賴吧？她一直在跟艾默特・提爾委員會合作——我真的很感謝妳能來，這對我意義重大。」

我努力不要結巴，只說得出我很感謝他們溫暖的歡迎。「上帝祝福妳，」男人和女人都對我說，他們過來或握我的手，或擁抱我。我無法不想到迪倫・盧夫，我確信那個星期三夜晚他在查爾斯頓獲得的就是這樣的待遇。無論這類的事如何在美國各地頻繁上演，謀殺九個陌生人都是無法形容地可怕。但是，謀殺九個曾以坦率的愛歡迎你的陌生人？以愛還恨的能力抹去了理性的存在，至少在短時間內如此。我無法理解這一點，就像我無法理解在得知這個故事之後，美國各地的黑人教會是如何繼續向陌生白人一次又一次地打開他們教會的大門，還有他們的心。多麼驚人的愛與勇氣。多麼驚人的勇氣與愛。

在薩姆納醒來的第二個早晨，我看到一個五十多歲的白人男子把一袋米放在我的車頂上。他說：「你是外地人。」在薩姆納，傑克遜人就算是外地人了。「吃點米吧。」

我覺得很感人，這就是我曾聽說過的三角洲式的溫暖好客。不過，如果我膚色是另一種顏色，不知他是否仍會如此好客。我花了一會才答出口。「謝謝你，」我說，「但麻煩你把米送給更需要的人，我飯吃得不多。」

◈　◈　◈

幾天後，我覺得我的拒絕很不禮貌。麥可．瓦格納（Mike Wagner）是艾默特．提爾委員會的成員。他對於種族主義和貧困問題有著真實的關懷，他每年都會送出數噸的米。而且他家的米很好吃，即使是像我這樣對米飯興趣缺缺的人也覺得好吃。

麥可的家族已經當了十代的農夫：水稻、棉花和黃豆。他的祖父被認為是進步的人，他邀請非裔工人與他同桌而坐。「如果他們有本事和我一起工作，他們就有本事和我同桌吃飯。」麥可．瓦格納得到了一份工作，為皮爾森家族做事，皮爾森家族是該郡最自由，也最活躍的家族。「我感覺那份工作的一部分是當他們的兒子。貝蒂比這裡的任何人都要左傾。」貝蒂．皮爾森深深影響了他。他開始買自己的地；在經濟不景氣的情況下，賣地的人算是半買半送。「就供應農場所需的土地而言，我擁有的可能是最接近於種植園的東西。我們吃的食物是我們自己種的。」但他最擅長種水稻，有幾千英畝。一天下午，他帶我去了他蓋的碾米廠，裡面有各式各樣顏色的米。他希望他兒子能接管他的水稻生意。

對於他稱之為永續有機的耕作法，麥可感到相當自豪；他會使用一些化學成分，但他不用飄散在三角洲的有毒農藥。他喜歡在晚上風比較小的時候噴藥，這樣就不會傷害到鄰居。法蘭克．米契納說：「他是最先進的，」麥克相信，三角洲「有天會成為一個好地方」。「我們有世上最好的土地，我們有聰明的人。現在，如果我們能弄好這個該死的教育系統，我們就會很不錯。」

他說，過去的三十年裡有很大的進步。他從密蘇里第一次來到三角洲時，他覺得還需要三代人的努力才能解決三角洲的種族和貧窮問題。「根據我的理論，我們大概還有一點五代的時間。這個星球上的問題可不止人類的膚色而已。」他有些激動地說。「我們有水的問題，我們有資源的問題。但我離題了。」

貝蒂退休後，人們要麥可加入提爾委員會。他試著拒絕，但沒有別人了，他說。我想他的意思是，沒有別的白人反對種族主義；該委員會努力讓自己擁有相同數目的黑人委員和白人委員。他很高興他們翻新了法院大樓。「在南方，這是羅馬式建築的最佳典範，而且就在這個漂亮的長沼邊。」如果人們以譴責的態度對待這棟法院，這個小鎮就毀了。現在有了一個小小的民權運動觀光業，還有凡妮莎那間餐館，那是她從麥可手中接下來經營的。他參與的理由「很自私」，「因為我想讓我的孩子住在美國最他媽棒的社區，不一定要住在都會區才能享受最好的東西。」最好的東西之中也包括投身艾默特．提爾的紀念工作。「這事是民權運動的開始，那是大事。」

麥可向我介紹了碾米機如何運作，然後帶我走了長長的一段路，經過布萊恩在曼尼的那間雜貨店，那是提爾謀殺案的起點。這家雜貨店早已廢棄；一邊被葛藤覆蓋，看來即將坍塌。提爾委員會希望買下並整修這個地方，但業主寧願人們遺忘此地。前面有塊告示牌，標明這家關閉的商店是密西西比自由之路的一部分，但這塊牌子有嚴重的刮傷，沒有人調查是誰毀損了那塊牌子，也沒有人調查是誰把另一塊較薄的牌子打得全是窟窿。麥可．瓦格納是個溫柔的人，他不願意相信做出此事的人可能是他的某個鄰居。「也許這只是一些獵人在胡鬧，」他無奈地說。

「鬧了七次？」

他無法回答。

◈ ◈ ◈

我離開了我在薩姆納的暫時住所，但常從牛津開上七十英里往返，也為了審判重演活動再度開車下去。有位來自西維吉尼亞州的高中老師提議把學生帶來薩姆納，他們可以在事件發生的法院裡朗讀整場審判的逐字稿。這是個好主意嗎？惠勒．帕克覺得不錯，而派翠克從不曾拒絕提爾家族的要求。他們共花了三個晚上重演整場審判，珍妮佛．史托曼和我去了第一晚。

這場活動令人相當痛苦，不是因為孩子們喚起了痛苦，而是因為他們根本做不到。這班學生大部分是白人，他們在法庭上各就各位——這邊是證人席，那邊是陪審團坐的地方——但他們的朗讀完全無法打動人心。有時候，他們甚至不太知道怎麼讀。這是他們第一次排練嗎？並不是。但在幾乎空無一人的法庭上，他們的朗讀乏味至極。他們讀著提爾的身體如何被毆打的段落，其方式像是在描述如何蓋房子或煎蛋。珍妮佛和我不愉快地互看了一眼。

「如果你的研究需要留下來聽完，那我就留下。」她低聲說。

「我們走吧，」我回答。「我受夠了。」

我本想在活動結束後再去見艾默特・提爾最親的表哥惠勒・帕克，但朗讀的過程太令我不舒服了，我沒辦法留下。無論如何，我有帕克牧師的電話號碼。當我聯繫上他時，他說他第二天要去芝加哥，但如果我能早點到他在格林伍德的飯店找他，他願意跟我聊聊。我在飯店大廳裡解釋了我的計畫。惠勒・帕克很感興趣；他在六〇年代曾被派駐至德國。

「我注意到的是，」他說，「希特勒和川普之間有太多的相似之處。我不是說川普和希特勒一樣壞，但是——他說過的那句話是什麼？你撒的謊愈大，人們就愈相信你。人都希望別人喜歡自己，所以大多數人都會順應潮流。你得帶著胸中那團火站起來，帶著愛說出真相，而非出於恨。當真相大白的時候，那些沒有站起來的德國人一定感覺很糟。」

「而且他們的孩子也恨他們，幾乎都是。」

「他們會談論這件事嗎？」

「一直都在談。」

「他們意識到自己的錯誤所在？」

「是的，先生，他們做到了。」

惠勒・帕克人很和善，和他聊愈久，他就愈和善。他的妻子後來在大廳加入我們。她認為這場重現活動「太棒了」。「第一次看的時候，我丈夫和我離開時都還在掉眼淚。這讓我們想把整個活動搬到法院裡。」

「你以前聽過這些孩子朗讀？」我懷疑地問道。

「在西維吉尼亞。事實上，是我們覺得他們應該要有機會來這裡讀劇。有些學生比其他學生會讀。」

我有什麼資格批評令帕克牧師和夫人落淚的朗讀活動？沒有人比惠勒・帕克更貼近這個故事了。他和艾默特一起計劃了這次旅行，和他一起坐上那班火車，在名為紐奧良之城（City of New Orleans）的列車到達種族隔離的南方時換了車。在那個炎熱的八月夜裡，他跪在地板上祈禱米拉姆和布萊恩特不會把他也帶走。我小心翼翼地措辭：「我和我的朋友覺得這可能有失尊重，當他們讀到那些具體的細節時——」

「嗯，但這就是你想要的，」帕克牧師說。「你會希望那未加修飾。當他們說話時，細節在你的腦海裡很清晰，把你帶到了那條河邊。這在情感上確實打動了我。」

他告訴我他們如何替這場活動做準備。學生們想要一些道具，特別是一片軋棉機的扇葉。他們沒辦法把這種東西一路從西維吉尼亞州搬過來，但他們覺得自己要去的是棉花之鄉，在當地大概很容易便能租到一個。他們打給一家販售農業設備的商店。是的，有軋棉機扇葉。「等一下，」電話裡的白人男子說。「你要在薩姆納做這件事？好啊，你下地獄去吧。」第二通電話更糟糕。「之前我們這裡是有一片軋棉機扇葉，但我們把它掛在某個黑鬼的脖子上了。」電話那頭的人邊笑邊說，第一通電話裡的那個人也一樣。

我震驚得幾乎說不出話來。

「我沒那麼驚訝，」帕克牧師說。他臉上同時寫著悲傷和瞭然於心，兩者以細緻的方式結合。「有些地方在檯面下，有些在檯面上。這裡的人就只是直截了當地告訴你他們的感受。」

如果這種情感仍淺淺地埋在表面之下，那麼學生們所做的事是對的，甚至是符合正義的。我想，只剩美學家才會抱怨他們的表現。

「我們很清楚他們對黑人男孩的態度，」帕克牧師繼續說道。「現在的情況有點像民權運動的年代，他們把這些放到電視上播，然後其他的你們都看到了。我們一直都在經歷這些。」

可是，他說自己在密西西比州度過的歲月非常珍貴。在他成長的過程中，每個人都互相認識、彼此分享。每年到了他家宰殺動物的時候，大人總是告訴惠勒，要拿一塊肉去瓊斯夫人家。如果有人遇上麻煩，其他人都會幫他們。他們不需要很多東西，只要夠過日子就行了。

古典奴隸制度已不復存在，他認為我們如今成了財富的奴隸。在德國服役時，他看到那裡的人花時間在樹林裡散步，對此印象深刻，他發誓回到美國後也要以這種節奏過生活。他說，慢慢地享受生活。「我堅持了不到三個星期，就重新回到庸庸碌碌的賽場上。」

帕克牧師認為，美國的核心問題是貪婪。「在美國，如果你有了錢，大家就會尊敬你。人們不在乎你是如何賺到錢的，無論是黑幫或是販毒。看看川普。」他嘆了口氣。「我告訴人們要讀《聖經》，《聖經》中的富人都過得極不快樂。讀讀這些故事。」

他認為，相較之下，歐巴馬簡直是上帝派來的，他對那些說他沒有做任何事的年輕人感到不耐煩。「他們不知道我們為了能擁有一位非裔美國人總統所付出的代價。我從未想過在我的有生之年能得見此事。」當然，單憑一人之力不可能改變一切；我們期待他施行奇蹟，就像我們期待醫生施行奇蹟一樣。我們認為醫生能解決一切問題。不過，歐巴馬還是改變了一些事。「我喜歡他的精神。他們說什麼？當別人以低劣攻擊，我們會以高尚回應。」

事實上，這也是唯一正確的作法。說來容易做來難。不過，在那個恐怖的夜晚，以及此後的所有夜晚裡，支撐著惠勒．帕克的必定就是這樣的想法。

「你可以看出我有混血的血統，」他說。就像大多數非裔美國人一樣，他有黑人血統，但不純然是黑人。「所以是誰在強姦誰？就從我們的總統說起，他叫什麼名字？」

「傑佛遜。」

雖然這位牧師認為大遷徙背後的主要原因是經濟因素，但他的岳父離開南方還有一個原因。「你無法保護你的妻子或女兒不受男人的傷害。」白人男性想要染指黑人婦女，但他們害怕黑人男性。他覺得這是因為當黑人男子獲得自由時，他們會上升至最高階層。而白人最大的恐懼是黑人男性會搶走白人女性。「有人只因為一個魯莽的眼神就被殺害。看看艾默特．提爾。」他的聲音聽起來很疲憊，他已不再年輕。「我試圖找出一些哲學教訓，試圖理解此事，」他繼續說，「但我走了這麼遠，走到了盡頭，無法再前進。這件事就是毫無道理。」

我問帕克牧師對於黛娜．舒茨的畫有什麼看法。當時，她的畫作正在離格林伍德很遠的惠特尼雙年展上展出，並激起人們大規模的抗議。

「我是聽說了一些關於這幅畫的事，」他說，「但還不足以令我能做出評論。」

「你說的是紐約的那幅畫？」帕克夫人問，露出厭惡的表情。「她把他畫得像動物似的，一頭大象。」

我的問題則是別的；我覺得這幅畫太具裝飾意味。很難說畫布上的東西代表什麼，但如果你沒有看到標題，你可能會把這幅畫掛在你家牆上。而永遠不會有人有辦法把這幅畫作背後主角的那張照片掛在牆上。那張照片太令人痛心，無法長久盯著看。

「我們的律師就此事與紐約的一些人談過，」帕克夫人說。「打電話給克里斯，」她對丈夫說。「請他下來。」

克里斯·班森（Christopher Benson）的確是一名律師，但這只是他其中一個身分。他也是一位作家，以及新聞學和非裔美國人研究的教授；在這個脈絡中最重要的是，他還與瑪米·提爾·莫布里共同撰寫了《無罪之死》（*Death of Innocence*），講述了艾默特·提爾的生命與死亡。他寫了一篇名為《遺產》（*Inheritance*）的劇本，探討了電影《辛德勒的名單》中惡名昭彰的集中營指揮官阿蒙·格特（Amon Goeth）的女兒，和一位被格特當作私人奴隸的猶太女性之間的故事。班森認為她們與艾默特·提爾都處於同一個故事之中。這樣的事重複上演。「我試圖把焦點放在意義更為寬廣的私密故事上。你關注生還者的創傷記憶，然而現在你有了一個有趣的故事，因為加害者的孩子也經歷了創傷。」

班森在瑪米·提爾·莫布里生命中的最後六個月裡協助她寫下她的故事，他對於這個故事相當瞭解。《紐約時報》邀請他撰文談談最近這場令藝文界紛擾不安的爭議。瑪米會怎麼想呢？班森寫道，對瑪米來說，發生在她兒子身上的事不僅僅是一個非裔美國人的故事。那也是一個關於「實現自由、正義、人人平等之承諾」的美國故事。「無論種族為何，她樂見許多講故事的人藉由傳聲筒效應觸及更多的聽眾。提爾・莫布里夫人讓那副棺材開著，迫使我們把目光投向共同的國家責任。」班森認為，舒茨的作品起初的發想是好的。「舒茨在此與提爾・莫布里夫人有所對話，她想探討家庭之愛、喪親的悲劇和正義的旅程這些普遍的主題。不過，舒茨女士仍在無意中提醒了我們，以意象表達事務是白人的傳統權力。提爾・莫布里夫人翻轉了黑人死亡場景的劇本……正是因此，提爾的形象在非裔美國人的集體意識中才會占據如此特殊的位置。」班森總結道，提爾・莫布里夫人支持更健全的參與方式，甚至可以由惠尼博物館來策劃。「身為公立學校的教師和倡議家的她，在這裡看到的會是一個教學機會，而我們也應當如此。」[27]

班森呼籲進行對話，而惠特尼博物館聽見了。博物館邀請他和其他人規劃一場公開的活動。許久之後，我看了這場活動的影片，除了他以外的所有講者都令我感到失望。許多人的發言毫不連貫、充滿教條，且脫離發生這個事件的真實世界。我不認為這幅畫是好作品，但我的看法與「任何白人藝術家試圖描繪黑人的痛苦都是在利用這份痛苦並將之商品化」這種觀點仍相差甚遠。如果白人有責任審視白人種族主義，那麼重現其所創造出的暴力難道不是一個開始嗎？有位講者表示，稱其為「美國問題」是種侮辱。這在我看來等於是顛倒了整個概念。民權運動的英雄曾如此艱困地抗爭，難道不是為了讓美國人看見種族主義不只是「黑人的問題」，而是所有人的問題嗎？難道我們不該讓美國人看見，白人必須將

「白人對於黑人的殺戮和侮辱」當成我們自己的問題來面對嗎？

藍調音樂是經過人們的抗爭才得以在主流電臺播放；早些時候，藍調還被稱為「種族音樂」。當藍調、福音、R＆B、靈魂樂和嘻哈音樂攻佔各平臺時，有許多人在剝削音樂背後的創作者。但第一步難道不該是承認這些音樂是「美國的財富」，然後公平分配所得的好處，以感謝創造出這些音樂的非裔美國人嗎？有人說：「不可能公平分配。」「這些音樂是在黑人的痛苦和掙扎中誕生的，應該留在黑人手上。」但對我來說，沒有什麼比保羅・羅伯遜版本的〈游擊隊之歌〉（Partisan Lied）更感人的了，這首歌以意第緒語寫成，寫於一九四三年華沙猶太人隔離區起義後。一九四九年，史達林的反猶主義逐漸席捲全蘇聯；此時的羅伯遜在莫斯科演唱了這首歌，這表示他很清楚如何使用這首歌。我不認為猶太人會做得比他更好。正是因為羅伯遜以意第緒語和俄語在演唱中傳達出尋求正義的普世抗爭，才使得這首歌如此酸楚動人。

在某種意義上，唯有非裔美國人能夠理解艾默特・提爾的照片所創造出的痛苦。這件事的意義是否與「唯有猶太人能理解大屠殺」相同？此處，立場開始出現分歧。我傾向同意尚・艾莫里的觀點，即只有大屠殺的生還者才能理解大屠殺的痛；我不認為我能理解大屠殺的痛。[28]站在達豪營地白骨般的石頭上或站在布痕瓦爾德冰冷的霧中，都無法使我理解；閱讀人們的回憶錄也無法令我理解，因為即使是艾莫里和露絲・克魯格（Ruth Kluger）筆下極為高明的回憶錄，也令我感到自己正盯著一團我無法理解的空白。參觀大屠殺博物館也無法使我理解，他們給你一張寫著名字的卡片，堅持要你認同某人經歷過的真實故事。全世界的猶太人都是在大屠殺的陰影下長大的，但很多事情都包裹在迷思之中，以至於大屠殺感覺起來總是遙遠，至少對我來說如此。即使我竭力尋求真相，迷思的陰影仍如烏雲罩頂。即便我人在柏林也一樣。

如果艾莫里是對的，如果有任何人能理解大屠殺，那只有自其中生還的人。我雖是同一族的後代，卻無法理解艾莫里所寫下的心得。我所理解的充其量只是，在大屠殺發生之後與像我這樣的猶太人——試圖將大屠殺遺痕轉化為具生命力和普遍性之物的猶太人——一同長大的感覺。那些能夠理解大屠殺本身的人不是我們，而是生還者，無論生還的是猶太人、羅姆人、共產主義者還是同性戀者。理解不屬於部族，那是流淌在你血管裡的東西，需要共同的經驗或艱苦的努力。而且就算有了這些，這份理解的中心地帶仍有一個理性所不能及的黑洞。

一個白人女性能理解艾默特．提爾的母親所擁有的痛苦嗎？或艾瑞克．加納（Eric Garner）、崔溤．馬丁、塔米爾．萊斯的母親的痛苦？如果我們沒能完全理解，難道我們沒有義務去試著理解嗎？「在自己的弟兄獲得自由之前，所有的人都是奴隸」，這句話出現在如今已被遺忘的〈麥格．艾佛斯搖籃曲〉（Medgar Evers Lullabye）中。非裔美國人的歷史與其中一切的痛苦和榮耀，永遠都會是美國歷史——除非所有的美國人都這麼看，否則我們無法向前邁進。這不就是瑪米．提爾．莫布里一開始就讓棺材開著的原因嗎？

你無法期待自己瞭解另一種文化，除非你試圖進入該文化的某一區塊，在那裡活動一段時間。你知道你永遠無法像生於其中的人那樣理解它。你在嬰兒時期聽到的歌曲很重要。父母交換的眼神，那可能意味著喜悅或恐懼，你如何能明白？但這些事物影響了你，就像夜裡的哭聲影響了你，其所引發的惡夢能追溯到幾代之前。那些你無法理解的瞪視與輕視。其他孩子不需要聽的各種警告。有時也有毆打。有多少黑人父母狠狠地毆打他們的孩子，這樣他們才不會被白人打得更慘？

這些東西是你無法在日後學到的。但如果你允許一件藝術作品觸碰你的心，你可以得到相當多的啟發——首先是文化內部的人為彼此創作的作品，但也有從謹慎的外部人士之視角切入的。內部和外部的觀點都很重要。我們並非孤獨地活在世間。藝術是唯一有能力撼動人心之物；如果它沒辦法打動你，世間所有的事實都不重要。而廣義上的藝術比任何東西都更能做到這一點。

安瑟姆・基弗（Anselm Kiefer）是戰後最偉大的德國畫家，他的巨幅畫作以摧折人心的方式照亮德國的罪行，及其於猶太人和德國人身上所造成的悲劇。海因里希・伯爾（Heinrich Böll）和君特・葛拉斯（Gunter Grass）也做了相同的事，因此獲得諾貝爾獎。他們照亮真相的方式與猶太藝術家大為不同，但兩者同樣提供了我們所需的光線。這三個人是比黛娜・舒茨更好的藝術家，因為瑪米・提爾・莫布里打開了棺材，讓世界看到了具象之物；而舒茨在走向抽象的過程中可說是將其遮蔽了。

所以，這不是一個關於黛娜・舒茨之作品的論證，而是一個支持文化挪用（cultural appropriation）的論證，文化挪用是我們能開始理解對方世界的唯一途徑。奎邁・安東尼・阿皮亞（Kwame Anthony Appiah）在他深具力道的著作《具約束力的謊言》（*The Lies That Bind*）說，文化挪用的行為由來已久，去討論純粹的文化產品根本就沒有意義：

> 所有的文化習俗和文化物件都是流動的；它們喜歡向外傳播，而且幾乎所有的文化習俗和物件本

> 身都是混合物。阿散蒂人的肯特布[29]最早是用東方進口的染色絲線所製成。我們把別人的東西拿過來，讓那成為我們的。或者說，是邦威（Bonwire）村民以進口絲線織成布料。邦威村是最早製造出肯特布的地方，那麼，庫馬西（Kumasi）的阿散蒂人是否挪用了邦威村的文化財產？人們認定的所有者也可能曾是挪用者。[30]

阿皮亞提出了眾多例子，使我們不可能去主張世間存在著基本的文化身分。他還提出了一個更具破壞性的論證：問題不是我們很少能夠決定誰擁有某項文化物件，而是所有權這個概念本身就不能用於文化上。他寫道：

> 不幸的是，企業巨獸的大力遊說使知識產權的概念變得極為專橫跋扈……接受文化挪用的概念就是接受他們所支持的制度，即作為文化監護人的企業實體「擁有」知識產權金庫，他們可能允許他人使用這些知識產權，但他們會收費。[31]

這並不是要否認文化生產者常遭剝削、報酬過低的事實，也不是要否認那些對於出生在其中的人而言具有價值（有時是神聖價值）的文化傳統遭到淡化、不被尊重的事實。阿皮亞做出的結論是：

> 但是，以所有權來解釋這些越界行為的人接受了一個與他們希望保護的傳統格格不入的商業體

系。他們允許現代的財產制度來**挪用文化**。32

格林伍德的飯店大廳一直在重複播放同樣的背景音樂，所以當克里斯・班森抵達時，我們另找了一個地方來談話。「木蘭廳，」他笑著說。「這真的很密西西比。」他與黛娜・舒茨詳談過了，他認為舒茨完全有權利表達艾默特・提爾的故事與她個人之間的關係。他認為她的意圖是善良的，但太過素樸，未能理解這張照片為某些人所帶來的痛苦——這些人不願看見白人下筆將這個形象描繪得如此負面，且還把該形象其據為己有。他認為創造論述非常重要，否則我們無法前進。但他由自身經歷中瞭解到詮釋的工作有多困難。「每次你要詮釋某個已經存在的東西時，無論是文本還是意象，你都得問自己『我可以為這個故事加上什麼？』白人的視角當然會添加一些東西。不過，他不認為這幅畫是成功的作品，也許是因為不該將這張照片柔和化。「我想知道這個故事的白人視角，」他說。「這對一個白人母親，一個普通的白人有什麼影響？你能加上什麼來幫助我更好地理解你？這會更有意義。」

因為我是猶太人，班森稱我為特殊的白人。「猶太人的經歷、受壓迫的歷史和非裔美國人的經歷之間有共同點。」我從小就如此相信，但如今我不再確定了。太多的猶太人忘了這點，太多的非裔美國人否認這點而將猶太人視為白人，而且是白人剝削者。在南方，模糊的記憶仍存留著。不只古德曼和史維納而已，支持民權運動的北方人中有三分之一是猶太人，其中有些是猶太教徒，有些則不是。這些都寫在先知書裡，以及古老的福音詩歌。但還有誰記得這些？

「帕克牧師和我今早共進早餐時談到了這個問題，」班森繼續說。「這個共同點根深蒂固。」

他顯然認為此事根深蒂固；這就是為什麼他正在創作一部有關大屠殺的作品。他與大屠殺生還者和猶太知識分子談過，他們都不反對由一個非裔美國人來述說他們的故事。「但他們確實希望我述說正確的故事。所以這樣很棒；他們擁抱我，講故事給我聽。這就像是在說，我們會繼續向你提供這些資訊，以確保你理解我們。」

誰有權利述說艾默特．提爾的故事？誰有責任述說他的故事？人們以白人婦女為名義在整個南方犯下了恐怖的罪行。作為該族群的一員，我當然有責任記住這種暴力，並在行事時牢記其教訓。但如果我對這個故事有責任，那麼我難道沒有權利去瞭解它嗎？

黑人與白人並未窮盡我們所需的觀點。我從多個角度講述了提爾的故事：對提爾極有感情、身在案發現場的親人；被迫參與謀殺之人的兒子；以最惡毒的方式為謀殺者辯護之人的兒子。如果我們想嘗試理解整個故事，上述每個人的觀點都是我們需要的。我們需要知道什麼能引起共鳴，需要知道從沒聽過這個故事的好幾代人是如何受其影響，需要知道那些在三角洲鄰近地區的人是如何受其影響。從多個角度看同一個事件，是我們能夠企及真相的唯一途徑。身為猶太人的我想知道更多杜波依斯拜訪華沙的猶太隔離區廢墟的過程，保羅．羅伯遜對蘇聯日益增長的反猶太主義的想法，克里斯．班森對納粹集中營指揮官的女兒和他的猶太奴隸之間的故事之詮釋。我因著他人的反思而得到收穫，而不是遭到貶低。有些東西得從遠處看才看得清楚。

我在三角洲地區學到的功課是：動機總是複雜的。正如鄂蘭在《平凡的邪惡：艾希曼耶路撒冷大審紀實》中所說的那樣，到頭來重要的不是動機，而是行動。是什麼推動了你並不重要，重要的是你做了什麼，以及你留下了什麼。

薩姆納的後輩們向自身的歷史致意，希望能拯救他們的法院，但那不僅是一次致意，而且整件事並不容易。艾默特・提爾委員會的工作需要投入極大的努力。當然，他們的鎮長也希望貧困的小鎮能有更多資金和觀光業，這個地方窮到連南方世界（global South）的許多簡陋小鎮看起來也沒那麼糟。強尼哥照亮了一個遭人遺忘的鬼地方，並創造出一些成果。而如果德國學者得找工作，德國機構得有好的形象，那麼我們不是更應該要有一份確實的歷史記錄，指出德國的大多數機構當年是如何與納粹糾纏不清嗎？

可以肯定的是：這些事跡遭到標記、留存下來是件好事。想像一個把歷史上最重大的罪行都塵封起來的世界。在這個世界裡，任何形式的種族主義恐怖行動都未獲承認——大屠殺、種族滅絕、私刑處決都沒有留下任何痕跡。任何有助於我們擺脫遺忘的東西，我們都應欣然接受。

「如果不知道艾默特・提爾的故事，就不可能瞭解民權運動，」克里斯・班森作出結論。「這是美國的故事，但這個故事以更深的方式影響了非裔美國人。述說你的故事，以及你如何認同我們的故事。述說你的故事，說出你如何受我們的故事啟發。述說你的故事，說出我們的故事如何令你起身參與政治，說出你現在將要如何前進，貢獻己力以拆毀這個系統。我們仍看得見這個系統所殘留之物。我們尚未經歷和解的時刻。」這正是我試著在做的，我想。我不確定自己是否會成功。

第三部
撥亂反正

第七章
紀念碑

曾幾何時，美國的哲學家能喚起人們對於時代中重大的社會和政治事件之激情，並帶來清晰的認識。如果沒有梭羅和愛默生的聲援，偉大的廢奴倡議者約翰．布朗在歷史中留下的名聲可能會是瘋狂的恐怖分子。[1]而這兩位哲學家也不止在談話中推崇布朗的英勇並支持其目標，他們還違反法律，主動幫助布朗的同伴逃往加拿大。（愛默生出借他的馬，梭羅駕駛馬車。）約翰．杜威（John Dewey）在高齡七十八歲時前往墨西哥主持特別法庭，宣告托洛茨基（Leon Trotsky）無罪，史達林的指控不成立。這樣的付出換得的是死亡威脅。一八九七年，威廉．詹姆斯（William James）在奧古斯都．聖高登（Augustus Saint-Gaudens）為羅伯蕭上校（Colonel Robert Shaw）和麻州第五十四兵團打造的紀念碑落成典禮上發表了演講。第五十四兵團是第一個加入南北戰爭的非裔美國人兵團，電影《光榮戰役》（*Glory*）曾喚起人們對於此事的回憶。該兵團中有一半的士兵在攻占瓦格納堡（Fort Wagner）的英勇行動中喪生，而詹姆斯（Wilkie）的么弟威爾基（Wilkie）也在這次戰鬥中身負重傷。

詹姆斯的講詞值得一讀，因為其闡明了關於歷史紀念碑的當代辯論中真正重要之處。有些人堅稱，這場辯論的重點在於「歷史遺產，而非仇恨」，但事實上，這兩者皆非重點。支持保留南方邦聯紀念碑的人裡，很少有人積極仇視黑人。這有一部分是因為，並非每種情感都位於意識之中，我們無需熟讀佛洛伊德也知道此事。但更重要的是，這些辯論其實根本無關情感，儘管辯論者總是充滿情緒。這些辯論關乎的是我們刻意選擇的價值觀——情緒只是無可避免地附著在這些價值觀上，因為情緒總是如此。詹姆斯熱情洋溢的演講指出了人們為何要建立紀念碑：

> 就歷史觀之，這場聯邦之戰的意義……只有一個，而沒有什麼比第一個黑人兵團更能象徵與體現這一意義。
>
> 看看那座紀念碑，讀讀這個故事……在此，受逐的黑色人們徒步前進……一州接著一州以法律否認他們是人……青銅將他們的記憶封存成永恆，揭示了那些可怕歲月的靈魂與祕密。
>
> 自一八三〇年代以來，奴隸制度一直都是主要問題，到了一八五〇年代末，我們的國家因著奴隸問題而病倒，搖搖欲墜，就像旅人在疫病肆虐的夜間沼澤地躺下，早晨發現熱病已深入骨髓。[2]

詹姆斯繼續述說著早該有人述說的想法：

> 我們偉大的西方共和國從一開始就有件奇怪而反常的事。這片自由之地，人們誇耀其為自由之地，其核心卻是奴隸制度……這除了虛偽和糟糕的自相矛盾，還算得上什麼？……不過，這個共

和國終於分裂為兩半，飄揚的旗幟帶來了可能的真相。真相，感謝上帝，真相！儘管這份真相目前仍需以地獄之火寫成。[3]

詹姆斯寫下這篇講稿時，這份真相已經逐漸遭到眾多的歷史學家和熱門小說所遮蔽，人們故意建構出謊言來摧毀重建時期存留下來的成果。當局計劃拆除夏洛茨維爾的李將軍雕像而引發暴力抗議活動之後，歷史學者開始撰文指出許多人從不知道的事。大多數紀念南方邦聯的雕像都是在南北戰爭後約五十年落成的，當時南方邦聯之子（尤其是南方邦聯之女）正努力打造失落的一戰之神話。第二波建立紀念碑的浪潮則發生在一九六〇年代初，當時取消種族隔離運動獲得了首波成功，南方邦聯紀念

圖片六　羅伯蕭上校與他的第五十四兵團黑人弟兄

碑因而出現。這些紀念碑不是無害的歷史聖地，而是在白人至上主義的捍衛者感到威脅時所做出的帶有挑釁意味之宣示。知道建造的時間點就能知道它們之所以被建造的部分原因。

詹姆斯強調，他之所以讚揚這座紀念碑，不僅是因為他贊同羅伯蕭及其手下士兵在卡羅萊納海灘上拼死作戰時，所堅持的軍事價值觀，而是因為羅伯蕭具備了公民之勇氣——詹姆士如此寫道。[4] 羅伯蕭的日子過得不錯，待在先前的兵團中也很愉快，但這位白人軍官還是接下了領導第一個黑人兵團的任務。「在成立黑人兵團這個新的冒險嘗試中，孤獨無可避免，嘲笑肯定會有，失敗亦有可能。」然而，「羅伯蕭意識到這是個重要的機會；他看到這個時刻就是有色人種必須讓國家虧欠他們的時候。」因為「我們的國家是在名為美國的宗教中建立起來的。沒有人需要自己上頭有個主人，如果讓人們自由追尋，他們可以共同尋得救贖——美國人浸淫在這樣的信念之中長大成人。」[5]

詹姆斯繼續說，是公民勇氣讓羅伯蕭放棄輕鬆的工作，接受了這個他認為體現了上述美國理想的任務。這是一種孤獨的勇氣：

> 國家的紀念碑最該紀念的正是這種勇氣……國家最致命的敵人不是外來的敵人，而是居住在國界之內的敵人。我們總是必須抵抗這些內部的敵人，從他們手中拯救文明。最蒙福的國家是這樣的：人們以公民生活之才能日復一日地拯救文明，他們所做的事並不怎麼詩情畫意；他們理性地說話、寫作、投票；他們迅速打擊貪腐；他們對於不同陣營的人和氣以待。[6]

詹姆斯的演講清楚指出：紀念碑無關歷史，而是價值觀的體現。這就是為什麼我們會為某幾段歷史建造紀念碑而忽略其他部分。紀念碑體現了我們選擇推崇的典範，希望能夠提醒我們自己和後代，曾經有懷抱著勇氣的男男女女體現了這些典範。至關重要的並非過去，而是現在和未來。當我們選擇紀念某個歷史時刻，我們也選擇了我們想要捍衛和傳承的價值觀。

二〇一七年為了反對拆除位於維吉尼亞州夏洛茨維爾的李將軍紀念碑而發起的示威活動，毫無疑問地指出了一件事：不只德國有納粹問題。你可能更願意稱示威者為白人至上主義者，但兩者其實沒有差別。示威者有意識地使用納粹象徵，卍字符、火把和口號──「血與土！猶太人無法取代我們！」──此事已毋庸置疑。並非每個想保留南方邦聯象徵的人都是納粹分子。但是，美國納粹分子對南方邦聯志業的擁戴表明了，所有為這些象徵而戰的人都是在為納粹分子與各式種族主義者共享的價值觀而戰。

支持移除南方邦聯雕像的一個論證是，這些雕像傷害了一些不得不經過展示雕像的公共空間的人。當為奴之人的後裔從銅像旁走過，而銅像紀念的卻是某個希望其先人繼續為奴並為此戰鬥的人，他們必定會感到受傷。我想我理解這種感受。德國沒有納粹的雕像，但我試著想像如果德國有這樣的雕像，就在那些我已愛上的街道兩旁，我會有什麼感覺。我是否會想，這座雕像所紀念的人若得到半點機會，是否就會試著殺我？我是否會習慣這個雕像的存在而就這樣走過，在心中壓抑著恐懼和怨恨？如果一個地方的每個城鎮都選擇設立強尼瑞──或是國防軍士兵──的雕像來紀念所有為納粹服務而犧牲的人，我很確定我不可能留下或選擇在這個地方撫養孩子。但為什麼？

我想此事更關乎理性而非情感。假設德國仍選擇表揚那些為兇殘的目標服務的士兵，那麼這個國家

圖片七　位於維吉尼亞州夏洛茨維爾的李將軍雕像

圖片八　二〇一七年後，李將軍雕像便被州政府考慮移除。

等於是沒能拒絕這個目標本身——就算許多陣亡士兵並非真正的納粹信徒，只是深信自己正盡責保衛祖國，甚至有些士兵根本連這也不相信，只是群被徵召入伍的可憐人。一座肅穆英勇的青銅或石頭雕像，能夠讓其所獻身的目標顯得高貴。若將替兇殘目標服務的士兵之雕像放置在公共空間，最好的情況下也只反映出國家對於這個士兵為之犧牲的價值觀感到矛盾，無論是否曾有特定的士兵認同這些價值觀。如果雕像人物是顯然忠於該目標的將軍，那就更不用說了！

德國沒有國防軍士兵的雕像，當然也沒有隆美爾（Erwin Rommel）的雕像，隆美爾通常被認為是希特勒麾下將領中最不討人厭的一個。正如我大多數德國朋友一樣，我也以為德國根本沒有任何軍人紀念碑，直到一位研究德國歷史記憶的專家提醒我有個例外。弗里德蘭（Friedland）是哥廷根（Göttingen）附近的一個小鎮，這裡曾是德國難民和士兵的中轉營。一九六六年，艾德諾在此替一座紀念碑安下了基石。這座紀念碑全然抽象，只有其規模散發出英雄氣概。它並未褒揚那些從蘇聯戰俘營返家的德國國防軍士兵，但確實強調他們所受的苦，將其與因盟軍轟炸或波蘭接管東普魯士而失去家園的德國人相提並論。設計這座紀念碑的委員會拒絕提及集中營的倖存者；關於德國人所造成的痛苦，他們只提到「有五千萬人在戰爭中喪生」，但並未說明如何喪生或為何喪生。[7] 雅萊達・雅斯曼（Aleida Assmann）寫道，這座紀念碑在一九六七年完工時已顯得過時，而且今天在德國幾乎無人知曉。曾協助打造出該紀念碑的德國戰俘後代，後來習得了另一套價值觀：他們厭惡並反對紀念那些為了擁有殘殺別人的權利而戰的人。就價值觀而言，若一座紀念碑紀念的是那些為了擁有奴役他人的權利而戰的人，那我們也應當表示厭惡並加以反對。李將軍的神話也到此為止。

這是原則問題，無關個人的痛苦或族群之忠誠。在《平凡的邪惡：艾希曼耶路撒冷大審紀實》中，鄂蘭認為法庭應該要以反人類罪而不是起訴書中所說的反猶太民族罪來審判艾希曼。在那個人們還沒開始競相比較誰受害較深的年代，她可能並未意識到她所做出的區別有多重要。不過，她的先見之明無庸置疑，這項區別如今持續變得更加重要。「謀殺數百萬猶太人」不僅是對特定族群所犯下的罪，更是對於人類本身所犯下的罪，我們主要是以人類的身分而非猶太人的身分憎惡並記得此事。我們稱之為大屠殺的罪行——僅因為人類群體中的某一撮人屬於某個特定族群便試圖消滅他們——攻擊的是人類這個概念本身，這也是為什麼除了猶太人之外仍有

圖片九　德國少數有關德軍的紀念碑，紀念從蘇聯戰俘營返家的德國士兵，該紀念碑位於哥廷根弗里德蘭小鎮。

這麼多人都將此事當作邪惡之標準的部分原因。

運囚車、毒氣室和火化室的畫面被烙印在我們的集體記憶中，但我們不需要這些畫面也能指出大屠殺是反人類罪。我支持黑命貴（Black Lives Matter）運動，不是出於族群的忠誠，甚至不是出於族群的內疚，而是因為殺害手無寸鐵的平民這樣的罪行針對的永遠都是全人類。這是個普遍主義的立場。同時，我反對那些堅稱「所有生命都珍貴」（All Lives Matter）的團體所採取的空洞而具誤導性的普遍主義。所有的生命當然都很珍貴，但這種說法以一項平淡無奇而不具價值的事實，取代了一項重要的經驗事實，因而轉移了人們對下列事實的注意力：據保守估計[8]，非裔美國人死於警察暴力的可能性是其餘美國人的七倍以上。當然，為了理解這個事實，我們也必須同時理解普通事實和個別事實之間的差異。在這個年代，只要能緊緊抓牢真相之理想也許便已足夠。[9]

並沒有確切數據指出暴力事件與信奉種族主義價值觀的紀念碑之間有何關聯。這兩者的區別明確，即便一個國家明文拒絕種族主義並豎立起提防種族主義再現的紀念碑，暴力事件仍會發生。二〇〇〇年，德國立法使得德國公民身分與德國血統脫鉤，全國各地都是中央政府出資設立的種族主義受害者紀念碑，但其中一些紀念碑遭到毀損，右翼的種族主義情緒近日也持續增長。不過，當一個國家表揚那些為維護種族主義而戰並且犧牲的人，也以此隱約暗示自己支持種族主義，那就更有可能出現暴力事件。自英國公投脫歐以來，其國內的仇恨犯罪案件數量以前所未見的規模飆升。自川普當選以來，美國的情況也是如此。[10]

當你身處陌生城市的時候，你更有可能注意到城裡的紀念碑。造訪敖德薩的你可能會伸手摸摸普希金（Alexander Pushkin）的鼻子求個好運，來到塞多納（Sedona）的你可能會在愛因斯坦的銅像旁坐下——這兩個例子是受人尊敬的非軍事英雄之銅像。你可能會努力回想納爾遜將軍（Horatio Nelson）做了什麼，值得人們把他擺在這個高高的柱子上，受到眾多鴿子的簇擁。你還可能會思考，不知道西方人是什麼時候開始愛上方尖碑的——人們認為這個帶著陽具崇拜意味的神祕古埃及產品適合拿來紀念美國的第一任總統。大多數情況下，你只會在前往辦公室或超市的路上匆匆經過這些紀念碑，希望自己能完成當日行程表上的所有任務，能專心寫完那封棘手的電子郵件並記得買早餐的麵包。我在波士頓郊區生活了八年，卻從未正眼瞧過威廉・詹姆斯以充滿光輝的語言描述的那座紀念碑。

如果紀念碑是價值觀的具現化，那麼你很可能忽視了你周遭的價值觀。價值觀在其受到威脅時最為可見。在其他時刻，它們就只是一些你認為理所當然之物，就像是紀念碑。也正是因此，你在成長的過程中更有可能會對身邊的這些東西產生感情。你記得的不是紀念碑，而是你生命中發生在其周圍的時刻：翹課時躲在紀念碑後面，或在其陰影下接吻。你幾乎不曾注意過的這座紀念碑提醒著你什麼是家，當它消失的時候，你會感到有點無家可歸。[11] 為論證方便，讓我們假設：當紐奧良的居民懷念起如今已消失的南方邦聯雕像時，他們想念的不是南方邦聯意識形態的象徵，而是一種以熟悉而自在的方式生活的感覺。他們這輩子已無數次從雕像旁走過，或更可能是開車經過。但是，他們所懷念之物同時也是一個拒絕讓某一群人擁有這種自在感的意識形態之象徵——社會其實並不想要這群人以僕人之外的姿態活著，而在該意識形態仍存在時，這群人永遠不可能自在生活。

在為了南方邦聯紀念碑與人辯論的過程中，我一次又一次試著想像德國充滿了服務納粹的軍人之紀念碑，但我想像不出來。對於任何在當代德國生活過的人來說，難以想像會有任何國防軍雕像存在。即便有些人私下仍為在前線喪生的家人哀悼，即便他們知道國防軍中只有一小部分人是納粹黨員，他們也很清楚自己若公開向至親致敬，就等於是向他們為之犧牲的目標致敬。

◈ ◈ ◈

在德文世界裡，偶爾會用德文的「Monument」（紀念碑，重音在最後一個音節）來指涉英文的「monument」（亦為紀念碑，重音在第一個音節），但沒有英文對應詞的「Denkmal」則更為常見。「Denkmal」紀念的是需要深思的事件。如果事件特別可怕，可能會用「Mahnmal」（警示碑）來稱呼之。至於規模較大的恐怖事件紀念碑——例如修復後的集中營——則可能以「Gedenkstätte」（思索之地）來稱呼。這個字的字根是思考（denken），顯示出人們曾苦苦思索這個問題：我們以實物來紀念什麼，紀念的方式為何？

威廉．詹姆斯寫作的那個年代，人們似乎理所當然地認為紀念碑只為英雄存在。歷史是由歷史中的勝利者寫下的，失敗者不值得人們永遠關注。正是對於永恆的渴望讓我們以大理石和青銅來塑造紀念物。紀念物可能不會永遠存留，但其存留的時間比我們自身更久。近年來，德國為二戰中真正的英雄——那些為反對納粹而冒著風險或獻出生命的人——以及戰爭的受害者打造紀念碑。還有一系列的紀念物將焦點放在加害者以及他們的受害者：例如集中營、萬湖會議別墅（House of the Wannsee

Conference），或柏林的蓋世太保刑訊室。這些紀念物展示了加害者所做的事，以此紀念受害者。整體而言，自一九四五年以來，德國已經投入超過十億美元來建造紀念大屠殺的紀念碑，每年的維護費用也高達數百萬美元。但卻沒有任何紀念碑紀念的是那些發起戰爭並投身其中的人。

由於納粹運用死刑的方式，德國人如今認為死刑在道德上無法被接受。「人們之所以具有這種意識，是因為他們理解到大屠殺之可恥，」布萊恩・史蒂文森說。「如果德國在全國各地安放數百座希特勒的雕像，我們就不會尊重德國，也不會與他們合作。如果他們將納粹主義浪漫化並創造出一種敘事，說這件事並不真的關乎猶太人，也無關統治世界、無關雅利安人至上，而是關於別的東西——這就是美國一直在做的事——那我當然不會想去德國。」

史蒂文森是一位非裔美國律師，他創立的平等司法倡議小組（Equal Justice Initiative）已拯救了數百名囚犯免於死刑的命運。他也是阿拉巴馬州蒙哥馬利（Montgomery）和平與正義國家紀念館（National Memorial for Peace and Justice）的創建人，該紀念館還有一個非正式的名稱：私刑處決國家紀念館。我讀完了他令人驚嘆的著作《不完美的正義：司法審判中的苦難與救贖》（*Just Mercy: A Story of Justice and Redemption*）之後，猶豫著是否應該邀他進行訪談。他拿我所占用的時間去拯救其他人的生命不是更好嗎？「謝謝妳來陪我們」，我因著打斷他工作向他道歉之後，他如此親切地回答我。關於美國該如何面對我們血腥的歷史，史蒂文森是目前唯一一個公開將德國與其作法視為典範的知名人物。我想知道他是如何得出這個結論的。史蒂文森的行程極為忙碌，但當我踏進他在蒙哥馬利的辦公室時，他的態度十分和善，幾乎可說是寧靜自得。

「我們身處其中的這棟建築，就位於舊奴隸貨倉的遺址上。」他告訴我。「一百公尺外有條河，鐵路和船隻把數以萬計的奴隸運來這裡。奴隸拍賣場就在這條街上距離一百公尺的地方。如果你在三年前來這，你會發現公共景觀中有五十九個與南方邦聯有關的標誌和紀念碑，卻沒有任何關於奴隸的隻字片語。」史蒂文森說，美國和德國的差別在於領導階層。「德國會有人站出來說，『我們可以選擇成為擁抱過往的德國，或迎向未來的德國。但我們無法將納粹時代和諧融入我們想成為的國家之中。我們要嘛就得拒絕納粹思想並提出更好的主張，要嘛就得在餘生之中背負著譴責。』在美國，從未有人說過這種話。」

除了領導階層的問題，史蒂文森認為美國還缺乏羞愧心。雖然最近出現一股反作用力，但美國人的基本共識是：奴隸制是錯誤的。不過，即便是在奴隸主的後代身上，也很難看得到羞愧感。人們確實感到後悔，有時甚至感到自責。許多州都出現了奴隸主的後代和他們所擁有的奴隸之後代間的聚會活動。一些奴隸主的後裔對自家祖先壓迫他人的程度感到震驚。不過，完全沒有出現曾導致許多德國人自稱為丹麥人或荷蘭人那種民族恥辱感，這種情感不是美國式的情感。雖然堅信這個國家是地球上最偉大國家的人通常從未踏出國界過，但美國人普遍傾向相信美國例外論（American exceptionalism）。他們認為美國在過去可能犯了一些……錯誤，但尚未嚴重到能損傷民族自豪感。史蒂文森認為，僅承認奴隸制是錯的還不夠。「如果沒有羞愧感，你就不會真的改正過來。你不會以不同的方式來做事，你不會承認某些事情。」有些人認為，罪疚是朝向內在的感受，沒人需要知道你是否懷抱著罪疚感。相較之下，羞愧則是你透過別人的眼睛看到自己，並且無法忍受這個形象的存在。為了克服羞愧，你必須有所行動，讓別人看見你並不只是你或你的先人在最糟的時刻裡所展現出來的樣子。

「在我看來有趣的是，」史蒂文森說，「查爾斯頓槍擊案促成了過去五十年來很少有哪個事件能造成的現象：許多白人確實對此事感到羞愧。他們的羞愧感升高了，因為有人以南方邦聯支持者的身分走進教堂，屠殺了正在祈禱的九名黑人。如果這個人是走進廉價公宅區殺掉九個人，人們不會想要拿掉南方邦聯旗幟。」但史蒂文森對這份羞愧的幅度不抱幻想。「這樣的時刻轉瞬即逝。」他不認為妮基・黑莉（Nikki Haley）在主導拆除南方邦聯旗後還能連任南卡羅來納州的州長；而且他覺得阿拉巴馬州長如果沒有跟隨黑莉的腳步拆除阿拉巴馬州南方邦聯旗的話，也許就不會因為性醜聞案而丟掉州長一職。

一開始，阻止希特勒的雕像出現在德國風景中的既不是領導階層也不是羞愧之情。這事得感謝盟軍，也得感謝第三帝國的短命。一九四五年，盟軍的一道聯合命令規定禁止「規劃、設計、豎立、設置、張貼或以其他方式展示任何傾向於保存或維持德國軍事傳統、恢復軍國主義、紀念納粹黨，或在某種程度上美化戰爭事件的紀念碑、紀念館、海報、雕像、建築物、街道或公路名稱、標誌、牌碑及記號」[12]。希特勒從不曾為自己打造雕像，他更喜歡把自己的名字放進街道和廣場的名稱中，而這些街道和廣場在戰後很快就被重新命名。納粹的巨大建築計畫大部分都沒能完成；原本打算存續千年的帝國在十二年後就被擊垮了。戰後的幾十年內原本可能會有一波反動力量，就像那股讓美國南方各處出現邦聯雕像的力量一樣。但盟軍在德國待了將近半個世紀，而阻止南方各州美化邦聯的聯邦軍隊在十年後就撤走了。不過，對於盟軍占領的恐懼並不是阻止德國人在戰後美化納粹的唯一原因。羞愧感發揮了重大作用，這樣的心情使得德國人不只沒有打造任何納粹紀念碑，還為他們的受害者建造了上千個紀念碑。

隨著另類選擇黨的崛起，羞愧感已成為近期德國論述的主題之一。二〇一七年，另類選擇黨中偏向激進的成員比雍．哈克（Björn Höcke）語出驚人地批評了位於布蘭登堡門旁、占據大片昂貴地段的浩劫紀念碑。與新納粹刊物長年來往的哈克說：「全世界只有德國人在首都的中心地帶蓋了一座令國人羞愧的紀念碑」。他接著表示，始於一九四五年的再教育剝奪了德國人的身分認同，他抨擊魏茨澤克在一九八五年所做的著名演講是「不利於自家人的演講」。

哈克的言論得到了迅速而強烈的反應，甚至連另類選擇黨也考慮把他掃地出門，但在經過一番辯論後放棄了此事。哈克所打破的禁忌是統一後的德國視為國家基礎之物。一九八四年，德國總理海爾穆．柯爾（Helmut Kohl）偕同美國總統雷根（Ronald Reagan）參訪了武裝親衛隊成員埋骨的比特堡公墓，因而引發爭議，當時這位總理說「歲月待他仁慈，因他出生得晚」。這話暗示，像他這樣在納粹上臺前後出生的人，對於納粹罪行沒有責任，也與納粹沒關係。即使在八〇年代，他的言外之意也惹來了廣泛的批評，「歲月仁慈」之語隨即成了帶著黑色幽默的一種說法。沒有人會認為，像柯爾這樣在納粹上臺時只有三歲的人應該為納粹負責，但整個德意志民族都意識到了一份集體責任，那就是記住納粹的罪行，並盡其所能為其贖罪。

如果說，這樣的想法如魏茨澤克在演講中所說的那樣，在一九八〇年代的自由派圈子裡已相當普遍，那麼這在一九九〇年代則成了全國共識。這就是規模宏大的浩劫紀念碑出現的原因。我雖與許多批評家一樣對於這個紀念碑的形式並不欣賞，但我欣賞促使其出現的動力。能在最顯眼之處為歷史上的罪惡建立起一座令國人羞愧的紀念碑的國家，是個以無懼之姿面對自身失敗的國家。

哈克有一點說對了：世上沒有其他國家這樣做。英國在議會大廈前放了一座甘地的雕像，這可說是一個開始，因為此舉暗示著甘地是對的。但英國沒有紀念碑紀念殖民時期的饑荒與大屠殺之受害者，雖然二〇一五年時出現了一座受害者紀念碑——或者應該按肯亞人的角度稱為英雄紀念碑。這是庭外和解的一部分，起因於肯亞人控告英國政府血腥鎮壓茅茅起義（Mau Mau rebellion）[13]並要求賠償。這座紀念碑位於奈洛比（Nairobi），英國的學童不太可能看到。但即便如此，英國仍領先法國一步，法國並沒有任何關於阿爾及利亞戰爭的公共紀念物。華盛頓國家廣場上如今有一間非裔美國人博物館和一間美國原住民博物館，但卻沒有任何東西紀念奴隸制度和種族滅絕暴行的受害者。（「非裔美國人博物館很棒，」史蒂文森說，「但大多數遊客都直接跑去看麥可．傑克森的手套了。」[14]）林瓔為我們所謂的越戰設計了紀念碑，但卻不曾有人設計一座紀念碑來列出在這場越南人稱為「美國戰爭」的戰事中被殺害的一百多萬名越南人——連載明人數都沒有，更遑論列出姓名。林瓔決定不褒揚陣亡的美國軍人而只是列出他們的名字，這在當時已引起了相當大的政治爭議，所以很顯然沒人想到要更進一步做點什麼。畢竟在傳統上，紀念碑並不紀念失敗者。

德國堅定紀念自身失敗的作法並非萬靈藥。橫跨一九九〇年代的重建柏林行動是一段無聊而不著邊際的過程，歷史學家、政治家和德國公民花了十年的時間辯論各種事。他們所做出的一些決定——例如新政府大樓裡那麼多扇的透明落地窗——可能顯得相當多餘。但即便你對這一大堆的玻璃窗感到厭倦，你也會欽佩其背後的志向：民主應該完全透明。沒有人，尤其是德國人，會說這些重建和重新命名的行動已消滅了種族主義和軍國主義之根源。舊怨消散的速度很慢，但它們終會消亡，除非有煽動者刻意復甦之。重建柏林不是為了反映現況，而是反映人們對它的期望。柏林的公共空間展示出一個有意識的決定，決定著統一後的德國應致力堅持的價值觀。我們得先承認那個曾藐視這些價值觀的年代，然後才能真正擁抱這套價值觀——人們若能理解此事，也就能理解真實的自豪感必然意味著直面自身的羞愧感。

正是這份理解令人們對哈克的說詞憤怒不已，他們的憤怒不僅限於言語批評，還包括實際行動。政治之美中心（Center for Political Beauty）是一個倡議團體，其早期支持難民的表演作品獲得了全國性的政治關注，這個團體租下了圖林根邦（Thuringian）某村的一處地產，就位於哈克家正對面。在公眾資金的支持下，該團體偷偷打造了二十四座石碑，這是浩劫紀念碑的複製品，從哈克家正面的窗戶就能看見。他們說，如果哈克願意效仿威利・布蘭特，在全世界面前下跪為德國的罪行道歉，他們就把這些石碑移走。一些評論家表示此舉品味低落，哈克則稱其為恐怖主義；藝術家收到死亡威脅，石碑所在那一小塊地不再對外開放。不過截至目前為止，此舉仍然是對抗右派崛起的行動中深具創意的例子。我不指望他們能改變哈克，但政治之美中心也沒有想要改變任何人。他們只是認為，像哈克這樣刻意挑釁的言論應該得到回應。

與浩劫紀念碑相比，我更喜歡其他幾座位於柏林的紀念碑。除了特雷普托區令人動容的蘇軍紀念碑之外，羅森街（Rosenstrasse）上還有座紀念碑，雖然這條小街道位於熱鬧的亞歷山大廣場（Alexanderplatz）

附近，但該紀念碑通常無人問津。這是一座小公園，裡面有三座紅色調的砂岩石碑，出自在東德長大的猶太藝術家英格堡・亨辛格（Ingeborg Hunzinger）之手。公園旁有一根高大的圓柱，講述著納粹時期德國曾發生過規模最大且是唯一成功的一場非暴力抗議活動。

那是一九四三年二月，二戰中最黑暗的時刻之一。自一九三六年《紐倫堡法案》禁止猶太人和非猶太人之間的婚姻以來，納粹施加了相當大的壓力迫使那些合法結婚的跨種族夫妻離婚。他們升遷遭拒，丟了工作，配給縮減。但有許多人仍然保持忠誠，納粹政府不確定該如何處理這些人。在這場獲勝機會眼看愈來愈小的戰爭裡，他們是否應該冒著造成動亂的風險，把那些仍未與雅利安人離婚的猶太人驅逐出境？他們決定進行一次嘗試，在工作場所圍捕數百名猶太男性，並將他們關押在位於羅森街上的前猶太社群辦事處，等待遣送。此前已有數以千計的猶太人在並未提出抗議的情況下遭到遣送。

但這次不同。當這些失蹤男性的妻子發現丈夫被關押的地點時，她們不約而同地來到羅森街，堅持要帶走自己的丈夫。這些女性因為選擇站在自己的猶太裔丈夫這邊，已飽嚐困難、受盡歧視，她們毫不在意蓋世太保手中的槍，就像她們毫不在意街上冰冷的風。妻子們在該處待了一個多星期，而政府退讓了；這些男性遭到釋放。沒有人目睹這場鮮為人知的抗議活動，只有石碑上刻出了極其簡單的紅土色人像，重現了當時的恐怖之感與勝利之情。石碑上的銘文寫道：

公民不服從與愛的力量戰勝了獨裁政權暴力
女人於此站立、不畏死亡

把我們的男人還給我們
猶太男人獲得了自由

我曾多次造訪這座紀念碑，並帶許多來訪的朋友來看，有時也落下淚來。人們常說，甘地和馬丁路德．金恩的策略之所以成功，是因為他們的壓迫者是文明人。英國和美國可能會被對手的道德勇氣所感動，而極權主義政府只會痛下殺手。羅森街的婦女講述了另一個故事：即便在第三帝國最黑暗的時刻，正亦能勝邪，甚至無需武器。令人悲傷的不是這個故事鮮為人知，或是其中女主角的姓名無人記得，而是沒有其它像這樣的故事。

阻止其他人這樣做的不僅是對納粹恐怖統治的恐懼，還有其他原因——人們相信英雄之舉徒勞無功，而且常以死亡告終。德國紀念最著名的反抗運動英雄紹爾兄妹的許多

圖片十　位於柏林市羅森街的紀念碑，記錄著愛與不服從如何在一九四三年戰勝獨裁暴力，該紀念碑出自亨辛格之手。

紀念碑，確實以不那麼隱晦的方式表達了這件事。漢斯・紹爾（Hans Scholl）和蘇菲・紹爾（Sophie Scholl）是慕尼黑大學的學生，他們因為印刷反納粹傳單被逮捕而命喪斷頭臺。他們的勇氣毋庸置疑，但他們的行動所造成的唯一效果是令後世的德國人感到安慰：當年並不是所有人都向納粹屈服。正如另一位西德反抗運動英雄史陶芬堡伯爵（Count Stauffenberg）和他在一九四四年那群夥伴的故事一樣[15]，紹爾兄妹的故事也提供了另一種更為黑暗的安慰：如果試圖反抗納粹，結局唯有滅亡。對於數百萬向納粹屈服的德國人來說，這樣的想法（無論是否有意識）只會令他們更加深信投降是唯一理性之舉——除非你剛好具有烈士性格。

德國各地都有以紹爾兄妹命名的街道和學校，就像美國大多數南方城鎮都有一條名為馬丁路德・金恩的街道。相形之下，羅森街婦女的紀念碑雖令人振奮，但也使人感到羞愧。她們的故事讓數百萬未能仿效其榜樣的德國人深感羞恥，也許這就是為什麼有些歷史學家最近試圖解構這個事件，他們認為最終導致猶太男性獲釋的原因並非妻子們的抗議，而是內部政治考量。對於這個故事的研究還不夠多，但沒人會質疑故事中的基本事實：女人勇敢抗議，男人最終獲釋，而且他們都活到了今天，述說著這個故事。

綠樹成蔭的郊區格呂內瓦德（Grünewald）的車站裡也有一座紀念碑，五萬名柏林的猶太人就是在此地登上了死亡列車。有一條軌道成了紀念裝置，不再有火車通行，以此承認德國鐵路曾成為謀殺猶太人的共犯。入口處有道高大的混凝土牆，牆面上有許多陰鬱的人形，象徵著那些遭遣送的猶太人所遺留下來的空缺。「空缺」也是以色列藝術家米赫・烏爾曼（Micha Ullman）所打造的紀念碑主題，回應著一九三三年戈培爾下令焚書的事件。這座紀念碑不容易看見，只在你即將踏上覆蓋其上的玻璃時才躍入眼簾。寬闊的中央廣場其玻璃地板下方，有一排排白色的空書架。書架上面有一塊碑牌，引用了十九世紀詩人海涅的話：「這只是個開始，焚燒書籍的人終究會開始焚燒人類。」另一塊碑牌上則寫著「納粹學生在此焚燒書籍」。這樣的說法太簡單，無法傳達出成千上萬路過的遊客需要知道的內容：這不是一群沒受教育的底層暴民，而是數百名富裕的、受過良好教育的學生和他們的教授，他們高高興興地遵循了納粹政府首波的命令。照片顯示，他們在洪堡大學門前將書本扔進火堆時，臉上帶著欣喜的神色。我們想要相信，得對右翼民族主義負責的是不識字的群眾，但統計數字卻不是這麼說的。

大多數柏林人持續要求德國面對自家的羞愧事，甚至不惜犧牲其他公共財。二〇〇一年，柏林市政府宣布要在這座紀念碑周圍的寬闊空間蓋一座地下停車場。柏林的大眾運輸系統很發達，但市中心的停車位卻少得可憐。市府表示這座停車場有四百五十八個車格，能真正滿足市民的需求。地下停車場不會影響這個紀念裝置，而是蓋在其四周的空間裡，所以我能接受這個安排，而且我對於「將每個浩劫紀念裝置都視為聖地」的做法也持保留態度。不過，數千名柏林市民並不同意此事，他們發起了反對停車場的運動，認為這是對於紀念碑的褻瀆。這場抗議行動最終沒能阻止政府蓋停車場，但工程被往後推遲了幾年。此事顯示出保護紀念碑的公民運動之深度。很難想像任何地方的人們如此投入類似的事。

德國政府的政治教育單位在二〇〇〇年提出一份嚴謹的報告，記錄著德國所有的納粹罪行紀念碑。光是柏林就有四百二十三座，但有些人認為應該要設立更多。特別是有些人認為，納粹計劃和落實其罪行的地點應該好好保存，以使人們記得。這樣的重要地點在柏林有兩個。其中一個是位於柏林郊區的萬湖會議別墅，「最終解決方案」便是誕生於此地。你可以乘坐艾希曼用過的電梯，參觀納粹高層用完午餐後喝法國白蘭地的房間。別墅的大門口矗立著一對臉帶怯意、泛著灰色的天使石雕。另一個地點是蓋世太保的刑訊室，這個位於市中心的遺址並未完全出土。兩處遺址都設置了博物館和教育中心。二〇一七年的水晶之夜紀念日，我在名為「惡行地景」（Topography of Terror）的刑訊室遺址中的演講廳，聽著人們討論東德和西德的紀念碑之差異。歷史學家說，兩邊的人對加害者所留下的遺址都沒什麼興趣。為什麼西德會為了蓋新建築而拆掉艾希曼的辦公室？不是應該至少在該處設置一塊告示碑嗎？為什麼東德完全沒有標記出負責遣送猶太人的納粹官僚住的房子？難道這不是意味著東邊和西邊都不願意面對納粹罪行嗎？

我認為紀念恐怖罪行的園區有兩處已經足夠了——一棟豪華別墅，另一個則是好幾間被挖開的、醜陋駭人的廢棄地窖。這類地點催生了一股黑暗觀光風潮，餵養著人們病態的好奇心，想對人性最糟的面向一探究竟。人們造訪恐怖罪行場景的原因有很多，有些原因並不病態，但我認為此事不應過於泛濫。我們需要提醒自己人性有多麼容易屈服於邪惡，但不必做過頭。紀念受害者和紀念謀殺者之間的界線並不那麼明確——即便只是過度關注謀殺者便有可能越界。意第緒語中有一句古老的咒罵語相當有智慧，這句話籲請上帝令最壞的命運降臨在對方身上：願他的名字和關於他的一切回憶都被遺忘。這是個令人不愉快的悖論：每當你紀念著一位大屠殺的受害者，你也保留了一名黨衛軍軍官的回憶。就像大多數悖論一樣，這個悖論無法憑蠻力解決。我們既不能因為害怕記得用刑者就決定忘記受害者，也不能因為害怕忘記事情是如何發生的就決定紀念每一個惡行發生的地點。正如大多數重要問題一樣，我們只能將所有細節納入考量並做出判斷，才能解決此事。

一九六六年時，人們首次提議將萬湖會議別墅改建為紀念博物館，而柏林市長拒絕了這個提案，他擔心這棟建築可能成為「恐怖的崇拜對象」。他想拆除這棟建築；但即便在那時，也已有數以千計的市民堅持必須保留它。他們表示，若要拆除提醒著人們黑暗過往之物，你恐怕得把半個柏林都拆掉。兩德統一後不久，萬湖會議別墅紀念碑暨博物館便對外開放了。此地如今服務著數以千計的德國團體，他們可以前來研究自己所從事的行業內部的納粹歷史；還有外國遊客，他們能在此學習如何面對自己國家的歷史罪行。二〇一六年，有來自伊拉克、智利和剛果的代表團參觀這座別墅，並與博物館館長會面。此地和「惡行地景」遺址一樣，都提供著重要的服務，但在每棟曾為納粹服務的建築前放上告示碑，則會成為一種對於人性最惡劣面的日常提醒。更好的做法是記住那些揭示了最美好之物的人，比如羅森街的婦女。

布萊恩・史蒂文森建議以白人廢奴主義者和反私刑倡議家的名字重新命名南方各州的建築。他告訴批評者：「你們應該為密西西比、路易斯安那和阿拉巴馬的南方白人感到驕傲，他們在一八五〇年代就認為奴隸制是錯誤的。在一九二〇年代，也有許多南方白人試圖阻止私刑，但你不知道他們的名字。我們不知道他們是誰這件事，便說明了我們得學習的東西是什麼。」如果我們紀念這些人，這個國家就可以從羞愧變得自豪。「我們其實可以擁抱這份以勇氣為基底的歷史遺產，當時的人們不做容易的事，而寧願做正確的事。我們能以他們的行動為準則來找出我們想要紀念的的南方歷史、南方遺產和南方文化。」

懷抱著這種勇氣的南方白人並不多；懷抱著這種勇氣的柏林人也不多。也許有人會說：推崇這些人物會造成錯誤印象。例如，東德在紀念他們的反抗運動英雄的同時，似乎也令人們認為東德大多數人都是反法西斯鬥士。同樣地，這是一條必須具備良好判斷力才能順利劃出的界線。正如史蒂文森所言，對於英雄的紀念與其說是歷史問題，不如說是道德問題：我們推崇某些人的同時，也擁抱了他們的行為準則。英雄的存在弭平了應做之事和實際發生的事之間的差距。他們讓我們知道，不僅有可能運用自身的自由來反抗不正義，而且真的有人曾實現這個可能性。

除了柏林的其他紀念碑外，還有幾乎無處不在的絆腳石——這些小銅牌記錄著曾住在路旁房子裡的猶太人、同性戀者、辛提人（Sinti）和羅姆人的姓名、生日和遭遣送的日期。藝術家德姆尼戈在一九九五年開始執行這項計畫時，曾面臨相當大的反對聲浪，而且反對者不全是雅利安人。德國猶太人中央委員會主席克諾布勞赫（Charlotte Knoblauch）抱怨道，這些小紀念碑只是再次羞辱了戰時的受害者，她當時是靠著躲藏才能倖免於難。「大屠殺受難者應該得到更好的待遇，而不是以這些蒙了灰塵和街道髒污的告示碑來紀念他們。」她發表聲明之後，慕尼黑市府拒絕讓這些絆腳石成為合法的存在，人們至今仍在抗議這道禁令。的確，這是真的，你有可能會踩踏這些石頭，正如其所紀念之人在生前和死後都遭到踐踏。但更多的時候，行人會繞過它們，許多人會停下腳步，閱讀其上的文字，然後屏住呼吸。

這些絆腳石記錄著規模更大的紀念物所無法指出的事：恐怖惡行並非始於遙遠的波蘭，而是始於這個充滿俱樂部和咖啡館的市中心，這個你仍可以去買樂透或看牙醫的地方。每一個四英寸的小銅牌都使人想起某個普通的市民，在生活之中突然被遣送至他方並遭到謀殺，而日日圍繞在她身邊的市民卻很少留意此事，也並未提出抗議。此地就是恐怖惡行發生之處。這就是寧靜富裕、充滿自信的慕尼黑在過著日常生活時不願面對的事實嗎？慕尼黑是否以尊重當地猶太人的意見為由，來合理化自己不願被打擾的心願？

不管慕尼黑的人們怎麼想，絆腳石計畫如野火般蔓延開來。如今，這是世上規模最大的去中心化紀念碑。截至二〇一八年為止，由波蘭到西班牙，歐洲各地已出現了近七萬塊絆腳石，每天都有更多人提出申請，希望藝術家前來設置這些絆腳石。德姆尼戈得了許多獎，包括德國的最高榮譽——聯邦十字勳章（Bundesverdienstkreuz）。德姆尼戈已年屆七十，略長的灰髮由他的招牌寬邊帽下探出頭來；他仍親自鋪設幾乎每塊絆腳石。他的基金會負責處理申請和物流問題。大多數的請求來自德國各城鎮，通常是來自加害者的子女或孫輩，而不是由受害者家屬提出，但受害者家屬常來觀看鋪設石頭的過程。提出申請的人必須得到當地市長或鎮長的許可，才能在公共場所鋪設石頭。德國有許多人行道都由鵝卵石鋪成，所以受到影響的區域不會太大；通常的情況是，德姆尼戈會把鵝卵石取出來，把絆腳石放進去裝好。不過，政治和心理層面的影響可能會很大，慕尼黑的爭議便顯明了這點。當然，這正是整件事的重點：絆腳石的存在就是為了影響你，讓你心神不寧。除了必須獲得政府許可之外，申請者還得深入瞭解他們要紀念的人。他們想要設置絆腳石的房子是被遣送者最後選擇自由生活的地方嗎？或者這棟房子是位於她被迫遷入的猶太區？是否有可能確定被遣送的確切原因和日期？「自殺」一詞絕對不會出現，德姆尼戈堅持使用「以死來逃離迫害」這個說法。如果有人希望紀念一群受害者，他也不會接受這份申請：每個受害者都應該被單獨紀念；每塊石頭上都只有一個名字。鋪設一塊石頭的費用是一百二十歐元，這是個大多數人都能負擔的金額。

絆腳石計畫令布萊恩・史蒂文森大為動容。「這些石頭讓我想起了南方邦聯的符號。你在南方的每個角落總會遇上一些標誌、幾條街道或幾個名字，提醒著你南方邦聯的存在，人們以自豪的心情回顧南方邦聯時代。」絆腳石以相反的方式做了同樣的事，它們喚起的不是自豪感，而是羞愧感。「我認為很有趣的是，絆腳石有一種美和莊重，所以並不顯得空洞。它們的存在是為了擾亂你的空間經驗。對我來說，那股力量非常、非常強大。」這種具擾亂性質的元素也出現在史蒂文森的私刑紀念館中。紀念館位於蒙哥馬利地勢最高之處，館內有八百多塊金屬板，每塊厚板都代表著一個在平等司法倡議小組的紀錄中曾發

圖片十一　私刑紀念館，館內所懸吊的金屬厚板。

生私刑處決案的郡。所有已知姓名的受害者，他們的名字都記錄在厚板上。紀念館外有一整套完全相同的金屬板，暫時安置在該處。平等司法倡議小組已邀請每個曾出現私刑處決案件的郡來把代表自己的金屬板搬回家。如果私刑的符碼能像南方邦聯符碼那樣深深植入南方的地景之中，那麼美國歷史的真相終能浮現，也才有可能出現和解。

美國的奴隸制並未結束在一八六五年。正如史蒂文森所說的，第十三條修正案終結了奴隸勞役，但奴隸制度仍在不斷演化。「我們有一場輝煌的民權運動，但我們在敘事上並未取得勝利。」人們稱為私刑處決的種族恐怖主義，一直到一九六〇年代仍是白人至上主義最有力的手段。詹姆斯・梅瑞迪斯開始了反對恐懼遊行（March Against Fear），以對抗充斥於黑人（特別是南方黑人）日常生活中的私刑恐怖活動。儘管曾寫下兩本自傳，但梅瑞迪斯仍說，他無法用言語表達所有非裔美國人獨自走在路上時會有的那種胃裡一沉的感受。他說，這一切是黑人心中多餘而沉重的包袱，不管是在紐約的斯卡斯代爾（Scarsdale），還是在密西西比的費城皆然。[16]平等司法倡議小組的紀錄中，共有八百一十六個郡曾出現私刑案件，總數量高達四千多件。艾默特・提爾的母親以頑強和勇氣確保了人們會記住提爾的謀殺案，這些案件則不一樣，大多數案件從未有人公開紀念。然而，對於私刑的記憶至今仍持續令許多非裔美國人感到恐懼。（電影《逃出絕命鎮》〔*Get Out*〕以科幻筆調對此做出了高明的探討。）即使受害者的名字已遭遺忘，發生謀殺案的地點仍然活在社群記憶中。「他們在那棵樹上把人吊死，」一個年輕的密西西比州白人可能會在第一次帶大學女友回家的時候如此告訴她。甚至在這座較大的私刑紀念館建成之前，平等司法倡議小組就致力在整個南方地區標記出這些地方。有時，他們會設置標誌，記錄被謀殺者的故事，希望能制衡公路上持續出現的那些記錄著南方邦聯歷史上每一場該死的小規模衝突的標誌。更引人注目的舉動是，平等司法倡議小組收集土壤。在志工的幫助下，他們將數百個私刑發生地點的土壤鏟入高高的玻璃罐中，放在小組的辦公室裡展示，並且貼上標籤，標明私刑的日期、地點，若知道受害者的名字也標上名字。姓名處寫著「未知」的玻璃罐數量之多，令人心痛。

「對我來說，」史蒂文森說，「土壤很重要，因為我認為土壤儲存著所有苦難。我們希望能藉由土壤與這道歷史遺痕建立起確實的關係。在我們的敘事中，土壤包含了為奴之人的汗水，私刑處決受害者的鮮血，受到種族隔離政策羞辱的黑人的眼淚。」

我對這些展覽品的唯一問題是——它們非常非常美麗。一個玻璃罐搭配一個名字、

圖片十二　私刑紀念館，展示美國各地發生過私刑之地的土壤。

一個地點、一個日期：裡面的土壤可能混有碎稻草或碎石，其存在確實能提醒人們，這世間有一種罪行從未得到懲罰，有一種死亡只能以沉默和恐懼來哀悼。可是若把所有的玻璃罐放在一起，就出現了如同彩虹般的景象，這是一道棕色的彩虹。紅褐、綠褐、幾乎是黑色的黑褐、焦糖色、肉桂褐和灰褐，巧克力色和銅色，桃花心木褐和栗色。我出生在喬治亞州的紅土丘陵間，卻從來不知道南方的泥土有這麼多色調。這些罐子成百上千地堆疊直到近天花板處，構成了一幅令人驚嘆不已的靜物畫。這種美令人心煩意亂。

站在平等司法倡議小組的辦公室裡，我想起阿多諾說過的話：在奧許維茲之後，寫詩是野蠻行為。我不同意阿多諾的觀點，但有件事很清楚：如果你要紀念大規模的罪行，你得非常、非常小心，不要讓其變成審美行為。我向史蒂文森提及我的擔憂：「我們談過了迷戀暴力的問題。如果我們擔心此事，那這些罐子是不是應該要喚起更多恐怖的感受，而非優雅的感受？」他回答說，土壤容納著鮮血、汗水和眼淚，「但仍擁有生命的可能性」。

雖然「令人敬畏」一詞已遭到濫用，但私刑紀念館本身確實配得上這個形容。極具現代感的厚板令人聯想到浩劫紀念碑，但紀念館的構造使參觀者在下樓時會感到這些金屬板像是懸掛物。板子由會生鏽的金屬制成，下雨時滴著紅色的鐵鏽水，讓人聯想到血，但並不強迫人們接受這個隱喻。也許史蒂文森已經解決了阿多諾的問題。

揚・菲利普・雷姆茨瑪在一篇細緻而具洞察力的文章中探問了這類紀念碑的目的。[17] 紀念碑不會是單純為了記得而生，因為記得和遺忘不過都是中性的人類活動而已。托多洛夫曾寫道：「過往歷史就如自然規律一樣，沒有本質上的意義，其本身根本不構成任何價值觀。」因此，「永遠勿忘！」的命令應該要被分析得更清楚。雷姆茨瑪描述了傳統戰爭紀念碑的目的。「讓後代的人能帶著輕鬆的心情投入戰爭，因為傳說中的英雄也是這樣的；或者至少，向人們保證這世界也會記得他們。」[18] 但這不可能是人們紀念集中營的目的。首先，紀念裝置是歷史性的工具，能對抗那些試圖否認歷史的人。透過保存這些事件發生的場所，人們將這個事件記錄下來，以便向任何可能否認大屠殺的人證明這些罪行無可否認。這在德意志聯邦共和國成立的頭幾年裡尤其重要，當時的人們一致反對保存達豪集中營並建立紀念碑，這是西邊第一個這種類型的紀念碑。但是，雷姆茨瑪寫道，如今的人早已不需要證據。今天，唯一無法被事實本身所說服的人是那些根本不可能說服的人。

這些紀念碑存在的目的也不可能是希望能改變人們的想法。有鑒於右翼民族主義以及穆斯林反猶主義的興起，一些德國政治家提議應該要強制參觀集中營遺址（通常規劃為高中課程的一部分）。不過，集中營遺址為何會令人頓悟向善？我們幾乎沒有理由推測此事會發生，倒是有理由懷疑相反的事可能會發生。「我們有什麼理由認為喜歡折磨別人的人不會受這類地點的吸引？」雷姆茨瑪問。

集中營遺址之旅無法確保你會認同受害者而不是加害者。這些地方總有一些抽象之處，無論如何，你事先就知道自己站在哪一邊。打造浩劫紀念碑的建築師艾森曼曾談到他對紀念碑的期望。「如果一個對大屠殺一無所知的日本遊客在五十年後來到這裡，他走進這個地方的時候會有所感觸。也許他能感受到走進毒氣室的感覺。」艾森曼的期望自負到令人難受的程度。即使這位遊客沒有被叫賣的小販和自拍的人所干擾，單憑一座紀念碑也無法創造出即將慘死的人所經歷的恐怖和絕望。紀念性質的集中營遺址也是如此。這些地方無法將我們置於那些在集中營裡勞動和死亡之人的位置，它們存在的目的也不是為了此事。集中營遺址最多能召喚出這些人的影子，並提醒我們，我們的生活與他們的生活完全不同。

然而，雷姆茨瑪寫道，集中營遺址是神聖之地。這有部分是因為這些地方同時也是墓地，而人類很早就學會對死者表示尊重。有些人在墓園裡會戴上頭巾；每個人都知道不能在此喊叫。這是一種崇敬之感嗎？一種迷信？身為堅定無神論者的雷姆茨瑪表示，神聖性是別的東西：「一個神聖的空間不是我們的客體，我們才是它的客體。它無需向我們解釋自身的存在，我們才必須在它面前解釋我們的生活方式。」[19]我已於他處批評過這種把大屠殺變成神聖宗教的傾向，而且我對以宗教語言來描述大屠殺遺址的行為也持保留態度。我相信崇敬的心情應該留給善與值得稱讚之事。所以，我對二〇一七年裡一個寒冷的日子裡發生的事毫無準備，那是我三十五年來第一次造訪達豪。

年少時的我以獲得政府補助的研究生身分首度造訪德國，而我做了大多數猶太人會做的事：參觀離我最近的集中營。我記得我極力想讓自己感到感動，或者動搖，或者產生任何相稱的感受，但我徹底失敗了。後來，我對於那些將整個歐洲視為巨大猶太人墓地的頑固猶太遊客感到不滿，他們盡責地檢查猶太人死去的各個地點，卻很少注意其他地方。不過我想，我如果直到寫完這本書都不曾再去參觀集中營遺址似乎很蠢。

原本我不認為達豪集中營能教給我什麼我需要知道的事，但博物館裡的一張地圖確實讓我學到了一些重要的東西。我知道大多數大型集中營都有附屬營地，以關押隨著政權持續運作而愈來愈多的囚犯。我只是不知道這樣的營地有多少個，也不知道它們在全國各地的分布有多廣。大型集中營的名字已經深深刻在人們的腦海裡，但有誰聽說過格蒙（Gmund）？烏廷（Utting）？加布林根（Gablingen）？紹爾高（Saulgau）？這些小鎮以及其他更多更多的小鎮，都有小型集中營，政治犯、猶太人和後來的俄國戰俘在這些營地勞動，而且常被折磨至死。戰後，德國人聲稱「我們不知道納粹以德國之名做了什麼」，這句話在波蘭可能勉強成立，但這些小型營地就在你身旁，在幸福而閒適的巴伐利亞邦內。你得是個瞎子、聾子兼啞巴才有可能沒注意到。

我的達豪之旅原本會是一趟關乎自身的旅程。我從服務臺友善的捲髮年輕人那裡借了一臺語音導覽機。前半個小時裡，我試圖做些超越參觀本身的筆記：來這裡的人都是什麼樣的人？他們怎麼到這裡的？學童們都表現得很好；那對土耳其中年夫婦安靜地牽著手，太太戴著頭巾；那個來自拉丁美洲家庭無視觀眾席前警告這部電影不適合十二歲以下兒童的標示。這部電影相當無情，就像這個展示館的其他部分一樣。昏暗的燈光下有專門介紹每群囚犯的板子。這裡有幾幅他們創造出來的令人不安的藝術作品：一幅夜間點名的墨畫，一幅關於絞刑的水彩畫。大部分是鉅細靡遺的照片。房間牆壁上的油漆斑駁，黨衛軍曾在這間房間裡奪走了囚犯最後的私人物品，讓他們赤身裸體走進澡堂。一旦你挺過了展示館的考驗，你可以走過當年點名的地方，進入重建過的營房。你還可以走得更遠，去參觀焚屍爐。每年都有近一百萬遊客前來參觀這個集中營遺址。

幾分鐘後，我把筆記本放進背包，關掉了語音導覽機。我想獨自面對自己的聲音，或者是說自己的無聲。這個空間擄獲了我。我不是為了學習而來，更不是為了分析；在這幾個小時裡，我並不比其他人更聰明。太陽開始落下，粉色天空的光芒似乎在指責鵝卵石的灰色、牆面的灰色，以及紀念著所有死者的紀念碑的鐵灰色。淚水充滿我的雙眼。在一個裝著無名囚犯骨灰的鐵盒前方，我唸誦了卡迪什禱文。是我念的嗎？那就像是我每次站在猶太紀念碑前的時候，示瑪（Shema）禱文從我口中湧出。這裡好暗，只看得見入口處刻著希伯來文的「Yizkor」（記得）一詞，還有一縷透過天花板上的小孔照進來的陽光。我以為我懂，我以為我都懂。我寫了一本書，書裡探討了從里斯本到奧許維茲的現代惡行。然而，有些什麼一直都沒有出現——這個在我盯著地面中央所有的照片時，令我頭暈目眩的某種東西。

在巨大而空曠的空間裡，這種徹底的無力感並沒有持續多久，在書店裡便開始消退，書店裡為我結賬的灰髮女店員對我們都喜歡的一位作家做出評論。對我來說，這是熟悉的場所：談論、評價與讚賞書本。我們所談論的書籍作者是露絲・克魯格（Ruth Kluger），她在十二歲時被關進奧許維茲集中營，但這不重要，我回到了我的正常世界，做著我清楚該怎麼做的事。

然而，情感的記憶在情感本身消逝後仍然存留。我明白了雷姆茨瑪所謂神聖之地的意思。我們是此地的客體，而不是反過來。這些紀念恐怖惡行的紀念碑絕對有必要存在。人們不應該看太多這類紀念碑，當然也不應該經常造訪；那會削弱這些地方的力量。但如果沒有這樣的地方，世上所有的閱讀和學習都可能會失去生命力與說服力。

雷姆茨瑪的文章表示，只有少數人對這種紀念碑感興趣，只有少數人努力推動建立這樣的紀念館，並思考其意義和未來。「但這些少數人確保他們關心的事能被推動，這才是最重要的。」他總結道：

這不是記憶的問題，而是對危險的意識，我們既知道「文明不會走回頭路」的信念不過是種幻想，便已具備了這種意識。危險將永遠緊逼在後，這是一種我稱之為羞愧感（shame）的感覺。羞愧感與罪疚感（guilt）的問題脫鉤之後，能夠擄獲任何願意被擄獲的人。喚醒人們的意識和羞愧感，並反覆磨練之，這就是這類紀念碑存在的原因。[20]

讓我們停下來思考一下距離的問題。曾經，歷史是一件令人感到欣慰而自豪的事：「看看我們距離野蠻時代已有多遠。」如今，歷史成了一件提出警示而使人羞愧的事。現代歷史已演變為取代天意（Providence）之物。自從有語言開始，各民族以詩歌到稅收記錄等各種方式記下自身的歷史，但對於歷史的系統性研究是隨著世俗化（secularization）而開始的。天意的概念是，惡根本不是問題，因為有位肉眼無法得見的、全知全能的上帝會轉動命運之輪，使得每個錯誤最終都能得到糾正，每項正義之舉最終都能得到報償。這種觀點在一七五五年的里斯本大地震[21]中受到重創，再也沒能恢復。[22]到了十八世紀末，康德知道正義之承諾不可能透過神學來實現，所以他將歷史放到了如今的位置上。康德的批判哲學使我們相信，人類有可能正朝向更好的地方走去。如果我們不相信這點，就無法支撐這份若要抵達更好的地方所必須擁有的毅力。這就是為什麼康德把這樣的信念稱為理性信仰（rational faith）。

所以，人們研究歷史是為了在其中尋找進步的跡象。這門學科在十九世紀的普魯士學院中蓬勃發展，該學院對歷史作為一門精確科學的信仰是如此堅定，他們提供了歷史學家充裕的經費，金額之高連他們的自然科學家同事們都欣羨不已。[23]正如尼采後來所說的那樣：「他們把歷史放在其他精神力量、藝術和宗教的位置上，成為唯一的主權：因為歷史是『自我實現的信念』、『民族精神的辯證』與『世間萬物的法庭』。」[24]這種想法肯定鼓勵了勤奮的經驗主義者：花在研究歷史檔案上的時間並不只是為了獲得資訊，而是為了證明我們生活的世界是所有的可能性中最好的一種。

從康德到黑格爾有個明顯的跳躍，黑格爾認為歷史總是傾向實現正義與自由。[25]康德認為進步是有可能的；黑格爾和他的門徒馬克思則認為進步是必然的。而二十世紀的發展使得後者幾乎沒有存在的空間，只偶爾閃現如法蘭西斯．福山（Francis Fukuyama）那樣短暫迸發的黑格爾主義。此事所導致的後果之一是，重點由從歷史研究轉向記憶研究（studies of memory）。人們並不主張記憶具有超越其自身的意義。那些堅信保存記憶之重要性的人，往往也是刻意反救贖（anti-messianic）的人。他們認為，人之所以應當保存歷史記憶，不是因為要以其作為希望或安慰的來源，而是作為一種警告。我們的文明就是如此脆弱。

◈　◈　◈

布痕瓦爾德集中營博物館的長期負責人沃爾哈德．克尼格（Volkhard Knigge）對我說：「你現在認識的我是不再樂觀的我。」我曾寫信詢問他是否能接受採訪，他提供了更好的選項：我是不是願意讓他的助理帶我參觀營地及新的展覽，然後在威瑪（Weimar）與他共進晚餐？這樣的對比實在是世間少有。威瑪是德國啟蒙運動的中心，歌德在此地擔任公務員，席勒在此建立了一個劇院；後來，威瑪成了包浩斯（Bauhaus）[26]的發源地，德國的第一個共和政體也誕生於此。人們已將這個小鎮重建得相當漂亮。你可以走過鵝卵石鋪成的街道，經過色調優雅而明亮的房子，想起德國曾擁有過的最美好之物。歌德的故居如今成了國立博物館，人們得以在此看見關於這位偉人的鮮明人生場景。成立於一六九一年的安娜・阿瑪利亞公爵夫人圖書館（Anna Amalia Library）的大廳是令人目眩的洛可可風格，該館藏書有近百萬冊，其中有許多是無價珍本。

沿著這條路走上五英里，就是最接近德國中心的集中營所在地。當黨衛軍宣布要在附近建立一個龐大的集中營時，威瑪市民並未反對；他們在希特勒頻繁造訪此地時為他歡呼。不過，他們確實反對將集中營命名為埃特斯堡（Ettersberg），因為眾所皆知，這個綠樹成蔭的小鎮是歌德最愛的散步地點。對於因著德國最偉大的文學英雄而成名的小鎮之居民來說，他們出於某種原因無法接受以此地為集中營命名。雖然其他的集中營全都以所在地來命名，但反應迅速的黨衛軍想出了另一個名字：布痕瓦爾德[27]。現在，威瑪和布痕瓦爾德永遠相連，這是德國歷史上最好的一頁，也是最壞的一頁。

如果說威瑪和布痕瓦爾德象徵著德國傳統，那麼大象飯店（Hotel Elephant）則是該傳統的典範。這間位於威瑪中心廣場上的飯店建於一六九六年，曾經接待德國文化場景中的大多數名人。歌德、席勒、魏蘭特（Christoph Wieland）和赫爾德（Johann Gottfried Herder）都是這裡的常客；李斯特和華格納後來也住過這裡。湯瑪斯・曼以此地為場景寫了一部小說，飯店還接待過托爾斯泰和派蒂・史密斯（Patti Smith）等外國客人。

克尼格告訴我旅遊手冊很少提起的一件事：大象飯店也是希特勒的最愛。他下榻這間飯店的次數高達三十五次，且在一九三七年下令將其徹底翻修。他之所以下令打造出歐洲最現代化的酒店，顯然是因為他對必須走到大廳去使用廁所一事感到惱火。重新整修後，前門上的大象標誌被普魯士的雄鷹所取代，還多出了一個特別打造的陽臺，以便元首能夠向廣場上的群眾致意。「一九九〇年代，人們經常要求入住希特勒套房，」克尼格告訴我，「新的管理階層發現了這個問題。所以一九九七年時，我們讓林登伯格（Udo Lindenberg）在廣場上舉辦了一場演唱會，還讓他住在希特勒的套房裡——我們把這間房間改名為林登伯格套房。」這位叛逆的搖滾歌手肯定很享受驅散過往的鬼魂。不久之後就是布痕瓦爾德集中營解放五十五週年的紀念日。「我們邀請了所有的集中營生還者來住一週，飯店擠滿了人；工作人員盡其所能地款待他們。許多生還者都非常窮，尤其是那些來自東歐的人。有些人一無所有，能在頂級飯店裡住上一週是很棒的事。七十週年的時候我們又辦了一次相同的活動。」

「為您介紹今晚的第一道前菜，」我們的服務生說。「這是芝麻餅乾佐細香蔥奶油和鱒魚魚子醬。湯匙上是鮭魚塔塔醬。玻璃容器裡是馬鈴薯泡沫佐帕瑪森乳酪燴飯。」桌邊已擺著一瓶香檳。克尼格是這家米其林星級餐廳的貴賓，常來這裡用餐。

我很高興布痕瓦爾德集中營的生還者有整整一週的時間享受著這樣的待遇，但我連該怎麼從容度過這一晚都不太確定。克尼格的助理麥可・洛費爾森（Michael Löffelsender）博士剛剛花了四小時帶我參觀集中營。我走下從威瑪火車站開往布痕瓦爾德的公車時，霧氣濃到什麼都看不清，這好像也很適合此地。二〇一六年開幕的新展覽與達豪集中營的展覽截然不同；這個展幾乎毫無血腥之處。展覽中的照片紀錄著倖存下來的囚犯和沒能倖存的囚犯。他們的故事流傳了下來。燈光下有引人注目的囚犯制服、錫製碗勺，這比饑餓囚犯的照片更透露出饑餓之感。這裡有許多證據指出，囚犯以音樂和藝術來維護自己所剩無幾的尊嚴。還有一個展覽品與席勒的家具有關。隨著空襲的範圍逼近，納粹將這些家具從威瑪搬到布痕瓦爾德來，囚犯在集中營裡製作出家具的複製品，要放在席勒博物館，而真品則妥當地保存在集中營裡。納粹知道盟軍從未將集中營當作空襲目標，所以德國高級文化的紀念物在集中營裡很安全。

這個展覽和其他幾個展覽都顯示出布痕瓦爾德博物館目前的策展重點：指出納粹主義出現在德國的中心地區，而且是出現在德國最美好而光榮的地帶，而非邊緣地帶。博物館的入口處播放著一段老電影，裡面有一群快樂的金髮兒童在遊樂園裡玩，地點離當時仍在建築中的集中營不遠。影片旁邊是希特勒在大象飯店的陽臺上向群眾致意的照片，還有聚集在威瑪中央廣場的群眾正為希特勒歡呼的照片。「我們敬愛的元首，請出來吧！從飯店裡出來吧！敬愛的元首，請到陽臺來，讓我們看看您！」博物館裡還有一封一九四五年威瑪市府高層寫給美國司令部的信：

> 你們的新聞媒體認為，威瑪市民對發生在布痕瓦爾德的殘酷事件知情卻保持沉默，所以他們在道義上是共犯……。本市市長和這封信其餘的署名者呼籲世人保有正義感，我們請你由古老而偉大的文化之都威瑪身上摘除這莫須有的污名。[28]

而博物館裡存在的一切都是為了反駁這封信而存在的。

「展覽不能只是指出『受苦很痛苦』，」克尼格說。「你還得問是誰希望他人受苦？他們如何合理化此事？他們如何實現此事？為什麼幾乎沒人阻止他們？」克尼格表示這是他對德國釐清過往的成果持懷疑態度的原因之一。

「真正的問題不是『如果現在是一九四二、一九四三或一九四四年，我會怎麼做？』大屠殺限縮了我們的記憶，使我們看不清令大屠殺變得可能的那段歲月。真正的問題是『如果現在是一九三二年或一九三三年，我會怎麼做？』所以，這是關於勇氣的問題，但不是關乎生死的問題；你不能說你沒機會好好反抗。」克尼格說。

機會有很多。我們從布痕瓦爾德的展覽中能得知：絕大多數生活舒適、富有教養的威瑪市民並不想運用這些機會。他們對於自家郊區那個最終囚禁了二十五萬名囚犯的集中營完全沒意見。當地的公司會使用他們作為奴工；希特勒青年團會來此參觀。威瑪市民唯一的反對意見是，不該把集中營的名字與他們所愛的歌德連在一起。

這個反對意見給人一種深深的恐怖感。市民提出這樣的反對意見，等於是隱約承認集中營的存在會玷汙四周之物。他們的道德指南針有一部分功能健全。他們真的如此深愛歌德這位德國古典文化的化身，以至於他們寧願玷汙自己的名字也不願意玷汙歌德之名嗎？正如威瑪市長在戰後向美國司令部提出的請求所顯示的那樣：他們沒想那麼多。而戰後的他們就只是否認了他們知道的一切。鄂蘭認為，許多的惡都是出於純粹的漫不經心。威瑪市民想讓歌德保持乾淨的名聲；追根究底，這個道德顧慮告訴我們的是：只要我們願意，其實大多數人都能夠好好想清楚自己的行為。

我同意克尼格的觀點：就未來而言，重要的是我們得思考惡的起因，而不只是專注於其結果。「歐巴馬剛剛打破了美國的一個禁忌，」我說。「因為『納粹』二字對美國人來說就像是魔鬼的化身。」如果一切真只是魔鬼作祟，就沒有必要思考惡的起因了。二〇一七年十二月，歐巴馬並未提及其繼任者的名字，但他說：

> 我們必須照顧好這個民主的園地，否則事情可能會迅速惡化。這就是一九三〇年代在德國發生的事情，雖然有威瑪共和國的民主制度，雖然有累積了幾個世紀的文化與科學成就，但阿道夫・希特勒還是崛起並主宰了德國。有六千萬人喪命，所以你得當心點。你得去投票。[29]

「這就是為什麼，」我補充道，「美國人需要承認我們的歷史。」

「我常和來自獨裁國家的人談話，」克尼格說。「南美洲、非洲和東歐的人。我瞭解為什麼德國釐清過往的工作能夠帶給他們希望。歐巴馬立刻就理解了這件事。他在開羅演講後不久造訪布痕瓦爾德。那是國事訪問，有一堆繁文縟節；梅克爾總理對於這次會面沒有特別熱衷，她寧願他在德勒斯登多待一陣子。所以歐巴馬在德勒斯登與她共進早餐，其他大部分的時間都待在這裡。他沒照著規矩走，在這裡逗留的時間比預期中長得多。有一個片刻，我們兩人單獨待在焚屍爐區，他在看一張解放後拍下的大張屍體照。他問我：「如果美國的奴隸制博物館裡也有這個會怎麼樣？」

「你怎麼回答的？」我問。

「我跟他說，這是個正確的問題，」克尼格說。「當時他已經準備好了一篇演講稿，但他後來把講稿扔了，選擇即興發揮。畢竟他沒說『明天我會回去蓋一座奴隸博物館』。」

「就算他真的想，他也不可能這麼做。」

「的確不可能。他不曾說『現在我要蓋一座博物館來紀念遭到屠殺的美國原住民的』。但他理解德國工作的核心是創造出這種對歷史進行自我批判的觀點。舊的記憶形式要不是著重於頌揚國家的英雄，就是著重於哀悼國家的受害者。我們創造出一個不同的典範，如果案情重大，這個典範會去探究加害者和他們的動機，以及當時的社會條件。這一切都出於一種意識：受害者和英雄都不是憑空出現的。當然，人有做出道德決定的自由，但我們必須瞭解他們作決定時身處其中的結構。」

「我還是不明白為什麼你現在不再樂觀了。」

「因為這種自我批判的記憶典範正承受著多方壓力。」

克尼格協助創立了這個典範。他從未想過要成為布痕瓦爾德博物館的館長。他在一個西德虔信派家庭裡長大——「威權主義的新教教派，但對於最糟的納粹思想具有某種基本教義派的韌性」。他的父親在一九四三年被徵召入伍。如果戰爭繼續下去，他可能會在納粹黨內闖出一番事業，但幸運的是，他被派駐到巴黎。「我對於法國的迷戀是一種反動。對我的父親和祖父來說，法國人是永遠的敵人。他們很骯髒、情慾滿到頭頂上——」

「那不是俄國人嗎？」

「喔，俄國人確實是這樣，但法國人也是如此。我父親和他的部隊在巴黎待了半年，直到盟軍解放巴黎。要他對別人開槍沒問題，但那甚至不是戰爭，那在巴黎。」對於像克尼格的父親這樣的人來說，之後發生的事才是災難。突出部之役後，德軍不得不在鄉親們的眼前一路逃亡。對於他這代的人來說，這種恥辱難以忍受。克尼格的父親很幸運，他毫髮無傷地進了美國戰俘營。但心理上的傷害很明顯。他那一代的人太年輕，對納粹沒有責任，但年紀又已經大到完全受納粹支配。如果你在希特勒上臺時剛上小學，你在智識上沒有能力抵抗已滲入教育系統、青年團體和整個文化裡的納粹思想。這一切都是為了培養出狂熱的納粹部隊。一九四五年，德國徹底慘敗，這時候你還能說什麼？

隨著一九四五年後出生的第一代當上老師，沉默也隨即被打破。「突然之間，空氣變得更新鮮了，」克尼格說。「你可以盡情呼吸。我們發現了相關的電影、戲劇和書籍。我們得到了敘述這份經歷的文字——而不是只有黏膩的沉默。」他決定攻讀精神分析，這令他得到更多啟示。「我永遠不會忘記我第一次當督導。我就是在那時候意識到：天哪！人類可以用語言來表達情感。你可以表達你內心的感受，然後變得更好。」

德國的父母們在戰前也許便已沉默寡言，但一九四五年後的他們更是一個字都不說。克尼格是出於政治動機才去念精神分析的。「在這個國家，念博士意味著你得念很多歷史。我想我當時有點興奮過頭了，太過天真，但這兩者的結合使我收穫良多。我的問題一直是，歷史如何縈繞作為主體的人們之心頭？宏大的、震撼世界的歷史如何影響個人的渺小人生？」他去巴黎念拉岡學派的精神分析，但發現他們「很可怕」。他回到德國後，開始參與剛萌芽的運動：指認並修復納粹恐怖活動的遺址。

一九九〇年時，西德只有幾個可憐兮兮的紀念碑。遺址雜草叢生，許多已成了垃圾場。克尼格說：「我們這些追求真相的人被稱為專掀自家醜事的不愛國者。這些指控都因著國家出資建造這些我們爭取的紀念碑而消散了，但在當時，沒有人對集中營遺址感興趣。那是位於社會正中央的犯罪現場。」

「克尼格先生，您想要看一下酒單嗎？還是由侍酒師為您選擇？他知道您的喜好。」

「我看一下酒單。妳想喝紅酒還是白酒？」克尼格問我。

「這個天氣的話，紅酒吧。」威瑪的霧沒有布痕瓦爾德的霧那麼濃，但這裡的夜晚十分濕冷。

克尼格回顧著戰後德國歷史的里程碑，從艾德諾的交換條件開始：當時的賠款不叫賠款，但那是西方社會重新接納我們的代價，而且是相對便宜的代價。「那時希臘也要求我們賠款，外交部在考慮此事時相當淡定，我們與希臘有貿易來往：煙草、葡萄和其他東西。以色列則不同，賠款給以色列具有非常大的象徵意義。」賠款換來了世人的認可還有保持沉默的機會——對於有多少納粹分子和納粹思想仍分布於聯邦共和國內一事隻字不提。僅存的基督徒和自由主義左派分子影響了一些人開始反思自身罪責，但大多數人並沒有。藝術家和知識分子堅持要國家面對自身罪行。「作為一個歷史學家，我們必須說這些都是過程，顯出罪行的無可辯駁。而魏茨澤克的演講讓我們感到自由。突然間，我們不再是專掀自家醜事的人，我們得到了政府本身的支持。」

不過，克尼格說，決定性的事件是兩德統一。突然間，聯邦共和國不得不處理東德留下的大量紀念碑。「布痕瓦爾德、薩克森豪森、拉文斯布呂克。無論這些遺址如何被當作政治工具，包含著怎樣的歷史錯誤，它們的規模都大到不行。」一九九〇年時，達豪集中營有五名員工。東邊的布痕瓦爾德則有一百多名員工，有一座檔案館、一間圖書館和一整個機構，而且與西邊的機構不同，布痕瓦爾德的一切都由國家資助。突然間，聯邦共和國感到無助。他們知道自己必須對這些遺址做些什麼，卻不知道該做什麼好。「這就是我派上用場的地方，」克尼格說。「當時出現的是真空狀態和一場危機。西德對於如何將集中營遺址打造為紀念館毫無經驗。他們看到這些問題具有政治色彩，決定交給學術界解決。這樣的說法只是輕微誇大而已：政治家希望歷史學家能帶領大家在雷區前進，就讓**歷史學家**承受傷害吧。如此，歷史學家在移除地雷之後，政治家就能再次接手了。」

克尼格言詞溫和而意志堅定——最重要的是，他決心找出真相。要求紀念大屠殺的聲音來自於公民社會的運動，他也是運動中的一員。但是，使運動成為政治行動的人是中間偏右的總理海爾穆．柯爾。在他之前的基督教民主聯盟將所有要求紀念大屠殺的聲音都視為左翼的政治威脅。「沒有柯爾，就不會有全國性的紀念碑。這是令人痛苦的真相，他自己的政黨也因此攻擊他。他對集中營遺址並不特別感興趣，只專注於柏林的浩劫紀念碑。但他瞭解狀況。他雖然是個機會主義者，但不是憤世嫉俗的人；他希望得到下一代的支持。「在促成統一的談判中，柯爾同意了東德的要求，承認布痕瓦爾德是國家等級的重要紀念地。如果克尼格沒搞錯，這和林登．詹森在民權運動中扮演的角色沒什麼不同。詹森一開始可能就是個來自德州的種族主義者而已，他在一九六四年民主黨大會上的行為破壞了民權工作者艱困的實務工作。他堅持讓全白人的密西西比民主黨代表團入席，而非密西西比民主自由黨（他們的成員冒著生命危險投票），這對倡議者來說是個重大打擊。但他們推著他走向歷史上正確的那一方，堅持制定《民權法案》，在最困難的點上擊潰了種族隔離法律。你永遠無法事先得知是誰會把事情順利辦好。

克尼格是布痕瓦爾德四年來的第七任館長。有一位由東德政府任命的館長主動辭職，因為人們發現她與東德黨領導人的妻子瑪戈・昂內克（Margot Honecker）過從甚密。其他館長則單純被亂成一團的政治問題給打敗；他們的任務主要是：整頓博物館以維持歷史準確度，在政治上保持中立，不受東邊或西邊政治宣傳的影響。克尼格本人也遭到各方攻擊。「共產主義媒體的標題是『艾德諾的後輩在克尼格先生的領導下正摧毀我們的反種族主義』。右翼媒體則說『西德的左翼分子正在維護東德的國家紀念碑，同時也在維護東德本身』。我能說的只有：『抱歉，但我真的不可能兩者皆是。』」

克尼格必然會令東德和西德都深感不滿，因為重建博物館這項任務有一部分就是在解構兩個強大的政治神話。東德將布痕瓦爾德視為共產主義反抗運動的中心來紀念此地。布痕瓦爾德確實有一個地下共產組織，但規模太小，無法發起東德人想像中的那種反叛行動。「一百支槍和十幾枚手榴彈對付一千名黨衛軍士兵？這是自殺行動。」一九四五年四月，黨衛軍陷入恐慌，他們知道美軍正在逼近。他們得到了撤離甚至是滅營的命令，但營地指揮官搖擺不定，他把一些囚犯送上死亡行軍之路，但沒碰其他人。黨衛軍最後都逃走了，權力進入真空狀態，營地的共產組織剛好填補了這個真空。而美國軍隊幾乎是碰巧進來的。「很不幸地，解放集中營從來不是盟軍的戰略或目標。但如果部隊碰巧在營地附近，他們就會順道解放集中營。這件事也協助促成了這個共產主義神話。」但東德口中這場規劃縝密的英雄式反叛行動，實際上只是反抗組織在美國人的幫助下接管了一個無人看守的營地。拆毀這個集中營自我解放的神話也是克尼格的任務之一。

另一個神話則來自右派陣營。這個神話的事實基礎是，在納粹放棄布痕瓦爾德之後，蘇聯曾拿它來當戰俘營。一九四五年到一九五〇年間，大約有兩萬八千名德國人被關在這裡，其中四分之一的人死於饑餓和疾病。這個戰俘營的事導致許多人堅稱納粹主義與共產主義是相同的極權體系。有件小事是這些人略而未提的：那些被囚禁在此的戰俘全是納粹的基層黨工，不是真正的高層，高層官員都躲了起來，或被囚禁在別的地方。蘇聯占領時期，布痕瓦爾德關押的是那群協助納粹機器順利運轉的小齒輪：街區長（Blockwart）負責監視住在街區裡的每個人，看誰沒有把旗子掛好、誰有可能窩藏猶太人、編輯基層文件、持續推動政治宣傳。「他們在道德上有罪，」克尼格說。「肯定都是些糟糕的人，但他們沒有殺任何人，所以這在法律上會是個問題。然後還有運氣問題：替納粹服務的街區長可能被關押在布痕瓦爾德，而其他人卻能繼續在外面開心過活。運氣的影響很大；蘇聯沒興趣審查個人的罪行。」絕大多數戰俘在過去都與納粹有牽扯，但不是所有人都有。

不過，今天仍有許多人堅信集中營和戰俘營沒有差別，其中包括德國前總統高克，高克的父親是早期便加入納粹的堅定分子，曾為蘇聯戰俘。克尼格告訴我，高克曾造訪布痕瓦爾德。當時他們不得不讓這場舊的辯論從頭再上演一次，因為高克想替那些被納粹監禁的人和被蘇聯監禁的人舉辦同樣的儀式，布痕瓦爾德將成為重振冷戰意識形態的重要場所。「為此，你得有一個不曾關過共產黨員的集中營和一個不曾關過納粹的蘇聯戰俘營，而我們不願裝作自己是這兩者中的任何一個，」克尼格說。「在西邊的故事裡，所有被關押在蘇聯戰俘營裡的人都是東德內部的反共產分子。在東邊的故事裡，這些人都是重要的納粹戰犯。事實證明，兩個故事都不是真的。」

「你認為德國有兩個獨裁政權的說法是在為納粹開脫嗎？」

「確實如此，這就是我對德國的記憶文化持懷疑態度的原因之一。要使人們得到啟蒙並不容易。」

讓他感到質疑的另一個原因是人們在大屠殺教育中常用的教學模式。「他們要學生想像自己是奉命射殺猶太人的德國軍人，然後問他們『會不會下手？』這是很荒謬的習題，因為你只會得到社會可接受的答案。即便是新納粹分子也知道正確答案是什麼。此事之所以荒謬是因為他們並不探討發展出納粹思想的框架：破壞社會構成，剝奪個人權利等等。只提出粗糙的陳詞濫調：『天哪，這太可怕了。』**的確**很可怕，但這樣的方式並不能促使年輕人思考。僅有記憶毫無意義。

克尼格與年輕孩子談歷史時，他要他們當偵探。「我不要求他們淚流滿面或認同受害者。我請他們以偵探的身分找出事情發生的原因。我們有物證和人證，就像一般罪案一樣，我請他們篩選物證、探究原因。然後第一次——在那些「永不重來！」和「太可怕了！」的道德說教之後——他們第一次真的開始思考。

這並不是對所有人都有效。大部分的旅遊手冊裡，布痕瓦爾德都是行程中不可錯過的景點。來參觀的人之中有一些是克尼格口中來看恐怖版迪士尼樂園的觀光客。也有一些是死忠的納粹分子，他們來布痕瓦爾德是因為他們將此處視為某種典範。他們反猶，但自己也知道大家不會接受此事，所以他們改談穆斯林，公開表示想把他們一網打盡關進毒氣室。

「你可以跟否認大屠殺的人談，因為那關乎真相與謊言。你可以把他們帶到檔案館，拿資料給他們看。但你幾乎不可能跟新納粹談什麼。他們通常對大屠殺有相當精確的瞭解。但為了找到邪惡或毫無人性之處，你必須從道德預設開始談，而知識只能加強道德預設。你可以把知識與道德框架聯繫起來。但就最頑固的新納粹分子而言，我無法假設存在著某種先驗的道德。」

「那你怎麼做？」

「叫警察。」

克尼格曾試著和最頑固的新納粹對話。有一群年輕人，大概六、七個人，都是家境不好的高中中輟生，是社工關懷的個案。克尼格和他們在布痕瓦爾德共度的那一天裡，他們只是重複著納粹那套說法。「這就是場戰爭，囚犯是敵人。場面不怎麼好看，但沒有其他選擇。」「某個程度之後我開始感到絕望，覺得一定有辦法讓他們清醒過來。我說，『聽著，我們對事情的看法不同，但我想要瞭解你。如果這個社會是如你所願的樣子，你能從中得到什麼？你會多得到些什麼？他們的回答令人吃驚。他們不認為他們會變得富裕或強大。他們知道他們仍會身處社會底層。但他們說，他們會擁有更多的尊嚴，就只是因為他們屬於一個較優越的種族。」

為期較長的活動也許可能有所突破，但這些活動想要改變的人通常不願意來參加，而克尼格也沒有活動所需的資金。他有一棟青年活動館，裡面有七十張床位和幾間研討室，可以用來接待許多還在猶豫、尚未全心擁抱激進右翼思想的年輕人，但很難找到資源把活動辦好。「就和其他博物館一樣，政客看到的是數字。今年有多少人走進這裡？有時我變得很憤世嫉俗，跟他們說要提升來訪人次不需要用到火箭科學，只要每個星期四晚上在焚屍爐那邊重演焚屍場景就好。總是有人大皺眉頭。我擔心有一天再也不會有人皺眉頭，他們會問『為何不這樣做呢？』他們常問我怎麼不用全息影像重建營房。這種紀念方式純屬感性、毫無歷史深度。而且把成群的年輕人推得遠遠的。」

不過，他仍感到自己和其他人所做的這些事取得了一些成果吧？我追問。

「我們需要雙重觀點。每個民主國家都有權利探究自己的成功之處。在這個國家我們會問，我們理解了什麼？我們釐清了什麼？但我們也需要問，有什麼仍然存在？有幾個種族主義組織仍存在？這就是阿多諾的問題。他並不是要我們記住過往；記憶本身與啟蒙無關。他是要我們面對過往。這兩者是不同的。」

「在阿多諾的時代，社會中仍殘存大量的納粹思想。」

「那些思想今天仍然存在。在我們稱讚自己之前，還有很多事得做。」

「我從未見過一個認為自己值得稱讚的德國人。」

「大概吧，但年輕世代認為釐清的工作已經完成了。而我也遇見了許多還在訴諸偽人類學解釋的人：『人性本惡，本就如此。』」

「你跟他們說了什麼？」

「我提醒他們佛洛依德說過的話。他說人性既非善也非惡，人性可受形塑。」

◈　◈　◈

「他們怎麼知道要放石頭？」我問李洛．克萊門（Leroy Clemons），這位心胸寬大、意志堅定的人是密西西比州費城的市政委員，也是尼許巴郡（Neshoba）有色人種協進會的主席，該郡長年以來惡名昭彰，是密西西比州最惡劣、種族歧視最深的地區之一。

基督徒會在紀念碑和墓地前獻花；我造訪達豪的那天，主要的紀念碑下放著三個新鮮盛放的大玫瑰花圈。猶太人則會在紀念碑和墓地前獻上小石頭，但我不認為尼許巴郡住著任何猶太人。我站在費城郊區的錫安山教堂（Mount Zion Church）門前，尖銳的情感連結和失落之感刺穿我的心。大理石上刻的是：本紀念碑以祈禱與自豪之心紀念詹姆斯・錢尼、安德魯・古德曼和麥可・史維納，他們在為人類爭取人權的途中犧牲了性命。

「我每年都會接待來自世界各地的大量團體，其中也有很多猶太團體，」李洛回答。「他們每團的人數都很多，一來就放石頭。」

李洛是費城聯盟（Philadelphia Coalition）的聯合主席之一，在二〇〇五年時曾協助將埃德加・雷・基倫（Edgar Ray Killen）送上法庭。基倫就是策劃殺害這三位民權倡議者的三K黨人，事件發生後的四十一年裡，他過著安穩的生活，因為他同時也是一名牧師，在密西西比，沒有陪審團會判信奉上帝的人有罪。錢尼、古德曼和史維納的紀念碑外表像墓碑，教堂另一側也有一座類似的紀念碑。不過，紀念碑下方沒有埋屍體。受害者的家屬希望他們能葬在一起。在一九六四年時這是件違法的事，因為錢尼是黑人，而古德曼和史維納是白人。在密西西比，連墳墓都實施種族隔離。

布痕瓦爾德與尼許巴郡之間的距離極為遙遠，而有些讀者在將兩者相提並論時可能會感到猶豫。布痕瓦爾德死了上萬人，而尼許巴郡只死了三個人。不過，猶太教傳統將拯救生命比作拯救世界，而這三個人，他們的生命本可以多麼精彩。無論如何，他們的死成了象徵。這起謀殺案與許多的多人謀殺案一樣，都發生在三K黨、警察、郡內警長和公路巡邏員同流合汙的地方。我用腳翻開泥土，尋找一塊合適的石頭，好和其他的石頭放在一起。我很高興能知道自己不是唯一視錢尼、古德曼和史維納為英雄的猶太人，他們在我心中向來都是英雄。

他們是在「自由之夏」期間被殺害的，我當時太年輕，沒能參與這場運動。當年的我能做的只有對一位來自芝加哥的遠房表親表示敬佩，他在我們位於亞特蘭大的家借住了一晚，然後繼續上路前往冰山之核心——這是巴布．摩西對於密西西比的形容。自由之夏是摩西一手策劃的。他深信，對抗投票所的種族隔離現象比對抗午餐櫃檯的種族隔離現象更重要，他發起了一場倡議密西西比黑人登記投票的運動。在重建時期以及其後的一段時間裡，密西西比的有很多非裔美國人都曾成功投票，甚至擔任各種公職。本世紀初實施的《吉姆．克勞法》剝奪了南方大部分地區的黑人曾獲得的所有公民權利。[30]摩西和他在學生非暴力協調委員會的夥伴們為恢復這些權利努力了好幾年，他們幾乎一無所成。加入學生非暴力協調委員會的自由學校（Freedom Schools）的黑人有項首要任務：教導有投票資格的公民通過苛刻的選民登記測驗，這些志工遭到騷擾、毆打，有些人甚至遭到謀殺。「我不知道殺死黑人是違法的，」一個來自尼許巴的年輕白人說。「我是在當兵的時候才知道。當他們告訴我這件事的時候，我還以為他們在開玩笑。」[31]即使是那些眾所皆知的案件之兇手，如艾默特．提爾或麥格．艾佛斯的兇手背後也有自家社群的支持，鄉親組成的陪審團宣判這些人無罪。學生非暴力協調委員會是否應該繼續推行選民登記？此事直至當時的主要成果，是令更多黑人受到恐怖行動的折磨。

「自由之夏」是他們想出的答案。密西西比的人可能殺害黑人卻不受到懲罰，也不會引起全國性的關注，但如果有一群北方來的白人幫助選民進行登記呢？三K黨可能會騷擾他們，但他們肯定會猶豫要不要殺他們；而且，這些白人能讓國家開始關注密西西比州的民權抗爭，國家在此之前一向不太注意此事。學生非暴力協調委員會裡有些人擔心，這樣的做法可能會導致白人接管由非裔美國人發起的抗爭。其他人則擔心，在知情的狀況下將年輕孩子置於危險處境有道德問題。不過，密西西比州的情況愈來愈糟，要找到一千名懷抱理想的學生下來幫忙並不難。[32]雖然這群學生曾接受非暴力倡議運動技術的培訓，但密西西比大多數人都視他們為入侵的軍隊，就像是一個世紀前空降該州的聯邦軍人。

來自紐約市，當時年僅二十歲的安德魯．古德曼便是學生中的一位。二十四歲的社工麥可．史維納和他的太太麗塔（Rita）是在半年前從紐約來到密西西比州的，他們是該州頭兩位全職白人民權工作者。而二十一歲的詹姆斯．錢尼則是當地的倡議者，他曾與史維納一起工作過，「兩人就像連體嬰一樣」[33]。錢尼和史維納曾多次造訪錫安山教堂，希望說服黑人會眾在尼許巴建立一個新的自由學校，該地多年來不曾有黑人登記投票。史維納夫婦已在密西西比州待了半年，他們在這段期間的工作大膽到足以引起三K黨的矚目。殺害「小鬍子」的行動從四月就開始計劃了——這是密西西比人替麥可．史維納取的綽號，因為他留著少見的山羊鬍。六月中旬，三K黨看到了將計畫付諸行動的機會。

他們注意到有場在錫安山教堂舉行的聚會，認為此事很可疑。一九六四年六月一六日，費城聯盟成員潔米．珠兒．麥唐納（Jimmie Jewel McDonald）才十七歲，她記得的事是這樣的。「當時有個募捐聚會，聚會長得沒完沒了，你數著小硬幣，想跑去某個地方的樹下找你男朋友。」珠兒（大家都這麼叫她）告訴我，如果不是得幫忙照顧她的侄女，她也會參加聚會。珠兒的母親和哥哥去了教堂，回來時被人打得渾身是血，還有其他兩名會友也遭到毆打。「那些白人在哪？」三K黨成員一邊以手指虎毆打珠兒的哥哥一邊吼道。他們在找史維納，也知道史維納曾來過教會，但珠兒的哥哥不知道他們在說誰。

「嗯，我光憑直覺就能告訴你，」李洛說。「你如果動了哪位黑人婦女的孩子，那你也得把這名婦女打一頓。」

三K黨毫不猶豫地這麼做了，他們打斷了珠兒母親的鎖骨，然後命令這兩個人滾回家。珠兒的母親拒絕找醫生。「我不知道醫生會是誰，他可能就是打我頭的人。」那天晚上，三K黨把錫安山教堂燒成廢墟。大火過後，教堂的鐘仍矗立在該處，那是大火唯一放過的東西。錫安山教堂並不是三K黨放火燒毀的第一間黑人教堂；當年在密西西比州，至少有十三座教堂被燒毀。[34] 但他們燒毀這間教堂的目的很明確：他們知道史維納會來調查這樁案件。史維納從俄亥俄的一個培訓活動中趕回來，蒐集他知道當地執法部門不會費心去找的資訊和證詞。錢尼和古德曼陪著他，古德曼剛剛才寫了一張明信片給父母，說他已經安全抵達。

「他們在他死後才收到，」珠兒說。「他在明信片裡提到密西西比的人有多好，我知道他母親的心都碎了。」

在從教會離開的路上，這三個年輕人因超速而被捕，這是當地騷擾民權工作者和一般黑人的常見手段。但警長意識到他已經抓到「小鬍子」了，所以一直把他們關押著，等待他的三K黨同夥替私刑派對做準備。三人獲釋後，在黑漆漆的雙線道公路邊，有三輛三K黨人的車迫使他們的旅行車停下。錢尼、古德曼和史維納被帶到一條更空曠的路上，就在主謀所擁有的土地旁，他們遭到近距離射殺。「你知道他們為什麼要在這下手嗎？」李洛問道，他向我指出了路邊的樹林，那裡就是謀殺案現場。「埃德加．雷．基倫說他每天都會開車經過這裡，他希望他看著這個地方的時候能開懷大笑。」

這樁罪案經過精心策劃，如果聯邦調查局後來沒有提供那筆吸引線人提供線索的兩萬五千美元賞金，那麼被埋在新建水壩內的屍體可能永遠不會被發現。珠兒說：「他們把屍體埋得很深，你不可能聞到味道。也沒有蟲或任何鳥類會發現屍體。」當地人在此後的幾個月裡堅稱這些男孩子的失蹤，甚至教堂失火的案件，都是民權運動為醜化密西西比而編造出來的騙局。於此同時，兩名年輕白人男子的失蹤製造出學生非暴力協調委員會預期中的效果。全國性媒體和國際媒體紛紛抵達該郡。麗塔．史維納沒有被當地警察嚇倒，連林登．詹森都嚇不了她。她要求聯邦政府立刻採取行動尋找她的丈夫，同時指出他得到的媒體關注是不正義的。「如果錢尼先生這位土生土長的密西西比黑人是單獨失蹤的，那麼這個案子就會像之前的許多案子一樣無人聞問。」[35]

等到屍體被發現的時候，只證實了大多數人的懷疑：他們在失蹤後不久就被殺害了。同時，三人的事也使得一九六四年的《民權法案》和隔年的《投票權法》得以通過。九六%的密西西比選民反對這兩個法案。在尼許巴郡，關注謀殺案的白人關心的是當地的聲譽，因為罪案導致當地成為舉國矚目的焦點。如果尼許巴的黑人或白人社群曾談論過這件事，也有只在家裡談。珠兒在謀殺案發生後不久就結婚去了北方，她說她離開密西西比後對於此案的認識比她在案發後的那幾個月待在密西西比時所知的還多。錫安山的人們迅速重建了教堂。門內的一塊牌匾上寫著：

上帝子女同出一源
這塊牌匾紀念的是
麥可・史維納
詹姆斯・錢尼
安德魯・古德曼
他們對人的關懷，特別是對本社群的關懷
導致他們在年紀尚輕時殉難
他們的死亡喚醒了人們的良知
並在這片土地上更確實地種下了正義、自由與弟兄情誼

社區會在每年的父親節（即謀殺案發生之日）舉辦紀念儀式。當馬丁路德・金恩穿過整群的暴民，在第二年的紀念儀式上發言時，他說費城是「一個可怕的地方，是我見過的最糟糕的地方。恐怖活動在此主宰一切。」[36]

黑人社群紀念此事的同時，白人社群正設法盡力忘記此事。在北方，人們以演講、歌曲和文學作品向三位英雄致敬，但就在屍體出土的幾天後，尼許巴郡的白人正全心投入籌備他們的年度博覽會，這是全國最大的博覽會之一。尼許巴郡博覽會說自己是「密西西比州的大型家庭聚會」；《南方生活》雜誌

（*Southern Living*）則稱其為「南方人眼中一切神聖事物之集合」[37]。在一九六四年的謀殺案之前，這就是外地人對於尼許巴郡的唯一印象。在夏天最熱的那一週裡，除了樂隊表演、烤肉和賽馬活動，還會有密西西比的政客來到此地為自己拉票，三K黨也在這裡招募成員。一九八〇年，雷根成了首位造訪該地的國家級政治家，這成了頭條新聞。雷根在離三位民權倡議者被謀殺的地方幾英里處宣布：「我支持州的權利」，他以同路人才能理解的隱晦語言表示，在他祖父般慈祥的形象背後，他也是白人至上主義的堅定支持者，若能選上總統，他將證明此事。他反對民權立法，將尼克森的打擊毒品行動再升級，支持南非的種族隔離制度，這些事在他造訪尼許巴的那天已有預兆。所有的密西西比人都懂他在說什麼。

三位年輕人的謀殺案因著後面接著發生的罪案而變得更加複雜。雖然鎮上的許多人以及調查了幾個月的聯邦調查局特工，都知道大多數犯案者的身分，但大家也都知道當地的大陪審團不會起訴這些殺人犯。案發當晚，三K黨首領山姆．鮑爾斯（Sam Bowers）曾對在場的人說，敢開口的人都會死。在四十年後那場遲來的審判中，被選為陪審團的當地公民說，如果當年有一場審判，而身為陪審團成員的他們主張主嫌有罪，那他們就得離開他們的工作崗位、離開他們的教會，甚至搬離當地。[38]

聯邦司法系統對謀殺案沒有管轄權，但在一九六七年，聯邦確實起訴了十七名男子，指控他們密謀剝奪三名被害者的公民權利。尼許巴郡有一位夠有正義感的白人女性佛羅倫斯．瑪爾絲（Florence Mars）出面作證，她被迫從教主日學的工作中退休，三K黨還煽動人們抵制她的牧場，導致牧場被迫關門。[39]雖然首席法官稱被害者為「一個黑鬼、一個猶太人和一個白人」，不過至少被起訴的人中有七個被判共謀罪；儘管刑期較短，但與提爾案的審判相比至少是個進步。

到了一九八九年，密西西比州有了更多進展。謀殺案受害者家屬在父親節那天來到尼許巴郡參加於錫安山教會舉辦的二十五週年紀念活動，州務卿迪克．莫爾普斯（Dick Molpus）在活動中向受害者的家屬公開道歉。莫爾普斯是出身尼許巴的富裕木材商，他成為當地第一個公開提及此案的白人男子。大多數密西西比人都認為這是他在第二年的州長競選中失敗的原因。

要再過十五年，謀殺案的主謀埃德加．雷．基倫才會被送上法庭。那時他已經八十歲了。這場審判是費城聯盟努力的目標之一，該聯盟是費城自重建時期以來的第一個由黑人、白人和喬克托人三個族群所組成的社區組織——其中的喬克托成員是一八三三年被迫離開該郡的一個龐大部族中僅存的後裔。費城聯盟當時的任務是為了謀殺案四十週年紀念做準備，屆時預計會有數百人來到費城。「當時我們其實只是想組織起來，看看我們需要為四十週年紀念活動準備什麼，」珠兒解釋道。「我們需要流動廁所嗎？我們是否需要在教堂裡裝好電話以便和媒體溝通？」

但這個聯盟的成員中也有一些白人律師和醫生。他們知道是誰策劃了謀殺案，也相信現在是時候將此人送上法庭了。小組成員每個星期都聚會，有時在市政廳，有時在當地教會，在溫特學院的蘇珊．格利森的幫助之下，小組的任務開始變得清晰。一些成員反對與來自密西西比大學的團體合作，這所大學素以其種族主義的歷史而聞名。聯盟外的一些人，如詹姆斯．錢尼的弟弟班（Ben Chaney），甚至指責聯盟窩藏三K黨成員。麥可．史維納的遺孀麗塔從一開始就不相信這整件事。她擔心這只是一場表演性質的審判，是為鎮上的人脫罪的徒勞嘗試。「我記得她說，『這些人想做的就是寫一本自己的書，我不會幫他們的。』」珠兒告訴我。

我拿起她廚房桌子上的一瓶礦泉水喝了一大口，皺起眉頭。

但溫特學院的人有一種天賦，能夠幫助各式各樣的人以誠實而不粗暴的方式聚集在一起。現已退休的迪克．莫爾普斯曾表示：「在正義得到伸張之前，我們至少在某種程度上都是這起謀殺案的共犯。」[40]費城聯盟決定推動案件再審，他們成功找來了吉姆．胡德（Jim Hood），一位堅定而進步的州檢察長。這個案子會很棘手，關鍵證人已過世，主要得依賴舊日證詞作為證據。許多人會猶豫是否真要將一名八十歲的老人——而且還是一位牧師——關進監獄。當地的陪審團無論如何都會討厭外人插手當地案件，所謂的外人也包括來自傑克遜的吉姆．胡德。正如一位費城居民在基倫受審時所說的：「這就像南北戰爭後，北方人下來南方告訴大家『你得這樣做、那樣做』。我們不想要其他人告訴我們該怎麼做。」[41]不過，經過一場為期六天的審判，埃德加．雷．基倫被定罪了；那天是二〇〇五年六月二十一日，距離他策劃的謀殺案發生那年已經過了四十一年。令聯盟和前來作證的受害者家屬感到失望的是，他們手中的證據只夠判處過失殺人罪。不過，法官還是判了基倫三個二十年刑期，每個刑期代表著他下令謀殺的一位年輕人。基倫於二〇一八年一月在獄中過世。

「基倫被判刑是個真正的里程碑，」歷史學家查爾斯．雷根．威爾森（Charles Reagan Wilson）說。「民權謀殺案和民權案件有很多，但此案特別具有戲劇性，因為它涉及北方人和南方人，美國猶太人以及美國黑人。這個判決無疑有助於傷口癒合。」[42]

真的嗎？還是這會讓密西西比州在自滿中停止前進，覺得令該州蒙羞的恐怖事件都已成為過去？當然，癒合的過程發生在人與人之間。例如，珠兒描述了聯盟中的一位白人成員如何緊張地來找她。「她抓住我的手說，『我一定得告訴妳，我前夫的家人就是打妳母親和兄弟的人。』我說，『天哪。』接著就開始掉眼淚的橋段——她抓著我，我抓著她，我們就在那裡一起啜泣什麼的。她說，『我很抱歉』。我想，好吧，主啊，這是第一個向我道歉的人。我們就這樣成了朋友。我說她是我靈魂上的姐妹，她也接受了。」

我在溫特學院學到的是，和解由最底層開始。代表受害者的人和代表加害者的人，不同種族的成員之間極為個人性的接觸，這是任何嘗試進一步治癒國家創傷的行動之基礎。我在溫特學院還學到：這種接觸只是基礎，僅此而已。這樣的基礎可以創造出建立於其上的社群和解，利用由此形成的信任，共同面對仍然存在的不正義。一次一個小組，一次一個社群，一次一個州，一次一個國家。過程漫長而令人疲憊，但很難有其他作法。

審判結束後不久，麗塔．史維納．班德寫了一封公開信給密西西比州州長哈利．鮑柏（Haley Barbour）：

> 我寫下這封信，是因為你最近和過去的作為阻礙密西西比和我們國家實現種族正義。最近，在尼許巴郡對埃德加．雷．基倫的案件作出判決並量刑之後，你說你相信這終結了民權運動年代的罪行，這些事現在應該都有個「了結」了……該做的事還有很多。作為密西西比州的州長，你擁有獨一無二的機會來承認歷史、參與行動、確保這個州能夠擁有具有意義的未來。請不要宣稱過去不影響現在和未來，從而浪費了現下此刻。[43]

費城聯盟指出，這場審判只是在「尋求真相、確保所有人獲得正義，並促進和解」的道路上邁出的第一步。這三位勇敢的年輕人不是被一把獵槍所殺，而是被整個州共同殺害的，「當邪惡以他們的名義發生時，好人卻保持沉默。密西西比很少有人理解到這是可恥的行為。」[44]聯盟做出結論：他們的工作才剛開始。

不久後，費城聯盟協助推動的法案得到鮑柏州長簽署通過，該法令密西西比州公立學校的每個年級都有了民權課程。聯盟在費城創立了錢尼、古德曼和史維納自由學校（Chaney, Goodman, and Schwerner Freedom School），現在由李洛．克萊門負責。他帶我參觀作為校舍的兩個大房間時，我們談到了恐懼。

「其他州的人很怕來密西西比，但在我們這一代人身上，這點並沒有被傳承下去。人們總是說：『真可惜我們之前不知道這段歷史』，但我總是說我很高興。我擔心如果故事傳承下來，恐懼和仇恨也會傳承下來。」

他說，結果他從小就不怕白人，連三K黨的白人都不怕，大多數的週末夜晚，三K黨都在離他家不遠的山上燒十字架。

「你看到他們生的火？」

「對，但我們沒有嚇到。星期天晚上，我們會在同一個地點打壘球。我還記得我曾經拿一些燒成炭的木頭來畫壘包。」

李洛是他家九個孩子中的老大，他出生於一九五七年，母親是單親媽媽，後來染上了酒癮。她酗酒的時候，李洛照顧著家裡的弟弟妹妹，讓他們有點事做，防止他們去碰馬路對面賣的私釀酒。這是他對於自身使命的解釋；從那時起，他就一直照顧著年輕孩子。「費城聯盟的目標從來不是定一個八十歲老人的罪，而是改變這個城市的敘事，並幫助年輕人向前邁進。」自由學校的每個孩子都知道錢尼、古德曼和史維納的故事，但李洛努力理解故事發生的原因。「一旦響了鈴，鈴聲就不會消失，但你可以選擇如何處理它所帶來的後果。我想讓他們瞭解是什麼樣的狀況讓這些事情發生，以及他們可以做什麼來清除這樣的狀況並挪開障礙，這不僅是為了他們自己，也是為下一代。」

李洛散發出一種無止無盡的樂觀精神。很容易看出他是如何激勵每個學期長途跋涉來參加自由學校課程的七十八位高中生。除了公立學校通常很難提供的鼓勵之外，學生得到的還有紀律。老師通常對黑人學生報以最低的期望，拒絕花力氣幫助那些他們認為永遠無法學到什麼的孩子。結果則是，孩子會輟學，或是幾乎什麼也沒學到。李洛對許多其他的課後計畫持批評態度。「他們的理念是，我們不教孩子如何讀書，我們教孩子愛上讀書。我的想法是，如果你根本不知道如何讀書，你怎麼可能愛上這件事？」有時，他讓幾乎不識字的青少年去帶更小的孩子；當他們認為自己在教小朋友的時候，他們的能力也有所增長。「他們知道李洛先生很認真。我會讓你有時間玩，我也會給你吃的，但你來這裡就是要學習。人生沒有輕鬆的，我希望他們能做好準備。」結果，費城的學生拿到社區大學畢業證書的人數激增，而青少女懷孕的人數則下降了四〇%。這裡的毒品、酒精問題和犯罪率都非常低。「是批判性思考的功勞，」李洛說。「我們透過歷史的濾鏡來教他們處理今日的問題。」李洛讓讀書看上去很酷，而且充滿使命感。「我告訴他們，我們在這間教室裡所做的事情不能留在這間教室裡。你必須和沒來這裡的朋友分享。這間教室是你學習成為領袖的地方，別讓他人控制敘事。」

在展示著往日學生和現在學生照片的房間裡，李洛更愉快了。海報看板上，穿著學士袍的學生照片上方寫著「成功的模樣」。許多大學生暑假會回來錢尼、古德曼和史維納自由學校擔任老師。李洛指著照片，容煥發光。「這位年輕女士計劃去念密西西比大學。這位女士則在短劇中扮演羅莎・帕克斯，她是真正的演員。」每年的學生都會準備一齣短劇，參加全國歷史日比賽（National History Day Contest）。有一年，他們在華盛頓特區的比賽中表演了「密西西比縱火案」——後來的人如此稱呼這件發生在費城的謀殺案。「有看到這位年輕女士嗎？」李洛指著照片裡的一個孩子對我說。「她最讓我頭痛。」女孩的母親因槍殺施暴的男友而被判入獄八年；她目睹了整個事件。「我說服她加入短劇比賽。她演的是珠兒・麥唐納，表現非常出色。他們上了歐普拉脫口秀。光是要讓她走上那個舞臺……」他停頓了一下，搖了搖頭。「她也畢業了。」

在密西西比小鎮裡發光發熱的李洛・克萊門，是我所見過最堅定的啟蒙運動捍衛者。他認為，種族仇恨的原因是人們的無知導致他們受人操縱。例如埃德加・雷・基倫。「他說那些孩子下來參加自由之夏的原因是為了訓練非裔美國男性出去強暴白人女性。」

「你認為他真的相信是這樣嗎？」

「我覺得他真的相信，我看過他這個年紀的人還是這樣講話。這就是他們背後的動力。我不怪他們的無知。我一直告訴孩子們——如果你無知，人們可以說服你做任何事。」

我成年後的大部分歲月都在為備受指責的啟蒙運動發聲，但即便連我也無法擁有李洛的無限信心。

比如說，是無知促使人們去毀損闡述歷史事件的公共紀念碑嗎？我看到了猶太遊客以虔誠心情放在錢尼、古德曼和史維納紀念碑上的小石頭，但我也看到了旁邊被當地人用卡車撞倒的鋼製立牌。經過費城聯盟的爭取，公路的一個路段被命名為錢尼、古德曼和史維納紀念公路，但這個立牌不止一次被人潑漆。有位熱情的南方女士帶我參觀馬丁路德·金恩在蒙哥馬利的牧師住所，她說如果這裡不需要志工的話，她也會堅持要掃這裡的廁所。我走出門外，看到一個臘腸的包裝空袋，有個我們從未見過的阿拉巴馬男人把這個袋子扔到門廊上。難道促使他們做出這種事的僅是無知而已？哈佛的教育顯然沒能阻止首席大法官約翰·羅伯茨（John Roberts）在二〇一三年時決定毀掉《投票權法》。「既然《投票權法》有用，為什麼現在要把它拿掉呢？」李洛問。一九六五年通過的《投票權法》讓聯邦有權監督那些曾抑制黑人公民投票權的州所訂定的選舉條例。由於最高法院推翻了《投票權法》，從亞利桑那到維吉尼亞的共和黨地方政府都迅速採取了行動，導致那些最可能投票給民主黨的公民更難投票，這些選民通常較為貧窮，而且多半是少數族群。

最高法院作出裁決的一年後，同時也是謀殺案發生五十年後，歐巴馬總統將自由勳章授予錢尼、古德曼和史維納，這是美國平民所能獲得的最高榮譽。錢尼的女兒、古德曼的弟弟和史維納的遺孀來到白宮參加追授儀式。歐巴馬的頒獎詞是：「詹姆斯·厄爾·錢尼、安德魯·古德曼和麥可·亨利·史維納仍鼓舞著我們。他們的理想已成了我們國家道德結構的一部分」。《時代》雜誌在報導這場儀式時表示，今日的大多數人仍不太知道這三個人的名字。

麗塔·史維納·班德在儀式結束後說，國會表彰這些人的最好方式是恢復《投票權法》並積極執行。

◈ ◈ ◈

關於紀念碑的辯論正在美國激烈上演。除了國家私刑紀念館期待極高地希望地方政府帶走的紀念碑之外，沒有任何大型紀念碑紀念種族恐怖行動的受害者，或是向公眾說明導致這些罪案發生的原因。為了紀念和教育大眾所成立的小型地方紀念碑，像是紀念提爾或錢尼、古德曼和史維納的紀念碑，並未獲得穩定的支持。除了資金嚴重不足外，這些為數不多的紀念碑也經常遭到暴力對待。

「遭到毀損的紀念物總比完全沒有任何紀念物要健康得多，」我提到艾默特・提爾的標誌曾多次遭到槍擊時，布萊恩・史蒂文森這麼說。「這件事揭示了我們的部分面貌，甚至輕微地改變了密西西比州的一些人。」

我想，德國更大規模的紀念碑也是這樣。甚至在浩劫紀念碑的設計還沒定案之前，聯邦政府就已經編列了數百萬馬克的預算來清理預期中會出現的塗鴉。另一方面，絆腳石計畫也許得到了成千上萬的德國人的資助和珍惜，但也有許多人厭惡這些絆腳石。在二〇一七年水晶之夜的紀念日，有十六塊石頭被極右翼分子挖出來毀掉。這件事不是小事，但同樣重要的是，有幾千名柏林人立即響應捐款，換上了新的絆腳石。

美國人在決定如何紀念種族主義恐怖活動受害者較為恰當之前，必須先決定如何處理紀念白人至上主義的紀念碑。二〇一五年的查爾斯頓大屠殺案後累積了一些能量。例如紐奧良市長蘭德魯（Mitch Landrieu）在案發一週後宣布，該市的大型南方邦聯英雄紀念碑應該拆除。在準備拆除的過程中，他開啟了一系列的社群對話，有一年多的時間裡，來自紐奧良市不同族群的民眾每個月都參與會議。溫特學院也被邀請到紐奧良來協助促進這場討論。負責的蘇珊·格利森說：「如果討論過程民主、尊重而公平，其成果也會是民主、尊重而公平的。」許多討論的重點放在澄清相關問題上。「不，這些紀念碑不是戰後建立的，而是再過一兩代之後，由白人至上主義者所建立，他們試著頌揚南方邦聯並模糊事實以改寫歷史。不，這些雕像不會被銷毀，而是被放在適合的博物館裡。」經過近兩年的討論、公開的聽證會和司法審查，紐奧良市議會以六比一的投票結果宣布其中四個最惡名昭彰的紀念碑妨礙公共利益。蘭德魯市長發表的談話因其清晰流暢廣受稱讚。雖然這篇講詞值得全篇閱讀，但我在此只引用部分：

> 紐奧良確實是一個多民族的城市，一個大熔爐，多元文化的聚寶盆……但關於我們的城市，有一些我們必須面對的事實。紐奧良曾是美國最大的奴隸市場：在這個港口，有成千上萬的人類被買賣，並沿著密西西比河運往北方，過著強迫勞動、極為痛苦、受到性侵與折磨的生活……因此，如果人們對我說，這些紀念碑是歷史，那麼，我剛才所描述的也是真實的歷史，其真確程度令人震驚……這些雕像……不只是全然純真地紀念一段無辜的歷史。這些紀念碑帶著目的去讚頌一個虛構而經過美化的南方邦聯，忽略了死亡、奴役，以及其實際上所代表的恐怖活動……這些紀念碑的存在是為了向所有在其陰影下走過的人傳達強而有力的訊息，告訴他們誰是這個城市的主人

……重新安置這些南方邦聯紀念碑並不是要從任何人那裡奪走什麼……這是……向全世界表明，我們作為一個城市、一個群體，能夠承認、瞭解與和解，以及最重要的，能為自己選擇一個更好的未來，使歪曲之物變為正直，使錯謬之物變為正確。[45]

儘管如此，他們仍選擇在夜間拆除紀念碑，有保安人員看守，以防紀念碑支持者曾威脅要發動的暴力事件真的發生。紐奧良的雕像於二〇一七年五月被拆除，不久後阿拉巴馬州通過了一項法案，禁止「遷移、拆除、變更、重新命名或以其他方式擾亂位於公共財產上超過四十年的紀念碑、紀念街、紀念性建築」。至於密西西比州則沒必要這樣做；他們的州議會早在二〇〇四年通過了類似法案。在這兩個州，人們將南方邦聯紀念日當作假日來慶祝。

但這樣的立場正遭受抨擊，因為夏洛茨維爾的種族主義示威活動使得媒體轉而聆聽眾多歷史學家的意見，而他們早就指出失落的一戰的敘事毫無事實根據。南北戰爭不是一場關於各州權力的戰爭，而是一場關於奴隸制的戰爭，威廉·詹姆斯很清楚這一點。如果歷史學家的共識能慢慢成為一般民眾的知識，那麼關於南方邦聯紀念碑的衝突就能平息下來。

布萊恩·史蒂文森無意等這場衝突結束才開始做接下來的工作。要實現他的目標，等於是要改變美國人的身分認同——他認為德國人在直面自身的可怕歷史之後，身分認同已有轉變。「這段歷史不必然會使我們一敗塗地，也無法控制我們，但這段歷史的存在，我們無法否認。」

第八章
權利與賠償

任何物質賠償都無法彌補奴隸制度所造成的痛苦。凡是讀過詳細描述奴隸制度的文章（無論是奥許維茲或阿拉巴馬的奴隸制度）的人，都不可能選擇忍受奴隸制度，無論事後的賠償金額有多高都一樣。這也是為什麼尚．艾莫里在離開貝爾根貝爾森集中營之後雖然經濟狀況很不穩定，但仍拒絕申請賠償的部分原因。艾莫里從十二歲之後就沒有接受過正規教育，他在比利時找到了一份自由記者的工作，從北約到瑪麗蓮．夢露什麼都寫。一直要到一九六六年，他的事業才有所突破。當時他發表了一系列英文散文，集結為《心靈邊界》（*At the Mind's Limits*）出版，記敘他作為奥許維茲集中營生還者，戰後二十年間在歐洲生活的經歷。

什麼能治癒傷害？為了回答這個問題，艾莫里重新提出怨恨（resentment）的概念。尼采將其斥之為病態的、狹隘的、奴性的態度，輕蔑地表示心懷怨恨之人的靈魂「斜眼看人」。他們無法擺脫過去的傷痛，固守著既不一致又不自然的願望。怨恨之心荒謬地要求逆轉無可逆轉之事，要求事情被抹去。而艾莫里將尼采的觀點倒過來，自豪地表示自己也屬於那些尼采斥之為擁有奴隸道德觀（slave morality）

的人，因為「所有真正的道德觀都是為了失敗者而生的道德觀」[1]。人們可能會很自然地認為時間只向前流動，但這種想法不僅外於道德（extra-moral），而且也反道德（anti-moral）。

> 每個人都有權利對任何自然現象表示不同意，包括時間所帶來的生理性癒合……道德反抗力量包括抗爭、包括對於現實的反叛；而這些都必須符合道德，才稱得上有理性。符合道德之人要求宣告時間無效——在此處的特定情況下，透過將罪犯釘在他的行為上來宣告時間無效。以這樣的方式，佐以道德上的時間倒流，罪犯便能重新成為人類，與他的受害者互為同胞。[2]

唯一能真正彌補罪行的，是時光倒流，抹消罪行。艾莫里知道這不可能，但他堅持要我們承認自己對此的渴望具有深度及道德感。他還堅信這樣的想法是理智的，以此反駁那些正開始研究創傷領域的心理學家。他說，他的怨恨是人世處境的一種形式，「在道德和歷史層面都比健康的直率更高級」。他不認為六百萬德國人的死亡可以治癒大屠殺生還者的傷痛，說這是「道德上不可能的想法」。他的結論是，解決問題的唯一方式是「允許怨恨在一方心中繼續存在，並在另一方心中激起自我不信任感。」[3]透過這樣的方式，德國人便能將奧許維茲集中營納入其自然歷史之中，而不是讓時間來中和此事。

當艾莫里在一九六六年寫下此語時，他確信這不會發生。「德國無法彌補此事，而我們的怨恨將徒勞無功。」他相信，人們會將納粹時代視為歷史中的一個意外，德國人會毫不猶豫地在客廳掛上曾祖父身著黨衛軍制服的肖像照。在當時，艾莫里的悲觀很合理。政府已拿出賠款，但絲毫未試圖釐清過往。

舊納粹分子在政府、司法體系、外交部門和學校裡身居高位。最近在法蘭克福舉行的奧許維茲審判被檢察總長弗里茲．鮑爾（Fritz Bauer）視為一場失敗，因為媒體將受審的集中營守衛描繪成與德國全體人民無關的變態虐待狂。漢娜．鄂蘭則寫道：

> 社會中多數人的看法體現在被告人的行為上，他們對檢方和證人大笑、微笑、自鳴得意地傻笑，他們不尊重法庭……也體現在律師的行為中，他們不斷提醒法官無需關注「外界對我們的看法」，並一再暗示他們的當事人陷入此般麻煩的真正原因不是因為德國人渴望正義，而是受害者渴望「報應」和「復仇」且影響了全球輿論。4

當時有位德國商人向艾莫里保證過去的事已成過去，德國人不再對猶太人懷恨在心——看看他們在賠償的事上是多麼慷慨大度！儘管有恩岑斯貝格爾（Hans Magnus Enzensberger）這樣的知識分子宣稱奧許維茲集中營會是德國的過去、現在和未來，而艾莫里也認可他的發言，但他認為這樣的聲音只是少數，不具影響力。

在艾莫里的著作出版五十年後，當年他口中的「奢侈的道德白日夢」大致上已成為現實。今天，很難找到哪個德國人不希望倒轉時間，阻止納粹犯罪——就算只是為了避免此後幾十年裡國家得背負的羞愧感。德國政府已將奧許維茲集中營全面納入學校課程，其徹底的程度甚至連許多負責任的德國公民都認為納粹時代被賦予了過多歷史意義。艾莫里在一九六六年時寫道，德國青年引用歌德之言卻忽視希姆萊的存在，實在不光彩。而此後的幾十年裡，許多德國年輕人甚至一度懷疑連引用歌德都不是光彩的事。多年來，許多人認為整個德國文化受到了無可挽回的玷汙。在以色列建國七十週年之際，連另類選擇黨都不得不公開聲明德國在支持以色列建國一事上具有歷史責任。「我的一些選民對此相當反感，」該黨的某位政治家告訴我。「他們問，這是不是代表著他們的孩子得繼續替這些人付錢。」儘管如此，他認為黨還是必須做出承諾。這並不代表另類選擇黨已克服了他們的種族主義——該黨的核心綱領仍是降低移民人數、減少投入釐清過往——但這代表德國已抵達一個公開發表種族主義言論就等同政治自殺的高度。這可能是我們所能期盼的最佳成果，而這樣可能也就夠了。十七世紀的作家拉羅什福柯（Francois de La Rochefoucauld）寫道，偽善是惡行向美德的致敬。誰知道我們有一天竟會追求偽善？如今有許多國家領導人根本不覺得有必要進行這種致敬。與康德及普遍大眾的認知相反，誠實並不總是為上策。很多時候，社會變革是從口頭上開始的。正如我們從德國釐清過往的緩慢進展中所看到的：戰後，公開表達納粹思想在法律上不被接受；到了一九八〇年代，這在社會上不被接受；如今，這在道德上不被大多數人接受。這樣的進程通常有其必要，最近的反作用力也無法破壞此一事實。道德革命不會在一夜之間發生。正如奎邁．安東尼．阿皮亞在《榮譽法則》（*The Honor Code*）中所揭示的，真實的羞愧感之所以萌芽，端看這個社會認為何事令人羞愧。

我的重點論證與艾莫里在〈怨恨〉（Resentments）中所寫的大部分內容相反，但艾莫里此文在揭示受害者的道德心理方面仍然具有極大價值。文中也強調了作家塔納哈希．科茨（Ta-Nehisi Coates）所謂的「賠償的關鍵因素」：國家意識之革命與精神之更新。[5] 想像一下，美國人恥於將穿著南方邦聯制服的祖先肖像照掛在家裡，或是對於自己的國家遲遲不拆除南方邦聯英雄的雕像感到羞愧。想像一下，美國人將奴隸制和種族恐怖活動的殘酷真相，不加修飾地放進美國例外論的歷史敘事中。促成這種轉變的第一個條件會是一件意義深遠的事：對於美國的非白人族群所承受的折磨真心致歉。

在二〇〇八年之前，美國國會甚至不曾就奴隸制度正式道歉，這說明了一件事：你得瞭解自身罪行所造成的影響有多深，否則你無法真的道歉。撰寫二〇〇八年決議的國會助理顯然已瞭解自身歷史，因為這份道歉聲明涵蓋的年代並未停在奴隸的解放，還包括了對解放後大部分的種族主義罪行表示悔意。眾議院最後表示，議會「致力於匡正美國人在奴隸制度和《吉姆・克勞法》之下對非裔美國人犯下的惡行所造成的長遠後果，並致力於制止今後的人權侵犯事件」。但這份匡正至今尚未出現。以色列在協商賠償問題前曾要求先德國道歉，正如當時的他們所理解到的那樣，沒有道歉的賠償是盲目的賠償，沒有賠償的道歉則可能是空洞的道歉。

出了德國，只有研究當代德國歷史的學者清楚德國投入多少努力釐清過往；不過，德國支付賠款的事則廣為人知，而認為美國政府應賠償奴隸後代的人在提出論證時，也總引德國為例。[6]乍看之下，美國賠償奴隸制受害者與德國賠償大屠殺受害者兩者沒什麼共通點。盟國以及當時尚未成立的以色列國在二戰結束前就已開始討論德國賠款的事，《波茨坦協定》則確立了德國應該為其對世界造成的破壞進行賠償的原則。德國造成的破壞何其巨大，盟國也承認若要確實賠償，德國可能會遭到重創。初期的討論與其說是在討論如何賠償納粹政權的個別受害者，不如說是在討論如何賠償盟國被摧殘的個別領土。此事無需爭論，也不需要複雜的核查過程。德國國防軍士兵受命摧毀的領土範圍極廣，而這些地區確實也損失慘重。戰爭結束後，蘇聯立即開始拆除東邊的工廠和全部車輛，以補償德國對蘇聯領土所造成的破壞。作家丹妮拉．達恩說：「俄國人拆除了火車軌道，大家都不太高興，但多數人預期會有更糟的事。蘇聯曾計劃將整個國家變成馬鈴薯田，而我們心裡很清楚發動戰爭的是誰。」她從未聽過任何東德人表示懲罰太重了。「人們對俄國的怨恨還不如對西德的怨恨深，因為西德原本應該也要賠款給俄國。」

西德並未賠款給俄國。但僅在幾年後，他們就與以色列國和猶太人索償聯合會——該聯合會代表那些不住在以色列的猶太人索償——簽署了一項協議，向大屠殺的受害者支付賠償金。當時，他們極力避免使用「賠款」一詞。一戰後的戰間期，《凡爾賽條約》規定的賠款對德國經濟造成了破壞。更重要的是，德國人覺得他們受到的指責並不公平，因為說到底這是一場為了權力和殖民地領土而發起的瘋狂爭奪戰，沒有哪個人完全無罪。隨著德國經濟惡化，這些感覺轉變成深深的怨恨，助長了納粹黨的崛起。[7]一戰後的賠款規定最終導致了二戰發生，沒有人願意重蹈覆轍。相反地，西德得到了馬歇爾計畫，他們暫時擱置進一步賠款的問題，直到最後的和平條約協商時再議。一九九〇年簽署和平條約時，人們則認為這個問題已經過時。

西德已向大屠殺的受害者支付了大約八百億馬克的賠償金，其中包括支付給個別生還者的賠款，還有支付給新成立的以色列國的幾十億馬克。「賠款」這個有問題的詞被一個不具歷史意義但更有問題的詞所取代：「和解金」（Wiedergutmachung），這個德文字的字面意義是「讓事情重新變好」。這也是鄂蘭用來描述「平常的不正義和敵意獲得解決」時所用的詞。不過，她表示自己在發現大屠殺一事千真萬確時感到極為震驚：「那真的就像是打開了一道深淵。因為我們一直相信，其他一切都可以**重新變**

好，在政治層面上，一切都必須能夠**重新變好**，而不是像現在這樣，事情不應該是這樣。」[8]

難怪這麼多以色列人對於接受賠償一事深感厭惡。以色列國曾考慮以法律強制禁止與德國和德國人的一切往來。以色列護照上用英文蓋上了「在德國無效」的字樣，《國土報》（*Ha'aretz*）指示讀者避免與德國人接觸，即便是那種在瑞士飯店裡的偶然接觸也要避免。[9]以色列人對這個謀殺了他們的父母和孩子的國家是如此憤怒，有些生還者甚至表示只有謀殺六百萬名德國人才是充分的補償。德國人可以拿錢來換那些因納粹罪行而離開人世的生命、那些因納粹罪行（在最好的情況下）支離破碎的生命，然後事情便會重新好轉——這種觀點導致許多以色列人對於協商一事提出抗議。這些抗議之聲在一九五二年轉趨激烈，當時，未來會成為以色列總理的比金（Menachem Begin）發起了一場示威活動，示威者最後打破了正就協商一事進行辯論的以色列國會的窗戶。

以色列傳奇總理本古里安則更為務實。以色列和西德需要彼此。「美國和其他國家正努力使德國重返國際大家庭，而以色列正努力對抗試圖孤立以色列國的阿拉伯國家，在國際間取得地位。」[10]隨著冷戰加劇，美國不再那麼顧忌與舊日的納粹分子結盟。雖然國內有一場支持戰後非軍事化的大型運動，但德國加入北約的計畫已經在進行中。存在著一個小小的機會窗口，其中以色列對於賠償的要求和德國對賠償的提議能夠符合雙方的地緣政治利益。是本古里安打開了這個窗口。

本古里安發起了祕密會議，德國和以色列的代表在會議中就這份協議的所有面向進行討論，雙方都知道自己的國家對於賠款一事感到不安，雙方都因此受限。當然，他們也討論了賠款的實際金額；其中的討價還價是任何曾逛過市場的人都很熟悉的過程。和最終的金額相比，雙方都試圖為己方爭取更多，退讓則更少。（以色列一開始要求十五億美元，艾德諾則提出了兩百萬美元的數字。最後，兩邊以一九五二年貨幣價值的八億兩千萬美元達成協議，其中七〇%將以德國貨物支付。）比預期中的討價還價更有趣的是針對文字的爭執。大屠殺是種「不正義」還是種「罪行」？艾德諾在一九四九年首次向議會發表演說時，對德國人在戰時經歷的一連串苦難表達惋嘆之意——那些因併吞並或轟炸而失去家園的人，那些被關在戰俘營的人，那些喪偶或殘廢的人。他並未提及任何因德國犯下戰爭罪而受苦的非德國人，這在國內外都引來了批評。因此，在就具體金額進行談判之前，以色列堅定要求艾德諾向國會發表正式聲明，承認德國對猶太人犯下罪行，具有責任。該聲明實際上是由以色列政府起草的。[11] 猶太人想要德國承認更多的罪責，德國人想承認的罪責則沒有那麼多，雙方最後達成妥協。但促成最終協議的主要功臣，世界猶太人大會（World Jewish Congress）的主席納胡姆．戈德曼（Nahum Goldmann）如此描述艾德諾的聲明：

> 那天在德國聯邦議會中發生的事是政治史上的新突破。在政治上，習慣性的做法是試圖為自己的觀點辯護，只對對手提出道德要求。相反地，德國人民……自由而主動地承認他們對過去發生的事具有罪責，並承擔起責任。突然之間，此舉在政治層面上打開了全新的局面。[12]

儘管大多數西德人反對賠款，但他們承認歸還從德國猶太人那裡偷來的財產是正義之舉。但這是歸還，而不是賠償。而且對一個事發當時尚未成立的國家來說，要主張德國欠自己錢可沒那麼簡單。以色列的協商代表表示，他們需要這筆錢來吸收因為德國而無家可歸的五十萬難民，這些人的健康被德國所犯下的罪行嚴重摧殘，無法為一個貧窮而不穩定的國家做出貢獻、促進該國發展。這是個各方都能認同的主張，因為其中的真實之處無可辯駁。當德國提出以奶油來支付部分款項時，戈德曼回答說，以色列人只買得起人造奶油。[13]那時，仍有反賠款示威者在耶路撒冷高舉寫著「我被殺害的父母值多少錢？」的牌子，所以幫助人們融入社會的成本是唯一一項適合量化的項目。

當時大多數的西德人並不喜歡艾德諾賠款的決定，這也是令許多歷史學家認為艾德諾的動機堪稱真誠的部分原因。除了希望加入北約和擔心受到「猶太銀行界」和「猶太經濟勢力」的傷害之外，艾德諾似乎認為確實應該為大屠殺作出賠償。[14]不過，無論是在當時還是後來的日子裡，生還者為了獲得賠款都不得不經歷既小心眼又極為麻煩的過程。擔心有人以欺騙的手段獲得賠款很合理，但仍很難以此合理化德國政府的要求。奧許維茲的生還者必須記下自己抵達集中營的情況，找到兩份證人的宣誓聲明以確認他們真的進過集中營，提出自己的紋身號碼以供對照，證明他們在集中營裡受到了生理傷害並一直處於虛弱狀態——最後還得證明自己的收入低得令人無法接受。[15]最終，任何能提出證明的生還者都能獲得待一天奧許維茲有四百五十美元的賠償。雖然四百五十美元在一九五三年比今天更值錢，但這個數字仍然大大低於支付給前黨衛軍及其遺孀的退休俸。

無論賠償的金額有多小，獲得賠償的過程有多艱難，戈德曼仍說對了：賠款標誌著歷史性的轉變。傳統意義上的賠款是勝利者強加於被征服者之物，他們的財寶和領土被當作戰利品，沒有任何對錯可言。德國確實被征服了，但賠償的協定是他們自願簽下的——即便他們也相信這份協定會改善戰後德國在全球輿論中的悲慘地位。

反對美國針對奴隸制度進行賠償的人很快就指出德美之間的差異，以駁斥視德國為先例的作法。他們指出，根據好幾代之前發生的罪行來評估賠償一事會有正義問題，實務上也有困難。《解放宣言》發表後一百五十年，普通的美國白人和普通的美國黑人之間巨大的財富差距是否應由奴隸制度來負責？年輕黑人男性入獄的機率高於上大學的機率一事是否也能歸因於奴隸制度？即便答案是肯定的，我們又該如何確定誰有權獲得救濟？奴隸主的記錄並不像納粹的記錄那樣具系統性。今天，大多數美國人都認為奴隸制是種罪行。但是，在這麼長的歲月之後、這麼模糊的理解之下，大多數人都認為任何補償受害者的嘗試皆是徒勞。此外，正如非裔美國人語言學家約翰．麥克沃特（John McWhorter）和其他人所認為的，平權措施（affirmative action）不就是種適當的補償嗎？[16]

作家傑樂尼．柯伯（Jelani Cobb）寫道：「人們之所以會認為黑人得到的太多，是因為他們拒絕承認這些人當初究竟被剝奪了多少。」[17] 平權措施自出現以來便持續遭受攻擊，而且就算這些措施取得了微小的成功，仍無法滿足賠款這件事所能達成的目的。如果說平權措施是為了使這場比賽變得公平，那麼賠款則是為了罪行尋求正義。人們勉強接受平權措施有其必要，並付出少少的努力，但接受比賽的比喻很容易，承認自身的惡行則相當困難。塔納哈希．科茨認為，「賠款的概念很可怕，這不僅是因為我們可能沒有能力支付賠款，也是因為這個概念威脅到更深層的東西——美國的歷史遺產、歷史故事，還有這個國家在世界上的地位。」[18]

許多國家——也許是大多數國家——都有一段貪婪和暴力的歷史，他們及時用名為慈善的溫暖毛毯將其裹住。「我們替當地人帶來了宗教，或者鐵路。而且當地人也不是全都是善良天使，此外，我們的鄰國更糟糕。」到頭來，人們試圖用來辯解的說詞無非是：「大家都這樣做，而且我們並不像某些人那麼壞。」美國人的罪行並不比其他國家的罪行更糟糕，只是更令人震驚而已，因為美國與其他國家不同，這個國家建立於大張旗鼓的理想之上。其他國家在建國時只想著自己，只有美國在建國時宣誓效忠於一整套的原則。

美國原住民有生命權，非裔美國人有自由權，這是不證自明的真理，但開國元勳們卻避開了此事。從一開始，美利堅合眾國就拒絕實現自己所提出的理想。不過，這些理想也拒絕自行褪去。有時候，它們服務著自欺欺人的目標；但有時候，它們卻具有足夠的分量，領導著從廢奴運動到今天的每一場進步運動。有鑒於此，承認賠款之正義性就等於是承認有必要重新思考美國歷史。

幾十年來，歷史學界和後殖民研究不斷進行此類反思，這些思考僅偶爾會滲入大眾意識中。即便是非常簡單的事實——如南北戰爭的起因是奴隸制度一事——也需要一次又一次地重新確定。南方邦聯軍人的後代因著自私的理由，否認他們的祖先是為了罪惡的制度而戰鬥、犧牲。捍衛自己祖先的榮譽是很自然的事，但這之中的論證太簡陋，任何受過良好教育的孩子都能看穿。「他是為各州的權利而戰。」「做什麼事的權利？」

可悲的是，「南北戰爭的起因不是奴隸制度」的觀點也得到了左派知識分子的支持；近幾十年來，我們開始以犬儒的態度看待任何暗示人們肯為道德原則而冒險的說法。[19] 最想解構威廉・詹姆斯所堅信的北方聯邦英雄敘事的，往往不是保守派，而是那些自稱進步派的人。人們毫不費力便能指出，那些為聯邦而戰的人大部分都不像詹姆斯的么弟那樣贊成解放。人們毫不費力便能指出，林肯曾發表聲明否認種族皆平等。林肯不是約翰．布朗，雖然他在沉痛的第二次就職演說中也呼應了布朗的看法。南北戰爭開始前，維護聯邦是最重要的。只有在戰爭在血腥之中結束時，解放才成為重要目標——這有部分是因為是二十萬名非裔美國士兵為此而戰的勇氣。

南北戰爭的原因在於奴隸制本身的邏輯。一八六一年戰爭開始時，美國的大部分財富都建立在奴隸制上。在一八五〇年代的政治紛爭中，無論是在國會殿堂裡還是堪薩斯平原上，人們明確抗議的只有將奴隸制推展至新領土一事。要求廢除奴隸制的人很少，但種植棉花耗盡地力的速度很快，如果不向密西西比河以西擴展，奴隸制就無法繼續帶來巨大利潤。對於土地的需求增加一事意味著奴隸制必須擴大或結束，這是一八五〇年代那些非常努力在堪薩斯和加州建立起奴隸制的人早就意識到的事實。

◈　◈　◈

若要認真討論美國如何對於奴隸制做出賠償，必定得先承認兩個事實：

（一）美國的財富與奴隸制帶來的利潤有著本質上的關聯，從南方的莊園到北方的工廠皆然。

（二）古典奴隸制在一八六五年遭到廢除，但被其他形式的奴役所取代，支撐著這些奴役的不僅是習俗和偏見，連法律也為其背書。[20]

早期的歷史將奴隸制描繪成一種前現代的農業制度，「與自由共和國的政治和經濟制度存在根本上的矛盾……這份矛盾終將獲得解決，結果將有利於自由勞動的北方。遲早，奴隸制會在歷史力量的作用下結束。」[21]然而，最近的歷史研究表明，奴隸制是經濟增長的主要動力，而且效能愈來愈高，直至南北戰爭爆發為止。雖然一八六〇年最富有的八個州中有七個位於南方，但奴隸制所帶來的效益並不僅限於種植棉花的幾個州。作為十九世紀交易量最大的產品，奴隸所生產的棉花直接與間接地促進了美國和英國的經濟成長。

棉花對於十九世紀經濟的重要性就像石油對今日經濟的重要性一樣。南卡羅萊納州參議員詹姆斯·哈蒙德（James Hammond）在南方各州脫離聯邦前不久曾說：「棉花統治了世界。世上沒有任何力量敢向棉花開戰。」[22]當時，棉花占美國出口收入的六〇%，而美國生產的棉花也占全世界的六〇%。在新罕布夏（New Hampshine）的曼徹斯特，紡織廠的利潤和英國的曼徹斯特一樣高，而棉花不僅是這個十九世紀最成功的產業原料，它還推動了鐵製品、繩索、家具和鞋子的需求上升。[23]除了奴隸生產的商品外，奴隸本身也占了美國財富的二〇%。由於奴隸很容易便能在市場上出售，為奴的男男女女也是流動性最高的財富形式。歷史學家愛德華·巴普提斯（Edward Baptist）指出，曾有近一百萬名奴隸從上南方地區（Upper South）被賣到阿拉巴馬、密西西比和路易斯安那的棉花和甘蔗田工作，他們的主人不太可能是陷入困境的自家種植園園長，比較可能是無情的企業家。隨著棉花生產蓬勃發展，將奴隸與家人分離成了奴隸制度的核心。奴隸被迫與家人分開，因為他們在紐奧良的價格是在維吉尼亞的兩倍。表面上更不明顯但更惡毒的是，全世界都有投資人因著投資以這些奴隸作為抵押品的債券而致富。

我在小學時學到有位名叫伊萊．惠特尼（Eli Whitney）的麻州白人農民發明了軋棉機。我學到他的發明讓收成棉花變得更容易，因此對工業革命很重要，但我對棉花經濟學沒有任何瞭解，因此很難理解為什麼這一小段美國歷史值得寫進教科書裡。我對奴隸所承受的痛苦一無所知。惠特尼也許發明了機器，但服務這臺機器的男女奴隸經常遭到殘酷的鞭打，只為提高產量。在沒有遭受暴力折磨的情況下，自由工人每天可以採摘大約一百磅的棉花，棉花產量在奴隸制廢除後下降了，一百磅就是當時的平均速度。一八五〇年代是棉花產業的全盛時期，當時許多採棉花的奴隸平均每天採摘超過兩百磅。[24] 監工的帳本記下了每個奴隸採摘棉花的總額還有他們遭到鞭打的次數，就寫在他們的名字旁邊。誰要是沒有達到不斷調高的棉花配額，就會遭到十英尺長的鞭子抽打。巴普提斯指出，這種酷刑不是人們心血來潮拿來虐待奴隸的東西，甚至不是對所謂違規行為的懲罰。鞭子是生產的核心要素，迫使被奴役的男女以非人的速度勞動。他的結論是：「對於棉花而言，鞭子的重要性就如同陽光和雨水。」[25]

隨著南北戰爭在血流成河中落幕，人們花了相當多的時間討論該拿四百萬被解放的非裔美國人怎麼辦才好。起初，有人支持這樣的觀點：他們應該為著數個世代以來的強迫勞動得到一些補償。薛曼將軍和戰爭部長艾德溫．史坦頓（Edwin Stanton）在薩凡納會見了二十位自由黑人，其中大部分是牧師，詢問他們對於自己的人民有何要求。答案很明確：他們想擁有他們以前為他人辛勤耕種的土地，將其分成足夠大塊的地，以養活他們的家庭。當被問及他們是願意接受自己的土地與白人的土地交錯分布，還是寧願自己生活在殖民地時，該團體選定的領導人加里森．弗雷澤（Garrison Frazier）牧師回答，南方人對黑人的偏見需要多年才能消失；黑人目前更希望自己生活。四天後，薛曼發布了《第十五號特別戰地命令》（Special Field Order 15），將查爾斯頓以南的島嶼、沿河的廢棄稻田，以及與佛羅里達州聖約翰河接壤的郡——總共四十萬英畝——「用於安置如今因戰爭和美國總統的宣言而獲得自由的黑人。」[26]每個家庭分配到「不超過四十英畝的可耕地」，除了執勤的軍人外，不允許白人在此定居。

騾子是後來才答應提供的，但沒有任何具約束力的命令。提供四十英畝土地和農具的建議，對於被解放者、對被解放黑奴事務管理局的官員、對許多其他共和黨白人來說，似乎是合理和正義的問題。如果此事得以實現，這將是一種補償，彌補非裔美國人在鞭打下無償耕種著數千英畝的土地。此外，小而獨立的農民完全符合傑佛遜心目中民主共和國應有的理想條件。幾個月後，被解放黑奴事務管理局便撥出了手中近一百萬英畝的土地，準備用於此一目的。這些地占南方土地面積的〇・二％。

但傑佛遜的願景被撇下不管，取而代之的是人們對於全球棉花市場利潤之覬覦。南北雙方都希望生產出口商品的大型種植園繼續存在，而非自給自足的小農。[27]此外，安德魯・詹森（Andrew Johnson）總統熱心替南方莊園主取回他們的權利和財產，他向來對這些人深感同情。在林肯被謀殺後不到半年，他就推翻了所有將土地分配給自由黑人的命令，並把土地歸還給引發南北戰爭的莊園主。正如馬丁路德・金恩在一九六八年所說的：

> 美國拒絕分配任何土地給黑人：國會通過了一項法案，贈送西部和中西部數百萬英畝的土地，這意味著美國政府願意替來自歐洲的白人農民提供經濟基礎。他們不僅給這些人土地，還用政府的

錢建立學校，教他們如何耕種。除此之外，他們更編派了郡級官員，以提升農民在農業方面的專業知識。[28]

非裔美國農民無法回到戰前的奴隸制，所以，取而代之的是佃農制，這是一種農奴制度。在這種制度中，佃農耕作主人的土地，以換取一定比例的作物。佃農家庭被迫向莊園購買他們需要的一切，從種子到鹽。他們通常不得不在每個季節開始時，以高昂的利息賒購必需品。欺騙和公然偷竊是很有可能的事，剝削也相當普遍，因為南方業主失去了這些自己視為財產的黑人，他們對此仍深感憤怒。佃農採摘的棉花數量經常被低估，貨品價格經常被抬高，大多數佃農一輩子負債累累。雖然不再被鎖鏈鎖著，他們仍無法離開土地。

透過極為艱鉅的努力和自我鞭策，一些新獲得自由的人還是設法在短暫的重建時期裡成了商人、教師、律師，甚至是國會議員。重建時期之後，出現了如今被稱為《吉姆．克勞法》的時期，這個名字的典故來自一個黑臉漫畫丑角[29]。今日有幾位作者堅定表示，「吉姆．克勞」一詞聽來無害，無法表達重建時期之後南方的生活有多恐怖。記者道格拉斯．布萊克蒙（Douglas Blackmon）提出了「新奴隸制時代」（Age of Neoslavery）一詞，他表示：想像一下如果德國人以一九三〇年代最著名的反猶太主義喜劇演員的名字來為大屠殺之後的年代命名會怎樣。[30]布萊恩．史蒂文森則稱其為種族恐怖時代（Age of Racial Terror），貝爾．胡克斯（bell hooks）[31]稱其為種族隔離時代。新奴隸制和種族恐怖活動都是南方白人用來消滅重建時期成果的工具。在沒有聯邦軍隊和北方參與的情況下，南方各州強力推行被稱為

「黑人法典」的法律，這些法律在很大程度上成功地規避了美國憲法第十三條修正案：

第一款　在美國境內或受美國管轄之處，奴隸制和非自願勞役不得存在，但作為依法判罪的人之犯罪懲處則除外

第二款　國會有權訂定法律強制執行本條

這些作法之中最為系統化的惡劣情事源於上述修正案第一款。第一款明定奴隸制和非自願勞役為非法行為，「但作為依法判罪的人之犯罪懲處則除外」。在戰後南方扭曲的司法系統中，沒有什麼比編造罪行然後將非裔美國人關進監獄裡更容易的了。

布萊克蒙認為，延續至二戰初期的新奴隸制比舊奴隸制更能解釋當代美國生活的面貌，白人和黑人的生活皆然。新奴隸制甚至比舊制更殘酷。在舊制度下，奴隸是主人的財產，奴隸主花費了大筆金錢投資黑人奴隸，所以有利益上的動機讓奴隸獲得最低限度的營養、達到最低限度的健康標準，以保護自身投資。在新制度中，監獄裡的囚犯並不是任何人的財產，只是被州立監獄出租給開採煤礦、鍛造鋼鐵或打造磚塊的私人公司。在阿拉巴馬的一些監獄裡，囚犯的死亡率高達四〇％。如果有囚犯死於營養不良、鞭打、過度勞累或疾病，公司總是可以再補進其他囚犯。租賃囚犯的價格太低，對於業主而言微不足道，但對不願意收稅的各州而言，這份收入對政府仍相當重要。而且這些工人都是罪犯，不是嗎？

布萊克蒙這份令人震驚的研究指出，他們其實不真的是罪犯。大多數人被捕的法源依據是刻意以模

糊語言制定的遊蕩法，根據這些法條，無法立即證明自己目前受雇於白人的黑人都有可能會被指控、定罪，並被判處勞役。隨地吐痰、在天黑後出售商品、在鐵路旁行走、在白人婦女身邊大聲說話等舉動都可能導致他們入獄。在新的法律下，南方監獄中九〇%的犯人是非裔美國人，此事並非偶然。然而，大多數白人未曾反思這些法律的正當性，而是利用非裔美國人犯罪率上升一事來論證黑人天生就是罪犯。其所創造出來的非裔美國人形象甚至比戰前舊奴隸制的時代更糟糕：過去的非裔美國人雖然是次等人，但至少被視為忠誠之人，今日的他們則成了危險人物。人們拿監獄裡愈來愈多的黑人來老調重彈，表示這些人果然還沒有準備好獲得自由。事實上，布萊克蒙指出，黑人遭到逮捕的時間和規模與對於廉價勞動力的需求總是相關。舉例而言，遭到逮補的黑人人數在在收獲季節前夕會急遽增加。

負責逮捕和定罪的州政府官員與承租囚犯人力的企業緊密合作。在某些情況下，商業部門和法律部門由同一個人所掌控。圍捕黑人男性（偶爾也圍捕黑人婦女）並將其父母輩才剛掙脫的枷鎖加諸他們身上，此舉的目的有兩個。除了私刑帶來的恐懼，逮捕帶來的恐懼也使南方黑人長期處於一種受到威嚇的狀態之中。許多被扣押和判刑的人再也沒有見過家人，即便他們的家人會向聯邦當局呼籲幫助尋找囚犯亦然。囚犯租賃是有史以來最有效的手段來強制執行白人至上主義。

囚犯租賃制度的另一個目的影響甚至更為深遠。囚犯租賃的發展與國際勞工運動的發展完全吻合。當時的企業因為坐擁無限量供應的廉價勞動力，所以能夠壓低自由工人的工資、破壞早期的罷工行動，並壓制南方的工會運動。[32] 美國鋼鐵（U.S. Steel）的子公司田納西煤鐵公司（Tennessee Coal and Iron）的董事長在一九一一年寫信給州立囚犯監察委員會，信中表示：「租用囚犯的主要誘因是，就算出現勞動力問題，我們也能確保製程中的煤炭供應不間斷。」[33] 二十世紀初，勞資之間的不合常演變為雙方的鬥爭，囚犯租賃則成了資方的有力武器。只要企業能強迫成千上萬的人在糟糕的條件下工作，他們就不必接受工人所提出的改善勞動條件的要求。因此，這個制度既傷害黑人勞動者，也傷害白人勞動者，但只有前者遭到鞭子和鏈條的折磨。直到美國參與第二次世界大戰時，司法部長法蘭西斯・比德爾（Francis Biddle）才命令聯邦調查局局長胡佛（J. Edgar Hoover）調查一起非自願勞役案件。政府做這件事的理由令人嘆為觀止。正如比德爾的助手所寫下的那樣，該案只是「黑人種族成員淪為受害者的眾多案例之一。敵國的政治宣傳人員在國際性的宣傳中提出類似事例向有色人種喊話，表示民主國家毫無誠意，敵人才是他們的朋友。」[34]

布萊克蒙並非激進人士，而是一位來自密西西比三角洲的白人，曾任《華爾街日報》的亞特蘭大分社社長，這使得他獲得普利茲獎的著作更具譴責的力道。他的研究指出，「非裔美國人在經濟上長期處於劣勢，在社會裡遭到奴役，這種情況比比皆是……但這並非戰前的奴隸制傳統注定導致的結果。」[35] 被解放的奴隸很窮，而且往往目不識丁，但戰後有數百萬名南方白人也是這樣。到了二十世紀中期，後者中的大多數已躋身中產階級。而黑人則遭遇了一連串的挫敗。

布萊克蒙的書出版後不久，米歇爾・亞歷山大（Michelle Alexander）的著作《新吉姆・克勞》（*The New Jim Crow*）以及布萊恩・史蒂文森的著作《不完美的正義》也相繼指出，大量年輕黑人男子常因輕微的非暴力罪行而入獄，這是囚犯租賃制度的延續。[36] 更糟糕的是，如果這些人在刑滿後想要腳踏實地工作，大多數雇主會因為他們的重罪前科而不敢雇用他們。在大多數地區，重罪前科還會令他們失去基本的公民權利，如投票權、擔任陪審團、接受政府的教育資助或擁有槍枝。一項又一項的研究顯示，犯法的黑人和白人青年得到的是不同的待遇。[37] 儘管有二〇一〇年的《公平量刑法》（Fair Sentencing Act），比起為了應付高工時而在工作地點使用古柯鹼的高級廚師或華爾街經紀人，在布朗克斯區（Bronx）樓梯間吸食快克的黑人將會受到更嚴厲的懲罰。這種不正義所影響到的也不只有被捕入獄的人。正如史蒂文森所指出的，今天出生的黑人男孩之中，每三個就有一個可能被判刑，這拉低了所有人對他們的希望和期待。

一九六〇年代末開始的「向毒品宣戰」（war on drugs）政令導致監獄人口從一九七一年的三十萬增長到今天的兩百二十多萬。美國的囚犯人數居世界之冠，遠超過中國或俄羅斯。這些囚犯中有八〇%是黑人或棕色人種。系統性的種族主義導致人們認為這些人比較有可能是罪犯，此事並非偶然。非裔美國人被大量定罪是刻意的行動，背後也有其目的。以下是尼克森的幕僚長哈爾德曼（H. R. Haldeman）日記中的一段話：

> （按：總統）強調，你必須面對的事實是，黑人就是整件事的問題。**重點是必須設計出一個既能解決這件事，又不刻意……的系統**。（按：他）指出，歷史上從來沒有出現過一個夠好的黑人國家，而所有的種族之中只有黑人會這樣。像非洲就毫無希望。非洲最糟的國家是賴比瑞亞，那還是我們建立的國家。[38]

向毒品宣戰是共和黨向黑人發起的戰爭，屬於南方戰略的一環，目的是吸引對民權運動的成果深感戒備的原民主黨白人選民。而民主黨的比爾．柯林頓則以強制判刑政策吸引全國的藍領白人選民，進一步將上述戰略納入制度之中。

正如布萊克蒙所言，美國社會中從來沒有人要求商業部門對於其在促進白人至上主義方面所扮演的角色做出解釋，雖然「商業部門比任何其他單位都更充分地遵循著美國的種族習俗」[39]。布萊克蒙提出了極具說服力的的論證，指出業界應該為其長期使用奴隸勞動付出代價，但他並未要求業界這麼做。而年輕的塔納哈希．科茨則在《大西洋》雜誌上發表了一篇文章，再次推動了要求賠償的聲音。

科茨關注探討的是一種名為紅線政策（redlining）的不正義，紅線政策將黑人社群排除在新政時期政府實施的貸款政策之外。當時，相關單位為私人貸款提供擔保，從而降低了房貸利率和頭期款，在大蕭條後幫助數百萬名美國白人晉升中產階級。都市研究專家查爾斯．艾布拉姆斯（Charles Abrams）寫道，政府「本可以要求人們遵循無歧視政策」[40]。但「相反地，聯邦住宅管理局（Federal Housing Administration，FHA）所遵循的種族政策比起《紐倫堡法案》是有過之而無不及。」結果，黑人家庭深受貪婪房東和貸款所累，並被排除在買房這個大多數人擁有財產的主要手段之外。也難怪皮尤研究中心（Pew Research Center）的估計數字指出，白人家庭的資產大約是黑人家庭的二十倍。非裔美國人的平均工資是白人的七七％，兩個族群的資產差距比收入差距大得多。[41]

更糟的是，即便是那些想辦法買到房子的黑人，也被貸款政策所凸顯出來的社區種族隔離現象所害。公立學校的資金其實不必由當地社區的不動產稅中提撥。例如在德國，學校經費由邦政府和中央政府提撥，與社區無關。但在美國的制度中，比起出身貧民區的孩子，出身富裕社區的孩子自動便能享有人數更少的班級、更多的設備和更高薪的教師。由於受過良好教育的父母往往會養育出受過良好教育的孩子，這些事所造成的傷害跨越世代。正如哲學家伊麗莎白・安德森（Elizabeth Anderson）在《融合之必要》（*The Imperative of Integration*）中指出的，種族隔離不僅是不平等的根源，而且是破壞民主的重大力量。[42]

社區的種族隔離現象不是由當地人的偏見所造成的，而是有著聯邦法律的背書。聯邦住宅管理局向白人發放的抵押貸款中的條款明確規定，不得將房屋轉售給黑人。直到一九六八年，紅線政策才被取消，其受害者有些仍然在世。若能關注這批受害者，人們對非裔美國人賠償問題的第一個反對意見——誰知道要向誰賠款？——就不成問題了。此處沒有必要追溯至奴隸制度的年代，我們有足夠明確的方式能夠確定誰被排除在新政之外（是新政使得美國白人社會成為一個主要由中產階級構成的社會），就像我們也能確定誰被排除在社會福利制度之外一樣（社會福利制度是新政另一個持久的成功政策）。為了向南方選民推銷新政，社會福利制度並未納入農工和家事工，這就把當年六五%的非裔美國人給排除在外了。

科茨在〈賠償問題〉（The Case for Reparations）一文中指出，由法律背書的經濟不正義一直持續到一九六八年，他也指出早期有許多美國人認為賠償的概念理所當然。早在美國承諾被解放的黑人家庭要提供四十英畝土地之前，一些貴格會社區就出於賠償奴隸的目的，讓會友家中的前奴隸無條件成為會員。[43]一八一〇年，耶魯大學校長提摩希・杜懷特（Timothy Dwight）寫道：「說是我們的祖先而非我們自己把這些人帶到這裡來，這種主張是沒有用的……我們繼承了大筆遺產。我們繼承了豐厚的財產及隨之而來的一切重擔，我們有義務替先人還債……。給予（按：奴隸）自由之後什麼都沒有做，這是在他們身上種下了不幸的種子。」[44]

你無法選擇你要繼承什麼，就像你無法選擇父母一樣。你只能選擇你與他們的關係。暢銷書《我願意為你朗讀》的作者徐林克（Bernhard Schlink）認為，與父母完全決裂是德國人逃避上一輩納粹罪責的唯一方式。[45]我不同意這點，並深深敬佩那些既試圖保持明確的反法西斯立場，又仍能尊敬行動極不光彩的自家長輩的人。不過，如果你與你的父母保持關係，特別是如果你繼承了任何的遺產，那麼你就有義務承認其背後的脈絡。大多數的州規定，在繼承者繼承死者的遺產之前，必須先清償債務。這是法律本著對於公平的直覺所得出的結論：你得承擔隨著遺產而來的責任，才有權利享受隨著遺產而來的好處。此處不存在相對應的道德規則；歷史債務與個人財產不同，很少能夠被量化。然而，法律確實保留了這份直覺。

科茨的論證既簡單又有說服力。不說別的，奴隸制度盜竊了黑人勞動力所產生的巨大財富。一些早期的白人曾表示，出於榮譽和正義，應至少將部分財富分給那些以自身勞動力創造出這份財富的人。如果能夠證明，為了鎮壓非裔美國人而制定的法律措施，在奴隸制廢除一個世紀後仍然存在，那麼美國欠這些為奴之人的債務，就應該支付給他們的繼承人。支持這些說法的證據之所以遭到忽略，就只是因為對太多的美國人來說，從《解放奴隸宣言》到聯合抵制蒙哥馬利公車運動之間的這段時期簡直是一片空白。最近的研究使我們得以填補這片空白。然而甚至在更早的時候，馬丁路德・金恩就曾寫道：「南方以黑人待在奴隸的位置上很幸福的錯覺自欺；北方則以自己解放了黑人的錯覺自欺。《解放奴隸宣言》解放了作為法律實體的奴隸，但沒有解放作為個人的黑人。」[46]

科茨認為，賠款等於是完全接受我們的集體經歷及其產生的後果。不承認國家的羞愧之事卻呼籲國民對自己感到自豪，這是不誠實的做法。如果你對一位誇耀貝多芬和德國香腸卻無視布痕瓦爾德的德國民族主義者感到震驚，你就不能在想到美國時只看見開國元勳的發言或偉大世代[47]（the Gveat Generation）的作為。你也必須對美國的罪惡負責。科茨表示，這將會啟動一場全國性的清算運動，從而帶來精神上的重生。「比起任何一張開給非洲裔美國人的支票來說，賠款代表著美國從純真童年的迷思之中成熟起來，成為配得上其開國元勳的智慧之國。」[48]

由迷思到智慧：這是一種成長。有人批評柯茨持悲觀主義，但他的賠款論證透露出他對於美國理想仍殘存信心，這與悲觀主義並不一致。一些非裔美國作家，如康乃爾・韋斯特（Cornel West）和托馬斯・威廉斯（Thomas Chatterton Williams），指責科茨後來的著作將種族精煉化，而且沉迷於關注白人至上主義。這些作家主張，應以更為普遍的視野來關注階級和權力的動態變化，如果沒有這樣的視野，科茨對白人至上主義的單一關注就會令黑人和白人都失去能動性，無法超越部落式的衝突。對威廉斯來說，柯茨的思想和白人至上主義有許多共通之處。「（按：白人至上主義和科茨）都將種族身分給神祕化，將其解釋成固定的、決定性的、幾乎是超自然之物……只要我們仍迷信種族身分，我們就能確定自己永遠無法擺脫其所強加的等級制度。」[49]認為理想典型是由種族和基因來決定的，就等於是拱手將舞臺給讓給唯物主義，人類在其中毫無權力，理想在其中毫無力量。

然而，在〈賠償問題〉中，科茨對美國理想的呼籲成了超越性的聲音，與歐巴馬一些最激勵人心的演說詞彼此呼應，其中包括這位前總統在阿拉巴馬州的塞爾瑪（Selma）發表的血腥星期天（Bloody Sunday）五十週年紀念演講：

這些男男女女擁有多麼深厚的信仰。對上帝的信仰——但也是對美國的信仰……還有什麼比這更能表達對這場名為美國實驗的信心；還有什麼比相信美國尚未完成、相信我們強大到可以自我批判、相信每一代人都可以審視我們的不完美，並決定我們有能力重塑這個國家，來得更接近我們心中最理想的愛國主義？否認這種進步，這種得來不易的進步——我們的進步——等於是剝奪我們自身的能動性、我們自身的能力、我們盡力使美國變得更好的責任。

◈ ◈ ◈

人口只有一萬八千人的小鎮塞爾瑪，固定在三月的第一個週末慶祝一九六五年那個令世人在地圖上標出此地的事件：橫跨艾德蒙佩斯橋（Edmung Pettus Bridge）的遊行遭到殘酷鎮壓，導致林登．詹森提出保護所有美國人投票權的《投票權法》，並由國會通過此案。雖然這項權利已於一八六八年由第十四條修正案加以保障，但南方各州足智多謀，找到了繞過此修正案的辦法。比較溫和的方法是徵收人頭稅，並擬定一張充滿難以回答的問題的考卷。一塊肥皂裡有幾個氣泡？一隻雞身上有幾根羽毛？高是指多高？當這些考卷未能阻止堅定的黑人選民起身投票時，州政府當局轉向了恐怖行動。

導致錢尼、史維納和古德曼喪命的選民登記運動，在鄰近的阿拉巴馬州也惹來了同樣殘酷的暴力。在密西西比州的謀殺案發生半年後，阿拉巴馬州的一名警察射殺了吉米・李・傑克森（Jimmy Lee Jackson），他是一名黑人退伍軍人，也是浸信會的執事。在五次試圖登記投票無果後，他加入了其他人的行列，進行和平示威。當時的民權工作者都知道最好別去塞爾瑪——白人太刻薄，黑人太害怕——但傑克森的死激發了人們的熱情。馬丁路德・金恩帶領的南方基督教領袖會議（Southern Christian Leadership Conference）旗下的活動家決定帶著傑克森的靈柩遊行至州政府。第一場遊行成了如今為人所知的血腥星期天。在這場遊行中，州警察對遊行者痛下重手，把許多遊行者打到骨折，傷者包括許多年輕女孩和年長的婦女，還有二十四歲的約翰・路易斯（John R. Lewis），他今天是喬治亞州長期任職的國會議員。

記者以相機拍下這個暴力事件，全國為之震驚。兩天後，馬丁路德・金恩從亞特蘭大趕來，帶領示威者過橋，但他在一整排武裝州警的腳前停步，跪下祈禱。大多數跟隨他的人都不知道，金恩曾承諾不會在沒有許可證（當時的民權律師正努力爭取許可證）的情況下參加遊行。那天晚上，有位名叫詹姆斯・里布（James Reeb）的普救派白人牧師響應金恩的號召來到塞爾瑪，卻在當地一家咖啡館外被人以棍棒毆打至死。里布的死對當局造成壓力，最後一次遊行獲得了許可。一九六五年三月二十一日，幾萬名示威者在泥濘中跋涉五十英里抵達蒙哥馬利。這次，一千九百位州警奉命保護他們。抵達阿拉巴馬州首府後，有一場野營地的聚會正等著示威者，哈利・貝拉方提、皮特・西格（Pete Seeger）、歐蒂塔

（Odetta）、詹姆斯・鮑德溫、妮娜・西蒙（Nina Simone）和瓊・拜亞（Joan Baez）都來了。

一九九二年之後，塞爾瑪每年都會舉辦穿越大橋的遊行——這座橋如今仍以這位後來成為美國參議員的南方邦聯將軍和三K黨領袖為名。當我抵達當年遊行起點的那座教堂時，民權領袖傑西・傑克森和班傑明・巴伯（Benjamin Barber）正在臺階上向群眾發表談話。我向留著長辮子的年輕小販買了件T恤，上面寫著「我錯過了一九六五年，但我沒錯過二〇一七年」。傑克森和巴伯都譴責最高法院的判決，該判決破壞了人們在塞爾瑪為之流血的《投票權法》。[50]在教堂的院子裡，有人在分發印著「停止鎮壓選民！」的標語牌。我們在此紀念半個世紀前發生的抗爭，因為這場抗爭至今仍未完結。

莫讓唐納・川普逆轉一切

逆轉一切

逆轉一切

遊行開始時，我跟在那個歌聲最好的女生後面，她即興領唱時，我也加入眾人一起合唱。她推著一輛嬰兒車，車上坐著她笑瞇瞇的女兒，孩子頭上戴著快把整個頭遮住的淡紫色蝴蝶結。她的歌聲響亮堅定、絲毫未走音。那個最大聲唱「我們不再學習戰事」[51]的男人穿著美國海軍陸戰隊的制服。也許這並不像表面上看來那麼不協調：對於許多美國黑人來說，服兵役不僅是一份體面的工作，而且是正式公民身分的象徵——這就是為什麼一波又一波的私刑針對的都是從兩次世界大戰中歸來的黑人退役軍人。

我抬頭看看鐵製陽臺，與我在紐奧良經常看到的那種陽臺一樣；有些被木板封住的店面看得出來當年是很宏偉的。在戰前的幾年裡，棉花令此地變得富裕，但如今的塞爾瑪就像三角洲一樣窮，卻沒有三角洲風景中那種不可思議的美。曾為遊行起點的教堂現在成了全國性的地標，但旁邊的房子皆遭廢棄，所有的窗戶都被打破了，至於大部分的牆壁上，油漆則片片剝落。對街有棟較小的房子直接從裡面爆開，木板灑落在曾經的庭院裡。塞爾瑪也深受幫派暴力所擾。有位居民帶著一絲驕傲告訴我：「就比例上來說，我們是全國排名第八的暴力城市。」這甚至不是一個真正的城市；正如另一個人所說的：「我們甚至沒有麥當勞這類的連鎖餐廳。」

但塞爾瑪確實有一間小型博物館，介紹的是非裔美國人的過往歷史、奴隸歲月和反抗運動。博物館位於水街（Water Street）的一間店內，入口處有一幅粗糙的壁畫，畫中的男人和女人在棉鈴前鞠躬。他們上方是一個黑人傷痕累累的背影和「永不重來」的字樣，字體顏色讓這句話看起來彷彿是以熾熱的太陽所寫成。街區的盡頭是老車頭博物館（Old Depot Museum），這是座大型磚砌建築，曾是座火車站。如今則用來展示該地區的歷史，有兩個展覽間陳列著主要展品。較大的一間展示的是民權歷史，包括在塞爾瑪投票權運動中死去的四名烈士。另一間介紹的是南方邦聯，裡面有大炮、大小不一的炮彈、一面乾淨的南方邦聯旗幟，以及一對破舊的拐杖。我造訪的那天，有位女士正在民權室裡擺椅子，為南方邦聯之子的每月晚間會議做準備。

「這是最好的房間，」她告訴我。「當然，我可以把那座大炮搬走，他們就可以移到南方邦聯室了。」

「那為什麼要像現在這樣呢？」我問。

「我就是在耍他們，」——她笑著說——「我覺得讓他們坐在這間比較有趣。」

她沒參加遊行，但數千名民眾都參加了。現場有坐著輪椅或拿著助行器的爺爺奶奶，也有被扛在肩上的孩子和自己走路的孩子。三位年輕的白人女性穿著「黑命貴」的T恤；一位年輕的黑人婦女拿著手寫的牌子，上面寫著「這個國家是由移民建立的」。一個非裔美國人共濟會的團體身著筆挺的西裝，打著黑色領結。有兩個身穿長紅花袍的佛教徒，他們每年都從日本來。一位年輕的白人女孩舉著一個牌子，上面寫著「二〇二八年我會去投票」。三個猶太人穿著T恤，上面用英文和希伯來文寫著「蒙哥馬利社群」（Montgomery Community）。當我們接近那座橋時，那位歌聲優美的黑人婦女唱起了〈我們將超越自己〉（We Shall Overcome）。當她唱到「黑人和白人一起」這節時，我轉過身來。在我身後的所有人都在唱歌。一切仍有可能：團結、希望，甚至連「美國」都有可能成真——她以更為熱切的歌聲唱出「美國」二字。「上帝以恩典照耀著你」，你是把這句話當作對過去的陳述，還是對未來的祈禱？

在橋的另一邊矗立著民權領袖和殉道者的紀念碑，紀念著有名字的和沒有名字的人。那一天，紀念碑的兩旁有許多微笑拍照留念的黑人家庭。三月多雲的天空下，他們身後槲樹的顏色就如同附生其上的松蘿鐵蘭[52]一樣灰暗。道路兩旁是一排排販賣各式商品的戶外攤位，從廉價的非洲彩袍（dashiki）到霓虹色的玩具狗都有。紀念遊行的「過橋慶典」（The Bridge Crossing Jubilee）是該鎮最盛大的年度活動。然而，市議會沒辦法或不願意投入資金讓消防隊和警察能在週末執勤，服務這個吸引數千人來到偏遠小鎮的週末活動。

我報名參加了一個與慶典有關的工作坊。如果我願意，我能在四天之內成為得到伯納・拉法葉（Bernard Lafayette）博士和他的多元種族團隊所認證的金恩派非暴力培訓師（Kingian Nonviolence trainer）。拉法葉博士是金恩的助理，也是血腥星期天的傷者之一。工作坊期間，學員暫住在當地一所黑人社區大學。當我從牛津市沿著漆黑的小路開長途車抵達該處時，我感到相當懊惱。共用住處裡的一間浴室沒有鏡子，而另一間浴室的馬桶永遠在沖水；稍微用點力，就能把這地方的大部分牆壁推倒。被稱為院長廳的建築是為重要客人保留的；此事顯示出其他學院設施資金不足的窘境。不過，作為研討會場地的治癒之泉渡假中心則坐落在一個能俯瞰河流的可愛地點，從平臺上就能看到發生衝突的那座橋。

與溫特學院一樣，塞爾瑪非暴力中心（Selma Center for Nonviolence）相信說故事的力量，相信為了完成社區工作有必要建立關係，但在塞爾瑪的培訓中，很少提到種族問題。雖然塞爾瑪的人口有八成是非洲裔美國人，但安卡・傑克森（Ainka Jackson）說，無論是白人或黑人，很少有人有興趣討論這個問題。「這裡不是紐約，」她告訴我。「如果我說我們要舉行一個關於種族的小組討論，人們就會說『他們又來了』。」她發現關注社區問題——教育問題、無家者問題——更有效，但這些問題對黑人的影響遠大於白人。她告訴我，在艾娃・杜韋奈（Ava DuVernay）的電影《逐夢大道》（*Selma*）上映之前，即使在塞爾瑪也沒有人會談論血腥星期天的事。

安卡（Ainka Sanders Jackson）是塞爾瑪非暴力中心的主任，她的經歷令人印象深刻。她來自一個相當傑出的家庭，這一家人是過橋慶典、這間中心、非裔美國人博物館，以及塞爾瑪的大多數進步社區工作背後的主要推手。她的父親漢克・桑德斯（Hank Sanders）在他家的十二個孩子中排名第二，桑德斯和兄弟姐妹全出生在阿拉巴馬州黑人帶（Black Belt）的一間三房小屋裡。他靠著獎學金進入哈佛大學法學院，在那裡認識了他的妻子蘿絲，蘿絲後來把名字改成了法亞羅絲．杜爾（Faya Rose Touré），拿掉了奴役其祖先的奴隸主的名字。兩人搬到塞爾瑪，並開設了一家法律事務所。除了從事法律工作外，漢克成了州議員，而法亞羅絲則身兼藝術家、作曲家與社區倡議者，她急躁的性格讓塞爾瑪的大多數人不是受到啟發，就是被她惹惱。她穿著精緻的非洲服裝，看起來更適合出現在劍橋或開普敦，而不是塞爾瑪。他們生了三個孩子，照顧著四位寄養兒童，幫助了數不清的無家者，包括一個出現在他家門口的日本人。

他們的三個孩子全成了倡議家和律師——「因為大家會聽律師的話，」曾當過老師和社工的安卡說。而三人也都參與了每年在阿拉巴馬的達拉斯郡法院舉辦的模擬法庭。五十年前，許多非裔美國人曾嘗試在該處登記投票，但都沒能成功。二〇一七年的模擬法庭主題是對於奴隸制的賠款。桑德斯和杜爾曾於黑人農民對美國農業部提出集體訴訟時擔任律師；美國農業部在一九八一年至一九九五年間系統性地拒絕貸款給黑人農民，這是白人很容易便能申請到的貸款。二〇一三年，每位原告都獲得了賠償，上限為每人五萬美元。這低於大部分人損失的實際金額，但十二億美元的和解金仍是美國歷史上因為種族主義歧視而支付的最高賠款。

現在，杜爾要模擬的是更為困難的案子。這一萬五千名黑人農民仍然活著，我們有可能確定他們所遭受的損失多寡。而在模擬法庭上，她代表所有奴隸的後代。她要求政府對於從未得到報酬的奴役支付補償性質的賠款，對於後世受到的傷害支付懲罰性質的賠款。一位他們稱呼為悠尼修女（Sister Youni）

的女性代表的是奴隸的角色，她描述了中間航路、勞役、饑餓，還有在許多夜晚對她為所欲為的奴隸主。

「所以我們還得加上兒童撫養費，法官大人，」杜爾對模擬法官說。「妳年紀多大了？」她問證人。「妳是生活在十九世紀還是二十一世紀？」

「如果我從未被允許閱讀和書寫，我怎麼會知道？」

下一位證人是雷・溫布許（Ray Winbush），他是一位心理學家，寫過兩本關於賠償的書。他談到為奴之人的後代所承受的傷害，他認為黑人女性的傷痛一直被低估。「看看我們的皮膚顏色，看看我們的頭髮。我們所有人都有一位祖先曾遭到強暴。」溫布許試圖指出那段歷史和今日非裔美國人的恐懼之間有直接關聯，他說：「看看我們在說『白人』這個詞時是如何壓低音量的，即便房間裡根本沒有白人。」聽眾們都笑了起來。

辯方律師是杜爾的大女兒瑪莉卡（Malika），大腹便便的她懷著第七個孩子。她像一般的律師那樣提出了前例問題：法院只會對直接的人身傷害判處賠償。這種賠款並沒有先例。二〇一三年，英國付了兩千萬英鎊給五千名在茅茅起義期間遭受酷刑折磨的肯亞老人，但該案件和解了，並未進入審判，而且那些受到傷害的人仍然活著。每個法庭都會說，針對奴隸制提出賠償要求的原告並不具有法律地位。

所有法庭也都不會認為證人在回答問題前，有權利先與他的祖先構通。「你聽到聲音嗎？」一個交叉質詢者問道。

但這是場模擬審判。杜爾回答道，與祖先溝通是非洲傳統，所以這個法庭允許證人有片刻沉默的時間。她輕蔑地駁斥了非裔美國人不懂如何負責任地使用賠款的主張。「如果你撞了別人的車，有人會認為那個人太笨了，不懂怎麼花錢，所以不該得到賠償嗎？」辯方認為，本案只能由國會決定，因為法院只對直接的人身傷害有管轄權，辯方同時也指出預算赤字，國會看來不太可能採取任何行動。不過，判決結果並不令人驚訝：模擬法官判處十萬億美元的補償性賠款和三十萬億美元的懲罰性賠款。法庭上一片歡呼。

這場模擬法庭是為期一日的南方賠款高峰會（Southern Reparations Summit）中的活動，在這場會議的活動中，我通常是房間裡唯一的白人。除了幾次造訪黑人教堂的經驗，這對我來說是一種全新的體驗，而我為那些經常得當房間裡唯一的黑人的這些朋友們感到痛心。你無法完全信任誰，也沒有真正的歸屬感，每個人都懸浮在一種不確定感中，但大家仍禮貌性地假裝這種感覺不存在。我坐下來，直起身子聽著。除了桑德斯和杜爾一家的參與，還有一九八七年成立全美黑人賠償聯盟（N'COBRA）的領導人主持討論。桑德斯參議員在高峰會開始時表示，黑人農民的訴訟案雖然有其限制，但仍確立了一個原則：美國政府有責任在人們因其作為受到傷害時採取行動。雖然需要通過立法和訴訟來實現進一步的正義，但他希望農民訴訟案的成功能鼓勵那些持續為全面性賠償而努力的人。接下來是一系列鬆散的爭論，偶然閃現出人們的幽默與憤怒。

「薛曼在承諾要分配四十英畝土地時沒有提到騾子，但當時土地和騾子是一起的，否則就像給你一輛沒有引擎的凌志汽車（Lexus）。」

「猶太人因為一九三九年至一九四五年之間發生的事而獲得賠款。我們所承受的事更糟糕，而且時間更長。只有發生在美國原住民身上的事情可以相提並論。」

「白人會問：歐普拉應該得到賠償嗎？但又沒有人問猶太人史蒂芬．史匹柏應不應該得到賠償。」

「有個白人告訴我他的祖父不是奴隸主，只是一個聰明的工程師，我說這就像一個賭徒用一堆偷來的錢下注。即使他沒有偷錢，那還是偷來的。」

「不是所有的白人都是奴隸主，但白人對奴隸制可沒抱怨過半句。」

「就在塞爾瑪，有白人在運動中喪命。」

「只有三個。但白人對我們的恐懼很深；他們知道這筆債務十分巨大。」

「如果白人有位祖母是喬克托人，他們會很樂意告訴你，但如果她是黑人，他們就不會講——有六〇%的南方白人有黑人血統。」

「教育是問題所在。這是一個看重理工科而非人文和社會學科的文化，我們正在削弱那些教授批判性思維的學科。這是故意的。」

「種族融合之後，我們就採用了他人的價值觀——個人主義、物質主義，而把非洲的價值觀拋在腦後。」

「非洲人多年來一直在收拾白人的爛攤子，不僅在美國，在加勒比海地區也是。我們不要別人的施捨，只是希望拿回他們虧欠我們的東西。」

大而擁擠的房間裡坐滿了孩子，從嬰兒到十歲的孩子都有。他們所屬的大家庭成員溫柔地輪流抱著他們，每個孩子都相當守規矩。由學生非暴力協調委員會成立的自由合唱團（Freedom Singers）成員滿頭白髮，其中一人的腳步顫巍巍的，但這個合唱團仍聲如洪鐘。「音樂是使運動更加和諧的膠水，」一位歌手在唱〈哦，自由〉（Oh, Freedom）之前表示。兩個十幾歲的男孩表演了他們寫的嘻哈歌曲〈把槍放下〉（Put the Guns Down），人們起立鼓掌。

過橋慶典以一個名為真相與和解（Truth and Reconciliation）的研討會作結。川普就職七週後，伯納·拉法葉以帶著希望的方式談論此事。「他是變相的祝福，」這位牧師說。「我們一連慶祝了八年，但我們還有事情得完成。」拉法葉認為，我們正生活在第二次重建時期的末期：黑人向前邁出的每一步都會招來白人的反擊——但這並不妨礙我們再次前進。長得和姊姊安吉拉很像的法妮亞·戴維斯（Fania Davis）是一位律師兼倡議者，她從奧克蘭來到她視為聖地的塞爾瑪；她說，那些以鮮血澆灌這片土地的祖先是非常強大的人。孩提時代，她在伯明翰爆炸案中失去了兩個親密的朋友，她描述了自己從憤怒走向和解的過程。「我厭倦了大家對於我們一團和氣高唱〈歡聚一堂〉（kumbaya）[53]感到不滿。這是我們的祖先熬過奴隸制和私刑的方式。如果你看不起這種態度，你就是在看不起我的祖先。這種態度到頭來也只是在說『我們無法只靠自己』而已。」法妮亞·戴維斯在今日的歷史中看到了進步：人們開始說出更多的真相。

兩位有家人死於種族主義暴力的婦女相繼發言。葛溫·卡爾（Gwen Carr）是艾瑞克·加納的母親，這名黑人男子因為在紐約市的路邊賣香煙而被勒脖致死。她說，她現在必須成為兒子的代言人。她描述了人們在他被殺後如何將他妖魔化：他們在驗屍時試著找出他曾吸毒的證據，把他說成是沒念過什麼書的失業者。「如果沒有那部電影[54]，他們會繼續堅持他是心臟病發作。但上帝都在看。」

瑪莉・柳佐・利爾波（Mary Liuzzo Lilleboe）的母親薇奧拉・柳佐（Viola Luizzo）在塞爾瑪城外遭到謀殺，當時瑪莉只有十七歲。薇奧拉・柳佐是田納西州白人煤礦工的女兒，後來則成了一位底特律的家庭主婦和五個孩子的母親，在血腥星期天事件後響應號召來到阿拉巴馬。她開車載幾位遊行者從蒙哥馬利返回塞爾瑪，途中遭到四名三K黨人開槍射殺。這些人看到一位白人女性和一名黑人男子同坐在汽車前座上，感到非常憤怒。她的乘客不得不躺在柳佐的血泊中一動也不動地裝死，才得以倖存。瑪麗談到了她的家人在謀殺案之後收到充滿仇恨的信件，有人在他們底特律家中的院子裡燒毀十字架，還有人向她六歲的妹妹丟石頭。不過她說如果時光倒流，她不會改變任何事；她仍然感受到失去母親的痛苦，但她為母親的犧牲感到驕傲。瑪麗常來塞爾瑪，在這裡她感到更接近母親。這裡的社群「會替我把海水分開，如果他們辦得到的話」。當歐巴馬當選時，她的家人認為「如果我們有生之年能看見此事發生，那麼每一滴鮮血都值得了」。不過，她還是擔心黑命貴運動持續要求全美關注的那些暴力事件，也擔心媒體對白人謀殺案的關注仍然多於黑人。這件事五十年來幾乎沒有什麼變化——就像古德曼和史維納案一樣，薇奧拉・柳佐的故事遍布全國性媒體，而吉米・李・傑克森的謀殺案卻很少人知道。

我聽著柳佐的女兒和加納的母親說話，試著想像如果今天德國警察經常開槍射殺猶太人，我會有什麼感覺。我仍是想像不出來。有次我曾需要警察的幫忙，當時有個酗酒的鄰居經常喊著種族歧視的口號，令全家人不得安寧；前來的警察比我向來知道的更有幫助，也更富同情心。

開車回牛津的路上，我在塔斯卡盧薩（Tuscaloosa）的一家速食店停了下來，因為我知道前頭漫長的雙線道公路上沒什麼更好的東西能吃。有位肥胖的白人男子正對黑人女店員大聲嚷嚷：「你能不能快點，我得把我岳母的假牙拿回來，這樣她才能去唱詩班練習。她沒有假牙就不去教堂，我借走了她的假牙，因為我的壞了。」此人無疑和當地大多數人一樣都是歐巴馬健保的激烈反對者。其他桌的人都瞪著我看，眼神帶著惡意。我以為自己看起來很體面，我仍然穿著那天早上做禮拜時穿的教堂服裝，但不知何故，我的衣著暴露了我外地人的身分。還是我走路的方式有問題？我回到車上，開了音響放起巴布·迪倫，想著不知是阿拉巴馬比較糟還是比密西西比。這兩州多年來一直互相較勁。

除了在法律層面上主張賠款給奴隸制受害者沒有先例之外，反對賠款的論點也包括一些綜合了道德層面和實際層面的主張。我想回答當中最重要的問題。

◈ ◈ ◈

（一）非洲人也是奴隸販子，他們經常販賣他族俘虜。既然他們也是同謀，責任就不該由歐洲人來承擔。

有時會有人指出非洲奴隸制和美洲古典奴隸制之間的差異來駁回這個論點，但前述的新奴隸制度之歷史表明，兩者間的差異並不重要。無論非洲奴隸制的相對優點是什麼，非洲人並沒有發展出《吉姆·克勞法》、囚犯租賃、種族隔離或紅線政策。要求賠款最有力的理由是，奴隸制度被廢除後，發展出了更隱微的奴役方式，其創造出的境況持續影響著今日的人們。

（二）賠款會將受害者敘事強加於接受賠款者身上，這對原本應由此事中獲益的他們來說並不健康。

正如我在其他地方所論證的那樣，受害者文化確實不健康。[55] 但對這種文化的反對也能成為支持賠款的理由，只要這份支持有充分的基礎。充分的基礎來自於公開道歉，還有清楚描繪出加害者所犯的錯誤。與社會福利或平權運動不同，賠款會被視為是直接支付過期已久的債務。如果我們的祖先沒有償還債務，那麼還債的責任就落在我們這些因著此筆未還債務而蒙受利益的人身上，無論這份利益是直接來自財富，還是來自身為生活在世界強國中的多數族群白人所擁有的特權。

有趣的是，查爾斯・克勞特漢默（Charles Krauthammer）和羅斯・多塞特（Ross Douthat）等支持賠款的保守派白人認為，賠償比平權措施更好，因為後者傳達出的是持續受害的汙名，而非直接承認自身所欠債務。我並不接受他們的提案，主要是因為他們提出的賠款金額太低了，但事實證明，平權措施確實是出了名的有問題。首先，我們並不清楚這樣的措施是否能幫助最需要幫助的人。在教育或就業方面給予無權無勢的族群成員優先權，**只要該族群內部成員具有相同資格**，就必然有利於群體中條件最好的人，而不是那些需要基本補救教育和其他幫助的人。此外，即使確實實施平權措施，其內容也會傷害那些原本應由此事中受益的人。你肯定曾暗自想過，不知道某人是因其工作質量而得獎，還是因為他的黑人身分而得獎？（問這個問題的人有可能是黑人或白人，女人或男人，甚至那些被壓迫者也可能採取壓迫者的觀點，這就是意識形態的運作方式。）我算不出有多少德國人曾懷疑我是因為身為猶太女性的特權（如果這算是特權）而得到某份工作；通常這類懷疑只會以暗示的方式出現。但這種懷疑會影響不同族群間的關係，助長一方的怨恨與另一方的自我懷疑。誠實償還雙方都承認的債務，便能避免這種情況。賠款避開了「創傷」和「受害者」等概念，背後有更簡單的正義觀支持。

（三）**賠款是回頭注視過往，而放眼未來比較重要，也比較健康**。

尚・艾莫里會接受這個論點——但他同時也會堅持受害者回頭注視過往的合理性和權利。艾莫里寫道，怨恨會把受害者釘在名為過去的十字架上。不過他也認為，任何曾受奴隸制所害的人都無法不回頭看。

在要求賠償聲浪高漲的九〇年代，社會學家約翰・托爾佩（John Torpey）在他的《修補碎片》（*Making Whole What Has Been Smashed*）一書中，對於此點進行了精闢的闡述：

> 這種現象是過渡性**替代品**，替代一種與啟蒙運動相關的進步政治，是為期望低落的時代所量身定做的。在沒有目標可追尋的情況下，挖掘記憶及其中的神話彌補了今日的缺陷——他們的對手在政治上幾乎對於這些缺陷毫無辦法。[56]

托爾佩認為，浪漫時期之後，人們從未花費如此多的精力去挖掘過往。他相信這與大屠殺被奉為我們這個時代的象徵有很大關係。雖然他不反對賠款，但他對我們失去了過去兩個世紀以來進步主義所特有的放眼未來的政治觀感到遺憾。[57]

我也很遺憾。但問題不僅在於缺乏一個可以產生共識的前瞻性願景，雖然此事可能正在改變。更重要的是，無視過去的傷痛而只專注於未來的希望，並沒有幫助。歐巴馬的政治是刻意放眼未來的，但他盡可能避免討論種族問題，這令許多非裔美國人感到失望。他並未聽從人們的呼籲回頭檢視前任總統在伊拉克發動的破壞性戰爭，這也令另一些美國人感到失望。這些務實的決定是可以理解的。然而，正如我在下一章所論述的那樣，美國拒絕面對自身的罪行，這協助醞釀了導致川普當選的主要情緒。

（四）我的家族不曾蓄奴，他們甚至是在奴隸制度廢除之後才來到美國的。

大多數不是非洲裔的美國人之祖先都是隨著南北戰爭後開始的移民潮而抵達美國的。然而，在享受公民身分的好處時，人們也得承擔公民責任。通常只有第一代移民才會有意識地承擔這份責任——當然，前提是如果這批希望逃離貧窮或更糟糕的處境而來到美國的人有意識到這些責任的話。我們之中的大多數人並未積極同意成為美國公民。我們無法選擇我們的母親要在哪一國生產，我們不可能積極同意此事，就像我們不可能積極同意被生下來一樣。決定人生的一些最重要的事項純屬偶然，有可能帶來悲劇，也可能非常美好。我們一開始可以用家族遺產的類比來理解我們對於過往的債務，但我們對國家之過往的責任則具政治性。正如亞許拉・樂什迪（Ashraf Rushdy）所說的，身為公民不僅意味著你得對你的國家從你或你的祖先要求成為公民的那一刻之後的歷史負責。「公民承擔起他們國家的過往之責任時，他們是在表示這段過往對他們所希望擁有那種有義務的、有歷史意義的公民身分具有重要性。」[58] 政治身分認同的意義不可能僅是獲得這本或那本護照所帶來的好處而已。雖然對奴隸制度和隨後發生的一切具有責任的個人早已不在，但許多使奴隸制度合法化並從中獲利的公共和私人企業實體仍然存在，那些如今仍因自身是帶著鐐銬抵達美國而遭受歧視的人之後代也還活著。

關於此點，哲學家托馬斯·麥卡錫（Thomas McCarthy）做出了有力的論證：

> 我們的國家遺產在很大程度上是以犧牲非裔美國人的利益為代價而獲得的；所以對他們來說，今日的分配是不公平的。此處的問題不是個別公民的祖先是否曾蓄奴，也不是他們是否曾因社會對於黑人的歧視而得到個人利益，問題是他們現在仍分享著並受益於以不正義的方式取得、以不公平的方式分配的國家遺產。這不是集體罪責的問題，而是集體責任的問題。賠款也不是集體懲罰的問題，而是集體責任的問題。[59]

麥卡錫的論點與雅斯培（Karl Jaspers）的論點很類似。雖然雅斯培不是納粹，且在第三帝國時期吃盡苦頭，但他在〈德國戰罪問題〉中始終使用第一人稱複數。只要他們生活於其中的社會是建立在不正義基礎上，即便是那些肩上未擔負罪責的人也有責任匡正之。

（五）要求賠款會撕裂族群：絕大多數美國白人就像大多數英國白人一樣，他們甚至反對為奴隸制道歉，更不用說賠款了。

一九五〇年代時的大多數德國人也是如此。艾德諾還得走出他所屬的保守派基督教民主聯盟之外，向社會民主黨人呼籲，才爭取到支持賠款的選票。來自美國的外部壓力在說服艾德諾的過程中發揮了關鍵作用，美國令他了解到若要重新加入所謂文明國家的行列，就必須付出大筆的賠償。

美國對《獨立宣言》中「對人類輿論的尊重」一語是出了名的不在乎，但也有例外的時候。羅斯福對於敵人政治宣傳之恐懼發揮了作用，使他決定將勞役償債與囚犯勞動制度定為非法。杜魯門對蘇聯批評的擔憂也起了關鍵作用，使他決定取消軍隊的種族隔離。在一九六〇年代初的反殖民主義運動中，蘇聯譴責美國的種族隔離制度；正是冷戰令甘迺迪倍感壓力，不得不認真看待民權問題。在一個美國政府每天都表現出對世界上其他國家不尊重的時代裡，很難想像有哪種外部壓力會對美國有效。內部壓力能產生更大的影響。我們很容易忘記美國花了多長時間才得出「所有的公民都有公民權」的共識。對於馬丁路德・金恩的神化使人很難記得他受到了多嚴重的辱罵，特別是在他人生中的最後一段時間。關於賠款問題，我們沒有理由認為嚴肅而持續的公共討論無法改變公共輿論，就像那些對於公民權利的討論改變了人們對金恩的看法一樣。這會是種進步，即便這並未帶來實際上的補償。對於美國白人來說：

專業歷史學和公眾記憶之間的巨大差距可能會縮小……在這種情況下，美國奴隸制和種族隔離的實際歷史、其形塑我們的文化和制度的程度、其所留下的普遍的結構性不平等，大眾對於上述事情的意識之低可能會得到改善。[60]

藍道・羅賓遜（Randall Robinson）寫道：「對非裔美國人來說，即便是提出一個立論完整的償還論點，也能大大安慰人心。」[61] 承認這份債務的存在能讓黑人和白人都從中受益。今天，很少有美國白人承認此事；大多數人都不覺得有義務感謝黑人建立的一切，有些甚至還認為黑人應該感謝解放行動（或平權措施）。英國人也不太可能反思奴隸制對於工業革命的貢獻。正如羅賓遜和其他人所認為的那樣，太多的美國黑人已經內化了這樣的想法：他們應該對他們可能得到的任何東西表示感謝。即便尚未支付這筆賠款，承認賠款之必要對所有人來說都已是好事。

（六）替所有人建立一個社會民主制度比替某個特定群體追討賠款要重要得多，也可靠得多。

這是伯尼．桑德斯（Bernie Sanders）在二〇一六年對於賠款問題所提出的答案，康乃爾．韋斯特、阿道夫．里德（Adolph Reed）和格倫．盧利（Glenn Loury）等黑人思想家也都提出了這樣的觀點。對我來說，這是最具誘惑力的反對意見，我需要簡短岔題以解釋自由主義（liberalism）和社會民主主義（social democracy）之間的區別。

◈　◈　◈

對於自由主義者而言，所有人都有基本權利，能發表任何意見、崇拜任何神祇、與所愛之人結婚、按自身選擇投票、在喜歡的地方生活或旅行。自由主義者稱此為自由。社會主義者指出，如果沒有實現這些自由的條件，這些自由就沒有什麼價值。你不必是一個唯物主義者也能相信，如果我們的身體壞了，我們的心靈便無法運作。因此，社會民主主義者承認自由主義所提出之權利，並加上了獲得公平工作條件、良好教育、醫療保健和住房的權利。關於權利概念的哲學爭論歷史悠久；效益主義（utilitarianism）哲學家邊沁（Jeremy Bentham）稱其為高蹺上的胡言亂語。我不會討論這些，只會採用與民主國家憲法中的「權利」一詞相同的用法，來強調自由主義和社會民主主義傳統之間的關鍵區別。對於自由主義者而言，健保、育嬰假和年休不是「權利」，而是「福利」，是你可能有幸擁有之物，但不是你僅僅因身而為人就該得到之物。我們如何理解和稱呼事物會影響到我們能夠要求什麼——以及政府準備給予什麼。

伯尼．桑德斯和保羅．克魯格曼（Paul Krugman）最近都提到了丹麥，他們認為在人力所及的範圍和財政制度可應付的範圍內，有可能建立一個把健保、教育和公平工作條件視為權利而非福利的制度。我想他們大概都不曾提到德國，因為他國仍難以接受將德國作為某種模式的想法。[62]這是個錯誤，因為他們的對手很容易便能指出丹麥國土狹小而人民同質性高，他們的方案不可能適用於國土龐大而族群多元的美國。如果他們曾參考世界第四大經濟體德國，他們就能指出，即便在保守派政府的治理下也能擁有一個運作良好的、比桑德斯的所有提案都還要更左傾的系統。

有兩個例子足以說明德國有何不同。全民健保的費用從每位德國員工的工資中扣除；失業者的健保費則由國家支付。健保服務涵蓋範圍廣泛，包括藥物治療、檢驗、心理治療和住院治療。如果你住院了，你每天只要付十歐元的住院餐費。如果你的住院時間一年內超過二十八天，國家會替你付第二十九天之後的餐費。此事背後的直覺概念令美國人感到困惑——德國認為，如果你不幸住院這麼久，你不該在經濟上也受到影響。這種直覺建立在羅爾斯的這個假設上：一個正義的社會會盡其所能保護其公民不受命運無常的傷害。這一假設的受益者很少有人讀過約翰．羅爾斯的書。但在健保系統的結構中，這似乎已是常識。

如果一名員工生病了，她的工作怎麼辦？前三天裡，只要她通知雇主，就不會有任何問題。如果她生病超過三天，她就得去看醫生，醫生會寫一張病假單（krankschreiben）給她，註明請假天數，如果有必要可以延長。現在，除了國定假日外，每個德國人都有至少四週的年休。幾年前，有人建議限制那些因慢性病而長期無法工作的人的休假天數，被德國當時與商界關係最好的自由民主黨領袖基多．威斯特威勒（Guido Westerwelle）憤然拒絕。他堅定認為：「生病是生病，休假是休假。」威斯特威勒認為這兩個概念有著本質上的不同，以至於以一者來衡量另一者的想法顯得很荒謬。這就好像有人建議用你的旅行自由換取你的言論自由，因為你已經用完了你的部落格發文配額。雖然如此，德國的經濟還是相當繁榮，失業率很低。德國企業認為，慷慨的休假天數可以提高員工的健康和生產力。

當我試圖向美國人解釋這種系統中的權利概念時，他們認為我生活在烏托邦裡。德國人則發現美國的制度明顯是反烏托邦式的。他們對有限天數的病假感到困惑。「如果有人生病的時間更久呢？」在美國，你命運多舛是你的問題。歐洲人如果遭遇不幸，通常可以期待國家伸出援手。如今，即使歐洲擁有（一部分是）社會民主式的權利概念，此地的社會仍是徹頭徹尾的資本主義社會；在個別國家和整個歐盟中都存在巨大的財富不平等。左派政黨當然應該要抗議這份不平等，但歐洲公民享有的是美國和大多數其他國家的公民如果有機會瞭解的話會很羨慕的權利系統。

他們很少有機會瞭解此事，因為即便是最好的美國媒體也認為新自由主義的框架是打造經濟體唯一可行的方式，所以很少報導其他方式之成功。你可以由媒體得知女明星懷孕的消息，內容之詳細超出你願意知道的程度；但你很少得知關於其他國家的育嬰假的事。雖然如此，過去的幾年裡出現了一些變化。「社會主義」一詞不再讓大多數三十五歲以下的美國人感到害怕，甚至連《紐約時報》上也出現了建議將健保視為權利而非福利的文章。

◈ ◈ ◈

我們需要徹底修正我們的經濟體系，才能確保每個美國人都有權利獲得良好的教育、健保照護、住房，還有給薪年休——對，年休能給薪。實現此事的可能性似乎與拿出大筆賠款給奴隸制受害者的可能性一樣遙遠。支持替所有人打造一個社會民主制度的人認為，範圍廣泛的社會民主方案比賠款更有可能取得成功，因為這可以吸引到最多的人。大多數支持賠款的人支持的不是支付現金，而是向那些因長達幾個世紀的奴役而遭到剝奪的非裔美國人提供教育、醫療和住所。[63]所以何不放棄賠款的要求，轉而支持向所有人提供這些權利的方案呢？正如政治學家阿道夫．里德所說，即使對非裔美國人造成的傷害與種族明確相關，但對於這些傷害的補償則不必然需要與種族相關。里德堅信，不平等的問題就是不平等，而不是按種族分布的不平等。

（按：種族）政治不是階級政治的替代方案；它就是一種階級政治，是新自由主義的左派分支之

> 政治。這是一種政治秩序和道德經濟的表達，也展現出積極能動性，在這種政治秩序和道德經濟中，資本主義市場力量被視為不可動搖的自然。[64]

你在某個價值體系中生活的時間愈長，你就愈會視其為不言自明的存在。在一個將經濟和社會權利視為基本權利的體系中生活了二十五年，我不再將其視為烏托邦，而是視為正常之事。觀點的轉變很緩慢，但也因此更加確實。一個社會把病人因為缺錢而病死看作是不幸但普通的事，另一個社會則視其為令人憤怒的事；區別即在於此。今天，我認為沒有什麼比一個認為自己有義務為全體公民提供有尊嚴的生活之基本基礎的社會更合理的存在——儘管我很清楚，很少有美國人會認為這很合理，他們視為自然的是另一個系統。

馬丁路德·金恩在一九六八年去世前不久起草的《經濟與社會權利法案》（Bill of Economic and Social Rights）比目前的任何提案都更加進步。他的建議包括：擁有一份支付基本工資的有意義的工作之權利，無法工作的人擁有穩定收入的權利；獲得適當教育的權利；在自己選擇的社區獲得體面住房的權利；以及在醫療保健方面獲得現代科學所能提供的一切良好醫療的權利。[65] 在他晚期的某一場演講中，他抨擊了美國未賠償奴隸制受害者的問題。在發起窮人運動（Poor People's Campaign）時，金恩做出結論：「我們在這場運動中來到華盛頓，是來拿我們的支票的。」金恩的民權鬥爭是為了確保非裔美國人能夠獲得現有美國框架內保障的基本自由權。而他後來倡導的權利會需要對該框架本身進行修正，因為要實現這些權利需要經濟上的重新分配——也難怪這些權利在很大程度上仍遭到忽視，即便倡議者是具偶像地位的金恩亦然。

作為一個已開始相信社會民主制度之正義的人，我強烈支持金恩的《經濟與社會權利法案》。如果將其套用至全世界，世界上最富有的國家將必須放棄他們的一部分財富。要他們放棄新自由主義的意識形態可能會更難，這套意識形態認為經濟增長即人類幸福的關鍵，或者至少是人類大部分行動背後的真正動機。人類在思想與實務層面都必須經歷極為巨大的轉變，巨大到幾乎不可能發生。矛盾的是，我們目前最大的危機也是最有可能促成這種轉變的因素：氣候變遷有可能成為催化因子，迫使我們放棄「經濟增長是人類福祉之關鍵」這一觀點。[66]

目前，政府和業界幾乎不可能改變作法並引入全球性的社會民主制度。然而，如果我們在此思考的是正義與否——而非可行與否——我們可以進行一場思想實驗：若美國制定並推行前述思想家所倡導的各種社會計畫，會發生什麼事？無論他們是像羅賓遜那樣把這些計畫視為賠償計畫，或是像里德一樣拒絕賠款的概念而支持全面推行社會計畫，所有人都同意，挹注大規模資金建立幼幼班到大學的優良教育體系、全面的健保醫療，協助人們擁有適當的住所和像樣的工作，將會大大改變迫切需要這些制度的非裔美國人的生活。有色人種的社群會大感振奮。我在此提出的思想實驗邀請大家去想像，全體美國人民都能擁有這些服務，作為他們身而為人的權利。所以，非裔美國人是否應該得到更多？

此題與另一個問題形成鮮明的對比。在戰後選擇留在德國的大屠殺生還者（確實有人這樣做）與她身為前納粹的鄰居能享用社會服務內容是相同的。在經濟奇蹟出現之前，德國的社會服務本就有限，但隨著一九六〇年代的經濟起飛，社會服務的範圍也擴大了。生還者享有與該國其他民眾一樣的經濟和社會權利，或是生還者因為該國的大多數人令她飽嘗痛苦和恐怖而能享有更多——我們會覺得何者更符合正義？任何賠償都無法喚回她失去的父母或孩子。但是，除了常規的社會服務（這被視為所有人的權利）之外，國家似乎還欠她一些什麼。除了口頭道歉之外，似乎還少了些什麼。

所以，要實現艾莫里的道德白日夢不能只靠道歉。他所設想但不敢奢望的是一個廣泛的公共教育計畫，這個計畫會令人民感到深刻而真實的遺憾，其中會需要明確而詳細地講述真相，而這肯定會帶來痛苦。沒有哪個故事能讓觀察者身歷其境地處於受害者的位置。但艾莫里自己的文章（經常在公共領域中出現）以及其他生還者的文章是如此的尖銳而具破壞性，迫使這個犯了罪的國家希望時光能夠倒流。[67]事實上，德國人是如此希望認同受害者而不是他們身為加害者的父母，有許多人甚至謊稱自己是猶太裔受害者的後代或受害者本人。[68]我們無法逆轉已經發生的事，但可以充分承認這些事情；同樣的我們也能承認，即便過去無可挽回，這也不能成為放眼未來、假裝壞事不曾發生的藉口。

正如哲學家托馬斯．布魯德霍姆（Thomas Brudholm）所認為的，艾莫里的學說中最為關鍵的那份張力，令人們在表達怨恨的同時仍能努力和解、仍能相互承認彼此的人性。[69]和解將重新恢復人們對世界的基本信任，對艾莫里來說，第一次承受酷刑的時刻重重摧毀了這份信任。然而他也寫道，當他從貝爾根貝爾森集中營獲釋時，他沒有任何怨恨，那是他被囚禁的最後一個集中營。作為生還的反抗者、猶太人、人們普遍憎恨的政權之受害者，他在戰後的頭幾年成了英雄——「我和世間的其他人相互理解」[70]。只有在政治風向改變，其他國家為了爭取德國加入西方陣營而忽略其罪行之後，艾莫里才感到世界陷入混亂。

我能想像，一名為北方聯邦而戰的非裔美國人可能也經歷了類似的過程：他（至少在某些層面上）被尊為為正義之目標受苦奮鬥的英雄，但後來國家拒絕重建，也拒絕表現出任何形式的悔恨，導致他遭到錯待、受人輕視。我還能想像，若能徹底釐清美國奴隸制及其遺痕，非裔美國人便能再度信任這世界，這是一份每次百貨公司店員緊跟在他們身後時便再次破碎的信任。徹底釐清奴隸制度的行動必然包括徹底改革黑人在其中幾乎無法得到任何正義的司法體系。若這些都能實現也許就夠了，不需要再費力協商誰欠誰多少，是這樣嗎？世間萬物的商品化，包括痛苦的商品化，不正是當今世界的問題之一嗎？

我也能想像有人會說：「鬼……扯。這些都只是避免掏錢的藉口。金錢當然無法彌補謀殺，但他們能由此開始努力。」

艾莫里拒絕經濟上的賠償，其他人也有可能拒絕。而我開始相信，即便非裔美國人能與其他美國人共享一個保障全體人民之經濟權利的社會民主制度，國家仍應在經濟上賠償他們。提供經濟賠償的理由與冤獄案件的賠償理由相同。再多的錢也無法彌補失去的歲月；然而大多數的法庭都認為，在新的證據證明犯人無罪後就只是道歉然後將其釋放，未免也太不公平了。

當初的錯待是否出於故意也不重要。歷史學家多伊徹以一個比喻說明了這點：假設有個人家裡失火，他的家人已命喪火場，而他跳窗逃生，落地時卻重重跌在陌生路人身上，壓斷了對方的手腳。如果這兩人是理性的人，他們就不會成為敵人。跳樓者會試著安慰和賠償無辜的路人，而路人則能明白自己是意外狀況的受害者。如果這兩個人並不理智，他們就會陷入無止盡的怨恨、恐懼和報復的循環之中。多伊徹設計出這個故事來描述一九六七年以色列猶太人和巴勒斯坦人的正當要求，但這個故事也適用於許多其他情況。[71]時至今日，以色列一直拒絕承認巴勒斯坦人的主張是正義的，這些主張始自猶太人逃離烽火連天的歐洲，如今在以色列長期占領下，只會顯得更為正當。美國種族主義受害者的要求則更具急迫性，他們的加害者很難自比為逃離火場的人。

◈　◈　◈

在長期擔任外交人員以及短期擔任布蘭登堡邦司法廳廳長後，漢斯・奧圖・布勞提甘如今成了紀念、責任與未來基金會（Stiftung Erinnerung, Verantwortung und Zukunft，EVZ）的負責人，該基金會成立於二〇〇〇年，任務是對那些遭到納粹奴役的非猶太裔勞工做出補償。他知道金錢無法令此事和解，這就是為什麼他拒絕使用「和解金」一詞，但他認為，任何能讓生還者在人生晚年過得好一點的事都值得努力。他不認為物質補償有可能足夠，無論金額多麼慷慨。他告訴我：「對於德國往日罪行的認知必須成為我們整個民主制度的基礎（Grundlage）。」此事在很大程度上已經實現了，但布勞提甘仍認為德國尚未承擔起其參與國際社會、努力打造更好的世界之責任。

我告訴他美國關於奴隸制賠款的辯論，並問他有何看法。他就像所有良善的德國人一樣竭力避免作出比較，表示大屠殺是人類歷史上格外邪惡的特殊事件。不過他也說，從道德的角度來看，美國賠償奴隸制受害者似乎與他試著補償遭到納粹奴役的人一樣是合理之事。「我們必須仔細考量形式問題，」他說。「最重要的是，他們的後代應該得到他們的家人無法給予他們的支持。」考量到研究指出紅線政策與財富之關聯，這似乎相當重要。即使是一小筆遺產，也能大大影響你是否付得出頭期款，或是只能任由房東擺佈。

我們的公民義務該回溯至多遠？英國首相東尼・布萊爾（Tony Blair）曾就一個世紀以前的不正義向愛爾蘭人道歉，而作家羅伯特・潘・華倫（Robert Penn Warren）問，英國政府是否也該為奧利佛・克倫威爾（Oliver Cromwell）這個在十七世紀時曾重創愛爾蘭的人道歉？華倫認為他是在指出尋求歷史正義之荒謬，但這個問題值得認真看待。龐克樂團棒客（The Pogues）在二十世紀末曾唱道：

我詛咒你，奧利佛・克倫威爾
你蹂躪我們的祖國

他們還表示，希望此人在樂團表演時正慘遭地獄烈火焚燒。只要公眾記憶仍為尚未被承認的不正義而感到憤怒，那些造成不正義的人之後代至少應該承認事件的存在。「容我的百姓去」[72]，這話至今仍迴盪在我們的耳邊。

哲學家珍娜・湯普森（Janna Thompson）認為，糾正歷史錯誤之義務即便並不追溯至永恆，但至少沒有期限。她認為，信守跨越時代的承諾（無論是明確的或未言明的承諾），對於道德與政治層面的善都十分重要，這樣的善是各國間信任的基礎。關於賠償的哲學理論主要仰賴兩個不同的論證，一個強調歷史的義務，另一個強調今日的需要。兩者都能作為美國應賠償奴隸制受害者的理由——奴隸制之惡所產生的歷史義務，以及多數奴隸後代目前的經濟狀況。在這兩個主張之外，湯普森又補充了第三點：「在這個極為仰賴每一代公民在道德上承擔責任、履行前人承諾，修復前人之不正義的國際社會中，維持一個能夠公正行事的政治社會。」[73]以這種方式確立賠款的義務，便不需要訴諸去世多年的祖先之罪孽，也不需要訴諸伴隨公民身分而來之義務。這個原則可以廣泛應用，但必須逐案決定確切義務為何。特定的情況總是很重要。

如果沒有任何算式能計算出義務該回溯到多遠之前，那麼也沒有任何算式能確定義務又該涵蓋多廣的空間範圍。在美國應賠償奴隸制受害者的主張之後，又有人提出歐洲國家應賠償加勒比共同體（Caribbean community）的主張，當地的奴隸制往往比美國南方的奴隸制更加殘酷而恐怖。考量到奴隸貿易和奴隸制所創造出的商品是如何替十九世紀的歐洲累積財富，此事大概不需要進一步論證。不過，加勒比共同體對於一件特別令人惱火的事之關注是正確的：在一八三三年廢除殖民地的奴隸制之後，英國支付了兩千萬英鎊給前奴隸主，以彌補他們失去的財產——他們將奴隸視為個人財產。這筆錢是當時英國政府稅收的四〇%，還必須借助私人貸款的幫忙才付得出來。這筆債務的利息落在英國納稅人的頭上，直到二〇一五年才還完。[74]

加勒比海的人們要求，至少獲得與這些奴隸主獲得的財損賠償相同的金額，這只不過是基本的正義而已。他們當然有充分的理由要求對方道歉。英國前首相大衛．卡麥隆（David Cameron）的遠房表親也因為失去奴隸而獲得賠償，而卡麥隆在正式訪問牙買加時拒絕道歉，他說：「我確實希望，我們這些從最黑暗的時代以來共同經歷了這麼多的朋友，能夠從這道痛苦遺痕中走出來，繼續建設未來。」其他從奴隸制度中獲利的國家也被要求承擔責任，但至今未有回音。自一九九三年以來，非洲統一組織（Organization of African Unity）一直呼籲殖民國家對非洲大陸因奴隸制和殖民而蒙受的損失進行賠償。在二〇一五年與這些國家的代表舉行的一場會議上，歐盟官員對他們說「我們無法糾正歷史，已過之事難重來」，以此駁回他們的要求。真希望此人能讀讀艾莫里：「已過之事難重來。此話即便為真，卻可能損及人的道德。」

反對賠償的人恐怕會嚇得臉色發白：我於上文提及的案例確實意味著，沒有什麼誠實的方式能反駁主張以全球為範圍進行賠償的聲音。律師可能會拿法律上的前例來爭論，但當德國因著大屠殺而進行賠款時，第一個道德上的前例便已成立。隨後還有數量不多但意義重大的賠款協議：美國因為破壞與原住民簽訂的協議而賠款，因為二戰期間被關押的日本人而賠款，因為黑人農民被拒絕貸款而賠款。英國甚至賠償了茅茅起義中遭到酷刑折磨的肯亞人。大屠殺的賠款承認國家有義務彌補過去的罪行，因此打開了數不清的門。

雖然推動德國支付巨額賠款的是政治力量，但其原則是正義的。我們無法以「很難計算如何要將多少錢分配給誰」為藉口來拒絕做這件事。也許不可能計算出美國虧欠美國原住民或歐洲國家虧欠前殖民地的金額；不過，美國可以從恢復原住民保留地的採礦權開始，歐洲人可以從免除前殖民地國家的債務開始。[75]如此一來，便能啟動雅斯培在一九四六年時認為對德國來說，十分必要且不可避免的那種滌淨行動。在開始賠款給以色列之後，許多德國人開始提到「找回失去的尊嚴」。[76]

有些人認為，針對殖民一事道歉比物質上的賠償更重要。印度政治家暨作家夏希・塔魯爾（Shashi

Tharoor）表示，每年象徵性地支付一英鎊便足以作為英國統治印度兩百年的賠償了。他在二〇一五年於牛津大學的一場演講中提到，賠償「不是賦權的工具，而是贖罪的工具……有能力承認自己的錯誤，簡單地說聲對不起，會比以援助形式提撥一部分的國內生產總值要好得多。」[77]這是一個了不起的聲明，因為塔魯爾也認為英國是由於殖民印度並破壞其原本的經濟體才能夠擁有工業革命；正如許多其他殖民地一樣，原本自給自足的系統被用來生產原料，而且手段通常相當野蠻。若殖民者能為踐踏殖民地道歉，這至少是一種承認，承認第一世界對發展中國家的援助——就國內生產總值而言，歐洲國家的援助是美國的兩倍——並非出於慷慨，而是出於義務。這甚至能夠抑制今天許多企業所實行的新型態新殖民主義（neocolonialism）的發展。不過，由於上文概述的原因，我不認為承認是足夠的。反對賠款的人反駁說，根本不可能籌到錢來賠償這一切，所以他們甚至不願意承認這些事。

每當有人建議對於大規模的不公義做出賠償，一定會有人說：這世上沒有足夠的錢來做這件事。已經有人提出了一些可能作為賠償金來源的稅收政策，但如果我們認真尋找實現正義的手段，最明顯卻最常被忽略是軍火工業。我們之中有太多人總是忽略此事。如果今後我們不再生產任何新武器或從製造武器中獲利，我們仍有足夠的武器能不止一次地保護（或殺死）自己。就像國王的新衣那個寓言一樣，指出這件顯而易見之事的人是個孩子。當馬拉拉．尤沙夫賽（Malala Yousafzai）要求女孩應有受教權而受到生命威脅時，全世界都注意到這件事，她成為有史以來最年輕的諾貝爾和平獎得獎人。幾年後，她利用自己所受的教育，主張所有兒童都有權利接受十二年的免費教育——只要每年削減八天份的軍事開支便能支付這筆費用——但注意到此事的人並不多。這樣一個曾有諾貝爾經濟學獎得主為我證實的事實很少受到關注，因為我們不知道該拿這個事實怎麼辦。如果有一場關於優先事項的國際性公投，以教育取代軍事開支（至少每年八天）的提案肯定會通過。我們甚至不知道促使人們做出這個決定的會是什麼樣的結構。

當我開始寫這一章時，支持賠款的論證尚未完全說服我。但在把這些問題想過一遍之後，我確信無論釐清細節有多困難，賠款都有其必要，唯有如此才能實現正義。當我在二〇一八年十月將我希望是最後一個版本的書稿寄給編輯時，我擔心自己做得太過頭，以至於一路閱讀至此的讀者會拒絕再往下讀。沒想到短短幾個月後，原本只有少數人支持的立場會出現在即將到來的總統大選中，也沒想到《紐約時報》會刊登支持賠款的文章，並引用林肯的第二次就職演說來支持「彌補罪惡的代價有時必須在罪惡首次發生的幾代人之後才會出現」[78]一說。民意調查顯示，大多數美國白人仍然反對賠款，正如戰後初期的大多數德國人都反對賠償大屠殺受害者。然而，直到不久前都只是少數知識分子關心的事，如今卻成了全國性對話的一部分，這在我看來是確實的進步跡象。

唯有理想能對現實提出要求。如果我們能夠承認賠款的主張是正義的，我們就能開始想辦法尊重這樣的主張。對某些人來說，承認便已足夠；對所有人來說，承認都是個開始。英國人可以從承認他們的殖民歷史遠沒有他們的課本裡所說的那樣良善開始。美國人可以從簡單地要求國會通過第四十號眾議院決議開始，這是一項自一九八七年以來每年都提出並被否決的決議，決議中指示人們建立一個委員會，研究如何對於奴隸制做出適當的補償。期待美國國會能在二十一世紀裡做出德國國會在一九五二年所做的事，這樣的心願並不過分。

第九章
暫作結論

在我開始寫這本書的時候，情勢似乎比現在有希望多了，光是回想起來就令我落淚。而當時才剛發生一場大屠殺。

很少看到在短短幾年的時間裡出現這麼大的變化。儘管查爾斯頓教堂發生了大屠殺，但當時的人們心中更容易燃起希望。在二〇一五年的那個夏天，歐巴馬總統發表演說之後，美國似乎總算團結起來，那是在一個年輕的白人至上主義者謀殺了九名非裔美國人之後。出身共和黨的南卡羅萊納州長選擇降下南方邦聯旗幟；來自阿肯色州的沃爾瑪停止銷售南方邦聯紀念品。美國似乎已經準備好面對自己的過往，而我心想，花了三十年時間研究德國的我，終於也能分享自己對於德國的瞭解，做出一點貢獻。我相信德國已由自身的種族主義歷史中學到了他們必須學的大部分功課，幾個月後，這個國家的人甚至更進一步張開雙臂，歡迎一百萬名中東難民湧入德國。

懷抱希望的時刻已然消退。唐納·川普除了保護富人的財富之外，似乎根本沒有任何政策可言，只是不斷推翻歐巴馬總統曾做出的每個決定，毫不顧慮會對美國或全世界造成何種影響。他揭示了美國的第二張臉：第一張臉是世界想要相信的，第二張臉是世界懷疑和害怕的。這兩張臉展示出美國的二律背反（antinomy）——這是哲學家的說法，指的是兩種對立的主張，兩個看起來都很有道理，但都無法各自被證明。這場對立關乎美國的靈魂。歐巴馬是美國理想的化身：憑著智慧與毅力，我們可以朝著實現美國《獨立宣言》中的願景前進。川普則體現了純粹的決定論：沒有什麼理想不能被化約為財富和權力的赤裸鬥爭，這就是推動人類的動力。如果說歐巴馬是美國夢——「我的故事獨一無二，唯有在美國才可能實現」，那麼川普就是美國的噩夢。查爾斯頓事件之後，我們的總統讓我們看見何謂風度。夏洛茨維爾事件後，白宮裡的人對於一群「非常好的人」表示讚賞，其中也包括毫不掩飾的納粹分子。

我們無法得知哪一張臉代表美國。無論二〇二〇年或在此之前會發生什麼，我們都不得不接受這個事實：川普有可能接管美國。我原本也像世間大多數人一樣，並不認為這樣的可能性存在。這不僅是因為——雖然我知道所有反對天意（Providence）的論證——我贊同歐巴馬對理性力量的信念，以及金恩所抱持的「道德弧線終將劃向正義」的信念。我不認為此事可能發生，並不僅是基於信仰，而是基於二〇一六年一百名美國軍方高層所簽署的一份聲明，表示若川普成為總司令，他們會全體提前退休。當時，我覺得被五角大廈拯救是件很諷刺的事；現在，我很高興具有良知的軍人選擇堅守崗位而拯救了一場災難。

不只有美國人記得歐巴馬首次當選的那個十一月夜裡，自己身在何處、在做什麼。人們以全然的歡欣之情看待歐巴馬的當選——不僅是美國大多數人，世界上大部分的人也是如此。即便是在以色列這個多數人民後來都轉而反對歐巴馬的國家，也有一家重要的報社以「希望」（HA-TIKVAH）為標題來慶祝他的勝選——這樣的用詞實在令人訝異，因為以色列國歌的歌名也叫〈希望〉，而這首歌具有相當神聖的地位。愛爾蘭以驕傲的心情將歐巴馬母親的曾祖父的出生地列為國家遺產。全球各地還有許多國家抱持著這樣的態度，但在二〇〇九年，伴隨勝選而來的希望之光尚未褪去時，發生了兩個如今看來似是預兆的事件。

第一個事件是大眾對亨利．路易斯．蓋茨（Henry Louis Gates Jr.）在七月時被捕的反應。我在搭上從柏林飛往波士頓的飛機前剛好讀到了這則新聞，心中滿是憤怒。哈佛大學教授蓋茨是世上最重要的美國黑人文學學者，他作為公共知識分子的成就使他在學界外亦廣為人知。他同時也是一位矮小的老人家，得用拐杖走路。他在北京接受隆重款待後，從漫長的旅途中歸來，卻找不到自家的鑰匙而強行打開自己位於劍橋的家的後門，因此被捕。此事當然可以證明警察經常惡劣地對待非裔美國人。但當我抵達波士頓時，人們的反應卻與我的預期相反。全國大部分地區沒有一個人對於這位非裔卓越人士被捕而感到憤怒，而是對於總統公開表示警察很愚蠢一事感到憤怒——我個人認為用愚蠢來形容實在太過溫和。歐巴馬邀請蓋茨和警察到白宮一起喝杯啤酒，人們認為這個事件已經解決。但大眾當時的反應仍透露出不祥的預兆。

接下來的那個月裡出現了另一個令人擔憂的事件。二〇〇九年的勞動節前夕，總統宣布他打算發表一段開學談話，並在全國的學校中播放。雷根和老布希發表開學談話的時候，沒人表示反對。而且，所有曾讀過歐巴馬那本出色的《以父之名》（*Dreams from My Father*）的人，都能預測談話內容：他會談到在印尼生活時，他母親是如何在淩晨四點就叫醒他，以確保他在當地學校的英文課之外能有更多時間學習英文。「你看，孩子們，好好念書，你也可以成為總統。」

蓬勃發展的茶黨運動[1]對於這段無害的談話發起抗議。全國各地的家長威脅要讓自家孩子那天別去學校，以免他們「被迫聆聽總統的社會主義演講」。白宮於事前公布談話稿，解除了一場危機，這份稿子就像任何有理智的人先前所認為的那樣無害、那樣充滿美國精神。然而，這場抗議只是開端，顯示出人們決心反對一切出自於黑人當家的白宮之物。如果這個人連想告訴孩子們要努力念書都會遇上困難，他怎麼可能關閉關達那摩灣監獄？

二〇一六年以來，許多人都認為是白人至上主義導致了有史以來最沒有資格競選總統的人入主白宮。[2]川普以質疑出生地運動[3]的鬥士之姿進入政壇，並以「糞坑國家」來稱呼所有非洲國家，他煽動白人焦慮與憤怒的能力表露無遺。尼克森和雷根正是採取了相同的策略將共和黨推向種族主義右派。川普對此一策略的使用是如此明確和清晰，幾乎算不上是狗哨政治（dog whistle）[4]——任何人都聽得懂。不過，與其重提舊的論證來指出種族主義如何幫助川普上位、川普又是如何靠著種族主義打贏選戰，不如讓我們轉向社會科學中最接近明確證據之物：民調數據。

得獎民調專家康奈爾．貝爾徹（Cornell Belcher）設計出一系列問題，找出他所謂的「負面種族態度」與投票決策之間的關聯。[5]為了不使數據失真，貝爾徹小心翼翼地避免使用只能以政治正確的答案來回答的題目。在今日，很少有人會承認自己是種族主義者。有些共和黨人在二〇一二年大選前舉著寫有「別讓白宮變黑」的標語，不過大多數人是以討論歐巴馬的名字來暗示此人**不屬於**美國。歐巴馬（Obama）使人聯想到奧薩瑪（Osama），而奧薩瑪．賓．拉登曾令三千名美國人喪生，至於海珊[6]令人聯想到的當然是美國軍隊最近打敗的伊拉克獨裁者。在歐巴馬於二〇〇八年造訪歐洲受到熱烈歡迎後，約翰．馬侃（John McCain）刊登了一則廣告，暗示歐巴馬受到歐洲人的歡迎意味著他不是真正的美國人。（我曾就歐巴馬在柏林演講時的觀眾寫過報導；有將近一半的人是來自歐洲各地的美國僑民，他們以歡迎歐巴馬來表達自己對小布希的厭倦。）歐巴馬缺席的父親是一名穆斯林，而且他在印尼待過幾年——那些擔心「黑鬼」一詞在二十一世紀的今天不再有用的人提出了這些隱晦的指控。

意識到這點的貝爾徹著手進行民意調查，衡量人們對黑人的隱性負面感受，調查重點放在政治領域。他使用「逆向歧視（reverse discrimination）的問題在今天愈來愈嚴重」或「少數族群常用種族主義作為藉口來解釋自己的失敗」這類的句子，以人們對這些句子的反應來衡量他們的種族敵意。統計數據顯示，二〇〇八年十月，支持民主黨、共和黨和獨立黨的民眾表現出的種族敵意差不多。但在歐巴馬入主白宮後，這三群人出現了巨大的分歧，支持共和黨的人對於黑人的負面態度大幅飆升，支持獨立黨的人負面態度則較低。種族態度的差異影響了歐巴馬在人們心中的形象是否正面，並出現了三十七個百分點的差異。貝爾徹的團隊設計出某些能夠衡量種族刻板印象的特質，並詢問選民這些特質是否影響他們對於二〇〇八年總統候選人的支持。舉例而言，人們認為歐巴馬比起馬侃「更有可能從不公平和不應得的優勢中獲益」，差異為十五個百分點。歐巴馬在上任時才剛還清學生貸款，而馬侃在選戰中甚至不記得自己擁有幾棟房子（結果有八棟），歐巴馬怎麼會是兩人之中具有不公平優勢的那個？這個問題我就留給讀者去納悶。

貝爾徹的研究報告在二〇一六年大選前才出版，但他以這份在二〇〇八年和二〇一二年大選期間進行的民意調查指出，種族嫌惡現象與歐巴馬面臨的敵意相關，而報告內容同樣有助於預測二〇一六年川普所獲得的支持。[7]「不要再假裝這和種族無關，」貝爾徹總結道。「右派一次又一次表明他們寧可國家衰退、人民受苦，也不願意和黑人扯上關係。」[8]歐巴馬並不像右派所指控的那樣，得對日益惡化的種族關係負責，但他是一個催化劑，指出美國人多麼需要面對已困擾這個國家四百年的問題。

歐巴馬更願意放眼未來，在這一點上，他深具美國精神。他反對伊拉克戰爭，但明確表示他不會考慮調查前任政府的戰爭罪行。他在任職期間的個人行為既具前瞻性，又無可指摘；事實上，他的整個家庭都堪稱典範。「我無法想像在白宮裡當青少年是多可怕的事，」我那剛進入二十歲這個年紀的女兒表示。「而且還是白宮裡第一次出現非裔美國青少年，壓力該有多大！但她們真的很棒。」她們的母親也是。在開玩笑地表示「我希望總統會原諒我」之後，保羅．麥卡尼（Paul McCartney）在白宮的一場音樂會上唱起了〈蜜雪兒〉（Michelle），那一刻讓人感覺深具歷史性。當麥卡尼在六〇年代唱這首歌時，至少在白人的腦海裡浮現的形象是那些看起來像卡拉．布魯尼（Carla Bruni）[9]的女性。如今，堅強而成熟的美麗黑人女性蜜雪兒．歐巴馬是欲望的對象。我們還能說後種族時代尚未到來嗎？

正如塔納哈希．科茨所觀察到的，巴拉克．歐巴馬的人生經歷並不尋常，這樣的經歷導致他在成長過程中並沒有學到不可輕信白人。而他在國外的經歷只加強了他在夏威夷學到的普遍主義。他的舉止是如此完美無缺，因為他有充分的理由相信人性中更好的一面。他的理想主義、智慧和冷靜的獨特組合並不只是面具。

然而，在二〇一一年四月那場決定性的白宮記者晚宴上，他還是洩漏了些**什麼**。當時，右翼政客正試圖以另一種方式來否定美國的第一位黑人總統，他們宣稱歐巴馬真正的出生地其實是肯亞，所以沒資格擔任美國總統。川普成為「質疑出生地運動」的代言人，該運動聲稱歐巴馬的夏威夷出生證明是偽造的，並堅持要求總統公布更多證據證明他確實生於美國。歐巴馬在〈真正的美國人〉（Real American）一曲中走上臺，提議公布他出生時的影片來平息疑慮；接著，他播放了《獅子王》的開頭片段，以幽默的態度面對並回擊「質疑出生地運動」的種族歧視。總統繼續發表談話，談話內容直接針對川普，精準地暗示這位實境節目明星是因為沒什麼正事可做才開始質疑起別人在哪出生。

後來我們才知道，歐巴馬在發表這場精彩演說的同時，來自阿伯塔巴德（Abbottabad）的情勢匯報和隔日是否要對奧薩瑪．賓．拉登發動攻擊的決策占去了他的部分心思。但即便不知道這些，那晚也是如此地有趣而迷人，以至於我不得不重看了好幾遍演說片段。我曾在新罕布夏挨家挨戶為其拉票的那個人，終於開始反抗那些占據了我們的媒體與思想的愚蠢種族主義者。無需顧慮，我心想，就放《獅子王》給他們看吧。

歐巴馬的演說很精彩，但精彩的演說也可能話中帶刺。那次演講是他整個總統任期內唯一一次公開諷刺別人。歐巴馬對川普報以輕蔑，而此人也確實也值得輕蔑以待。反擊川普的謊言沒有不對，但事實證明這樣做十分危險，因為諷刺畢竟是**傲慢的**。當時的我感到相當痛快，因為此事提醒了我歐巴馬曾是如何令我感到生而為美國人真好。川普陰鬱的神色在那時並不顯得太重要；他剛剛被一個黑人當作傻瓜看待。

我很確定歐巴馬對他那晚的發言感到後悔，但此事並不是川普上位的原因。不過，這件事確實表明黑人不僅得要完美，而且還要謙沖有禮，才能和其他人平起平坐。儘管沒有單一因素足以解釋二〇一六年的選舉結果，但那些因著白宮裡出現一個黑人家庭而咬牙切齒的白人至上主義者扮演了關鍵的角色。當歐巴馬流露出一絲自負時，這些人氣得七竅生煙。

歷史學家傾向不做與現存事實相反的猜測，哲學家也應對此保持警惕。當然，沒有單一原因能解釋二〇一六年美國大選的結果。克林頓對於輿論的充耳不聞、俄國的介入和巨大的性別歧視都發揮了作用。但如果每個美國人都有好好做歷史功課，很難想像川普會當選。喬治・歐威爾（George Orwell）將愛國主義，即對特定地方的單純熱愛，與盲目而暴力的民族主義區分開來，他認為後者建立在歷史的謊言之上。「每個民族主義者都深陷『過去可以被改變』此一信念之中……他們不再提及自己認為不該發生的事，最終進而否認之。」[10] 歐巴馬首次當選後，茶黨運動的崛起是反動第一個跡象，揭示了這個國家的白人至上主義有多深。白人至上主義深植於美國人的心靈之中，不可能因為一位傑出的黑人獲得了一場勝利就被連根拔起。將那場勝利視為後種族時代的曙光的人，從未充分體察美國的黑暗面。

◈ ◈ ◈

「好吧，」你可能會問，「美國從未像德國那樣勤奮努力以面對過往。但如果德國釐清過往的工程是如此完美的典範，那又該如何解釋另類選擇黨的崛起？或是那些出現在薩克森邦（Saxony）街頭的納粹？」

新納粹在夏洛茨維爾示威遊行的一年後，納粹遊行的照片再次吸引全世界的注意，這次的地點是德國一個名為開姆尼茨（Chemnitz）的小城。（夏洛茨維爾和開姆尼茨的示威者並不全都是納粹，但這些非納粹分子卻願意和納粹分子一起遊行，此事便足以令人心寒。）這兩場遊行的示威者都手持火炬、充滿憤怒，但兩者之間有些重要的不同點。第一，安琪拉．梅克爾立即譴責了暴力行為：「這個國家容不下仇恨。」幾天後，除了另類選擇黨外，各黨派的重要領袖都來到開姆尼茨，對暴力事件表示哀悼，並向右翼分子提出質疑。反示威者舉著自製的標語：我是猶太人；我是來自克羅埃西亞的外國人；我是羅馬人。最初是一位當地居民遭到謀殺而引發了右翼示威，該案據說是伊拉克人和敘利亞難民所為。「如果警察不能保護人民，人民上街是很自然的，」另類選擇黨的黨主席亞歷山大．高蘭（Alexander Gauland）表示。但像是暴民一樣上街遊行驅逐棕色人種，此舉很難說有多自然。開姆尼茨位於薩克森邦，該邦長期以來被認為是德國最右傾的邦，甚至在納粹出現之前就是如此。想像一下密西西比州的情況。

雖然世間大部分地區的媒體都報導了四千名白人民族主義者所造成的動亂，但卻沒有太多媒體報導十天後的那場音樂會。有七個樂團為了抗議右翼暴力而舉辦了免費入場的音樂會，吸引了來自德國各地的六萬五千名觀眾。他們所使用的標語是：「我們可以更好」（#wearemore）。德國歷史學家揚．普蘭佩爾表示，即使是在二〇一八年，積極支援難民的德國人也遠遠多於投票給右翼政黨的人。[11]但邪惡總是能吸引更多關注。六個星期之後，有二十五萬人走上柏林街頭反對右翼種族主義——這是德國戰後歷史上最大規模的示威活動，國際媒體對此卻不甚關心。

有人說，開姆尼茨那群人顯示出德國釐清過往的工作沒能清除德國的種族主義，也有人說，就算黑人成為總統也無法令美國擺脫種族主義；我想為這些人指出事情好的一面。任何地方的種族主義都不可能被完全根除；把自身麻煩歸咎於陌生人的衝動太古老也太深刻。但在我有生之年中，我們在削弱種族主義方面已有許多進展。另一方面來說，我從不認為自滿是件好事；至於那些敦促大家保持冷靜、泰然處之的人……這樣的人其實不多。世上很多人都有所警覺，而這也是正確的反應。然而，在《時代》週報的特別專刊中，歷史學家麥可．威爾特（Michael Wildt）作出結論：「不，一九三三年的事沒有捲土重來的危險。所有的跡象都表明，這個國家決心成為一個開放的團結社會。」[12]

開姆尼茨的騷亂讓人們看到了一年前便曾籠罩德國的這份恐懼——另類選擇黨於一年前贏得了超過一二％的選票，在國會中得到席次，這是自二戰以來第一次有激進右翼政黨贏得國會席次。截至目前為止，沒有跡象顯示是另類選擇黨直接煽動了那次動亂，但該黨是薩克森邦的第二大黨，多年來一直在鼓吹種族主義。

另類選擇黨與最熱情的川普支持者有許多共同之處。川普當選後的第二天，在一個能俯瞰萊茵河且風景如畫的小鎮上，另類選擇黨的黨員與來自法國、荷蘭、奧地利和義大利的右翼政黨領導人一起慶祝川普的勝利。支持這些政黨的極端白人至上主義支持者稱自己為身分認同主義者（identitarians），譴責國際主義，堅稱「人民有權決定自己的身分」。「如果少數民族可以玩身分政治，我們為何要棄權不玩？」他們厭惡政治正確（Politische Korrektheit），更喜歡那些言語粗俗直接、說話方式往往會激怒當權派的那些政客。他們懷疑言語節制的政治家太過接近傳統的權力中心。他們認為任何對國家過往的罪行致意之舉都是「狂熱崇拜罪疚感」的表現、把大部分時間都花在譴責釐清過往的工程，而這往往是為了掩飾他們的大多數目標與納粹的目標危險地相似。他們說移民都是強暴犯，並在反難民的政治宣傳中反覆表示我們的婦女正身陷危險之中。在一個絕大多數人都接受「人類導致的氣候變化嚴重危及全球」此一科學共識的大陸上，另類選擇黨卻選擇否認這一點。他們的經濟計畫很模糊，只有主張取消遺產稅，並且支持有助富人保護其財富的稅收政策。該黨的女性黨員人數少於男性，而男性黨員顯然對於自身的男子氣概相當焦慮。「德國已經失去了它的陽剛之氣」，一位黨內高層如此表示。另類選擇黨以系統性的方式反猶，但並不是公開為之。該黨政治家曾引用《錫安長老會紀要》（*The Protocols of the Elders of Zion*）的內容，並提及「猶太人版本的大屠殺真相」；有位議員開著車牌字母指涉希特勒的車。大多數黨員都知道反猶太主義是禁忌，所以他們大聲支持以色列建國，同時採取反穆斯林的立場以爭取猶太人的好感。他們來自不同的經濟和教育背景。導致他們成為同夥的不是階級，而是情緒：悲觀、懷舊和懷疑之感。

這些描述並不是出自於中間偏左人士對於該黨的批評，而是來自二〇一八年的《一窺另類選擇黨》（*Inside AfD*）一書，這是第一本由前活躍黨員所寫的書。[13] 法蘭契絲卡・施萊柏（Franziska Schreiber）寫道，她在另類選擇黨成為其批評者口中的民族主義暨種族主義政黨之前就加入了該黨；她認為這個黨是在二〇一七年之後才堅定地右傾。也許批評者注意到了她最初忽略的傾向；畢竟，她加入該黨時只有二十三歲。施萊柏這本著作的有趣之處並不是證實了大多數人早已懷疑的「種族主義式的民族主義」（racist nationalism）傾向，而是她描述了該黨所使用的戰術，今日的她對於曾使用過這種戰術深感羞愧。

弗勞克・派翠（Frauke Petry）曾說：「我們需要害怕的群眾。」她是該黨的前黨魁，因立場過於溫和而被迫退出。施萊柏描述了另類選擇黨如何在毫無事實根據的情況下製造恐懼。事實幾乎沒有什麼需要害怕之處：德國的經濟在成長、失業率在下降、犯罪率在改善；國家在二〇一五年接收了一百萬難民後，甚至連難民的流動也急遽減少。「另類選擇黨幾乎所有的行動都是從臉書貼文開始，」施萊柏寫道。「臉書是另類選擇黨的戰場。」她描述了另類選擇黨成員之間的競爭：互相比較誰能寫出最具挑釁意味的聲明來幫助該黨博得版面、誰最會扭曲政府官員的發言。例如，當內政部長說：「我們永遠無法完全排除恐怖主義的可能性」時，她寫下了「內政部長不再排除恐怖主義！」的標題。她透露，另類選擇黨其實得克制自己不在恐怖攻擊事件發生時大加慶祝，他們很清楚這類事件只會令己方陣營更加壯大。除了扭曲政治家的發言和散布全然的謊言之外，黨內還有人偽造臉書帳號，讓人覺得他們支持黨內的某一派系，同時在所有派系中散播異議與混亂。隨著溫和派離開該黨，陰謀論者的人數愈來愈多。

二〇一八年，華威大學（University of Warwick）有兩位研究人員證實了施萊柏所說的另類選擇黨的臉書戰術確實存在。[14] 卡斯坦・穆勒（Karsten Müller）和卡洛・史瓦茲（Carlo Schwarz）證實，迄今為止，另類選擇黨是所有政黨中擁有最多臉書帳號的黨，他們仔細研究了二〇一六年至二〇一八年的每一次反難民攻擊事件，分析了發生這些攻擊事件的社區的每個相關變量：人口特徵、財產、政治傾向、報紙銷量、難民數量和仇恨犯罪的歷史。其中有一個因子相當引人注目：無論是都市或小鎮、家境富裕或節儉度日、自由派或右派，只要臉書的使用量高於平均水平，仇恨犯罪案件的數量也會增加。凡是臉書使用量超過平均水平一個標準差的地方，攻擊難民的事件就會增加五〇%。這並不是在說臉書導致種族主義和暴力，臉書只是有史以來最能使這兩者惡化的工具。

對於看著英國脫歐、美國選出川普的人們來說，這些事顯得十分熟悉，但德國與這兩國之間也有著重大的區別。為了向讀者保證激進右翼政黨進入國會一事並不代表德國有可能選出另一個川普，德國著名的《時代》週報的編輯們急忙統計了美國和德國之間的七個結構性差異。另類選擇黨本身並不指望贏得足夠的選票來領導這個國家，其目標是在德國複雜的結盟政治裡，從中間偏右派手中奪取足夠的選票，以便加入聯合政府。到目前為止，全國的每一個政黨都發誓拒絕與他們結盟，甚至連德國最大的保守派通俗小報《圖片報》（*Bild*）也譴責另類選擇黨。與此同時另類選擇黨還有一個目標，是將大眾輿論推向右翼。在難民問題上，他們已經取得了相當大的成功——這迫使傳統政黨在一些事上採納了他們的立場。

另類選擇黨與美國或英國右翼民族主義之間的另一個重要差別與當地歷史有關。雖然大多數黨內領袖來自西德（該黨在西德獲得了最多的選票），但在開姆尼茨所在的東德，有更大比例的人口支持該黨。那些早已習慣反射性鄙視前東德的西德人會認為，此事背後的原因是東德未能釐清納粹的歷史。但我們已經知道，這是具誤導性的主張。另類選擇黨在東邊的成功還有一個可能性更高的解釋：該黨利用了東德人長期以來的怨恨之情，這是一種大致上算是合理的情緒。

舊的西德憲法規定，國家統一後必須制定一部新憲法。但當時兩德急著統一，在過程中便略過了這條規定。德國並未詢問東德人民對新國家有何看法，只是將他們併入一個已經存在的國家而已。東德在感覺上與其說是與西德統一，不如說是被併吞。在那些不允許反猶或反土耳其的圈子裡，人們經常拿東德人來開玩笑，這是東德人經常感到被歧視的許多原因之一。據洪堡大學融合與移民研究所（Institute for Integration and Migration Studies）的所長暨社會學家娜卡・弗若坦（Naika Foroutan）所述，人們對於東德人和移民懷抱著類似的偏見：他們都是次等公民。東德與西德在退休金一事上的差異是導致人們產生怨恨之情的重要因素，退休金是根據薪資來計算的。在東德，由於房租、食品、交通和文化活動都有大量補助，所以人們的薪資很低，東德公民既沒有理由也沒有機會為退休生活儲蓄。現在，東邊領著退休金的人對於領有國家補助的難民感到憤怒。而另類選擇黨成功地利用了這種憤怒，讓一些東德人重新獲得單薄的自尊心，這種自尊心往往建立在對於他人的貶損之上。[15]

「在東德人開始右傾之前，他們幾乎是隱形的存在，」一九七六年出生於東德的作家楊娜・漢索（Jana Hensel）寫道。她的家鄉萊比錫在兩德統一後進行了華麗的翻修，但修復後的古建築有九四％都屬於西德人。她認為，東德人之所以會對擁抱難民的歡迎文化抱持敵意，是因為東德人在這個國家的每個角落都不受歡迎。「東德與西德之間的相互怨恨是我們社會中最大的禁忌之一。」西德人說東德之所以右傾是因為他們未能釐清納粹歷史。「這種說法是一種投射，」她寫道。「西德人無法想像反法西斯主義在東德的無所不在，甚至到了我這一代也一樣，因為他們沒有類似的東西。」她認為，需要釐清的時代是兩德剛統一的時代，當時，西德人對東德人的輕視和對東德記憶的漠視導致了怨恨的情緒，這種怨恨自一九九〇年代以來一直在增長。西德對東德的輕視在西方媒體中創造出一種東德印象，促使人們傾向將傳統媒體的報導都視為假新聞（Lügenpresse）。[16]

另類選擇黨的代表與一般的川普支持者看起來不太一樣。他們態度溫和、身材苗條、衣著得體而能言善道。當我見到另類選擇黨的布蘭登堡邦黨部主任卡爾比茨（Andreas Kalbitz）時，他堅稱自己不是知識分子而是政治家，但他很聰明，消息靈通，還懂得引用阿多諾。他也饒富興味地聽我說話。自從另類選擇黨進入國會以來，整個國家都在爭論應如何看待他們。如果他們是經由民主選舉而被選出的，民主國家是否應該忽視他們？還是說他們是披著羊皮的狼，不配獲得這場全國性的對話所賦予的合法地位？畢竟，納粹是在威瑪共和國的最後一次民主選舉中上位的。一開始，國會裡甚至沒有一個政黨願意坐在另類選擇黨旁邊。對於這些，我感到很好奇。

我依約與卡爾比茨碰面之前，碰巧認識了十一位有外國血統的年輕女性。她們都在一所很不錯的大學裡學習德國文學，接受訓練以成為高中老師，幸運的話能成為大學教授。她們全是第一代或第二代移民，其中某些人乍看之下還算像是深色頭髮的德國人；但非裔德國人和戴頭巾的庫德族女孩就不像了。他們想談論多樣性（diversity）和交織性（intersectionality），這兩個詞在德文中沒有真正的對應詞。一位父母來自克羅埃西亞的女孩對美國黑人歷史很感興趣。她問道：「美國不是拒絕釐清奴隸制度的歷史嗎？我認為我們在釐清歷史一事上做得更好。」庫德族女孩並不同意：工業式的大屠殺比世上任何地方發生過的任何事都更糟糕，永遠不應該拿此事與其他事情比較。我不禁微笑，這是場非常德國式的討論。

兩小時後，在布蘭登堡邦議會的辦公室裡，我向卡爾比茨提到了這場討論。那些年輕女孩對德文的掌握毫無瑕疵；她們熱愛德國文學。這些人難道不是另類選擇黨認為不可能存在的完美融入德國的案例嗎？這位黨部主任顯得很不滿。「我們必須實際一點，接受已經存在的外國人，」他告訴我，「只要他們不成為多數族群就好。」

◈ ◈ ◈

另類選擇黨放大了德國的種族主義，並令這樣的聲音更容易被接受，但種族主義並不是他們創造出來的。一些非白人居民告訴我，德國對種族主義的禁忌僅限於反猶主義，而且僅限於看起來像是白種人的族群。例如擁有德國文學博士學位的佩姬・比舍（Peggy Piesche），她的父母是德國藍領白人和來自奈及利亞的醫科學生，兩人約會後生下了她。她認為東德在支持去殖民化和反種族隔離方面確實站在歷史正確的一方，不過她在東德也曾遭遇種族歧視，在今日的柏林亦然。她於德國和美國的大學教德文、性別研究和非洲研究，但當她告訴人們她來自圖林根邦（Thuringia）時，還是會有人問她：「妳**到底**來自哪裡？」

「美國的大學情況比較好，」她冷靜地告訴我，「但美國的大學是如此遺世獨立。在德國，大學與大眾之間的距離要近得多。」二〇一八年出現在網路上的「兩種認同」運動（#MeTwo）充分證實了她的經歷。在這個運動中，有上千位非白人德國民眾分享了自己經歷的種族歧視。所有人都不斷遇上這個無處不在的問題：「你**到底**來自哪裡？」奎邁・安東尼・阿皮亞指出，這個問題的意思其實是：「你到底是**什麼**？」許多人遇到更糟糕的狀況：學校老師試著引導他們接受職業教育而非高等教育，土耳其男性在買房子或找工作時得使用他們德國妻子的名字。最糟糕的是，德國直到現在才將國家社會主義地下組織唯一倖存的成員定罪；二〇一一年，該組織的成員成功殺害了九名非白人德國人（其中大部分是土耳其人）後自殺。這位倖存的成員並未表現出後悔，她被判處終身監禁不得假釋，但那些幫助她的人被判處較輕的刑罰，而審判所揭示的細節令全國人民大為震驚。十年來，德國警方對於這系列殺人案視而不見，將其歸咎於有外國背景的土耳其幫派分子。有跡象表明，一些被指派監視該組織的警察事實上支持他們的行動。

雖然「兩種認同」運動中也有許多難民分享了自己受到德國人熱情歡迎的故事，但土生土長的德國人從未遭到歧視，他們對於這麼多受到歧視的故事感到震驚。值得稱讚的是，中間派和左派政黨都迅速發表聲明，指出德國需要更有意識地去覺察日常生活中的種族主義。與英國或法國不同的是，德國只有少數幾個殖民地，因此柏林街景中的白人比倫敦或巴黎還要多。而德國與美國或加拿大不同，他們從不曾將自己視為移民國家。在社會民主黨／綠黨政府於二〇〇〇年修法之前，德國公民身分是奠基在德國血統之上的。（血統向來是決定性因素，即便德意志人出生的土地遠在伏爾加〔Volga〕河畔也一樣。）現在，德國已經開始出現膚色黝黑的政治家、記者和媒體人，我們是否有理由期待種族主義會消退？

山繆．西頓（Samuel Schidem）不這麼認為。他是來自以色列的德魯茲人（Druze），於一九九九年來到德國攻讀哲學。他在柏林住了下來，和一位德國女性結了婚。現在，他主要的工作是協助新抵達的難民學習大屠殺的歷史，他在惡行地景的場地舉行研討班，惡行地景博物館就位於蓋世太保刑訊室的遺址上。一些政治家認為，參觀集中營或被轟炸過的刑訊室遺址能幫助穆斯林擺脫反猶主義，但山繆駁斥了這個想法。他認為，只有透過他在研討班中推行的那種個人性的長期教育，才能對抗反猶主義。他告訴我：「你得幫助他們把大屠殺與自身的經歷連結起來。這些人與死亡擦身而過的方式是大多數歐洲人難以明白的。他們每個人都是英雄。」班上有位伊朗人在監獄裡被折磨了九年；他有條腿瘸了，走路得拄拐杖，再也無法復原。有好幾個敘利亞人曾被阿薩德政權關進監獄；班上所有人都因為該政權的轟炸而失去了家園與家人。幾代人以來，甚至在以色列國成立之前，他們就被教導要害怕猶太人。他們喝下了仇恨與偏見的毒藥，因為沒有其他東西可喝；這不是他們的錯。山繆鼓勵他們談論自己在獨裁政權下生活的經歷，以及他們在德國官僚體系中常遇到的種族歧視。然後，他把這些經歷與猶太人在納粹統治下的遭遇連結起來。「這群人之中的每個人都知道未經審判就被關起來是什麼感覺。」

山繆願意讓我出席研討班，但我也得回答他要求學生們準備的題目。班上有許多人都受過良好的教育，但大多數人從未見過猶太人。我相信永恆嗎？一位眼神哀傷、態度和善的伊朗人問道。山繆強調了伊斯蘭律法和傳統猶太法典之間的相似之處。有位年輕的敘利亞人拋出了爆炸性的問題。「猶太人不感到羞愧嗎？他們為什麼不對占領巴勒斯坦的事做些什麼？」我慢慢地呼出一口氣，表示有許多猶太人都痛恨納坦雅胡政府，包括那些住在以色列的人。我談到了人們的恐懼和美國福音派扮演的角色，我開始支吾，直到山繆打斷我。「阿拉伯人不感到羞愧嗎？」他反問道。「他們為什麼不把阿薩德趕走？或是塞西（Al-Sisi）？或沙烏地王朝？」身為德魯茲人、身為少數族群中的少數族群，他瞭解雙方的情況，能說出我不能說的話。學生在困窘中點了點頭，我們轉而討論有效的政治行動有哪些形式。「我對於未來的希望是這樣的，」山繆最後指著惡行地景博物館裡的納粹酷刑展說，「我們大家在阿勒坡碰面，參加阿薩德戰爭罪行展覽的開幕式。」

不過，整體而言，山繆並不真的抱著希望。他也不認為德國釐清過往的工作已大功告成。德國的工作把焦點放在種族主義於政治上的型態，而不是其於日常生活中的型態。在他眼中，更糟的是教育工作者未能教導學生認識大屠殺之普遍性，而僅著眼於歐洲歷史。因此，他們的學生錯過了學習偏見、迫害和種族滅絕這類普遍教訓的機會。「大多數德國人從歷史中學到的教訓是：好好對待猶太人。」我提出異議：二〇一五年時德國張開雙臂歡迎一百萬名穆斯林，這是個強大的反例，即便後來出現了反作用力亦然。但山繆的經歷以及其他許多非白人的經歷無可否認，而且我們也很難理解為什麼他的工作經費來源如此不穩定。雖然激進右派是導致日前反猶主義高漲的源頭之一，但另一個源頭是穆斯林移民的增加，他們對占領巴勒斯坦一事感到憤怒。德國媒體曾多次就這個問題進行辯論。我們要怎麼公平對待穆斯林和猶太人？有幾個小型社區團體將穆斯林和猶太人聚集在一起；柏林最偏自由派的猶太會堂的拉比不遺餘力地表明猶太人對敘利亞難民的支持。但據我所知，沒有人推行像是山繆舉辦的那種教育課程。「他們認為這就像吃藥一樣，」他說。「去集中營參觀一次，你就能擺脫反猶主義。」

我問記者瑪麗安・勞伍（Mariam Lau）是否曾遇過種族歧視。她在德國長大，但出生於德黑蘭，而且她長得和她的伊朗父親很像。「從來沒有，」她說。「也許除了在櫃檯結帳的時候，收銀員看起來很不耐煩，因為他們不知道我會不會說德文。我看起來不像是本地人，所以他們搞不清楚。」她的膚色和髮型都說著：有色人種。「但我從來沒碰過真正的種族主義。」

瑪麗安曾接受過護理師訓練，在醫院工作了五年，然後決定去念大學，主修美國研究。她寫過幾本書，並替不同的報紙擔任記者，然後在《時代》週報找到了一份政治記者的工作。有段時間她被指派報導綠黨；自從二〇一七年另類選擇黨當選以來，她一直負責報導該黨新聞。

「這真的很棒，」她說。「正常情況下，我不會接觸到這群人。我可以每個禮拜寫一篇有關他們的長文，但編輯部有一個共識，就是不要把他們當作一個正常的政黨。每次我們寫下有關他們的文章，都有可能將他們的想法傳達給大眾，成為政治宣傳的管道。每次採訪前我都會問自己該拿出幾分的親切來面對他們。」

「他們待妳的態度如何？」

「我直接問過他們對我的出身背景有何看法，」她回答。

「你沒問題，勞伍女士。」黨魁高蘭說。瑪麗安已完全融入德國文化，她家的人會邀請我家的人共進聖誕晚餐。「他們知道我是伊朗人，我的父親是從伊朗神學家領袖那裡逃出來的。但我不是穆斯林，這對他們來說是最重要的。」另類選擇黨頌揚德國文化，不過他們對德國文化並沒有明確的定義。「有的成員從未聽說過赫德林（Friedrich Hölderlin），有的成員則會引用布萊希特和歌德。當然，他們引的不會是《西東詩集》（*West Eastern Divan*）。」她說著，笑了一笑。歌德在這本後期的作品中與伊斯蘭詩篇進行了熱烈的對話。「他們充滿矛盾。」

瑪麗安認為，如果梅克爾在難民一事上曾承擔起全部的政治責任，事情本應有所不同。「她應該說，『大家，聽著，我們是個富裕的國家，而敘利亞人的家園正慘遭戰火摧殘。我們會找聯合國難民署來檢查是否有恐怖分子，但我們應該接納這些人。』」瑪麗安認為，如果她主動示意，全國大多數人都會支持她。但梅克爾最擅長的事情是搖擺不定。她散發出的訊息是：我們不希望發生的事發生了，但封閉邊境是違法的。她一直在等待，一直在猶豫，最後順應了大多數人的意見。大多數人在二〇一五年時對難民表示歡迎，但她應該要成為眾人的意見領袖。[17]

對於整個歐洲而言，難民問題已變得十分迫切。德國對難民的歡迎程度遠超過任何鄰國，但瑪麗安認為，在歐洲的自由主義者找到「我們是誰？」這個問題的答案之前，難民問題不會消失。她也知道，歐洲人對於愛國主義感到憂心忡忡，而愛國主義與民族主義並不相同。「德國人已經承認了自身的罪責，這是我們的偉大成就，」瑪麗安說。「從來沒有哪個文明能像這樣面對自身罪行，並因著承認罪行而變得成熟。但從長遠來看，這仍是不夠。人們需要能揮舞自己的旗幟。」今天，有許多德國人都會拿國旗，至少在足球賽季裡。德國的自由主義左派，因著那致命的十二年而拒斥一切德國文化的年代，已過去了。

「是另類選擇黨不斷提起當年的事，」她補充道。他們說，釐清過往的工程是美國人和歐洲人強行推動的，他們試圖以罪疚感來弱化德國人民，以便在經濟上剝削德國。另類選擇黨最初只是反對使用歐元的小黨，他們之中有許多人認為歐盟是「無期限的《凡爾賽條約》」，總是強調德國人的罪責。「他們沒能明白，能夠說出『是的，我們曾犯下此事』是向成熟邁進的表現，」瑪麗安繼續說。「我們不僅做出可怕的事，我們還失去了很多東西。想想看，如果我們沒有殺掉那麼多的猶太人，德國的電影業會是什麼樣子；想想科學和文學。我懷疑另類選擇黨無法忍受承認這點。」相反地，他們認為承認此事的德國人深陷於病態的自我憎恨之中。

瑪麗安承認，由於她自己的出身背景，德國的歷史對她來說沒那麼難以承受。她的德國祖父不是反抗運動的英雄，但也不是納粹士兵。她的祖父在反納粹異議神學家潘霍華（Dietrich Bohnhoeffer）的教會聚會，也在自己工作的工廠裡參與了小規模的破壞行動。雖然如此，她還是很訝異承認自身犯下戰爭罪的德國軍人那麼少。談到君特．葛拉斯，瑪麗安變得很憤怒。「如果他能起身帶頭，他本可以做很多事幫助德國。他應該說，『我曾是武裝黨衛軍的一員，我這樣做是因為這般那般的原因，我現在感到非常羞愧。』」相反地，他花了四十年的時間進行道德說教，把矛頭指向他人，直到真相大白為止。「約翰．凱瑞（John Kerry）讓我很感動，他起身承認他在越南的所作所為是錯的，」她做出結論。「我會稱之為男子氣概。」她所遇見的大多數的另類選擇黨成員似乎都背負著創傷。他們抱怨德國失去男子氣概，而他們的意思是，在女性主義有所進展之處，傳統的男性角色已逐漸衰微。

瑪麗安希望保守派政治家能夠站出來反對另類選擇黨，指出他們陰暗的世界觀是錯的。失業率從來沒這麼低過，出口額從來沒這麼高過，受教育也從來沒有像現在這樣如此簡單。從任何客觀的角度看來，「這個國家正走向災難」的想法都相當荒謬。可是，保守派擔心選票從己方陣營流向另類選擇黨，而梅克爾的姐妹黨基督教社會聯盟（Christian Social Union）相當願意製造出政府危機以使人們反對難民。瑪麗安認為，另類選擇黨放棄其激進右翼立場的機率很小。她說：「他們已嚐到甜頭，他們已獲得成功。他們怎麼會想問自己是否做錯了什麼？」

「我年紀愈大，就愈意識到我欠父母的實在太多。」格西娜．施萬（Gesine Schwan）出生於一九四三年，但至少在過去的二十年裡，她看起來沒什麼變。她的金色捲髮已經轉白，但她以一種俏皮的方式將這頭捲髮盤起。她的精力無窮無盡：別的不提，她是政治學教授、多產的作者、兩所大學的校長，以及社會民主黨的總統候選人。在這一切之外，她還有辦法抽出時間來指導認同她那種務實理想主義的年輕人。她的父母是崇拜羅莎·盧森堡（Rosa Luxemburg）的社會主義者，他們在戰時藏匿了一位猶太女孩。格西娜和她的兄弟從小就被賦予了一項使命：努力令納粹時期曾發生的事永遠不再重演。她不理會那些宣稱德國的改變只是表面功夫的人，她堅信這樣的改變不只是一代人的事。「種族歧視和專制的態度可能代代相傳。我們必須刻意打斷其傳承，而且我們確實做到了。」早些時候，她學了法文和波蘭文，這是昔日旁近敵國的語言。

身為虔誠的天主教徒，她記得小時候曾祈禱艾德諾會在選舉中落敗。她告訴我，他處理納粹歷史的方式是基督教民主黨人「以策略性的方式處理真相」的一個例子。作為社民黨基本價值委員會（Commission on Basic Values）的主席，她致力尋找基督教民主黨目前的政策有何替代方案——特別是在難民問題上。「除了『我們會處理』這句口頭禪之外，梅克爾從來沒有什麼策略可言。」格西娜說。「這個問題早在二〇一五年之前就存在了。」德國政府拒絕聲援鄰國——他們應對歐債危機的方式令希臘陷入困境，還有他們把大部分難民留給了義大利和希臘。「後來，其他國家在德國接收了一百萬難民時拒絕支援我們，德國政府又何須訝異？」作為歐洲理想的熱情捍衛者，格西娜認為難民問題需要一個歐洲式的解決方案。「首先，我們必須把這視為一個機會，而不是一個危機。考慮到我們的人口狀況，這裡還有很多空間。」歐洲人口正在老化，出生率正在下降。她認為目前的政策只是防禦性政策，走的是一條兩邊不討好的路線，既沒有降低民族主義式的憤怒，也沒有減少溺水難民的人數。

她提出了一種模式，可以繞過國家對立，直接連結歐盟和本地社區。小鎮和農村聚落有很多年輕人口流向城市，導致當地原已相當薄弱的基礎設施（這也是年輕人離開的原因）更瀕臨傾頹。「中歐移民移入補助金」對老化社區來說會是一個巨大的誘因：決定你們願意接受多少難民，想想你們會需要什麼來幫助他們融入本地社區，我們不僅會支付此事的費用，還會替你們的其他計畫提供同樣金額的補助。改善學校、翻修房屋、打造當地文化。舉例而言，成立劇團。「不要哀叫，」格西娜說，她向埃森（Essen）的一位民眾解釋。「我年輕時曾參加劇團。把自己放進不同的角色裡是使人對於差異保持同情心的好方法。」

這個計畫的關鍵是社區自決。在她的設想中，公民權益集團——教會團體、商人、教師、科學家——一起詳細制定出他們心中對於自身社區的發展計畫。「建立身分認同和幫助移民融入需要攜手並進，而不僅僅是收下來自遙遠政府的錢。」由上而下的解決方案必定會引起人們的不滿。

她不認為在全國的層級能建立起足夠的共識，但她對地方社區有信心。在那些接待過難民的民眾中，有九〇%的人說這樣的經驗帶來了充實感。針對反猶主義的研究指出，反猶主義在沒有猶太人的地方最為嚴重；反移民情緒也是如此。格西娜提出了解決方案，可以同時振興衰退的社區、為難民提供家園，並且恢復地方自主。「在英文裡，他們稱其為一石二鳥，但這聽起來很殘忍。」她笑了笑。「我更喜歡德國的表達方式：一拍打到兩隻蒼蠅。就從兩隻開始，因為人們的動作可能很慢，但最後我們會打到二十五隻。」歐洲議會對這項提案充滿熱情，這是第一個同時解決當前兩個重大危機的提案：打擊民粹式民族主義，並為那些不斷從地中海裡爬上岸的移民提供庇護。格西娜花了相當多的時間與有必要爭取其支持的人們談話，從工會的人到布魯塞爾的官員。她希望在這些人的幫助之下，她能說服歐盟將款項投入這個充滿熱情的計畫。她說，這筆款項應該被視為投資。格西娜是那種身上源源不絕散發出希望的人。我問她如何保持希望，是什麼讓她能持續起身投入行動？她承認：「這有部分是遺傳，」她說。「但保持活躍是抵禦絕望的唯一方法。」

◈　◈　◈

即便在另類選擇黨上臺之前，許多德國知識分子就已對德國釐清過往的方式感到不安。在六〇年代，唯一表示懷疑的聲音來自右派，他們很有理由希望人們不要談論不久前的歷史：他們之中的大多數人都曾站在錯誤的一方。現在，左派陣營裡出現了另一種不同形式的懷疑主義。人們拒絕稱讚德國在釐清過往一事上所獲得的成功——這在某方面來說是自然之事，在另一方面來說則是合宜之舉：「為自己的懺悔感到驕傲」顯然有點矛盾。

雅萊達・雅斯曼（Aleida Assmann）解釋了最近德國人對於記憶文化感到不滿的其他原因。雅萊達曾是英國文學教授，她和她的丈夫，埃及學家揚・雅斯曼（Jan Assmann），因著兩人探討歷史記憶的著作而獲頒德國最重要的文學獎——德國書商和平獎。[18] 二〇一八年時，在法蘭克福書展上表揚他們的書是帶有政治意味的舉動，因為此時，德國釐清過往的工作再次受到攻擊。雅斯曼夫婦的回應則是將獎金捐給三個致力於幫助不同難民群體融入當地的組織。「人們厭惡德國人在牢記歷史一事上永遠領先的想法，」她告訴我。「有歐洲人說，梅克爾正試圖以和平的方式達成希特勒以戰爭達成的目的。」批評者表示，這兩人都決心主宰歐洲。雅萊達說，對釐清過往的工作進行自我批判，也是這項工作本身不可或缺的一部分。

有些批評針對的是單一世代。（西邊的）德國人有一種傾向，認為父母那一輩的釐清工作是失敗的，所以第一批開始釐清過往之人的子女現在正在檢視此事如何出了錯。不過對一些人來說，更令人不安的是釐清工作之成功。「我們是反對派，」雅萊達說。釐清過往的運動是在抵抗主流政治文化的行動中發展起來的；威利．布蘭特是戰後政治中的一個天大例外。一九九〇年，國家突然接手進行釐清過往的工作，起始者是海爾穆．柯爾。這位總理在幾年前曾帶著雷根去比特堡公墓向武裝黨衛隊的陣亡成員致敬，並聲稱他不需要擔心納粹問題，這都要感謝「歲月待他仁慈」。不過，兩德統一以及隨之而來的西方壓力推著柯爾帶領的基督教民主聯盟踏上了釐清過往的道路，至少在公開場域中是這樣。任何被國家接管的東西都容易變得儀式化，導致每個政治家都得發表沒人真的買帳的儀式性言論。

如今，公開的懺悔儀式貫穿全年：一月二十七日紀念奧許維茲集中營的解放；四月的哪一天與猶太曆中的尼散月（Nisan）二十七日重合，就在那天紀念華沙猶太人區起義；五月八日紀念戰爭結束；十一月九日是水晶之夜。標準的儀式包括兩位政治家和一位大屠殺生還者的參與，還有一場感傷的克萊茲默表演。這些儀式可預測、公式化，而且很無聊。就像美國紀念馬丁路德．金恩誕辰的活動一樣，不令人感到特別深刻。批評的人抱怨，德國對於納粹受害者的認同是被迫而虛假的。

不過，雅萊達認為我們有必要學習同理受害者，德國在戰後的幾十年裡缺乏的正是這種同理。就此事而言，她認為文學和電影比儀式更重要。一九七九年，數百萬名德國人看了電視劇《大屠殺》（*Holocaust*）。這個好萊塢節目也許相當庸俗，但其情感影響力相當巨大：在「六百萬人」這個抽象數字的背後，觀眾終於看見了個別的人類遭逢的命運。雅萊達說：「那部電視劇對於德國的意義，就像艾希曼審判對於以色列的意義一樣。」兩者都促使人們在沉默了幾十年後開始公開討論大屠殺。她還認為，那些抱怨國家強推儀式的人忽略了全國各地社區中數以百計的小型計畫，這些努力很少得到媒體的關注。公民和教會團體牢記自身歷史，由基層發起行動，努力鏟除納粹符號的最後痕跡，紀念從他們的城鎮中消失的受害者。

我已聽見許多不同的聲音，指出德國釐清過往的工作有何問題。弗克哈特・克尼格（Volkhard Knigge）認為目前的做法太過情感導向，太少理性分析：我們需要批判性地思考大屠殺如何發生，而不是關注大屠殺的恐怖之處。山繆・西頓認為，目前的做法太過著眼歐洲：我們需要打擊普遍的種族主義傾向，而不只是關注遭到屠殺的單一族群。瑪麗安・勞伍認為目前的做法不夠個人化：大多數人躲進抽象的反法西斯教條之中，而非正視自己的罪行。我自己的觀點是，在一個充滿受害者的世界裡，德國釐清過往的工作過於關注受害者。比起對於受害者的憐憫，對於英雄的欽佩之情更有可能激勵我們。正如約翰・布朗在一八五一年時所寫的：

> 沒有什麼比勇敢的個人更吸引美國人了。看看友誼號（the Amistad）上的山克（Joseph Cinqué），他永遠活在人們的記憶之中。一位勇敢的人，他的行動差點成功，因著認真捍衛自身

權利而被送上法庭。[19] 此人的故事會比美國對於三百多萬名順從的黑人所犯下的大錯以及後者承受的痛苦，更能引起全國人民的同情。我們不需要提及希臘人如何反抗土耳其人的壓迫、波蘭人如何對抗俄國，匈牙利人如何反對奧地利和俄國的壓迫，便能證明這一點。[20]

我能想像一部電視劇——不提其他的，青少年會覺得這有點意思。為什麼不講一個十五歲的孩子逐漸與難民成為朋友的故事呢？這樣的舉動不僅挑戰了她的同學，也挑戰了她右傾而專制的老師。（哪個十五歲的孩子不想挑戰老師？）如果你真想拍部這樣的電視劇，請盡情使用我的點子，無需客氣。

德國若想改善目前釐清過往工程的問題，可能必須一一回應上述批評與建議。此外，也需要進一步思考人口組成的問題，如今德國有二〇%的人口具移民背景。目前，德國人正在思考如何將大屠殺置於現代歷史舞臺的中央，讓那些祖父母與大屠殺無關的人也能瞭解此事。雖然有些人對此抱持著合理的疑慮，但這項工作的成果無庸置疑。

納粹標誌、否認大屠殺的言論和仇恨語言在德國是非法的，在美國卻受到第一修正案保護。華盛頓國家廣場有一間大屠殺博物館，卻沒有紀念美國奴隸制和種族滅絕的紀念碑。我們會反對德國人承認大屠殺是恐怖之舉，又在柏林市中心打造一座紀念美國奴隸制的紀念碑嗎？倫敦的帝國戰爭博物館（Imperial War Museum）有一個關於大屠殺的展覽，卻無意探討以大英帝國為名所施行的暴力。柏林新的洪堡論壇原本想要展出非歐洲的藝術和文化以挑戰歐洲中心主義，但論壇內有許多展品都是從殖民地人民那裡偷來的。此事帶著陰暗的諷刺意味，但該博物館已將屬於阿拉斯加楚加奇人（Chugach）的神聖物品物歸原主，而且歸還的行動肯定會繼續下去。同時，洪堡論壇的展覽展示出德國殖民主義短暫而暴力的歷史，包括對於赫雷羅族（Herero）的屠殺，這是二十世紀裡第一起種族滅絕事件。海牙的歷史博物館充滿了繁榮成功的歐洲市民之身影，但當歷史進入二十世紀，展覽中出現的是受到戰爭折磨的荷蘭人。裡面絲毫沒有提到：由於荷蘭人與占領的納粹政權合作，荷蘭當地被遣送到死亡集中營的猶太人比例高於歐洲其他地區。

類似的例子還有很多，但我想重點已相當清楚：德國在釐清過往的路上時有跌撞，但與其他國家相比，他們正朝著正確的方向前進。我同意雅萊達．雅斯曼的信念，即自我批判對於釐清過往的過程至關重要。這個過程永遠不可能完成，也不可能有個最終樣貌，這呼應了薩繆爾．貝克特（Samuel Beckett）的格言：「不斷嘗試，不斷失敗，以更高明的方式失敗」。

◈ ◈ ◈

不過，如果更高明的失敗是我們所能希望的最好結果，那麼這一切的意義何在？如果德國多年來的努力沒能根除日常生活中的種族主義，也沒能阻止另類選擇黨崛起，那又何必努力？過去幾十年裡，出現了某些人稱之為「全球崇拜歷史記憶」的現象，但人們在極力召回歷史記憶時，卻忘了「永遠毋忘！」的口號可能套用於任何事件。如果正確運用記憶能產生療癒之效，那麼錯誤的運用則可能有害。「勿忘阿拉莫！」[21]是戰爭的口號；法國在普法戰爭中被德國打敗的記憶協助促成了第一次世界大戰；

米洛塞維奇（Slobodan Milošević）堅持要塞爾維亞人記住一三八九年在科索沃的戰敗，因而導致更多的戰爭發生。歷史記憶領域的好學生們很清楚這一點。托多洛夫曾寫道：「我們若拿對於過去的記憶在邪惡和我們之間建立起一堵不可逾越的牆，完全認同無可指摘的英雄和無辜的受害者，並將邪惡的代理人斥為非人的存在，那麼這種記憶是毫無意義的。但這通常正是我們會做的事。」[22]

記憶不具有神奇力量。哲學家喬治．桑塔亞那（George Santayana）的著名警語──「不記得過往的人注定要重蹈覆轍」──暗示著只要擁有記憶，就能對於過往的錯事永遠免疫。我們很清楚這不是真的。薩曼莎．鮑爾（Samantha Power）在《地獄之問》（*A Problem from Hell*）中指出在人們彼此提醒勿忘奧許維茲集中營之後，這世上又發生了多少種族滅絕事件。記憶可能激起怨恨，鼓勵復仇和政權之間的冤冤相報。作家大衛．里夫（David Rieff）在他的《遺忘禮讚》（*In Praise of Forgetting*）一書中寫下了許多這樣的例子，其中最佳案例可能是北愛爾蘭。里夫寫道，每當愛爾蘭共和軍的成員之中有人開始唱起芬尼亞的經典民謠〈月升之時〉（The Rising of the Moon），共和黨和統一黨之間的談判就會破局。里夫因此引用了一位愛爾蘭女性的話，這位女性表示下一次愛爾蘭歷史紀念活動應該「打造一座失憶的紀念碑，然後忘記我們把這座紀念碑放在哪裡」。[23]

里夫的論證有兩個重點。記憶總是不完全而主觀，且具政治性。這是真的，但此事不必然會導向他所得出的結論──他認為人們總在過往的記憶中挑選出能為現下服務者，所以記憶不過就是政治宣傳。如果說歷史的存在是試圖發現曾經發生的事件，記憶的存在則是為了恢復事件之經驗。在最好的情況下，歷史與記憶能夠互補，但兩者不應被混淆。我們沒有牢不可破的標準來確定記憶何時是工具，何時是武器，何時是有用的，何時又遭到濫用。話說回來，我們在做大多數重要的判斷時，都沒有牢不可破的標準，但我們不需要絕對真理的概念也能辨識出何為謊言。在戰後的頭幾十年裡，德國人只記得自己的痛苦。如果沒有堅實的歷史和德國受害者的記憶取而代之，德國人只記得自己是戰爭中最慘的受害者，這樣的記憶不僅錯誤，而且十分危險。南方人對於高貴的失落的一戰之記憶是虛假的，而且至今仍十分危險。奇怪的是，雖然里夫的著作探討了一系列令人印象深刻的國家，但對於德國的情況只是輕輕帶過。

里夫論證的第二部分表達出政治上的關切，關注正義如何有可能與和平為敵。里夫堅信我們應關注世界的現況，這樣的主張是正確的；在這個不盡如人意的世界裡，許多呼籲人們記起過往的聲音都以族群暴力告終。里夫承認，如果所有人都像哲學家阿維賽・馬格利特（Avishai Margalit）和托多洛夫那樣明智，那麼我們就不必太擔心記憶遭到操縱，但是他總結道：「如果歷史曾告訴過我們什麼，那就是在政治和戰爭中，人類並不是天生就能容納歧義性。」[24]

我們確實如此。我們也不是天生就能分辨細微的差別。嬰兒不具備這樣的能力，而兒童對兩者的掌握都很緩慢。學會與歧義性共存，以及分辨出細微的差異，可能是成長過程中最困難的部分。然而，學習上的困難不能成為停止努力的理由。

以色列哲學家馬格利特承認記憶是危險的，但他認為我們有絕對的道德義務去記得。我們需要對根本的邪惡保持警戒，這使得我們必須建構出人們能普遍分享的道德記憶。他寫道：「我們有義務記得，因為根本的邪惡正努力破壞道德本身，其中包括改寫過去和控制集體記憶。」[25]瑪格麗特・厄本・沃克（Margaret Urban Walker）附和了這樣的主張，並進一步擴展之，她堅信記憶——以及對他人記憶之承認——解決的不是心理需求而是道德需求。她認為若要維持道德關係，就必須做出道德修復（moral repair），道德關係需要關係中的各方對於共同的道德標準保持信心。當道德標準被侵犯時，社區必須重新確認之，即便侵犯者自己並未表現出對罪行的認可亦然。否則就會導致受害者落入她所謂的「規範性的遺棄狀態」（normative abandonment），其他人則可能落入憤世嫉俗中。如果有些惡行被承認，其他惡行卻無人理會，我們會很容易將正義視為武斷任意之物——最終不過只與權力有關。

遺忘過往的方法和記得過往的方法可能一樣多。在戰後的頭幾十年裡，絕大多數德國人都謹守艾德諾式的非正式禁忌：遺忘且保持沉默。南北戰爭結束後，聯邦軍隊一撤離，美國南方的白人便採取了完全相反的策略：他們大聲喧嚷。失落的一戰的神話是刻意建構而成的；從強尼瑞的雕像到生機蓬勃的電影業所推出的作品，人們有志一同地試圖創造出一種敘事，令南方人看起來至少和北方人一樣具有道德，而且比北方人更迷人。此事之成功令我們必須同樣刻意地去創造出一種平衡。雖然種族歧視之行為應該得到懲罰，但僅僅執行法律是不夠的。我們必須以德國的那種規模進行有意識的教育，以改變人們的態度，或者至少改變這些人的孩子的態度。正如去納粹化政策之失敗所告訴我們的，此事不能從外部強推，但我們可以從外部的人身上學到許多，即便是透過他們的錯誤來學習。一開始，遺忘過去的惡可能更安全，但從長遠來看，遺忘比記得更危險——當然，前提是我們得由過往的失敗中學習如何做得更好。

美國未能面對自己的過去，這不僅體現在川普所引發的白人至上主義之兇惡浪潮上，也體現在許多更隱微的方面。我們看到，對於重建時期的錯誤記憶導致人們抵制歐巴馬健保等的聯邦政策，這些政策本能服務所有人，不僅有益於南方，也有益於全國許多地方。相比之下，德國人努力面對自身的罪行，這令德國成為了一個更好的國家。雖然德國人總愛說自己壞話，但如今的德國是一個比我在一九八二年抵達時更開放、更自由——是的，也更快樂——的地方。世間其他國家也更加信任德國了，偶爾更對他們感到欽佩。遲至一九九〇年時，世上大部分國家都仍對兩德統一後的前景感到十分驚恐。如今，有許多國家要求德國在世界事務中發揮更大的影響力，這樣的要求在三十年前的人眼裡恐怕相當不可思議。

美國有務實層面的理由，也有道德層面的理由追隨德國的腳步。美國媒體可能在很大程度上忽略了我們為何決定摧毀廣島或推翻伊朗或剛果的民選政府的原因，但其他國家的媒體並未忽略此事。很少有美國人意識到我們在世間其他地方的信譽有多低落。即便是有著更優良的新聞媒體的歐洲人，他們也會很驚訝地得知西方世界以外的人是如何在每次有人高舉西方價值時深感懷疑。這些人知道西方價值有多常被濫用。除非我們承認濫用之舉，否則我們的道德權威將繼續消退，讓批評者得以主張任何支持普世價值的努力，都只是用來掩飾暴力與掠奪之物。伊拉克戰爭只是最近的例子。歐盟長期以來的弱點有部分在於，他們無法決定自己除了促進貿易之外是否還代表其他事物。不幸的是，人們最期待的是進步的歐洲人能支持歐洲啟蒙運動所孕育出的自由、平等和團結之理念，但歐洲人卻因為最瞭解歐洲殖民歷史而有所拘束。那些原本能以熱切態度訴諸歐洲價值來阻止英國脫歐的英國人，卻無法真心主張這套價值。概念上來說，有個簡單的辦法可以解決這個問題，那就是承認歐洲和美國都建構出了一套自己也一再違反的價值。在重新實現這些價值之前，人們必須先承認自己有所違反，而承認背後的實務工作並不容易。

在阿拉巴馬州的牢房裡，馬丁路德．金恩寫了一封公開信給那些將他的工作視為極端主義的牧師同僚。導致〈伯明罕監獄來信〉（Letter from Birmingham Jail）成為極具影響力的文本的原因很多，但其中一個肯定是因為此信直截了當地闡明了真相。金恩解釋，他站在兩群人之間：那些在長期的種族隔離恐怖政策的折磨之下變得順從認命、盲目樂觀的非裔美國人，還有那些「對美國失去信心的人……他們得出結論，認為白人是無可救藥的『魔鬼』……他們的痛苦……使他們幾乎就要開始鼓吹暴力。」金恩是政治人物，這樣的聲明具有策略性意義。但這不是在提出威脅，而是在陳述事實：如果我們不為正義而站出來，美國人將會迎來另一場內戰。「如果我們的白人弟兄……拒絕支持我們非暴力的行動，」金繼續說，「數以百萬計的黑人將因著沮喪和絕望而躲進黑人民族主義的意識形態中尋求慰藉和安全感，這樣的發展無可避免會導致可怕的種族夢魘。」[26] 在非裔悲觀主義（Afro-pessimism）已成為普遍關鍵詞的時代，金恩的警告比以往任何時候都更加真實。在人口統計顯示美國的白人在幾十年後將不再是多數族群的此刻，我們更有理由留心聆聽金恩的聲音。

◈ ◈ ◈

就算理解了德國人如何面對過往，也無法確切知道如何面對歷史中的其他惡行，即便德國的作法毫無缺陷也難以參照。雖然我在原則上明白這點，但我不得不透過這本書的寫作過程來細細體會此事。當我開始寫作時，我原本打算檢視三個國家的案例。除了德國和美國之外，我選擇了愛爾蘭，這有部分是因為我已經愛上此地，而且對它也有一點瞭解；另一部分則是因為，愛爾蘭人因著自己是二十世紀裡第一個成功發動反殖民抗爭的國家而感到相當自豪。二〇一六年夏天，我走訪了愛爾蘭共和國的大部分地區，參觀博物館、劇院，參加講座，考察復活節起義一百週年的紀念活動，復活節起義是愛爾蘭獨立運動的頭號事件。後來我意識到這個主題需要另寫一本書，所以我放棄了這個計畫。若要真正理解釐清過往的工作，必定得動用極大的特殊性（particularity）：要理解記憶對一個國家的意義，你不僅得研究該國歷史細節，還要研究該國今日的文化。我們唯有透過這樣的方式才能理解到記憶之無所不在：記憶的影響甚至下探幼稚園，影響著人們於對茶和衣服顏色的偏好，決定著什麼事可以大聲說，什麼事只能暗暗指涉，什麼語言是侮辱，什麼語言是讚美。記憶的無所不在，經常伴隨著想要一勞永逸地把過去拋在腦後的危險。若要比較不同的案例，必須要捕捉住所有的語調和紋理才稱得上是有趣；否則，這樣的比較不過是在與水面等高之處跳水。我們的經驗總是與特定的地點和時間連結在一起。如果我們想採取道德行動，就不能停留在一般原則上；我們必須關注我們身處的位置。即使是康德（正確理解下的康德）也知道這一點。這代表永遠不可能有某個概念框架能處理任何國家的過往罪行。我們可以互相學習，但我們不能在不留心差異的情況下套用原則。

◈ ◈ ◈

在實務上，經驗和歷史之差異極為重要；在原則上，仍有可能採取普遍主義（universalism）。如今，很少有什麼比普遍主義更令人感到不可靠的了。在左派陣營中，普遍主義經常與其贗品相互混淆。批評者指出，從啟蒙哲學家到美國開國元勳，再到十九世紀的紀伯倫家族，白人主張自身之普遍性且忽略了世上大多數人的經驗。然而，正是啟蒙運動的哲學家率先譴責了歐洲中心主義。孟德斯鳩從（想像中的）波斯旁觀者的觀點，寫下他對歐洲政府的批評；克里斯提安．沃爾夫（Christian Wolff）認為中國人雖然沒有基督教卻有完美的倫理道德，因此而丟了工作，還差點丟了腦袋；狄德羅（Denis Diderot）從大溪地的角度來批評歐洲人的性風俗；康德稱殖民主義為「邪惡」，這是個他很少使用的詞；盧梭抱怨歐洲對廣闊的非洲大陸一無所知，因為他們的資訊來自「比較有興趣填滿自己的口袋而非頭腦」的旅行者。上述這些人——全部是男人——以我們如今的觀點看來，其實是以相當駭人的簡略與無知來描繪其他國家和其他性別的人，但他們思考的方向是正確的。這些哲學家的言論被我們視為種族主義和性別歧視，而我們這麼認為也是對的；他們也染上了所屬時代的偏見，儘管他們試圖超越之。這些人仍是世間不可或缺的思想家，因為畢竟是他們創造出摧毀這些偏見的基礎——不僅是他們對於普遍正義的抽象奉獻，還有他們透過其他人（雖然仍是男人）的眼睛來觀察歐洲並處理歐洲中心主義，這在當時是新穎的嘗試。

在今天的學術界內，人們經常不假思索就略過普遍主義；而在學術界之外，也很少有人願意為其辯護。這背後有兩個歷史原因，都圍繞著一九八九年開展。國家社會主義（state socialism）消逝後，凡是呼籲人們普遍團結的聲音都會被認為與史達林主義有關。諷刺的是，在他犯下的許多過錯之外，史達林還是個徹頭徹尾的民族主義者——這是他與托洛茨基鬥爭的根源，他在一定程度上也成功地將托洛茨基從歷史中抹去。不過在蘇聯解體之前，訴諸國際團結的聲音還是會定期出現。幾乎沒有人會哀悼國家社會主義之消亡，但這個概念有助於擴展我們的道德想像力。「使蘇聯腐敗之物也會使**任何**試圖建出社會主義制度的行動都以失敗告終」——這個今日常見的觀點使我們的想像力萎縮至此，以至於我們除了繼續改正已取代了社會主義的新自由主義之外，幾乎想像不出其他的可行方案。

第二個歷史原因則源自於第一個。自從國家社會主義消逝後，蘋果、亞馬遜和臉書的所有者以及其他希望複製這份成功的企業構成了普遍主義的面貌。新自由主義、全球主義的精神與普遍的價值無關，而與普遍的需求有關——無論這些需求是如何以操縱的手段創造出來的。對於新自由主義者而言，人類的普遍幸福是透過收集東西來實現的。新自由主義的問題不僅在於其對於經濟監管的厭惡導致了歷史進入現代以來便未曾出現過的巨大貧富差距。[27]更深層的哲學問題在於新自由主義對人性的看法：它假設經濟增長是人類獲得幸福的唯一關鍵，儘管人們很少如此直白地說出這點。即使是那些屬於頂端一%的富人，也知道生活的意義不可能存在於堆積如山的小玩意和飾品之中。新自由主義使得人類在面對世界時的基本姿態只剩被動消費，而非主動參與。雖然我相當欣賞歐巴馬任內的成就，但他接受新自由主義一事已證明是重大的缺陷——不僅是因為這導致美國犧牲傳統價值來拯救華爾街，也因為這與他自己的哲學理念有衝突。歐巴馬提倡一種積極的人性觀，用「我們自己就是我們等待已久的變革」這樣的口號來催促他的追隨者實現公民參與。在我們大多數人身上**都有**一種情感的火焰，使我們想過正直的生活，想為這世界做點什麼，以作為有幸能在這個世界中生活的回報。對於那些以饑餓和戰爭為日常而非例外的人們來說，這樣的火焰可能會縮減為微弱的火花。但除非遭到絕望徹底摧毀，否則人們必然會在這個世界上採取行動，以某種方式令世界變得比他們初到時更好。[28] 相較之下，新自由主義的世界觀認為我們所有人在實質上都是以沙發為根據地的被動消費者。

在過去的幾十年裡，偽科學式的演化心理學（evolutionary psychology）所倡導的生物決定論支持著這樣的世界觀。「我們能以人類祖先試圖令基因存續的舉動來解釋一切人類行為」——閱讀任何一份普通報紙，你就會感到此事好像成了常識。很少有人問我們有什麼證據可以證明人類祖先的動機，或問驅使獵人和採集者行動的動機有多少在今日仍有意義。生物決定論（biological determinism）是如此被廣泛接受——「人類行為終於有科學解釋了！」——其前提則很少被質疑。

最後也最致命的是，後結構主義對於權力的預設強化了新自由主義和生物決定論。就像與柏拉圖展開爭論的早期詭辯家（Sophists）一樣，後結構主義對於權力的預設方便地指出許多主張真相的聲音實際上是企圖支配他人的舉動。但就像那些早期的詭辯家一樣，這會讓我們感到，所有主張真相的聲音**都只關乎**觀點與權力。「後結構主義破壞了真相的概念，因此必須對於人類否認氣候變化及川普政府的徹底狡詐負上一定的責任」——近日，有些後結構主義者反駁了這樣的指控。他們的回答是，後結構主義僅試圖描述現實，而非為其定向。然而，後結構主義往往模糊了描述性言論和規範性言論之間的界限，使許多描述被賦予了微弱的規範性氣息。不具細微洞察力的讀者把陳述當成處方並得出結論表示：如果世間存在任何事實的話，那會是關於統治的事實。這並不令人驚訝。

我們大多數人已從自己的人生中得知，這三套世界觀都是錯的。甚至社會心理學家也表明，只要我們跨越貧窮線，消費就無法使我們變得幸福；我們經常從愛或信仰出發，做出與我們部落的存續無關的舉動；我們發表並捍衛某些言論，是因為我們有充分的理由相信這些言論。當然，事情並不總是如此，但我們有足夠多的一般反例來質疑這樣的世界觀。很難想像有誰能始終如一地按照這些世界觀行事——也許有個例外。唐納．川普在貿易等經濟問題上雖有自己的看法，但他同時體現了上述這三種意識形態：他對真相的主張不過是對於權力的行使，他的價值觀純屬物質，而且他似乎什麼都不在乎，只在乎盡可能製造出更多的自己，或者至少是複製自己的名字。幸好，用來描述這個奇特人類之行為的理論，並不適用於世上其他人。我們之中的大多數人與他不同——雖然如今盛行的意識形態無所不在，令許多人不好意思大聲說出其他的價值觀。

如果這些信念是普遍主義常見的面貌，那部落身分認同的復甦便不足為奇了。將普遍主義化約為全球主義的做法是身分政治捲土重來的關鍵，無論是白人民族主義、棕色人種民族主義或黑人民族主義皆然。在質疑身分政治的同時，我並不贊同馬克．里拉（Mark Lilla）那本受到廣泛討論的《曾經與未來的自由主義者》（*The Once and Future Liberal*）。[29]這本書的缺陷在於，其並未瞭解到自尼克森制定南方戰略（Southern Strategy）以來，白人身分政治便對共和黨發揮著核心作用，也推波助瀾地導致了歐洲民族主義的復甦。不過利拉正確地指出，身分政治只能以共同利益的概念來加以克服，而左派自由主義對部落身分的關注卻忽略了這一點。他說明了「雷根時代以來主導美國文化的個人主義」以及「訴諸身分政治背後的自私自利」這兩者之間的相似性，是很有見地的觀察。雖然里拉忽略了女性、非白人和同志平權運動是如何深刻而成功地重塑了政治文化，並創造出極為真實的成果，但他也堅信投票等普通政治行為十分重要，這當然是正確的看法。

里拉的批評中有許多重要內容在陶德・吉特林（Todd Gitlin）和理查・羅逖（Richard Rorty）的著作中就已出現過，他們都曾對於左派陣營在一九九〇年代中已有端倪的部落主義提出警告。[30] 迄今為止，還沒有一個民主黨政治家能如此成功地讓這樣的呼籲變得可信，但其他思想家已打下基礎，使我們得以繼續在差異與團結間找尋平衡。康乃爾・韋斯特的作品在普遍主義的框架**內部**，散發出對於黑人文化的熱愛，他認為這個框架關乎人性：

黑人和白人在某些重要方面是一樣的，亦即在同情他人、為道德犧牲、為他人服務、智性與美等方面的正面能力，還有，他們對於殘酷的負面能力。然而，當人們以同化主義的方式提出這種說法，便將黑人的特殊性置於某種虛假的普遍主義之下，從而撇下了他們共同擁有的人性。[31]

奎邁・安東尼・阿皮亞在其深具力量的著作《具約束力的謊言》中主張，直接訴諸信仰、國家、膚色、階級和文化這些安排著我們的人生的集體身分來解釋我們為何成為如今的樣貌，這樣的做法是徒勞的。他做出結論：「我們與七十億同胞生活在一個小而溫暖的星球上。從我們共同的人性中湧出世界主義之衝動，這不再是一種奢言，而是一種需要。」[32]

◈ ◈ ◈

我在我居住的新克爾恩區（Neukölln）的市政廳裡見證了一場入籍儀式，這場儀式努力結合世界性與特殊性，就由承認國歌的力量開始。小提琴與鋼琴的二重奏演奏了四十八位新公民原先所屬國家的國歌片段。年輕的區長法蘭契絲卡・吉菲（Franziska Giffey）與前任區長不同，她有意鼓勵多樣性，並表示新公民肯定在廣播中、在學校裡、在足球比賽時聽過這二十二首國歌。

「每次，我都會觀察人們的表情，看看我是否能看出現在正在播放的是誰的國歌。我經常看到人們因著回憶起童年與親人而深受感動。」

那些稀疏的樹木、磨光的石頭和遙遠的天空。

「你們之中的一些人在來參加這個儀式的路上可能很緊張，」區長繼續說。「你們甚至可能想過要轉身回家，當作沒這件事。」獲得永久居留權便是獲得德國公民資格的第一步，所以這些人無需擔心被驅逐出境；申請公民身分等於是再向前邁進了一步。「我想讓你們知道，沒有人會拿走你們的音樂、你們的記憶、你們過去的身分。今天，你們只是又多了一個新的身分。」

每一位新公民都被請到臺上，獲得一份《德國憲法》。作為交換，他們得宣誓維護憲法。「你不必會背這份憲法，」吉菲區長說。「但如果每個人都記得前三條，這世界會變得更好。」

「一，人之尊嚴不可侵犯。」

「二，人於不侵害他人權利之範圍內，享有自由發展人格之權利。」

「三，法律之前人人平等。國家應促進男女平等之實際貫徹，並致力消除現存之歧視。」

讀完這幾個條款後，吉菲區長優雅地轉而提起該區現有的問題之一。「當男性和女性擁有平等的權利，這代表我們無法強迫任何女性違背自己的意願結婚。」儀式的尾聲，區長呼籲實踐公民參與，然後請與會者靜坐齊唱歐洲國歌，起立齊唱德國國歌。大多數新公民都盯著流程表的背面看，努力跟著唱完國歌，然後起身移動至休息室。在休息室裡，市長給了每個人一塊撒上鹽的麵包。吉菲的政治才華在我見證這場儀式後不久才得到國家的讚賞；二〇一八年時，她入閣成為聯邦政府的部長。還有更多像她這樣的政治家會展現出德國及歐洲都迫切需要的領導力。

◈ ◈ ◈

「我們必須記得，這絕對是全新的情況：以前從未有加害者採取受害者的視角，」雅萊達．雅斯曼提醒我。由於這種視角的轉變不僅史無前例，而且與我們尋求認可的心理需求互相抵觸，我們很難期待此事能順利進行。尼采曾寫道：「記憶說：那是我做的。驕傲說：那不可能是我。最終，記憶屈服了。」[33]

說得直白一點，羞愧感令人痛苦，罪疚感令人痛苦。這些都不是我們願意擁有的感受。我們尋求外界的欣賞和內在的平靜，我們有一些相當有用的方法，來轉移威脅到這兩者的事物。我們並未承認自己在一些令人羞愧的事上成了共犯，我們如此輕易地轉頭就忘。這就是為什麼記憶至關重要。

名為記憶研究（memory studies）的新興學術領域主要關注的是負面記憶。我們急於抑制的恐怖和羞愧不能被遺忘，此事確實重要，但我們不可能只靠著負面記憶來營造社群。上述想法正當地要求人們把可恥的過往拋在腦後，這樣的聲音從一開始就伴隨著德國釐清過往的工程——也導致其他國家沒能走上與德國類似的路。當「記憶」與「創傷」變得能夠相互替換，便沒有國家能指望治癒任何創傷了。在我們能夠起身面對自己的羞愧之前，我們需要有立足之地。正如哲學家理查·羅遜所說的，「國民自豪感之於國家就像自尊之於個人一樣，是改善自我的必要條件。」[34] 如果你認為事情從來沒有改善過，便不可能為了做出更多改善而努力。如果我們的歷史中沒有光，我們就無法穿越黑暗。

「我代表另一面的美國問候各位。」一九八三年在東德共和國宮的一場演唱會上，哈利·貝拉方特以此語為演唱會揭開序幕。進步的美國人總是能夠訴諸「另一面的美國」這個概念，另一面的美國是愛國者安身之處，他們持續抗爭、迫使這個國家忠於支撐著美國自豪感的理想。費卓克·道格拉斯和哈莉特·塔布曼，亨利·大衛·梭羅和華特·惠特曼（Walt Whitman），蘇珊·安東尼（Susan B. Anthony）和伊麗莎白·史丹頓（Elizabeth Cady Stanton），艾達·威爾斯（Ida B. Wells）和喬·希爾（Joe Hill），尤金·德布斯（Eugene Debs）和瓊斯媽媽（Mother Jones），艾拉·貝克和馬丁路德·金恩，保羅·羅伯遜和伍迪·蓋瑟瑞（Woody Guthrie）。這些人的名字眾所皆知，但很少有人以他們應得的方式紀念他們。布萊恩·史蒂文森堅信，我們應該要知道那些站出來反對種族主義的南方白人的名字；他同時也堅信美國人需要為我們的種族主義歷史感到羞愧，然後才能努力彌補之。

德國文化中沒有如此乾淨的區隔。雖然需要大幅刪修，但納粹仍盡可能將康德和歌德等文化巨人納入他們的萬神殿中。尋求身分認同的德國人可能會因此擔心，記憶只會帶領人們走向無底的黑洞。我曾經認為，德國面對其納粹歷史的能力足以成為他們自尊的來源。不過，我們很難為著把自己的爛攤子清乾淨的能力而感到特別驕傲，即使這種清理能力標誌出的是構成並維繫著德國文化的反思能力。

傑出的德國作家納維德·克爾瑪尼（Navid Kermani）曾呼籲，人們應在德國身分的破碎之中尋找其力量和活力。[35]克爾瑪尼的伊朗裔父母在他出生前夕移民至德國科隆，他說，參觀奧許維茲集中營時，是他最感到自己屬於德國的時刻。他經常引用納赫曼拉比（Rabbi Nachmann）的話：「沒有什麼比破碎的心更加完整。」德國總統史坦麥爾（Frank-Walter Steinmeier）在二〇一八年十一月九日發表的講話中，也反映出同樣的思想——那天最重要的事項是，紀念水晶之夜八十週年。

此外，十一月九日還被稱為德國的命運之日，因為有許多完全不相關的歷史事件都很不可思議地發生在這天。柏林圍牆在一九八九年十一月九日倒下的時候，興奮的人們提議將這一天定為國慶日——直到有人指出，這看起來可能會像是德國人在慶祝水晶之夜。幾十年來，德國人在這一天並不慶祝，而是哀悼，因為水晶之夜大屠殺標誌著猶太人已無法繼續在德國生活。

二〇一八年，史坦麥爾總統採取了一個大膽的新做法。與之前的幾十位政治家一樣，史坦麥爾打從一開始就告誡人們不要忘記十一月九日；與他們不同的是，他提醒德國人記得一九一八年十一月九日——這天是德意志帝國的終點、共和民主德國的開始。他在演講中呼籲人們接受「記憶的歧義性」，敦促德國與自身的矛盾共存。「我們可以為自由和民主的傳統感到自豪，同時不去壓抑猶太大屠殺的記憶。我們可以意識到自身破壞文明的歷史責任，同時不去否認我們對自己順利完成之事的喜悅。我們可以信任這片土地，雖然——或是說因為——此地包含了上述兩者。這就是進步的愛國主義之核心。」史坦麥爾的演講高明地融合了情緒感染力和細微難言處；一位政治家還能如何敦促他的公民擁抱歧義性？許多評論家預言，這段演講將會變得與他的前任魏茨澤克的劃時代演講同樣重要。如果他們是對的，這會是另一個我們能向德國借鏡之處。

◈　◈　◈

在我自己的人生中，有五年時間我曾試著過部落主義式的生活。一九九五年，在《奧斯陸協議》（Oslo Accords）簽訂後不久，我帶著三個孩子搬到了以色列。我有足夠的理由這樣做。我在紐哈芬的以色列朋友向我保證，我在特拉維夫會很開心；我的第一段婚姻的告終令我渴望孩子能擁有一個大家庭，而我認為以色列能提供這樣的家庭來代替我無法再維繫的核心家庭。我在以色列時發現，部落主義正日復一日變得愈來愈狹隘。（只要聽聽米茲拉希猶太人（Mizrahi）和阿什肯納茲猶太人（Ashkenazi）關上家門後如何評論對方便可得知。）部落主義的力量遠遠超出了阿拉伯國家的猶太人和東歐的猶太人可能對彼此表達的那種混合了怨恨和鄙視的心情。當人們是靠著血統聯繫在一起的時候，每個家庭都成了一個部落。

部落主義必定會令你的世界變小，而普遍主義是擴大世界的唯一途徑。我決定離開以色列並不是出於直接的政治原因；二〇〇〇年初，那裡的情況是前所未有地好。當時的以色列正為伊扎克・拉賓

（Yitzhak Rabin）的暗殺事件感到心煩意亂，多數人都致力投入支持他為之犧牲的和平進程。而班傑明・納坦雅胡（Benjamin Netanyahu）被視為丟人現眼的傻瓜。雖然我在第二次巴勒斯坦大起義前就離開了以色列，但我無法聲稱自己具有政治遠見；我只是意識到我與世界的關係並不是部落主義式的。我在早期民權運動的普遍主義中長大，並接受了羅爾斯的正義論教育，成年後的我過著大多數人會稱之為世界公民的生活。但受到的影響是一回事，選擇的信念是另一回事。在以色列生活的期間，我曾試著閉眼投票支持部落主義。這令我理解到，我對於一名與我有相同種族背景的軍火商之認同，不會多過於一位來自智利、南非或哈薩克斯坦等與我有相同基本價值觀的朋友。我認同的對象是具有能動性的人們，不是血統。我在交朋友和戀愛時所做的選擇背後都有原因。

我理解人們對於家的概念之渴望，那能提供穩定和支持之感；我自己有很多年也活在其中。即便你知道家從來都不是安適恬靜的所在，這份渴望的影響力仍無比強大。然而，隨著每個十年過去，家的感覺似乎愈來愈難以捉摸。如今，許多三十歲的人眼中的世界比我眼中的世界更流動易變。遺傳學指出，純淨的種族血統在很大程度上純屬迷思；我們之中的大多數人在生物學上比我們所知的更具世界性。[36]這不僅是道德問題：歷史變化和科學發現給了我們充足的理由去擁抱真正的普遍主義。

我寫下本書，作為普遍主義之習題；希望對於差異的理解能幫助我們找到共同的靈魂。（**共同並非完全相同**，即便雙胞胎也不是完全相同。）要做到這點，我們就不能懼怕那些可能與庸俗相鄰之物——這種恐懼如今成了有教養的文化之基礎，這樣的文化對於嘲諷更感自在。最重要的是，我們必須承認，在最愚蠢的平庸之惡面前，我們同享一份脆弱——我們仍具有把名利置於真正相信和渴望的東西之上的傾向。若能承認此事，我們便有可能以批判性的態度檢視自身歷史，卻不至落入部落主義或創傷之中。如果我們無法理解彼此身上的共同點多於致使我們分裂之物，我們就無法追求托妮・莫里森（Toni Morrison）所說的人類計畫：「保持人性，阻止疏遠他人或將他者非人化之事。」[37]

二〇二〇年版後記

我在二〇一八年底寫完這本書，當時的我努力令筆調蘊含著希望感。我無法說我感到事情有希望，但我相信保持希望是一種道德義務。保持希望令我們不至於陷入絕望或犬儒主義之中，此兩者會使人無法採取行動來改善事態。所以，保持希望是種義務。但即便是最早提出這個論點的康德也知道，有時我們會需要事物出現一點徵兆，來幫助我們繼續在道德進展一事上保持希望。

二〇二〇年五月，喬治・佛洛伊德（George Floyd）[1]死後席捲而來的抗議運動正是這樣的徵兆。運動開始時，我擔心會爆發內戰。自川普當選以來，美國人在政治上懷抱著激烈的對立情緒，許多人都提到了冷戰形式的內戰。不過，理查・尼克森在一九六八年遍地開花的示威運動中訴諸法律與秩序而贏得選舉，而如今的情況則無法與之相比。我們花了五十年的時間，但我們確實學到了許多。就目前觀之，正義與和平的前景已很久沒有如此良好，雖然我和其他人一樣都知道，未來的事誰也說不準。

我們學到，當前的種族主義暴力和我們對於這種暴力的歷史之無知有著深刻的關聯。一九六四年的《民權法案》基本上拆解了被稱為《吉姆・克勞法》的種族隔離法律之結構，但「吉姆・克勞」一**詞**本身也該停用，這個說法掩蓋了那個時代的恐怖。以種族主義喜劇演員的名字來稱呼這段長達九十年的恐怖統治，這讓我們在略感不安後，仍能自視無辜而放下心來。這個說法也暗示著，南北戰爭後的幾十年裡種族偏見雖層出不窮，但那並非由國家撐腰的系統性罪行。然而事實則是，黑人法典將非裔美國人的尋常活動明定為犯罪（如失業，或相反地，擁有自己的事業）。他們據此創造出一種黑人男性的形象，一種直至今日仍然存在的形象。在黑人法典出現之前，種族主義式的刻板印象將黑人男性描繪成愚蠢而懶惰之人，但並未視他們為恆常危險的人物。人們透過私刑、囚犯租賃及流行文化中俯拾可得的典型，將黑人法典強加於非裔美國人之上，此後這群人便被視為威脅，包括十二歲的孩子亦然。

南北戰爭後許久才出現的紀念碑則支持著黑人法典的精神。人們於二〇一五年開始認真討論這些紀念碑之前，很少有美國人瞭解此事。（像我就不知道。）我們如今知道，有人曾有意識地努力將南方邦聯塑造成美國歷史中神聖而核心的部分；有鑑於此，那些認為這些紀念碑純粹關乎歷史遺產的看法不免有些愚蠢。而為其辯護的人可能覺得自己的心中毫無仇恨，但此事的重點無關情感。我們並不會紀念自身歷史中的所有事件。當米奇．蘭德魯下令拆除紐奧良最主要的一座南方邦聯紀念雕像時，他發表了撼動人心的談話，但我認為他少提了一點。他要紐奧良市民想像自己是一位十歲的黑人女孩，這位女孩從李將軍的雕像前走過，無法覺得受到鼓舞或激勵。我看到了那座雕像是如何聳立在李將軍圓環（Lee Circle）之上，因此想補充道：我也不希望有哪個十歲的白人男孩從那座雕像前走過，學習到這種男子氣概的光榮形象——這樣的形象早該被視為不光榮的存在。

如果幸運的話，去關注這些紀念著我們不再認可之價值觀的紀念碑能夠開啟一段歷程，促使我們對於歷史與價值做出清晰的思考。雖然這些問題常令人情緒高漲，但有關這類紀念碑的論證不應以情感為基礎。理念與激情能推動我們前進——且不說別的，對正義之渴望恆常縈繞我們心頭。但情感屬於私人，而理性屬於公共，我們現在需要的是在公共領域檢視紀念碑的意義。我們希望我們的城市中心出現何種價值觀？這樣的民主討論不僅是象徵性的，也對系統性的改變至關重要。此處沒有通用的解答，我們的討論於焉開始。除了把奴隸主的雕像扔進港口或收進博物館裡，還有一些其他的選項。我們是否能為某些紀念碑加上歷史脈絡，以容納微妙的細節？有些人建議仿效傑佛遜故居蒙蒂塞洛（Monticello），在概念上重新規劃。在蒙蒂塞洛，人們可以參觀傑佛遜的華麗宅邸，也能從奴隸的視角瞭解此處的生活。最重要的也許是：我們想在這些位置上放些什麼？我們想要讚揚誰的人生、誰的事蹟？讓社區開始討論該如何理解並解開自身歷史中難解的結，這是學習的唯一途徑。

在寫這本書的時候，我雖把重點放在深南地區，但目的是以此地為放大鏡來檢視美國的傷痕。抑制歷史真相並非南方人、藍領鄉巴佬（redneck）或共和黨人的問題——我在交出本書最終版稿件的一週後在紐澤西的高速公路上度過的那個夜晚，最能適切說明此點。當時我剛參加完一個會議，在雨中開著夜車前往另一個會議，途中跟著收音機大聲唱歌以保持清醒。收音機傳出美妙樂音，那是瓊・拜亞翻唱的〈他們重挫老迪克西的那夜〉（The Night They Drove Old Dixie Down）。我感到一陣高興，那種當電臺播出你聽過的歌時你會有的感覺，接踵而來的則是一股寒意。我比以前更仔細地聽了歌詞，試圖找出一絲矛盾的情緒：這**真的**是一首替失落的一戰惋嘆的哀歌嗎？但沒有什麼能替這首歌開脫，這確實就是一首這樣的歌。拜亞投身民權倡議的紀錄無可挑剔，她不僅在向華盛頓進軍（March on Washington）[2]的遊行中表演，也在塞爾瑪演唱，當時在塞爾瑪連白人都可能有生命危險。如果她沒看到悼念舊南方與支持為奴者的權利兩者之間的衝突，又怎麼能怪其他人呢？在數不清的文化支流中，處處可見對於歷史的扭曲。

所以六〇年代後，我們都理解了喬治．桑塔亞那的那句老話：遺忘過往的人注定要重蹈覆轍。全球性疫病所導致的傷心事之一是，我們擔心這場正欲全面開展的種族與歷史正義之奮鬥會在新冠病毒面前退居次要地位。這個世界將會不顧一切只為使事情恢復常態：到街角的雜貨店買一公升的牛奶、在公園裡漫步、與心愛的人牽手。我擔心人們將極度迫切希望恢復過往生活中最簡單之物，以至於更為困難的、對於正義的要求會被擱置一旁，就像過去常發生的那樣。

接著，世界各地的人們站起來要求推翻常態。常態是治安體系、是健保系統，這些系統奪去有色人種的性命。常態是謊言遍布的歷史。常態是這些事已錯了太久，但其後果才剛湧現。喬治．佛洛伊德只是無數死去的黑人中的一位。這段影片不是我們看到的第一個，卻是最令人痛苦的一個——不只因為我們在其中聽見了一個將死之人哭喊著自己已死的母親，也因為我們看到了另一方的臉，空白、平庸的殘酷，這個人有近九分鐘的時間能收手，選擇不要殺人。（如果是用槍，我們至少可以想像事情也許發生得太快，下手的人根本來不及思考。）看起來，這起謀殺壓垮的不只是一隻駱駝，而是一整群。

事情發展的速度超乎想像，似乎每週都有比前一週更令人驚訝的事件發生。最重要的事情是，有許多白人不畏電擊與催淚瓦斯，站出來要求終結系統性的種族主義，其人數不亞於黑人和棕色人種。民調數字清清楚楚：大多數美國人以及許多其他地區的白人都認為，這個問題是美國的問題，而不是一個主要與有色人種有關的問題。難怪抗議運動始於美國。種族主義是國際問題，但美國有更多人因此命喪街頭——或命喪自家床上，布倫娜．泰勒（Breonna Taylor）案即為一例[3]——可是，原因也不僅如此。更重要的原因是，美國與其他國家不同，這個國家聲稱自己奠基於一系列的理想之上。長期以來，歷史學家致力指出美國的現實狀況與其理想之間的落差有多大。（甚至偶爾也有哲學家貢獻一己之力：試想愛默生和梭羅不僅支持較為低調的廢奴主義者，甚至大力為約翰．布朗辯護；此外，威廉．詹姆斯也對正醞釀中的帝國主義發出譴責。）但從學界資料到公共意識的路途相當漫長，大眾對於歷史的理解仍以美國例外論為基礎，他們可能承認美國的現況與其理想有所分歧，但主要把注意力放在如何糾正這樣的分歧上。值得留意的是，非裔美國人在對國家施壓一事上向來發揮著重要作用。很少有人支持「重返非洲」運動。從費卓克．道格拉斯、保羅．羅伯遜到托妮．莫里森，非裔美國人一直都站在前線，要求美國實現其所宣揚的理念。

出於許多原因，英國人在面對自家罪行一事上甚至比美國更遲緩，尤其是他們設法將大部分奴隸制推給殖民地去實施。最近的一項民調顯示，有五分之一的英國人覺得沒有理由為大英帝國感到羞愧。因此，英國改變的速度之快甚至比美國更令人驚訝。佇立在牛津大學夢幻尖塔下的塞西爾．羅茲（Cecil Rhodes）雕像多年來都是爭論的焦點：如今，羅茲終於要倒下了。隨著象徵性的改變而來的是要求做出系統性改變的聲音：讓黑人與殖民歷史成為整個教育體系中的必修內容、檢視警方執勤的做法——英國警方的做法通常不像美國警方那樣致人於死，但仍充滿種族歧視。勞合社（Lloyd's of London）和一些企業宣布針對奴隸制進行賠款。在比利時，利奧波德一世（Leopold I）的雕像遭人潑上血紅色油漆，即將遭到拆除。這位國王的政策導致了約一千萬名剛果人遭到殺害。澳洲人向原住民所經歷的不正義致歉並提出補償。聽著這些來自世界各地、在年齡、階級和種族背景方面極為多元的聲音，其中有兩件事相當明確：發出這些聲音的人們對於美國的「黑命貴」運動十分瞭解並支持，還有，這些人致力於面對自家的種族主義歷史。我們能確定的事情只有這個：等到這篇後記出版時，還會有更多出人意料的發展。這些發展不會全都令人欣喜，然而令我感到振奮的是，初代民權運動的老將，以及當代一些較為悲觀的黑人評論家——塔納哈希．科茨、羅珊．蓋伊（Roxane Gay）——都在這個重大的時刻發出湮沒已久的希望之聲。

不時會有犬儒主義者表示，抗議運動不過是個藉口，使人擁有一個道德切入點，以致於能在長達數月的封城之後釋放壓抑的能量。可以確定的是：對某些人來說，以最糟的方式來詮釋人類行為是種根深蒂固的習慣。看看運動者的臉龐、聽聽他們說的話，便能找到更簡單的解釋。新冠病毒給了我們一個機會，看見我們之間的連結有多深，看見我們在相同的疾病面前有多脆弱，看見不平等是如何頑固地存在於聲稱要譴責不平等的文化中。布萊恩．史蒂文森以其一貫的雄辯與清晰言詞指出其中的關聯：「在醫學上，唯有瞭解疾病的性質才能提出治療方法。我們身處大疫之中，我們的科學家正拼命試圖搞懂這個疾病如何傳播、是哪些特質使這個病毒能夠致病。我們對於疾病的真切知識使我們能夠提出有效的解方，但我們卻閃避對於自身歷史的真切知識，不去看其中的種族不平等。」這場疫病也令我們看見許許多多的可能性，而這些可能性在幾個月前似乎遙不可及。為無家者提供住所？為挨餓者提供食物？這些是非常值得稱許的抱負，但資源缺乏的狀況令人遺憾，這樣的抱負恐怕無法成真。國際間為防止疫病相關災難而有資金流動，其流動速度使我們看見其他改變發生的可能性。

不過，面對過往與疫苗的運作方式不同：沒有一次性的疫苗能治療種族主義。多年來，德國人一再發現，治癒種族主義之傷是複雜而層次繁多的過程。我主張借鏡德國，這也意味著由他們的錯誤中學習。起初，德國釐清過往的嘗試相當緩慢、不情願而不完整。不過這些嘗試結合起來，便創造出歷史性的新洞見：如果你將過往的羞愧之事深埋土裡，你就不可能擁有健康的現下此刻。德國也開啟了先例：我們有可能改變一個國家最深刻的自我形象，從自視為可憐的受害者變成自視為有責的加害者。

我們都寧願視自己人為堅定的英雄，但當此事不再可能，我們便傾向視他們為歷史的受害者。戰後的德國人和失落的一戰的支持者都採取了這種觀點，這顯示出這種觀點上的轉向有多麼自然。不自然的是德國的下一個轉向：從關注自己的傷痕到承認自己在別人身上留下的傷痕。德國在選擇這樣的轉向之後明顯變得更自由、更強大、更輕鬆。

這樣的工作仍在進行中。已過了一段時間，黑人和棕色人種的德國公民堅信「拒絕納粹並擁抱猶太人」並不足以擺脫種族主義。針對非白人德國公民的右翼恐怖行動以悲哀的方式證明了此點；近日，位在德國西邊的小鎮哈瑙（Hanau），有兩間水煙酒吧裡發生了屠殺事件，有九名棕色人種的德國公民遇害。至於其他具有諷刺意味的事物則提醒我們仍需繼續努力。耗資六．五億歐元重新打造，位於柏林最主要廣場上的柏林宮，被設計來展示該市所擁有的非歐洲藝術品。現在，有個委員會正在統計有多少展品是殖民暴力和盜竊的產物。這個場館至今仍未對外開放。

在這樣的背景中，喬治．佛洛依德一案也為德國的工作注入了新的活力，讓微歧視（microaggression）

等來自美國的概念能踏出校園，進入公共領域。廣受歡迎的插畫週刊《亮點》（*Stern*）的本期封面寫著：「我的種族歧視有多深？」內頁有一份測驗，讓讀者得以檢視自己對於白人特權的理解有多少。（題目範例：你是否曾教導你的孩子如何避免成為警察暴力的受害者？）我們終於能夠在由文化多樣性與真正的普遍主義所組成的這個令人振奮的混合體中彼此學習，這個混合體似乎能開闢嶄新的道路。

這不僅是對於啟蒙的需要，更是對於啟蒙的渴求。種族與種族主義的相關書籍——你沒看錯，是書籍！——在世界各地的銷售量激增。艾默特．提爾解說中心的負責人派翠克．威姆斯回報了密西西比三角洲的情況：人們對於該中心的支持增加了十倍。全國運動汽車競賽協會（NASCAR）禁止人們揮舞南方邦聯旗？OK繃品牌推出一系列新的皮膚色調？露得清在亞洲取消販售美白乳液？儘管這些事令人歡欣鼓舞，但在這個情感與人口結構持續變化的時代裡，這些明顯是優良的商業決策。比起拆解警察系統，讓傑米瑪阿姨（Aunt Jemima）[4]退休簡單得多。一九六〇年代以來，我們對資本主義的力量理解甚深，但我們仍不知道該如何應對萬物的商品化。此事應足以使我們警覺，但我們也必須對於犬儒主義保持警覺。我們正處於一段歷程的開端。白人小孩開始為了上傳自拍以外的理由使用社群媒體。多年來，密西西比州的議員拒絕將南方邦聯標誌從州旗上拿掉，但他們終於決定要這麼做了。支持方與否決方的票數甚至不算接近。確實，大學體育界威脅要收回密西西比州的主辦優勢，此事發揮了一定作用，但誰在乎是什麼令他們決定改變？歷史學家黛安．麥克沃特建議我們打擊資本主義外露的弱點，讓白人至上主義的主要政治宣傳管道——福斯新聞臺——失去資金。她的家鄉阿拉巴馬州的企業主在半個世紀前得出的結論是種族隔離對生意有害，而今日的企業也可以拒絕向福斯電視臺購買廣告，以削弱其力量。無論他們是出於沾沾自喜或懷抱著堅定信念而這麼做，那重要嗎？

促使大多數德國人開始面對自身罪惡歷史的，是所有重大改變背後常見的混合式動機：自身利益與恐懼及謹慎相結合，由悔悟與羞愧的片刻加以照亮。與外國人的推測相反，在戰爭罪的規模逐漸清晰之後，德國並未在贖罪的浪潮中雙膝落地。唯一這樣做的德國人是總理威利・布蘭特，他因著此舉遭到大多數國人的謾罵——雖然一九七〇年那張攝於華沙猶太紀念館的照片不會告訴你這件事。我們也不應該期待直面歷史的過程對於美國人、英國人或其他人來說會比較容易。就像大多數艱困之事一樣，這是一場許多人將會抗拒的挑戰。重要的不是如何開始——我們確實已經開始——而是如何繼續。沒有什麼比和平與正義國家紀念館的銘文更能提供我們思考的方向：

為了被吊死與被毆打之人
為了遭到槍殺、溺斃與遭焚之人
為了遭受酷刑、折磨與恐嚇之人
為了那些法治所拋棄之人
我們永誌不忘
帶著希望，因為絕望是正義之敵人
帶著勇氣，因為和平仰賴大勇之人
帶著毅力，因為正義是持續的鬥爭

帶著信念，因為我們終將克服一切

蘇珊・奈門

二〇二〇年六月二十四日於柏林

致謝

自一九八二年十月我首次抵達柏林以來，我一直在思考德國釐清過往的工程，以及其他國家可以從中學到什麼。在我的第一本書《慢火》中，我開始試著探討這些問題。該書於一九九二年出版以來，柏林的發展與我的思考都再向前推進了許多。一路走來，有數不清的人給予我許多思考上的幫助，我在這裡盡可能地列出我心中感謝的人。瑪格麗特·馮·布倫塔諾幫助我理解釐清過往的工作有多複雜，我從她身上瞭解到，有許多德國人從一開始就認真看待此事。我很感謝揚·菲利普·雷姆茨瑪對書中一章節的詳細評論，更感謝我們之間多年的友誼和對話；拜他之賜，我得以看見德國釐清過往的工作可以是多麼嚴肅和深刻。格西娜·施萬使我更加確定我對於德國歷史所抱持的觀點，也令我對德國的未來充滿希望。愛德里安·派珀（Adrian Piper）多年來一直在書寫、談論相關議題，我由她處獲益良多。桑德·吉爾曼（Sander Gilman）也是如此，承蒙他願意閱讀一個有爭議的章節並提出評論。與黛安·麥克沃特針對書中主題進行的談話，既富啟發性又極為愉快。我與戴安娜·平托（Diana Pinto）一同進行的公路旅行精彩得讓我喘不過氣來，從吉米·卡特（Jimmy Carter）在喬治亞州平原鎮的主日學講道，一路直奔南卡羅萊納州的重建時期遺址，我深深感謝她的意見和陪伴。我的拉比詹姆斯・波內（James Ponet）教導了我許多關於猶太教的知識，在過去的三十年裡，他持續與我對話並鼓勵著我。我透過他認識了大衛・舒爾曼（David Shulman），在對於猶太歷史與價值體系的批判性思考，以及如何將其付諸實行上，他提供了我許多靈感。珍妮佛・史托曼不僅是我在密西西比最主要的導師，她還閱讀並評論了幾份不同版本的手稿。她的批評和知識挑戰了我的思維；在我不確定手中工作有何意義時，是她的鼓勵讓我繼續前進。遺憾的是，威廉溫特族群和解學院已經不再隸屬密西西比大學了，但我很感謝原本的學院對我的鼓勵，也感謝他們在二〇一七年時提供的研究基地。

我深深感激所有慷慨撥出時間分享自身想法的受訪者，他們的聲音對於這本書至關重要——其中也包括那些我由於篇幅因素未能直接引用的意見。如果我把接受訪問的人們使我學到的一切都寫進書裡，這本書會比現在還要厚上兩倍。這些人們是：波琳娜・艾倫森、雅萊達・雅斯曼、克里斯・班森、奧姆瑞・波恩（Omri Boehm）、漢斯・奧圖・布勞提甘、切利斯・卡特、茱迪・克萊和蘭登・克萊、李洛・克萊門、丹妮拉・達恩、米沙・加博維茲、蘇珊・格利森、艾波・葛雷森、亞當・弗萊赫提、比爾・福斯特、安卡・傑克森、漢斯克里斯汀・亞許（Hans-Christian Jasch）、弗克哈特・克尼格、比雍・克隆多夫、希莉・庫格曼、瑪麗安・勞伍、麥可・洛費爾森、羅伯・李・朗、潔姬・馬丁、潔米・珠兒・麥唐納、黛安・麥克沃特、詹姆斯・梅瑞迪斯和茱蒂・梅瑞迪斯、馬可・梅思林（Markus Messling）、法蘭克・米契納、布卡・奧科耶、惠勒・帕克、大衛・波森、佩姬・比舍、彼得・波格尼溫特、潔達・雷布林、揚・菲利普・雷姆茨瑪、延思・萊許、查克・羅斯、史都華・拉特利奇（Stewart Rutledge）、班傑明・索利斯伯、山繆・西頓、菲德利希・修雷美爾、英戈・舒爾茲、亞莉珊卓・森夫特、赫曼・西蒙、貝蒂娜・施坦奈特、布萊恩・史蒂文森、珍妮佛・史托曼、約翰・托馬斯（強尼哥）、查爾斯・塔克、麥可・瓦格納、梅露絲・華森、派翠克・威姆斯、約翰・魏登三世、柯提斯・威爾基、威利・威廉斯，以及查爾斯・雷根・威爾遜。

二〇一四年時，我在凱斯西儲大學的比莫・史納德座談會（Beamer-Schneider Lecture）發表了後來發展為本書的文章；我感謝傑若米・班迪・基墨（Jeremy Bendik Keymer）的邀請和那之後很棒的討論。我再次感到擁有莎拉・查爾芬特（Sarah Chalfant）這位經紀人是極為幸運的事；從提案到完稿，她都以熱情和睿智支持著我的工作。艾瑞克・欽斯基（Eric Chinski）、茱利亞・林戈（Julia Ringo）、海倫・康福德（Helen Conford）和卡斯頓・克雷德爾（Karsten Kredel）都提出了編輯的建議，使得論點和文章變得更加銳利。多明尼克・邦菲李奧（Dominic Bonfiglio）在研究上所提供的專業協助極有幫助，不僅是因為許多事實需要查核，還因為他對書中問題的思考總是十分精闢、發人深省。我深深感謝諸位。

Writings and Speeches of Martin Luther King, Jr., ed. James M. Washington (HarperCollins, 1991), p. 297.

27 Branko Milanovic, "A Short History of Global Inequality: The Past Two Centuries," in *Explorations in Economic History*, vol. 48, no. 4 (Elsevier, 2011), pp. 494–506.

28 See Susan Neiman, *Why Grow Up?* (Farrar, Straus and Giroux, 2016).

29 Mark Lilla, *The Once and Future Liberal: After Identity Politics* (HarperCollins, 2017).

30 See Todd Gitlin, *The Twilight of Common Dreams: Why America Is Wracked by Culture Wars* (Henry Holt and Company, 1996); and Richard Rorty, *Achieving Our Country: Leftist Thought in Twentieth-Century America* (Harvard University Press, 1999).

31 Cornel West, "The New Cultural Politics of Difference," in *The Cornel West Reader* (Basic Civitas Books, 1999).

32 Kwame Anthony Appiah, *The Lies That Bind* (Liveright, 2018), p. 232.

33 Friedrich Nietzsche, *Beyond Good and Evil*, trans. Walter Kaufmann (Vintage Books, 1989), Part IV, Aphorism 68.

34 See Rorty, *Achieving Our Country*.

35 Navid Kermani, "Auschwitz Morgen," *Frankfurter Allgemeine Zeitung*, July 7, 2017.

36 See, for example, *Finding Your Roots with Henry Louis Gates Jr.*, PBS.org.

37 Toni Morrison, *The Origin of Others* (Harvard University Press, 2017), p. 37.

二〇二〇年版後記

1 編按：二〇二〇年五月二十五日，非裔美國人喬治．佛洛伊德因涉嫌使用假鈔被捕，當天執法的白人警員德瑞克．麥可．沙文（Derek Michael Chauvin）單膝跪在佛洛伊德脖頸處長達八分鐘，導致佛洛伊德被跪壓期間失去知覺並在急救中宣告不治。沙文的執法過程全程被目擊民眾錄下並上傳網路。事件曝光後不少美國市民舉行和平示威集會要求公正審訊涉事警員，並同時要求正視美國國內根深蒂固的種族歧視問題。

2 編按：向華盛頓進軍發生於一九六三年八月二十八日，目的在於爭取非裔美國人的民權和經濟權利。集會中，馬丁路德．金恩在林肯紀念堂前發表了為推動族際和諧的著名演講「我有一個夢想」（I have a Dream）。這場集會推動了一九六四年《民權法案》和一九六五年《投票權法》的通過。

3 編按：二〇二〇年三月十三日，二十六歲的布倫娜．泰勒被肯塔基州路易斯維爾警察局的三名警察射中八槍後死亡，但警方原先的目標是突擊離泰勒家十六公里遠的一處毒販藏匿點。案發當時，泰勒正在家中睡覺，警察沒有敲門也沒有表明身分，便進入了泰勒家，並隨後向住所開槍。該事件導致路易斯維爾警察局長請辭，後期更因佛洛伊德的事件，讓抗議警察執法過當的行動升溫。

4 編按：傑米瑪阿姨是美國老牌食品公司珍珠磨坊公司（Pearl Milling Company）在一八八九年至二〇二一年間的舊稱。由於傑米瑪阿姨的品牌標誌是一位黑人女性，在佛洛伊德事件之後，百事可樂公司率先宣布終止與該品牌合作，至於母公司桂格則宣布將會撤換基於種族主義刻板印象的標誌。值得一提的是，美國許多食品公司早期基於種族刻板印象所設計的品牌標誌與產品，皆因此事件而紛紛響應換名。

76 Goschler, *Schuld und Schulden*, p. 226.
77 www.ibtimes.co.in, July 24, 2015.
78 David Brooks, "The Case for Reparations," *New York Times*, March 7, 2019.

第九章 暫作結論

1 譯注：二〇〇九年，美國保守極右派為反對歐巴馬政府增稅及刺激經濟的政策，發起了新的茶黨運動。該運動以「別再課稅了」（Taxed Enough Already）一語的縮寫 TEA 為名，因此與茶業稅實無關係。
2 Carol Anderson, Ta-Nehisi Coates, Tim Wise, and Cornel West are only the first names that come to mind.
3 譯注：美國共和黨發起的運動，主張歐巴馬的出生地並非美國，所以沒有資格競選總統。
4 譯註：狗哨政治是指政治家以只有目標族群聽得懂的隱晦語言發表談話，以爭取該族群的支持。
5 Cornell Belcher, *A Black Man in the White House* (Walter Street Press, 2016), p. 128ff.
6 譯注：歐巴馬的中間名為海珊（Hussein），一譯為胡笙。
7 A similar poll conducted in August 2018 by The Economist/YouGov confirmed this again.
8 Belcher, *A Black Man in the White House*, p. 164.
9 譯注：卡拉・布魯尼（一九六七年生），法國超級名模及法國前第一夫人。
10 George Orwell, "Notes on Nationalism," in *Polemik*, October 1945.
11 Jan Plamper, *Das neue Wir: Eine andere Geschichte der Deutschen* (Fischer Verlag, 2019).
12 Michael Wildt, "Droht Deutschland ein neues 1933?," *Die Zeit*, September 8, 2018. www.zeit.de/wissen/geschichte/2018-09/chemnitz-weimarer-republik-nazizeit-vergleich-rechtsextremismus/komplettansicht (accessed October 22, 2018).
13 See Franziska Schreiber, *Inside AfD* (Europea Verlag, 2018).
14 See Karsten Müller and Carlo Schwarz, "Fanning the Flames of Hate: Social Media and Hate Crime," May 21, 2018. Available at SSRN: https://ssrn.com/abstract=3082972.
15 See Schreiber, *Inside AfD*.
16 Wolfgang Engler and Jana Hensel, *Wer wir sind: die Erfahrung, Ostdeutsch zu sein* (Aufbau Verlag, 2018).
17 See also Robin Alexander, *Die Getriebenden: Merkel und die Flüchtlingspolitik* (Siedler, 2017).
18 編按：德國書商和平獎（Peace Prize of the German Book Trade）是一個國際性獎項，法蘭克福書展每年於法蘭克福聖保羅教堂（Paulskirche）頒發給對於和平有重要貢獻的人士。
19 編按：美國的《紐約太陽報》（*The New York Sun*）曾於一八三九年報導一則新聞，是有關於一艘名為「友誼號」的運奴船反抗事件。當時在船上的黑人山克領導這場反抗行動，並說出「我已經下定決心，寧死也不要變成白人的奴隸」。
20 Quoted in W.E.B. Du Bois, *John Brown*, ed. Henry Louis Gates Jr. (Oxford University Press, 2007), p. 45.
21 譯注：此語為德州獨立戰爭與美墨戰爭時的口號，以慘烈的阿拉莫之戰（siege of alamo）作為號召，鼓吹德州人與美國人加入軍隊。
22 Tzvetan Todorov, *Memory as a Remedy for Evil* (Seagull Books, 2010), p. 80.
23 David Rieff, *In Praise of Forgetting* (Yale University Press, 2016), p. 28. Quote slightly modified.
24 同上， p. 141。
25 Avishai Margalit, *The Ethics of Memory* (Harvard University Press, 2002), p. 83.
26 Martin Luther King Jr., "Letter from a Birmingham Jail," in *A Testament of Hope: The Essential*

48 Coates, *We Were Eight Years in Power*, p. 207.

49 Thomas Chatterton Williams, "How Ta-Nehisi Coates Gives Whiteness Power," *New York Times*, October 6, 2017.

50 See Carol Anderson, *White Rage* (Bloomsbury, 2016), chapter 5.

51 譯注：這是知名的黑人靈歌〈我來到河畔〉（Down by the Riverside）中的一句歌詞，典出《聖經．以賽亞書》第二章：「他們要將刀打成犁頭，把槍打成鐮刀。這國不舉刀攻擊那國；他們也不再學習戰事。」

52 譯注：原文為 Spanish moss，美國南方常見的植物。松蘿鐵蘭雖長在樹上，卻不是寄生植物，並不長在附生的樹上生根，也不從樹裡獲得營養。

53 譯注：原曲名「Kumbaya」，是「come by here」之誤讀。〈歡聚一堂〉原為美國黑人靈歌，後成為經典的營隊歡聚歌曲，現被引申用來描述某種和諧歡聚的大團圓場景。

54 譯注：加納的母親指的是二〇一九年的電影《American Trial: The Eric Garner Story》，該片收錄了加納被紐約市警察勒脖致死的密錄器畫面，並紀錄了案件經過。

55 See Neiman, "Victims and Heroes."

56 John Torpey, *Making Whole What Has Been Smashed: On Reparations Politics* (Harvard University Press, 2006), pp. 5, 23.

57 同上，37。

58 Ashraf Rushdy, *A Guilted Age: Apologies for the Past* (Temple University Press, 2015), p. 171.

59 McCarthy, "Coming to Terms with Our Past, Part II," p. 12.

60 同上，24。

61 Robinson, *The Debt*, p. 232.

62 Susan Neiman, "What Americans Abroad Know About Bernie Sanders and You Should Too," *Los Angeles Times*, June 3, 2016.

63 See Robinson, *The Debt*; and Ogletree, "Tulsa Reparations: The Survivor's Story."

64 Adolph Reed Jr., "From Jenner to Dolezal: One Trans Good, the Other Not So Much," *Common Dreams*, June 15, 2015, www.commondreams.org/views/2015/06/15/jenner-dolezal-one-trans-good-other-not-so-much (accessed October 21, 2018). See also Cornel West, "Ta-Nehisi Coates Is the Neoliberal Face of the Black Freedom Struggle," *Guardian*, December 17, 2017.

65 原始文件收藏在金恩中心（King Center）。

66 See Naomi Klein, *This Changes Everything: Capitalism vs. the Climate* (Simon & Schuster, 2014).

67 關於此題，最具影響力的著作是普利摩．李維（Primo Levi）的《如果這是一個人》（*If This Is a Man*）、露絲．克魯格（Ruth Kluger）的《仍然活著》（*Still Alive*）及因惹．卡爾特斯（Imre Kertész）的《非關命運》（*Fatelessness*）

68 See Binjamin Wilkomirski, *Fragments: Memories of a Wartime Childhood* (Knopf Doubleday, 1997).

69 See Thomas Brudholm, *Resentment's Virtue: Jean Améry and the Refusal to Forgive* (Temple University Press, 2008).

70 Améry, "Resentments," p. 64.

71 See Isaac Deutscher, *The Non-Jewish Jew and Other Essays* (Alyson Publications, 1968).

72 譯注：典出《聖經．出埃及記》。保羅．羅伯遜所創作著名的黑人靈歌〈去吧，摩西〉（Go Down Moses）亦反覆唱及此句。

73 Janna Thompson, *Taking Responsibility for the Past* (Polity Press, 2002), p. 37.

74 Kris Manjapra, "When Will Britian Face Up to Its Crimes against Humanity?," *Guardian*, March 29, 2018.

75 See Wole Soyinka, *The Burden of Memory, the Muse of Forgiveness* (Oxford University Press, 1999).

16 John H. McWhorter, "The Privilege of Checking White Privilege," *Daily Beast*, March 15, 2015.
17 Jelani Cobb, "What We Talk About When We Talk About Reparations," *New Yorker*, May 29, 2014.
18 Ta-Nehisi Coates, *We Were Eight Years in Power*, p. 201.
19 See Susan Neiman, "Victims and Heroes," in *The Tanner Lectures on Human Values* (University of Utah Press, 2012).
20 See Edward E. Baptist, *The Half Has Never Been Told: Slavery and the Making of American Capitalism* (Basic Books, 2014); Sven Beckert, *Empire of Cotton: A Global History* (Knopf, 2014); and Walter Johnson, *River of Dark Dreams* (Belknap, 2013).
21 Baptist, *The Half Has Never Been Told*, p. xviii.
22 同上， p. 387。
23 同上， p. 317ff。
24 同上， p. 410。
25 同上， 第四章。
26 See Special Field Order 15 in Roy L. Brooks, *When Sorry Isn't Enough: The Controversy over Apologies and Reparations for Human Injustice* (New York University Press, 1999), p. 366.
27 Baptist, *The Half Has Never Been Told*, p. 408.
28 Martin Luther King Jr., *The Radical King*, ed. Cornel West (Beacon Press, 2015), p. 243.
29 譯注：原文為 blackface，這是當年特有的種族歧視表演型態，白人演員會刻意把臉塗黑、將嘴畫大，並按當時的刻板印象作出滑稽之舉。
30 Douglas A. Blackmon, *Slavery by Another Name* (Anchor Books, 2008), p. 402.
31 編按：貝爾・胡克斯（一九五二—二〇二一）本名為葛洛瑞亞・珍・沃特金（Gloria Jean Watkins），她以其筆名「bell hooks」而為人所知。她是一位美國黑人作家與女性主義者。她的這個筆名取自她非常欽佩的外曾祖母貝爾・布萊兒・胡克斯（Bell Blair Hooks），但為了與外曾祖母區分，她的筆名都使用小寫字母。
32 Douglas A. Blackmon, *Slavery by Another Name* (Anchor Books, 2008), p. 73。
33 同上， p. 336。
34 同上， p. 380。
35 同上， p. 85。
36 See Michelle Alexander, *The New Jim Crow: Mass Incarceration in the Age of Colorblindness* (The New Press, 2012); and Bryan Stevenson, *Just Mercy: A Story of Justice and Redemption* (Spiegel & Grau, 2014).
37 For one summary of studies, see www.sentencingproject.org.
38 H. R. Haldeman, *Inside the White House* (G. P. Putnam, 1995).
39 Blackmon, *Slavery by Another Name*, p. 390.
40 Coates, *We Were Eight Years in Power*, p. 169.
41 See Dalton Conley, *Being Black, Living in the Red* (University of California Press, 2009).
42 See Elizabeth Anderson, *The Imperative of Integration* (Princeton University Press, 2010).
43 Coates, *We Were Eight Years in Power*, p. 177.
44 同上， p. 190。
45 José Brunner, Constantin Goschler, and Norbert Frei, *Die Globalisierung der Wiedergutmachung* (Wallstein Verlag, 2013), p. 296ff.
46 Blackmon, *Slavery by Another Name*, p. 394.
47 譯注：指經歷過一九二〇年代經濟大蕭條與第二次世界大戰的美國世代。

31 Howard Ball, *Justice in Mississippi: The Murder Trial of Edgar Ray Killen* (University Press of Kansas, 2006), p. 10. 26.
32 See Sally Belfrage, *Freedom Summer* (University Press of Virginia, 1990).
33 Cagin and Dray, *We Are Not Afraid*, p. 279.
34 同上，p. 134。
35 同上，p. 362。
36 同上，p. 390。
37 Quoted in Carol V. R. George, *One Mississippi, Two Mississippi* (Oxford University Press, 2015), p. 29.
38 同上。
39 同上。
40 同上，p. 211。
41 Ball, *Justice in Mississippi*, p. 12.
42 同上，pp. 203–204。
43 同上，p. 27。
44 同上，p. 26。
45 Mitch Landrieu, *In the Shadow of Statues: A White Southerner Confronts History* (Viking, 2018), pp. 217–18.

第八章　權利與賠償

1 Jean Améry, "Resentments," in *At the Mind's Limits: Contemplations by a Survivor on Auschwitz and Its Realities*, trans. Sidney Rosenfeld and Stella P. Rosenfeld (Indiana University Press, 1980), p. 81.
2 同上，p. 72。
3 同上，p. 77。
4 Hannah Arendt, "Auschwitz on Trial," *Responsibility and Judgment*, ed. Jerome Kohn (Schocken Books, 2003), pp. 228–29.
5 See Ta-Nehisi Coates, "The Case for Reparations," in *We Were Eight Years in Power* (One World, 2017).
6 See Coates, We Were Eight Years in Power; Randall Robinson, *The Debt: What America Owes to Blacks* (Dutton, 2000); Thomas McCarthy, "Coming to Terms with Our Past, Part II: On the Morality and Politics of Reparations for Slavery," *Political Theory*, no. 6 (2004): 750–72; and Charles J. Ogletree, "Tulsa Reparations: The Survivors' Story," *Boston College Third World Law Journal* 24 (2004): 13–30.
7 See Christopher Clark, *The Sleepwalkers: How Europe Went to War in 1914* (Penguin Books, 2012).
8 Hannah Arendt, *Ich will verstehen: Selbstauskünfte zu Leben und Werk* (Piper, 1996), p. 59.
9 See Tom Segev, *The Seventh Million: The Israelis and the Holocaust* (Henry Holt, 2000).
10 同上，p. 192。
11 同上，p. 204。
12 Paul Weymar, *Konrad Adenauer: His Authorized Biography*, trans. Peter de Mendelssohn (Dutton, 1957), p. 406.
13 同上，p. 445。
14 See Segev, *The Seventh Million*, pp. 230ff; and Constantin Goschler, *Schuld und Schulden: Die Politik der Wiedergutmachung für NS Verfolgte seit 1945* (Wallstein, 2005), p. 274.
15 Segev, *The Seventh Million*, p. 246ff.

Forschungen/Studies in Contemporary History, 2008.
8 See "Black and Unarmed," *Washington Post*, August 8, 2015.
9 See Susan Neiman, *Widerstand der Vernunft: Ein Manifest in postfaktischen Zeiten* (Benevento, 2017).
10 See Aaron Williams, "Hate Crimes Rose the Day After Trump Was Elected, FBI Data Shows," *Washington Post*, March 23, 2018, and *The Independent*, July 17, 2017.
11 See Mischa Gabowitsch, "Sites of Practice," talk at Einstein Forum conference *Imagine Solidarity!*, June 17, 2017.
12 Directive No. 30, Official Gazette of the Control Council for Germany, Nr. 7, May 31, 1946.
13 編按：茅茅起義在是一場發生於肯亞的軍事衝突，在英國官方則被稱為肯亞緊急狀態（Kenya Emergency）。這場衝突發生期間為一九五二年至一九六〇年間的英國殖民政府時期。舉事的反殖民主義團體稱為茅茅，成員多是基庫尤人，而與之對抗的是英軍與當地親英的武裝分子。
14 譯注：麥克·傑克森的手套是國家歷史博物館的展品，該博物館同樣位於國家廣場上。
15 編按：史陶芬堡伯爵（一九〇七－一九四四）是一九四四年七月二十日密謀案的主要執行人物之一。這個密謀案的目的主要是刺殺希特勒並把納粹黨趕出政府。他是國防軍內的抵抗組織核心人員。在他加入抵抗組織後，立即採取刺殺行動，其中最後一次行動就是女武神行動（Operation Valkyrie）。然而最終計畫失敗，史陶芬堡也被槍決。
16 James Meredith, with William Doyle, *A Mission from God* (Atria Books, 2012), p. 6.
17 Jan Philipp Reemtsma, "Wozu Gedenkstätten?," *Politik und Zeitgeschichte*, June 21, 2010.
18 同上，p. 4。
19 同上，p. 5。
20 同上，p. 9。
21 編按：里斯本大地震發生於在一七五五年十一月一日，葡萄牙當地時間上午九點四十分左右。這場天災造成約十萬人罹難，而後伴隨的火災和海嘯幾乎將整個里斯本摧毀，同時也令葡萄牙殖民帝國從此衰落。這次地震也被許多啟蒙運動的哲學家與神學家廣泛討論，展開對神義論（theodicy）的深入研究。
22 See Susan Neiman, *Evil in Modern Thought: An Alternative History of Philosophy* (Princeton University Press, 2015 [revised edition]).
23 See Lorraine Daston, "When Science Went Modern—and Why," talk at Einstein Forum conference *Fetishizing Science*, June 11, 2016.
24 Friedrich Nietzsche, *On the Use and Abuse of History for Life*, trans. Adrian Collins (Digireads, 2009), p. 122.
25 G.W.F. Hegel, *Introduction to the Lectures on Philosophy of History*, trans. Hugh Barr Nisbet (Cambridge, 1975), p. 43.
26 編按：包浩斯是一所曾位於德國威瑪的藝術和建築學校，主要教授並發展設計教育，於一九一九年創立，但在納粹的壓迫下於一九三三年關閉。由於包浩斯學校對於現代建築學的深遠影響，今日的包浩斯早已不單是指學校，而是其倡導的建築流派或風格的統稱，注重建築造型與實用機能合而為一。
27 譯注：原文為 Buchenwald，有山毛櫸森林之意。
28 *Buchenwald: Ausgrenzung und Gewalt* (Wallstein Verlag, 2016), p. 183.
29 Barack Obama, in Crain's *Chicago Business*, December 6, 2017.
30 See Seth Cagin and Philip Dray, *We Are Not Afraid: The Story of Goodman, Schwerner, and Chaney, and the Civil Rights Campaign for Mississippi* (PublicAffairs, 2006).

責是紀念這些祖先、為他們建造紀念碑，並在立場上主張失落的一戰和白人至上主義等意識形態。

19 編按：高罌粟花症候群是澳洲和紐西蘭的一個流行用語，用來形容一種在社群文化中，集體地對某類人的批判態度，屬於意識形態表達的一種方式。當任何一個人在社會上達到某程度上成功的時候，而惹來社群中不約而同的、自發性的、集體性的批評。通常，這種批評也會從社區領袖們口中而出，亦帶有反智主義，特別是對知識分子的懷疑和鄙視。

20 編按：白人公民委員會是美國白人至上主義和種族隔離組織的聯合網絡，創立於一九五四年七月十一日。協會成員最初集中在美國南方，是對美國最高法院的布朗訴教育委員會裁決的主要抗議聲浪。但是該組織由於七〇年代民權運動聲勢上漲與相關民權法案的訂立，而慢慢衰退。即使如此，今天仍有許多成員分布在美國各處，以不同的組織持續鼓吹白人至上主義。

21 編按：戴斯蒙・屠圖（一九三一—二〇二一）曾擔任聖公會開普敦教區榮休大主教，也是南非聖公會首位非裔大主教，被譽為人權神學的先鋒。屠圖亦一九八四年諾貝爾和平獎得獎者。他自八〇年代開始致力於廢除南非種族隔離政策，並在一九九五年開始領導真相與和解委員會，促成南非的轉型正義而聞名於世。亨利・諾文（一九三二—一九九六）是荷蘭天主教神父、作家和神學家。他的興趣主要根植於心理學、牧靈事工、靈性、社會正義和社區工作上。

22 James Baldwin, *Blues for Mister Charlie* (Vintage International Edition, 1995), p. xiv.

23 譯注：此語暗諷川普顧問曾對外宣稱「另類事實」（alternative facts）確實存在。

24 編按：浣熊的英文可以是「racoon」或「coon」，而「coon」通常用來當作侮辱性的詞彙。

25 編按：馬克思曾說：「宗教是人民的鴉片」。此話出自於他一八四四年所發表的《黑格爾法哲學批判》（*Zur Kritik der Hegelschen Rechtsphilosophie*）中的導言部分。

26 譯注：洛林汽車旅館為金恩遇刺的地點，後改建為民權博物館。

27 Christopher Benson, “The Image of Emmett Till,” *New York Times*, March 28, 2017.

28 See Jean Améry, “At the Mind’s Limits,” in *At the Mind’s Limits: Contemplations by a Survivor on Auschwitz and Its Realities*, trans. Sidney Rosenfeld and Stella P. Rosenfeld (Indiana University Press, 1980).

29 譯注：肯特布（Kente）為西非迦納境內阿散蒂民族（Asante）的傳統布料，色彩絢麗、廣受歡迎。

30 Kwame Anthony Appiah, *The Lies That Bind: Rethinking Identity* (Liveright, 2018), p. 208.

31 同上，p. 327。

32 同上，p. 328。

第七章　紀念碑

1 See Susan Neiman, “Victims and Heroes,” in *The Tanner Lectures on Human Values* (University of Utah Press, 2012).

2 William James, “Oration,” *Essays in Religion and Morality* (Harvard University Press, 1982), pp. 65–66, italics added.

3 同上，p. 66。

4 同上，p. 67。

5 同上，p. 66。

6 同上，p. 73。

7 Birgit Schwelling, “Gedenken im Nachkrieg. Die ‘Friedland-Gedächtnisstätte,’” in *Zeithistorische*

32 編按：薩迪斯·史蒂文斯（一七九二—一八六八）曾擔任賓州聯邦眾議員，也是十九世紀六〇年代激進派的共和黨領袖。他曾極力反對奴隸制和針對黑人的歧視，並在重建時期力圖維護黑人權利。內戰期間，他也在美國眾議院發揮過重要作用，集中精力打擊南方邦聯。

33 Quoted in Arthur M. Schlesinger, *A Thousand Days: John F. Kennedy in the White House* (Houghton Mifflin, 1965), p. 966.

第六章　艾默特·提爾的臉

1 譯注：原文為 bayou。長沼是美國南方特有的濕地地形，水流緩慢、植被密覆。

2 編按：非裔美國人大遷徙，又名黑人大遷徙（Black Migration），是指一九一六年至一九七〇年間約六百萬非裔美國人從美國南部各州的鄉村地區遷徙至美國東北部、中西部以及西部地區的大規模人口遷徙。造成這次大遷徙的主要原因是南部各州落後的經濟條件以及普遍的種族隔離和歧視現象，尤其是南部各州所實施的《吉姆·克勞法》。

3 Mamie Till-Mobley and Christopher Benson, *Death of Innocence* (One World Books, 2003), p. 99.

4 同上。

5 同上，p. 14。

6 同上。

7 同上，p. 102。

8 Bob Dylan, "The Death of Emmett Till."

9 Till-Mobley and Benson, *Death of Innocence*, p. 310.

10 "The Shocking Story of Approved Killing in Mississippi," *Look*, January 24, 1956. 此處文字經過修改，改掉了米拉姆的種族歧視用詞。

11 編按：十九世紀居住在美國東北部的美洲原住民，因著白人希望有更多土地來種植棉花，所以當時美國總統傑克森簽署《印地安人遷移法案》，強迫印地安人從美國東南部的家鄉遷往密西西比河西岸印第安領地。這段遷移全長大約一千兩百英里，且都是徒步，被迫遷移的印第安人在前往新領地的途中飽受凍餒和疾病，許多人在到達目的地之前就已死亡。傳統文化亦快速流失。

12 See Edward E. Baptist, *The Half Has Never Been Told: Slavery and the Making of American Capitalism* (Basic Books, 2014).

13 "Mississippi Freedom Trail," State of Mississippi tourism website, www.mississippi.org/mississippi-stories/mississippi-freedom-trail/ (accessed October 20, 2018).

14 譯注：梅森—迪克森線為南北戰爭時期南方邦聯與北方聯邦的分界。

15 編按：原文按字面意義是指「耳朵的記號」，由農業術語而來。以前農夫會在自己家禽的耳朵上打上印記，以表明對家禽的所有權。這個用法後來被延伸為美國國會議員在聯邦預算報告中插入的提案，即在聯邦預算之外加入特別開支項目，以便為本選區一些特殊項目爭取聯邦撥款。

16 編按：《林白法案》目的是讓聯邦政府介入並追捕跨越州境的綁架者。該法案產生的契機，是由於美國著名飛行員林白（Charles Augustus Lindbergh）的五歲兒子於一九三二年遭人綁架並撕票。林白之子綁架案也成為英國推理作家阿嘉莎·克莉絲蒂寫作《東方快車謀殺案》的靈感來源。

17 "The Apology," Emmett Till Interpretive Center, www.emmett-till.org (accessed October 20, 2018).

18 編按：南方邦聯之女聯合會是一八九四年於田納西州成立的組織，也是一個與美國南方邦聯有關的世襲協會，其成員主要是參與內戰時期南方邦聯士兵的女性後裔。她們的職

6 Inscription at the Confederate Memorial Carving, Stone Mountain, Georgia
7 同上。
8 "A Declaration of the Immediate Causes Which Induce and Justify the Secession of the State of Mississippi from the Federal Union," 1860.
9 See Wolfgang Schivelbusch, *The Culture of Defeat* (Picador, 2004).
10 Quoted in David W. Blight, *Race and Reunion: The Civil War in American Memory* (Belknap Press, 2001), p. 159.
11 Thomas Nelson Page, quoted in Hale, *Making Whiteness*, p. 43.
12 Anne Sarah Rubin, *Through the Heart of Dixie: Sherman's March and American Memory* (University of North Carolina Press, 2014), p. 180.
13 Quoted in Blight, *Race and Reunion*, p. 106.
14 同上， p. 92。
15 同上， p. 93。
16 譯注：出自《聖經》詩篇第一三七篇。該詩寫於以色列人被擄時期，詩人表示若自己忘記所愛的耶路撒冷，他寧可讓舌頭黏於口腔上壁，此生不再作詩。
17 Quoted in Blight, *Race and Reunion*, p. 106.
18 Andrew Young, *An Easy Burden: The Civil Rights Movement and the Transformation of America* (HarperCollins Publishers, 1996), p. 104.
19 編按：郝思嘉（Scarlett O'Hara）是小說《飄》也是電影改編《亂世佳人》的女主角。其角色被設定成優雅、有教養的白人女性，並出身於喬治亞州的奴隸主家庭。
20 編按：即指「一八一一年日耳曼灣起義事件」（1811 German Coast Uprising），發生於該年一月八日至十日的奧爾良領地（Territory of Orleans）內。最初由一名黑人奴隸發起，他號召其他奴隸逃脫並加入他的遊行隊伍，最終發展成數百人、具初步武裝規模的團體。然而這場行動引起奴隸主的注意，奴隸主聯合地方民兵，挾著武器優勢瓦解了這支起義隊伍。最終有十多名逃脫的奴隸被斬首，並在密西西比河畔將首級插在長矛上示眾。
21 John Cummings, *Why America Needs a Slavery Museum*, Atlantic Documentaries, August 25, 2015.
22 同上。
23 同上。
24 編按：內森・貝德福・福雷斯特（一八二一－一八七七）是南北戰爭南方邦聯軍中的高級將領以及戰後三 K 黨的首任領袖。他富有組織能力，在南北戰爭中發揮領導才華，但同時也因種族主義和戰爭罪行而聞名。福雷斯特在戰前是一名棉花種植園主、馬匹商人、房地產經紀人和奴隸商人。
25 譯注：地下氣象組織（Weather Underground）是成立於密西根大學校園的美國激進左翼組織，活躍於六〇年代末及七〇年代。比爾・艾爾斯（一九四四年生）為其領袖。
26 譯注：西奧菲勒・尤金・康納（Theophilus Eugene Connor，一八九七－一九七三），又稱公牛康納，曾任伯明翰市公共安全局長長達二十多年。
27 譯注：喬治・華萊士（一九一九－一九九八），前阿拉巴馬州州長。華萊士曾是美國民主黨內保守派的代表人物。
28 譯注：穆迪・瓦特斯（一九一三－一九八三）本名麥金利・摩根費爾德（McKinley Morganfield），是一名美國藍調音樂家，被譽為是「現代芝加哥藍調之父」。
29 Bob Dylan, *Chronicles, Volume One* (Simon and Schuster, 2004), p. 86.
30 John F. Kennedy, *Profiles in Courage* (Harper and Brothers, 1955), p. 140.
31 A video of Myrlie Evers-Williams's speech can be viewed here at YouTube, www.youtube.com/watch?v=TzR6OTry0tk (accessed October 21, 2018).

17 譯注：瑪琳・勒朋（一九六八年生）是當代一名法國極右派的政治人物，曾參與多次法國總統選舉。
18 編按：原文為「In God We Trust」，是南方邦聯與佛羅里達州的官方格言。這句格言首先出現於南北戰爭期間。因著基督教的影響，這一格言首次出現在美國於一八六四年發行的兩美分硬幣上。當五〇年代美國正在對抗共產主義時，國會通過將「我們信靠上帝」正式定為美國的官方格言。
19 這些是旁聽民眾於會議上的發言。
20 編按：亞倫・亨利（一九二二－一九九七）是密西西比州出生的黑人民權領袖和政治家。除了他的民權工作外，他還是密西西比州有色人種協進會（NAACP）主席和密西西比州自由民主黨（Freedom Democratic Party）的領導人。 一九七九 年至一九九六年間，他還在密西西比州眾議院任職過。
21 編按：科赫兄弟是指查爾斯・科赫（Charles G. Koch）和大衛・科赫（David H. Koch）兩兄弟，這兩人皆為當代美國政、經兩界具影響力的人物。在美國眾多公共政策上，包含環境、種族、性別、衛生、國防，均有十足的影響力，也代表著標準右派保守的觀點。其所屬的科赫家族更是美國著名的商人家族之一。
22 Jean Améry, "Aufklärung als Philosophia perennis," in *Werke*, vol. 6: *Aufsätze zur Philosophie*, ed. Gerhard Scheit (Klett-Cotta, 2004), p. 557.
23 譯注：原文為「means of production」。在馬克思主義中，生產資料指的是勞動者在生產具經濟價值的商品或服務時所需的資源或工具，如土地、設備、工具、原料等。
24 譯注：原文為「Company K」。K 連是南北戰爭中南軍的傳奇部隊，其主力為美國原住民士兵。
25 譯注：科麗塔・史考特・金恩（一九二七－二〇〇六）是馬丁路德・金恩的妻子。
26 譯注：李奧汀・普萊絲（一九二七年生）是美國著名黑人女高音。
27 Meredith, *A Mission from God*, p. 222.
28 同上，p. 27。
29 同上，p. 33。
30 同上，p. 44。
31 同上，p. 16。
32 同上，p. 41。
33 同上，p. 55。
34 譯注：林登・詹森（一九〇八－一九七三）是民主黨人，曾擔任甘迺迪總統的副手，並繼任為美國第三十六任總統。
35 Meredith, *A Mission from God*, p. 89。
36 譯注：一九三七年，密西西比大學以強尼瑞為靈感設計出強尼瑞上校（Colonel Reb）的圖案，作為學校橄欖球隊的官方吉祥物。

第五章　失落的一戰

1 譯注：瑪格麗特・米契爾是《亂世佳人》（*Gone with the Wind*）一書的作者。
2 See Grace Elizabeth Hale, *Making Whiteness: The Culture of Segregation in the South, 1890–1940* (Vintage, 1999).
3 譯注：即美國著名的總統雕像山，上有華盛頓、傑佛遜、老羅斯福和林肯等四位總統的頭像。
4 Hale, *Making Whiteness*, p. 65。
5 同上，p. 62。

41 編按：華納・馮・布朗（一九一二—一九七七）是德國出身的美國火箭專家，二十世紀航太科技的先驅者之一。曾是納粹德國火箭開發的總設計師，二戰結束後，美國將他和他的設計小組帶往美國貢獻航太事業。

42 編按：哈利・貝拉方特（一九二七年生）是美國著名牙買加裔歌手。保羅・羅伯遜（一八九八—一九七六）是美國黑人歌手，因他在政治激進主義與民權運動中的活動而出名。作為一名國際級的歌手，他除了參與大量的演出，也捲入了一系列政治事件，如西班牙內戰、法西斯主義等。他對於反帝國主義的呼籲、與共產主義的關係，以及他對美國政府的批評，導致他被列入麥卡錫主義時代中的黑名單。

43 編按：安吉拉・戴維斯（一九四四年生）是美國黑人女性學者和作家。她在六〇年代是全國著名的活動家和激進人士，也曾擔任美國共產黨和黑豹黨領袖。她的研究主要集中在女性主義、非裔美國、批判理論、馬克思主義、流行音樂和社會意識，懲罰和監獄的哲學和歷史上。

44 編按：薩爾瓦多・阿言德（一九〇八—一九七三）是智利政治人物、醫師，作為拉丁美洲第一位通過直接選舉上任總統的馬克思主義者和社會主義者而聞名。但他卻在一九七三年九月十一日由美國中央情報局所支持的軍事政變中身亡，此後智利陷入長達十七年的軍事獨裁統治。

45 編按：該小說於二〇一七年出版，書名為《彼得・霍爾茨與他對快樂生活的看法》（*Peter Holtz. Sein glückliches Leben erzählt von ihm selbst*）。這是一本諷刺喜劇，書中描述彼得・霍爾茨在東德出生並早早加入共產黨，但他最終卻成為一名億萬富翁。

46 See, for example, Ottmar Ette, *Der Fall Jauss* (Kulturverlag Kadmos Berlin, 2016).

第四章　密西西比的事眾所皆知

1 譯注：原文為 the middle of the iceberg，出自於六〇年代的非裔民權運動者巴布・摩西（Bob Moses），他在獄中寫信時曾以此語形容密西西比。

2 See Eric Foner, *A Short History of Reconstruction* (Harper & Row, 1990).

3 James Meredith, with William Doyle, *A Mission from God* (Atria Books, 2012), pp. 43–44.

4 Carol V. R. George, *One Mississippi, Two Mississippi* (Oxford University Press, 2015), p. 208.

5 Susan Glisson, "Everything Old Is New Again: Storytelling and Dialogue as Tools for Community Change in Mississippi," *Oral History Forum d'histoire orale* 34 (2014), p. 3.

6 George, *One Mississippi, Two Mississippi*, p. 229.

7 Howard Zinn, *The Southern Mystique* (Knopf, 1964), p. 341.

8 譯注：取名者刻意將三個字全拼錯，以使字首皆為 K 開頭。

9 Meredith, *A Mission from God*, p. 234.

10 同上， p. 239。

11 同上， p. 235。

12 同上， p. 236。

13 塔維斯・史邁利是美國一名脫口秀主持人與作家。曾主持同名電視節目，訪問很多黑人族裔或相關的知名人士，奈門曾於二〇〇八年上過節目。

14 譯注：傑弗遜・戴維斯（一八〇八—一八八九）南方邦聯唯一一任總統。

15 譯注：塞西爾・羅茲（一八五三—一九〇二）是英裔南非礦業大亨，曾任開普殖民地總理。他以傭兵以及槍枝等暴力手段驅趕當地人，並奴役非洲人以打造出巨大的礦業王國。著名的鑽石公司戴比爾斯（De Beers）即為其所創辦。

16 Timothy Ryback, "What Ole Miss Can Teach Universities About Grappling with Their Pasts," *The Atlantic*, September 19, 2017.

Peterson (Ullstein, 1974).

16 Arno Mayer, *Why Did the Heavens Not Darken?* (Pantheon, 1988), p. 446.

17 同上，p. 160。

18 同上，p. 90。

19 A. O. Lovejoy, "What Shall Be Done About Germany After the War?," EM10, 1944, American Historical Association Archives (www.historians.org./projects/GIRoundtable).

20 譯注：摩薩德是以色列的情報機構，以行事詭祕、手段高超聞名於世。

21 譯注：萊斯曾任美國國務卿與國家安全顧問。

22 Timothy Snyder, "Tony Judt: An Intellectual Journey," *New York Review of Books*, August 31, 2010.

23 See Dahn, *Westwärts und nicht vergessen*.

24 Ingo Müller, "Die Verfolgung der Nazi-Verbrechungen in Ost und West," talk at the 45th Bundesweites Gedenkstättenseminar (Halle, 2006).

25 Andreas Eichmüller, "Die Strafverfolgung von NS-Verbrechen durch westdeutsche Justizbehörden seit 1945" (Institut für Zeitgeschichte, 2008), and Malte Herwig, *Die Flakhelfer* (DVA, 2014).

26 Ingo Müller, "Die Verfolgung der Nazi-Verbrechungen in Ost und West."

27 "Alt-Nazis beherrschten Justizministerium bis in die sechziger Jahre," *Der Spiegel*, April 4, 2013.

28 Christian Mentel, "Die Debatte um '*Das Amt und die Vergangenheit*'" (Bundeszentral für politische Bildung, 2012).

29 Institute für Zeitgeschichte München-Berlin and Zentrum für Zeithistorische Forschung Potsdam, "Die Nachkriegsgeschichte des Bundesministeriums des Innern (BMI) und des Ministeriums des Innern der DDR (MdI) hinsichtlich möglicher personeller und sachlicher Kontinuitäten zur Zeit des Nationalsozialismus," October 2015, p. 142. www.bmi.bund.de/SharedDocs/downloads/DE/veroeffentlichungen/2015/abschlussbericht-vorstudie-aufarbeitung-bmi- nachkriegsgeschichte.html (accessed October 20, 2018).

30 Ulrike Puvogel and Stefanie Endlich, *Gedenkstätten für die Opfer des Nationalsozialismus* (Bundeszentrale für politische Bildung, 2000).

31 Karl Hessdörfer, "Die finanzielle Dimension," in Constantin Goschler and Ludolf Herbst, eds., *Wiedergutmachung in der Bundesrepublik Deutschland* (De Gruyter Oldenbourg, 1988).

32 See Rainer Karlsch, *Allein bezahlt? Die Reparationsleistungen der SBZ/DDR 1945–53* (Christoph Links Verlag, 2013 [1993]); and Hans Günter Hockerts, Claudia Moisel, and Tobias Winstel, eds., *Grenzen der Wiedergutmachung: Die Entschädigung für NS- Verfolgte in West-und Osteuropa 1945–2000* (Wallstein, 2006).

33 See Dahn, *Westwärts und nicht vergessen*.

34 Stanley Cavell, *Little Did I Know* (Stanford University Press, 2010).

35 感謝多明尼克・邦斐利歐（Dominic Bonfiglio）令我看見這點。

36 Dahn, *Westwärts und nicht vergessen*, p. 58.

37 See Renate Kirchner, "Jüdisches in Publikationen aus DDR Verlagen 1945–90," in Detlef Joseph, ed., *Die DDR und die Juden: Eine kritische Untersuchung* (Berlin, 2010).

38 Mario Kessler, *Die SED und die Juden—zwischen Repression und Toleranz: Politische Entwicklungen bis 1967* (De Gruyter Akademie Forschung, 1996).

39 譯注：安妮是《安妮日記》的作者，納粹大屠殺最著名的受害者之一。瑪戈為其姊。

40 譯注：克萊茲默為東歐猶太人在婚禮或其他傳統場合中所演奏的猶太傳統音樂。有句意第緒諺語說：「婚禮上沒有克萊茲默，就像是葬禮上無人落淚」。

劇作在世界各地上演，他還創立了「辯證戲劇」的概念。

47 編按：美萊村屠殺（My Lai Massacre）是越戰期間，美國陸軍於一九六八年三月十六日在越南廣義省山靜縣美萊村進行的屠殺。事後軍方企圖掩蓋真相，但遭到記者揭發，遂引發全美反戰情緒高漲。

48 Jan Philipp Reemtsma, *Trust and Violence*, trans. Dominic Bonfiglio (Princeton University Press, 2012), p. 309.

49 Hannah Arendt, *Eichmann in Jerusalem: A Report on the Banality of Evil* (Penguin Books, 2006), pp. 521–22.

第三章　冷戰記憶

1 Daniela Dahn, *Westwärts und nicht vergessen* (Rowohlt, 1996), p. 36.

2 Michael Kimmelman, *New York Times*, December 20, 2016.

3 譯注：東德國家安全部（Ministerium für Staatssicherheit），即俗稱的祕密警察。

4 編按：布萊恩·史蒂文森，美國著名黑人律師、社運人士，倡議美國最高法院改變政策，停止對青少年罪犯判處死刑或終身監禁，他也為許多冤案平反，將死囚拯救出來（關於作者與史蒂文森的談話，請參閱第七章）。約翰·布朗（一八〇〇—一八五九）為美國廢奴主義者，一八五九年他率眾要求廢除奴隸制，並逮捕一些莊園主，解放了許多奴隸。然而此舉最終失利，布朗被捕並被處以絞刑。哈莉特·塔布曼（一八二二—一九一三）是美國的一位黑人廢奴主義者。她出生時是一位奴隸，但長大後逃脫，並號召發起了大約十三次的起義行動，救出大約七十名奴隸。晚年的塔布曼也積極為婦女爭取選舉權。

5 譯注：德國國歌原有數節歌詞，現已棄置不用的第一節開頭即為「Deutschland, Deutschland über alles」（德意志，德意志高於一切）。歌詞作者法勒斯雷本（Hoffmann von Fallersleben）希望當年的日耳曼各邦聯能團結統一而寫下此語，後卻遭希特勒挪用以表達「德國高於其他國家」的納粹思想。

6 編按：麥格·艾佛斯生前是美國民權運動人士，也是全國有色人種協進會（NAACP）在密西西比州的第一任外勤祕書，當時被白人至上主義者暗殺。至於詹姆斯·錢尼、安德魯·古德曼、麥可·史維納三人都是一九六四年在密西西比州的「種族平等大會」（Congress of Racial Equality）中，被三 K 黨成員殺害的美國民權運動參與者。

7 編按：萊斯槍殺案發生於二〇一四年十一月二十二日，發生地點在俄亥俄州克里夫蘭市。事件造成了當時十二歲的黑人男孩塔米爾·萊斯死亡。這起事故中，兩名警察射殺萊斯，而萊斯也在未經過當下急救的情況下，於隔日死亡。

8 Günther Anders, *Wir Eichmannsöhne, offener Brief an Klaus Eichmann* (Munich, 1988), p. 89.

9 譯注：指希特勒政權與共產東德政權。

10 See James Zeigler, *Red Scare Racism and Cold War Black Radicalism* (University Press of Mississippi, 2015).

11 See Arkadi Zeltser, *Unwelcome Memory: Holocaust Memorials in the Soviet Union* (Yad Vashem, 2018).

12 "Aufruf der ZK der KPD vom 11. Juni 1945,"in *Dokumente und Materialien zur Geschichte der deutschen Arbeiterbewegung*, Reihe III, Bd. 1 (Berlin, 1959), pp. 15ff.

13 譯注：德文為 Junker，原意為「地主之子」，後泛指普魯士貴族與大地主。

14 譯注：賠償金原文為 compensation，賠款為 reparations。二十一世紀上半葉，reparation 一字常指戰敗國支付戰勝國的懲罰性賠償。然於轉型正義的語境中，也以 reparation 來指稱在國家大規模侵犯人權的事件中，政府支付受害者的賠償。

15 Heinrich Himmler, *Geheimreden 1933 bis 1945 und andere Ansprachen*, eds. B. F. Smith and A. F.

17 同上，p. 235。
18 同上，p. 242。
19 同上，p. 298。
20 同上，p. 260。
21 同上，p. 298。
22 同上，p. 260。
23 同上，p. 258。
24 同上，p. 245。
25 同上，p. 321。
26 同上，pp. 205, 247。
27 See Susan Neiman, "Banality Reconsidered," in *Politics in Dark Times: Encounters with Hannah Arendt*, ed. Seyla Benhabib (Cambridge University Press, 2010).
28 編按：耶路撒冷的大穆夫提（grand mufti of Jerusalem）是負責耶路撒冷伊斯蘭聖地的遜尼派穆斯林神職人員。這個職位是一九一八年由英國軍政府所創立的。
29 Bettina Stangneth, *Eichmann vor Jerusalem* (Arche Literatur Verlag, 2011), p. 298.
30 同上，p. 286。
31 編按：康拉德・艾德諾（Konrad Adenaue）是德國政治家，於二戰結束後擔任第一任德意志聯邦共和國總理（一九四九年至一九六三年間任職）。
32 Bettina Stangneth, *Eichmann vor Jerusalem* (Arche Literatur Verlag, 2011), p. 454。
33 Bettina Stangneth, "Deutsche Kant, Jüdisches Kant," lecture given at the Einstein Forum, 2014.
34 編按：卡爾・李卜克內西（一八七一－一九一九），德國馬克思主義政治家、律師，德國共產黨創始人之一。
35 Polina Aronson, "You're Better Than You Think," opendemocracy.net, January 2017.
36 Voltaire, *Candide*, trans. Roger Pearson, in *Candide and Other Stories* (Oxford University Press, 2006), p. 29.
37 編按：海德瑙難民收容所襲擊事件發生於二〇一五年八月二十一日。當天接納的第一批難民準備入住收容所時，遭到海德瑙當地數百人的抗議與攻擊。有多人在該事件中受傷，海德瑙鎮也宣布進入緊急狀態。
38 Jan Plamper, *Das neue Wir: Eine andere Geschichte der Deutschen* (Fischer Verlag, 2019).
39 Alexandra Senfft, *Schweigen tut weh: Eine deutsche Familiengeschichte* (List, 2008), p. 104.
40 譯注：阿拉伯人與猶太人皆屬閃族（Semite）。
41 譯注：一九六八年，德國爆發了大規模的學運，其中的思想主軸包括追尋歷史真相、要求政府指認出曾為第三帝國工作如今卻依然身居高位的官僚。參與該學運的世代遂被稱為六八世代。
42 譯注：雅利安化（Aryanization）為納粹術語，指從猶太人手中奪取財產並轉移給非猶太人的官方行動。
43 編按：赫爾曼・戈林（一八九三－一九四六）是納粹德國黨政軍領袖，與希特勒關係極為親密，曾被希特勒指定為接班人。年輕時擔任飛行員，之後也受命為德國空軍總司令。
44 譯注：集中營內的制服即為條紋制服。
45 Omer Bartov, Cornelia Brink, Gerhard Hirschfeld, Friedrich P. Kahlenberg, Manfred Messerschmidt, Reinhard Rürup, Christian Streit, and Hans-Ulrich Thamer, *Bericht der Kommission zur Überprüfung der Ausstellung "Vernichtungskrieg. Verbrechen der Wehrmacht 1941 bis 1944,"* November 2000.
46 編按：貝托爾特・布萊希特（一八九八－一九五六）為德國戲劇家、詩人。布萊希特的

8 譯注：中間航路（Middle Passage）又譯為中間通道、中央航路，指由非洲航向美洲的大西洋航道，無數黑奴經由此路被販賣、運送至美洲。
9 British Foreign Office in Washington, D.C., January 12, 1943, quoted in Louise London, "British Government Policy and Jewish Refugees 1933–45," in *Patterns of Prejudice* (Routledge, 1989).
10 *Berliner Zeitung*, August 31, 2015.
11 有許多人認為釐清過往的工作無法轉譯。請見 Mischa Gabowitsch, ed., *Replicating Atonement* (Palgrave Macmillan, 2017).
12 編按：伯明翰民權運動（Birmingham civil right movement）發生於一九六三年，由數位美國黑人民權人士主導示威活動，抗議種族隔離政策，但卻遭到拒絕。抗議活動中，電視臺轉播警方放狗咬人、用水柱攻擊示威青少年，並引起全美公憤。
13 編按：聯合抵制蒙哥馬利公車運動（Montgomery bus boycott）是美國一場大規模反對種族隔離的社會運動，起因是黑人羅莎・帕克斯（Rosa Parks）在一九五五年十二月一日當天拒絕聽從蒙哥馬利公車司機的命令，不肯把有色座位讓給一位白人乘客而引起。事後，帕克斯遭警方逮捕，也引發婦女政治協會（WPC）呼籲所有黑人抵制乘坐蒙哥馬利公車。
14 譯注：原文為 chattel slavery。在這種制度中奴隸僅為動產（chattel），其與物品之差別只在於他在生物意義上仍是人，但完全不具有人的權利。
15 See Carol Anderson, *White Rage* (Bloomsbury, 2016).
16 See Matthew Karp, *This Vast Southern Empire: Slaveholders at the Helm of American Foreign Policy* (Harvard University Press, 2017)。另見本書各章中與查爾斯・雷根・威爾遜（Charles Reagan Wilson）以及黛安・麥克沃特（Diane McWhorter）的對話。
17 譯注：德文中法官和劊子手（Richter and Henker）與詩人和思想家（Dichter and Denker）押韻。

第二章　父輩之罪

1 See Wolfgang Schivelbusch, *The Culture of Defeat* (Picador, 2004).
2 Martin Heidegger, *Gesamtausgabe, Anmerkungen I–V (Schwarze Hefte, 1942–1948)*, vol. 97 (Vittorio Klostermann, 2015).
3 譯注：原文為 reading Heidegger against Heidegger，意指使用海德格的方式來解構海德格的文本，使其能擺脫文字的限制而更加自由。
4 Quoted in Jürgen Habermas, *Die Normalität einer Berliner Republik* (Suhrkamp, 1995), p. 118.
5 Karl Jaspers, *The Question of German Guilt*, trans. E. B. Ashton (Fordham University Press, 2000), pp. 14–15. Translation modified.
6 Ibid., p. 41. Translation modified.
7 Winston Churchill, "Friendship and Germany," *Evening Standard*, September 17, 1937.
8 Jaspers, *The Question of German Guilt*, p. 90. Translation modified.
9 See Mark Clark, *Beyond Catastrophe: German Intellectuals and Cultural Renewal After World War II, 1945–1955* (Lexington Books, 2006).
10 Quoted in Ulrike Jureit and Christian Schneider, *Gefühlte Opfer* (Klett-Cotta, 2010), p. 117.
11 Theodor Adorno, "Schuld und Abwehr," in *Gesammelte Schriften* (Suhrkamp, 1997), vol. 9, p. 189.
12 同上，p. 192.
13 同上，p. 270。
14 同上，p. 227。
15 同上，p. 236。
16 同上，pp. 248–49。

善態度，更包括政治、商業、教育、文化等各界機構內部的文化，旨在歡迎移民成為德國社會的一份子，並確保其不受歧視。

12 Jan Plamper, *Das neue Wir: Eine andere Geschichte der Deutschen* (Fischer Verlag, 2019).

13 譯注：原文為 Shalom，這是希伯來文的日常招呼用語，因此顯示出該商店的猶太背景。

14 編按：詹姆斯．梅瑞迪斯（一九三三年生）為美國著名黑人民權運動家。他在種族隔離期間，也是首位在密西西比大學註冊就學的非裔學生（作者與梅瑞迪斯的會面談話，請參閱第四章）。

15 編按：弗格森槍擊案發生於二〇一四年八月九日，發生地點為美國密蘇里州聖路易郡的弗格森市。當天一名稱作麥可．布朗（Michael Brown）的非裔青年在未攜帶武器的情況下，被另一名白人警察射殺。此案引發延續多日的抗議行動，甚至讓當地州長宣布實施宵禁，並出動國民警衛隊來維持治安。

16 編按：崔溤．馬丁命案發生於二〇一二年二月二十六日，發生地點為美國佛州的桑福德（Sanford）郡，當時馬丁是一名年僅十七的非裔青年。案發當天，他被一名當地的守望隊隊員於非值勤期間，懷疑正在從事非法行為。最終兩人爆發衝突，該名隊員更持自有的合法槍械，擊斃馬丁。這起命案也引發美國在種族、槍械、自衛權等諸多議題的討論。

17 Adam Nossiter, *Of Long Memory* (Da Capo Press, 2002), preface.

18 C. Vann Woodward, *The Burden of Southern History*, quoted in Curtis Wilkie, *Dixie* (Scribner, 2001), p. 142.

19 譯注：《吉姆．克勞法》泛指南方各州所頒布的種族隔離法律，黑人只能使用黑人專屬的飲水機、浴室、公車座位、電影院、餐廳，甚至學校。不服從《吉姆．克勞法》的非裔美國人可能遭到監禁、毆打致殘或私刑。（編按：《吉姆．克勞法》有時又被稱為黑色法典〔the Black Code〕。）

20 Tzvetan Todorov, *Hope and Memory: Lessons from the Twentieth Century* (Princeton University Press, 2003), p. 1.

21 See Susan Neiman, *Evil in Modern Thought: An Alternative History of Philosophy* (Princeton University Press, 2015 [revised edition]).

第一章　歷史比較之運用與濫用

1 編按：「The Lost Cause」在本書中皆統一譯成「失落的一戰」。根據中研院副研究員陳嘉銘的解釋，多數歷史學者認為，「The Lost Cause」是美國南方州在南北戰爭幾十年後，南方州士兵的下一代子女為了保有南方榮譽，創造出來的意識形態。這個意識形態以極盡最好的觀點解釋南方邦聯的戰敗。「失落的一戰」的倡議者主張南北戰爭從來無關於奴隸制度，南方邦聯是為了捍衛美好的傳統價值和秩序而戰，只是在戰場上輸給北方優勢的人數和資源。「失落的一戰」的意識形態短暫促進了南北方的國家融合，但也成為後來種族暴力、種族恐怖主義以及白人至上主義的哲學基礎。

2 譯注：原文為 one drop of blood。當時的美國判定種族身分的原則是只要祖譜中有一絲黑人血統就算是黑人。

3 James Q. Whitman, *Hitler's American Model* (Princeton University Press, 2017).

4 編按：例如當代語言哲學裡所謂的言說行為理論（Speech Act Theory），即認為一個語句的意義不僅僅是表達真假或是描述世界而已，而且還包含說話者所意圖展現的言說行動。例如「我會依約出現」，不是只表達我準時赴約的事實，也表達我做出赴約的承諾。

5 James Baldwin in discussion with Malcolm X, University of California, Berkeley, video, 1963.

6 Baldwin, National Press Club, video, 1986.

7 James Baldwin with Malcolm X, video, 1963.

注釋

除非特別標示，本書所有引用均來自我從二〇一六年至二〇一八年間，在德國與美國兩地所進行的訪談。此外，除非特別標示，本書所有德文的翻譯都是我自己所譯。

前言

1 編按：艾默特．提爾（一九四一——一九五五）為一名非裔美國青少年，在密西西比州探親時，被誤認為調戲白人女性，而遭人綁架並動用私刑凌虐致死。提爾的死引發美國六〇年代的黑人民權運動。時隔六十多年，美國總統拜登更簽署《艾默特．提爾反私刑法》（Emmett Till Antilynching Act），將私刑視為聯邦仇恨犯罪。提爾事件的相關討論請參考本書第六章。

2 譯注：原文為 Marching Through Georgia，這首歌讚頌的是薛曼將軍（William Tecumseh Sherman）著名的「向大海進軍」軍事行動，北軍於該行動中火燒亞特蘭大，接著朝喬治亞州首府推進。這一系列行動摧毀了南軍鬥志，對喬治亞州與整個南方邦聯破壞極大。

3 譯注：原文為 Brown v. Board of Education，美國最高法院於此案中廢止了黑人與白人學童不得進入同一所學校就讀的規定，宣告種族隔離政策違憲，為美國民權歷史上極為重要的關鍵判例。

4 譯注：原文為 playdate，美國孩子之間相當常見的社交活動，通常為兩個或以上的孩子約定在某一方家中聚會玩耍，也有可能約在公園、博物館等公共場所。

5 譯注：白蒙（Ludwig Bemelmans）為小說與繪本作家，以瑪德琳系列繪本聞名於世，其中的《親親小狗》（*Madeline's Rescue*）更於一九五四 年獲得凱迪克金獎。

6 譯注：該工作坊的指導者羅伯（Walter Grady Roberts）正是影星茱莉亞．羅伯茲（Julia Roberts）的父親。

7 譯注：根據導讀人陳嘉銘的說明，「Vergangenheitsaufarbeitung」這個德文字是德國人用來指涉當代德國人面對納粹歷史時，國家、公共和個人多層次的處理工作和過程。它包括面對過去、釐清過去的事實、原因與影響、確認責任歸屬、承擔集體罪責、給予過去該當的正義與紀念、記憶過去、重建關係、文化和制度、並學習與過去共存等工作。與釐清過往（Vergangenheitsaufarbeitung）相關的詞彙還有處理過往（Vergangenheitsverarbeitung）與克服過往（Vergangenheitsbewältigung），皆指涉戰後德國試圖修復納粹傷痕的行動，近似於臺灣或中文語境中的「轉型正義」一詞。

8 譯注：此指膚色。

9 譯注：「猶太」一詞在德文中為 Juden，音似「猶大」（ Judas）。

10 編按：此處指的是發生於二〇一七年八月十一至十二日間的團結右翼集會（Unite the Right Rally）。這場示威活動在維吉尼亞州夏洛茨維爾舉行，參與示威的團體主要是極右翼的團體，例如 3K 黨、白人至上主義、新納粹、另類右翼等。抗議起因是這些團體不滿南方邦聯的象徵物與紀念碑被撤除。

11 譯注：歡迎文化（Willkommenskultur）指的不僅是德國社會對於移民與外來者的普遍友

Stevenson, Bryan. *Just Mercy: A Story of Justice and Redemption*. New York: Penguin Random House, 2014.

Thomas, Laurence Mordekhai. *Vessels of Evil: American Slavery and the Holocaust*. Philadelphia: Temple University Press, 1993.

Thomason, Sally Palmer, with Jean Carter Fisher. *Delta Rainbow: The Irrepressible Betty Bobo Pearson*. Jackson: University Press of Mississippi, 2016.

Todorov, Tzvetan. *Hope and Memory: Lessons from the Twentieth Century*. Princeton: Princeton University Press, 2003.

Todorov, Tzvetan. *Memory as a Remedy for Evil*. Calcutta: Seagull Books, 2010.

Todorov, Tzvetan. *The Morals of History*. Minneapolis: University of Minnesota Press, 1995.

Torpey, John. *Making Whole What Has Been Smashed*. Cambridge: Harvard University Press, 2006.

Torpey, John. *Politics and the Past*. Lanham: Rowman & Littlefield, 2003.

Tyson, Timothy B. *Blood Done Sign My Name*. New York: Broadway Books, 2004.

Tyson, Timothy B. *The Blood of Emmett Till*. New York: Simon & Schuster, 2017.

Walker, Margaret Urban. *Moral Repair: Reconstructing Moral Relations After Wrongdoing*. Cambridge: Cambridge University Press, 2006.

Wallis, Jim. *America's Original Sin*. Grand Rapids, MI: Brazos Press, 2016.

Weiss, Peter. *Die Ermittlung*. Frankfurt/M.: Suhrkamp, 1991.

West, Cornel. *The Cornel West Reader*. New York: Basic Books, 1999.

West, Cornel, ed. *The Radical King*. Boston: Beacon Press, 2015.

Weymar, Paul, and Peter de Mendelssohn. *Adenauer: The Authorised Biography*. London: Andre Deutsch, 1957.

Whitman, James Q. *Hitler's American Model*. Princeton: Princeton University Press, 2017.

Williams, Robert F. *Negroes with Guns*. Mansfield Centre, CT: Martino Publishing, 2013.

Wolffsohn, Michael. *Die Deutschland-Akte*. Frankfurt: Bruckmann, 1995.

Woodward, C. Vann. *The Strange Career of Jim Crow*. New York: Oxford University Press, 2002.

Wyatt-Brown, Bertram. *Southern Honor*. New York: Oxford University Press, 1982.

Yancy, George, ed. *What White Looks Like: African American Philosophers on the Whiteness Question*. New York: Routledge, 2004.

Yancy, George, ed. *Reframing the Practice of Philosophy: Bodies of Color, Bodies of Knowledge*. Albany: State University of New York Press, 2012.

Jaspers, Karl. *Der Schuldfrage: Von der politischen Haftung Deutschlands*. München: Piper Verlag, 1965.

Joseph, Detlef. *Die DDR und die Juden*. Berlin: Verlag Das Neue Berlin, 2010.

Jureit, Ulrike, and Christian Schneider. *Gefühlte Opfer*. Stuttgart: Klett-Cotta, 2010.

Kennedy, James Ronald, and Walter Donald Kennedy. *The South Was Right!* Gretna, LA: Pelican Publishing Company, 2014.

Klemperer, Victor. *So sitze ich den zwischen allen Stühlen: Tagebücher 1945–1949*. Berlin: Aufbau Verlag, 1999.

Knigge, Volkhard, and Norbert Frei. *Verbrechen erinnern. Die Auseinandersetzung mit Holocaust und Völkermord*. München: Verlag C.H.Beck, oHG, 2002.

Lilla, Mark. *The Once and Future Liberal*. New York: HarperCollins, 2017.

Mills, Charles W. *Black Rights/White Wrongs: The Critique of Racial Liberalism*. Oxford: Oxford University Press, 2017.

Moses, A. Dirk. *German Intellectuals and the Nazi Past*. Cambridge: Cambridge University Press, 2007.

Neitzel, Sönke, and Harald Welzer. *Soldaten-Protokolle vom Kämpfen, Töten und Sterben*. Frankfurt/M.: S. Fischer Verlag GmbH, 2011.

Novick, Peter. *The Holocaust in American Life*. New York: Houghton Mifflin, 1999.

Ó Dóchartaigh, Pol. *Germans and Jews Since the Holocaust*. London: Palgrave, 2016.

Parsons, Sarah Mitchell. *From Southern Wrongs to Civil Rights*. Tuscaloosa/London: University of Alabama Press, 2000.

Pilgrim, David. *Understanding Jim Crow*. Oakland, CA: Ferris State University and PM Press, 2015.

Piper, Adrian. "Recognition and Responsibility: Legacies of Xenophobia in Germany, Australia, and the United States." Unpublished Manuscript, 2002.

Reemtsma, Jan Philipp. *Vertrauen und Gewalt*. Hamburg: Hamburger Edition, 2008.

Rieff, David. *In Praise of Forgetting*. New Haven/London: Yale University Press, 2016.

Robinson, Randall. *The Debt: What America Owes to Blacks*. New York: Dutton, 2000.

Rorty, Richard. *Achieving Our Country*. Cambridge: Harvard University Press, 1998.

Rothberg, Michael. *Multidirectional Memory: Remembering the Holocaust in the Age of Decolonization*. Stanford, CA: Stanford University Press, 2009.

Rubin, Anne Sarah. *Through the Heart of Dixie*. Chapel Hill: University of North Carolina Press, 2014.

Rushdy, Ashraf H. A. *A Guilted Age: Apologies for the Past*. Philadelphia: Temple University Press, 2015.

Salomon, Ernst von. *Der Fragebogen*. Hamburg: Rowohlt, 1961.

Schivelbusch, Wolfgang. *The Culture of Defeat: On National Trauma, Mourning, and Recovery*. New York: Picador, 2001.

Schreiber, Franziska. *Inside AFD: Der Bericht einer Aussteigerin*. München: Europa Verlag, 2018.

Seck, Ibrahima. *Bouki fait gombo*. New Orleans: UNO Press, 2014.

Sereny, Gitta. *The Healing Wound*. New York: Norton, 2001.

Silver, James W. *Mississippi: The Closed Society*. Jackson: University Press of Mississippi, 1966.

Simpson, Christopher. *Blowback: The First Full Account of American's Recruitment of Nazis and Its Disastrous Effects on the Cold War, Our Domestic and Foreign Policy*. New York: Open Road Media, 2014.

Soyinka, Wole. *The Burden of Memory, the Muse of Forgiveness*. New York: Oxford University Press, 1999.

Stangneth, Bettina. *Eichmann vor Jerusalem*. Hamburg: Arche Literatur Verlag, 2011.

C.H.Beck, 2012.
Brooks, Roy L. *When Sorry Isn't Enough: The Controversy Over Apologies and Reparations for Human Injustice*. New York: New York University Press, 1999.
Campbell, Will D. *Brother to a Dragonfly*. New York: Continuum Publishing Corporation, 1986.
Coates, Ta-Nehisi. *Between the World and Me*. Melbourne: The Text Publishing Company, 2015.
Coates, Ta-Nehisi. *We Were Eight Years in Power: An American Tragedy*. New York: Random House, 2017.
Dahn, Daniella. *Westwärts und nicht vergessen*. Reinbek: Rowohlt, 1997.
Davis, David Brion. *Inhuman Bondage*. New York: Oxford University Press, 2006.
Davis, David Brion. *The Problem of Slavery in the Age of Emancipation*. New York: Alfred A. Knopf, 2014.
Delgado, Richard, and Jean Stefancic. *Critical Race Theory: An Introduction*. New York: New York University Press, 2017.
Didion, Joan. *South and West*. New York: Alfred A. Knopf, 2017.
Dittmer, John. *Local People: The Struggle for Civil Rights in Mississippi*. Urbana/Chicago: University of Illinois Press, 1995.
Duberman, Martin Bauml. *Paul Robeson*. New York: Alfred A. Knopf, 1988.
Dylan, Bob. *Chronicles Volume I*. New York: Simon and Schuster, 2004.
Dyson, Michael Eric. *Tears We Cannot Stop*. New York: St. Martin's Press, 2017.
Engler, Wolfgang and Hensel, Jana. *Wer wir sind: die Erfahrung, Ostdeutsch zu sein*. Berlin: Aufbau Verlag, 2018.
Ette, Ottmar. *Der Fall Jauss*. Berlin: Kulturverlag Kadmos, 2016.
Foner, Eric. *A Short History of Reconstruction, 1863–1877*. New York: HarperCollins, 2014.
Franklin, John Hope. *From Slavery to Freedom*. New York: McGraw-Hill Companies, 2011.
Frei, Norbert. *Vergangenheitspolitik: Die Anfänge der Bundesrepublik und die NS-Vergangenheit*. München: C.H.Beck, 1996.
Frölich, Margrit, and Ulrike Jureit. *Das Unbehagen an der Erinnerung—Wandlungsprozesse im Gedenken an den Holocaust*. Frankfurt/M.: Brandes & Apsel Verlag GmbH, 2012.
Fulbrook, Mary. *The People's State*. New Haven/London: Yale University Press, 2005.
Gabowitsch, Mischa, ed. *Replicating Atonement: Foreign Models in the Commemoration of Atrocities*. Palgrave Macmillan, 2017.
Gates, Henry Louis Jr. *Tradition and the Black Atlantic*. New York: Basic Books, 2010.
Gates, Henry Louis Jr., and Cornel West. *The African-American Century*. New York: Touchstone, 2000.
Gilman, Sander, and James M. Thomas. *Are Racists Crazy? How Prejudice, Racism, and Antisemitism Became Markers of Insanity*. New York: New York University Press, 2016.
Habermas, Jürgen. *Die Normalität einer Berliner Republik*. Frankfurt am Main: Suhrkamp Verlag, 1995.
Habermas, Jürgen. *Vergangenheit als Zukunft*. Zurich: Pendo Verlag, 1990.
Hale, Grace Elizabeth. *Making Whiteness*. New York: Vintage Books, 1998.
Hartmann, Christian, Johannes Hürter, and Ulrike Jureit. *Verbrechen der Wehrmacht: Bilanz einer Debatte*. München: C.H.Beck, 2005.
Hooks, bell. *Killing Race. Ending Racism*. London: Penguin Books, 1995.
Jarausch, Konrad H. *After Hitler: Recivilizing Germans, 1945–1995*. New York: Oxford University Press, 2006.

參考書目

Alexander, Michelle. *The New Jim Crow*. New York: The New Press, 2011.
Améry, Jean. *At the Mind's Limits*. Bloomington: Indiana University Press, 1980.
Améry, Jean. *Weiterleben—aber wie?* Stuttgart: Klett-Cotta, 1982.
Anders, Günther. *Wir Eichmannsöhne*. München: C.H.Beck, 1964.
Anderson, Carol. *Eyes off the Prize: The United Nations and the African American Struggle for Human Rights, 1944–1955*. New York: Cambridge University Press, 2003.
Anderson, Carol. *White Rage: The Unspoken Truth of Our Racial Divide*. New York: Bloomsbury, 2017.
Anderson, Elizabeth. *The Imperative of Integration*. Princeton: Princeton University Press, 2010.
Andreas-Friedrich, Ruth. *Schauplatz Berlin*. Frankfurt: Suhrkamp Verlag, 1984.
Appiah, Kwame Anthony. *The Ethics of Identity*. Princeton: Princeton University Press, 2005.
Appiah, Kwame Anthony. *The Honor Code: How Moral Revolutions Happen*. New York: W. W. Norton and Company, 2011.
Appiah, Kwame Anthony. *In My Father's House: Africa in the Philosophy of Culture*. New York: Oxford University Press, 1992.
Appiah, Kwame Anthony. *The Lies That Bind*. New York: Liveright Publishing Corporation, 2018.
Arendt, Hannah. *Eichmann in Jerusalem*. New York: The Viking Press, 1963.
Assmann, Aleida. *Das neue Unbehagen an der Erinnerungskultur*. München: Verlag C.H.Beck, 2013.
Assmann, Aleida, and Ute Frevert. *Geschichtsvergessenheit, Geschichtsversessenheit: vom Umgang mit deutschen Vergangenheiten nach 1945*. Stuttgart: Deutsche Verlags-Anstalt, 1999.
Baldwin, James. *Blues for Mr. Charlie*. New York: Vintage, 1964.
Baldwin, James. *The Fire Next Time*. New York: Vintage, 1963.
Baldwin, James. *Notes of a Native Son*. Boston: Beacon Press, 1955.
Baptist, Edward E. *The Half Has Never Been Told: Slavery and the Making of American Capitalism*. New York: Basic Books, 2014.
Belcher, Cornell. *A Black Man in the White House*. Healdsburg, CA: Water Street Press, 2016.
Blackmon, Douglas A. *Slavery by Another Name: The Re-Enslavement of Black Americans from the Civil War to World War II*. New York: Anchor Books, 2008.
Blight, David. *Race and Reunion*. Cambridge/Massachusetts/ London: The Belknap Press of Harvard University Press, 2001.
Bordin, Elisa, and Anna Scacchi, eds. *Transatlantic Memories of Slavery*. New York: Cambria Press, 2015.
Boxill, Bernard R. *Blacks & Social Justice*. Lanham: Rowman & Littlefield Publishers, 1992.
Boxill, Bernard R., ed. *Race and Racism*. Oxford: Oxford University Press, 2001.
Brenner, Michael. *Geschichte der Juden in Deutschland 1945 bis zur Gegenwart*. München: Verlag

Corridor_at_The_National_Memorial_for_Peace_and_Justice.jpg
12 圖片十二：維基百科 ©Bill Sutton, CC BY 2.0
https://en.wikipedia.org/wiki/National_Memorial_for_Peace_and_Justice#/media/File:Lynched_in_Alabama_eji,_Montgomery_(37973228785).jpg

圖片來源

編輯說明：本書圖片皆來自維基百科（wikipedia.org），並在遵守版權規定的情況下正常使用。以下註明書中所有圖片的來源，任何相關版權訊息與協議，則可以透過維基百科網頁連結獲取。

1 圖片一：維基百科共用財產
https://commons.wikimedia.org/wiki/File:Stolperstein_Else_Liebermann_von_Wahlendorf_Berlin_Budapester_Strasse.jpg
2 圖片二 ：維基百科 © Jim Bowen, CC BY 2.0
https://en.wikipedia.org/wiki/Stone_Mountain#/media/File:Stone_Mountain_Carving_2.jpg
3 圖片三：維基百科 © Alexander Blum, CC BY 4.0
https://zh.m.wikipedia.org/zh-tw/ 歐洲被害猶太人紀念碑 #/media/File%3AMemorial_to_the_Murdered_Jews_of_Europeabove.jpg
4 圖片四：維基百科 © Aktron/Wikimedia Commons, CC BY-SA 3.0
https://en.wikipedia.org/wiki/Soviet_War_Memorial_(Tiergarten)#/media/File:Berl%C3%ADn,_Tiergarten,_sovětský_památn%C3%ADk.jpg
5 圖片五：維基百科公共財產
https://en.wikipedia.org/wiki/Emmett_Till#/media/File:Emmett_Till.jpg
6 圖片六：維基百科 © Rhododendrites/Wikimedia Commons, CC BY-SA 4.0
https://en.wikipedia.org/wiki/Robert_Gould_Shaw_Memorial#/media/File:Robert_Gould_Shaw_Memorial_(36053).jpg
7 圖片七：維基百科公共財產
https://en.wikipedia.org/wiki/Robert_E._Lee_Monument_(Charlottesville,_Virginia)#/media/File:Lee_Park,_Charlottesville,_VA.jpg
8 圖片八：維基百科 © AgnosticPreacherskid/Wikimedia Commons, CC BY-SA 4.0
https://en.wikipedia.org/wiki/Robert_E._Lee_Monument_(Charlottesville,_Virginia)#/media/File:Robert_Edward_Lee_sculpture_covered_in_tarp.jpg
9 圖片九：維基百科 © Thorbjoem/Wikimedia Commons, CC BY-SA 3.0
https://de.wikipedia.org/wiki/Friedland-Gedächtnisstätte#/media/Datei:Heimkehrerdenkmal1.JPG
10 圖片十：維基百科 ©Niki Sublime, CC BY 2.0
https://en.wikipedia.org/wiki/Ingeborg_Hunzinger#/media/File:Rosenstrasse.jpg
11 圖片十一：維基百科 © Soniakapadia/Wikimedia Commons, CC BY-SA 4.0
https://en.wikipedia.org/wiki/National_Memorial_for_Peace_and_Justice#/media/File:Memorial_

Beyond

39

世界的啟迪

父輩的罪惡：德國如何面對歷史，走向未來？

Learning from the Germans: Race and the Memory of Evil

作者	蘇珊・奈門（Susan Neiman）
譯者	張葳
執行長	陳蕙慧
總編輯	張惠菁
責任編輯	謝嘉豪
行銷總監	陳雅雯
行銷企劃	余一霞
封面設計	兒日設計
排版	宸遠彩藝
社長	郭重興
發行人兼出版總監	曾大福
出版	衛城出版
發行	遠足文化事業股份有限公司
地址	23141 新北市新店區民權路 108-2 號 9 樓
電話	02-22181417
傳真	02-22180727
法律顧問	華洋法律事務所 蘇文生律師
印刷	通南彩色印刷有限公司
一版一刷	2022 年 06 月
定價	680 元
ISBN	9786267052426（紙本）
	9786267052433（EPUB）
	9786267052440（PDF）

歡迎團體訂購，另有優惠，請洽 02-22181417，分機 1124、1135

ACRO POLIS 衛城出版

Email acropolismde@gmail.com
Facebook www.facebook.com/acrolispublish

國家圖書館出版品預行編目(CIP)資料

父輩的罪惡：德國如何面對歷史，走向未來？/蘇珊．奈門(Susan Neiman)著；張葳譯．-- 一版．-- 新北市：衛城出版：遠足文化事業股份有限公司發行，2022.07
面；　公分．--（衛城Beyond）
譯自：Learning from the Germans : race and the memory of evil
ISBN 978-626-7052-42-6(平裝)

1. 國家主義　2. 種族主義　3. 德國　4. 美國

743.25　　111008854